AF247391

PUBLICATIONS SCIENTIFIQUES-INDUSTRIELLES DE E. LACROIX.

CONSTRUCTION

DES CANAUX

ET

DES CHEMINS DE FER

HISTOIRE CRITIQUE DES TRAVAUX EXÉCUTÉS

DANS LES VOSGES

AU CHEMIN DE FER DE PARIS A STRASBOURG

ET AU CANAL DE LA MARNE AU RHIN

ANALYSE DÉTAILLÉE ET CLASSEMENT MÉTHODIQUE

DES DÉPENSES FAITES POUR CES TRAVAUX

Par M. GRAEFF

Ingénieur en chef des ponts et chaussées.

PARIS

LIBRAIRIE SCIENTIFIQUE, INDUSTRIELLE ET AGRICOLE

DE E. LACROIX

15, QUAI MALAQUAIS, 15.

1861

LIBRAIRIE SCIENTIFIQUE, INDUSTRIELLE ET AGRICOLE
E. LACROIX,
15, QUAI MALAQUAIS, PARIS.

CONSTRUCTION

DES CANAUX

ET

DES CHEMINS DE FER

HISTOIRE CRITIQUE DES TRAVAUX EXÉCUTÉS

DANS LES VOSGES

AU CHEMIN DE FER DE PARIS A STRASBOURG
ET AU CANAL DE LA MARNE AU RHIN

Analyse détaillée et classement méthodique

DES DÉPENSES FAITES POUR CES TRAVAUX

Par M. GRAEFF

Ingénieur en chef des ponts et chaussées.

INDICATION SOMMAIRE DES MATIÈRES.

L'ouvrage est divisé en deux parties : la première traite des questions techniques; la seconde, des dépenses.

Les travaux dont il s'agit sont ceux qui ont été exécutés pour le chemin de fer de Paris à Strasbourg et le canal de la Marne au Rhin, sur le versant Est de la chaîne des Vosges, où ces deux grandes voies de communication ont offert le plus de difficultés. Ces travaux représentent une dépense totale d'environ 30 millions et ont duré près de dix-huit ans. C'est l'histoire critique de ces dix-huit années d'expérience qui forme la première partie de l'ouvrage, de même que l'analyse des dépenses faites en forme la seconde.

Les deux parties sont divisées en chapitres qui se correspondent dans les descriptions techniques et la classification des dépenses. Elles traitent successivement des tracés, des terrassements et des ouvrages accessoires qu'ils nécessitent, tels que murs de soutènement, consolidations des grands éboulements; des ouvrages d'art, dont tous les types sont comparés et discutés; des souterrains exécutés dans le département du Bas-Rhin, pour le chemin de fer de Strasbourg, qui sont traités aussi avec détail et donnent lieu à comparer les diverses méthodes de percement en usage. Enfin, l'on a donné ceux des détails qui ont paru les plus intéressants sur l'étanchement et l'alimentation des canaux et sur la mise en eau et les accidents qui l'ont accompagnée dans la descente d'Arschwiller, partie du canal de la Marne au Rhin qui a offert le plus de difficultés d'exécution.

Dans la partie technique, on s'est attaché surtout à faire l'historique exact des circonstances les plus délicates qui se sont présentées dans l'exécution des travaux, et à montrer ce que l'on peut en tirer d'utile pour la pratique. Les planches donnent d'ailleurs tous les principaux types et les détails nécessaires à l'intelligence des procédés d'exécution suivis sur les chantiers.

Dans la partie relative à l'analyse des dépenses, les résultats ont été groupés par nature d'ouvrages; on en a déduit les prix moyens de chaque espèce d'unité, et le texte montre comment ces résultats peuvent utilement s'employer dans les évaluations des avant-projets de chemins de fer et de canaux, et servir à faire ces évaluations avec exactitude et rapidité.

L'ouvrage se termine par un parallèle entre les chemins de fer et les canaux, et par la comparaison de leurs dépenses.

L'ouvrage de **M. GRAEFF** forme 1 volume grand in-8° de 371 pages, dont environ 100 tableaux; il est accompagné d'un atlas in-4° de 6 planches doubles.

Il sera envoyé, *franco*, contre la réception d'un mandat de quinze francs adressé à **M. LACROIX**, éditeur, 15, quai Malaquais, à Paris.

BULLETIN DE SOUSCRIPTION.

Je soussigné *Auguste Leprince*

déclare souscrire pour un exemplaire à l'ouvrage de M. Graeff,
CONSTRUCTION DE CANAUX ET DE CHEMINS DE FER, qui me sera adressé
franco à (1) *M. Pithiviers*

Haute Vienne

département d *Haute Vienne* , moyennant la

somme de quinze francs que je joins en un mandat-poste.

A *Pithiviers* le *10* *Août* *1869*.

Signature (2)

Leprince

(1) Mettre son adresse complète, et l'écrire très-lisiblement. S. V. P.
(2) Signer très-lisiblement.

(Détacher ce bulletin, le cacheter, l'affranchir à la poste.)

Monsieur Eugène Lacroix,

Libraire-Éditeur,

15, Quai Malaquais,

PARIS.

CONSTRUCTION

DES CANAUX

ET

DES CHEMINS DE FER

CONSTRUCTION

DES CANAUX

ET

DES CHEMINS DE FER

HISTOIRE CRITIQUE DES TRAVAUX EXÉCUTÉS

DANS LES VOSGES

AU CHEMIN DE FER DE PARIS A STRASBOURG

ET AU CANAL DE LA MARNE AU RHIN

ANALYSE DÉTAILLÉE ET CLASSEMENT MÉTHODIQUE

DES DÉPENSES FAITES POUR CES TRAVAUX

Par M. GRAEFF

Ingénieur en chef des ponts et chaussées.

PARIS

LIBRAIRIE SCIENTIFIQUE, INDUSTRIELLE ET AGRICOLE

DE E. LACROIX

15, QUAI MALAQUAIS, 15.

1861

AVANT-PROPOS.

Les travaux du canal de la Marne au Rhin, et du chemin de fer de Paris à Strasbourg, ont présenté des difficultés considérables pour la traversée des Vosges et sur le versant de cette chaîne qui fait partie de la grande vallée du Rhin.

La traversée des Vosges a été étudiée pour le canal par Brisson, et son projet de 1826 a établi que le col d'Arschwiller (1) était le plus favorable pour ce passage. Un autre col avait été étudié : c'était celui du Hommert, entre les sources de la Bièvre, affluent secondaire de la Moselle par la Sarre, et celles de la Zorn, affluent du Rhin. M. Jaquiné a eu, dans ces études, une belle part, et M. Édouard Jaquiné (actuellement ingénieur en chef du canal) devait plus tard exécuter les grands travaux du bief de partage et de la traversée des Vosges, à l'étude desquels avait été associé son père. Cette partie du tracé restera, bien entendu, en dehors de notre travail, ou il

(1) Voir le plan général, fig. 1, planche A, pour la position de ce col.

n'en sera question qu'autant qu'elle puisse influer sur la partie dont nous nous proposons de nous occuper plus spécialement, et qui est celle du versant du Rhin.

A la fin de 1841, M. l'inspecteur général Schwilgué, alors ingénieur en chef du Bas-Rhin, fut chargé de l'avant-projet du premier tronçon du chemin de fer de Paris à Strasbourg. Tous les passages des Vosges y furent étudiés; notre part d'études comprenait les passages par les vallées de la Zorn et de la Zintzel : elle démontra que le *col d'Arschwiller était plus déprimé non-seulement que celui du Hommert, mais encore que tous les cols par lesquels on pouvait passer de la vallée de la Sarre dans celles de la Zintzel* (1) *et de la Zorn.* Ce col est plus déprimé même que les passages de la vallée de la Sarre dans celle de la Moder, quoique cette dernière soit beaucoup plus avancée vers la fin de la chaîne des Vosges.

Le col d'Arschwiller a donc été présenté, dans l'avant-projet du chemin de fer de Paris à Strasbourg, comme le plus avantageux pour le passage des Vosges. Cette circonstance a principalement contribué à faire adopter le tracé par la vallée de la Zorn, déjà suivie par le canal de la Marne au Rhin, et la loi du 11 juin 1842 ouvrait un premier crédit de 11,500,000 fr. pour l'exécution du tronçon de ce chemin de fer compris entre *Hommarting et Strasbourg* (2). Nous fûmes chargé des travaux dans l'étendue du service d'ingénieur ordinaire que nous avions déjà depuis 1838 pour le canal de la Marne au Rhin, et qui allait de la limite des départements de la Meurthe et du Bas-Rhin jusque près de Wilwisheim (2).

(1) La Zintzel se jette dans la Zorn, près du village de Steinbourg. (Voir le plan général, fig. 1, pl. A.)

(2) Voir le plan général, fig. 1, pl. A, pour la situation de ces localités par rapport au tracé.

La partie du versant du Rhin, en amont de ce service, fut confiée à M. l'ingénieur ordinaire Molard, succédant à M. Jaquiné, nommé ingénieur en chef en 1844. M. Molard resta sous la direction de M. Collignon de 1844 à 1846 pour rentrer sous celle de M. Jaquiné de 1846 à 1851. Il commença les travaux du chemin de fer et du canal, mais n'acheva que les premiers, et quitta, en 1851, le canal pour entrer au service de la Compagnie du chemin de fer de la Méditerranée.

La partie du versant du Rhin comprise entre Wilwisheim et Strasbourg, tant pour le canal que pour le chemin de fer, constituait l'ancien service d'ingénieur ordinaire de M. Guerre, actuellement ingénieur en chef du département du Bas-Rhin. Nous eûmes tous deux pour ingénieur en chef M. Schwilgué jusqu'à la fin de 1847, époque à laquelle il fut nommé inspecteur général, remplaçant dans la direction des travaux du canal M. l'inspecteur général Bonnetat, que son âge appelait à la retraite.

Deux ingénieurs en chef lui succédèrent alors : M. Jaquiné, pour le canal ; M. Boulangé, pour le chemin de fer. M. Boulangé conserva ce dernier service jusqu'en 1853, époque où une mort prématurée vint si malheureusement l'enlever, et M. Guerre le remplaça, achevant ainsi, comme ingénieur en chef, les travaux du chemin de fer dans le département du Bas-Rhin. En 1851, après l'achèvement des travaux du chemin de fer dans notre premier service d'ingénieur ordinaire, nous fûmes chargé d'un nouveau service sous les ordres de M. l'inspecteur général Collignon, qui revenait alors terminer, en qualité d'ingénieur en chef, le canal de la Marne au Rhin, dont il avait déjà précédemment dirigé une bonne partie des travaux, et qu'il avait si puissamment contribué comme député à sauver du naufrage (1).

Notre nouveau service comprenait tout le bief de partage des Vosges et toute la branche du Rhin jusqu'à Strasbourg. Lorsque nous le prîmes, voici ce qui restait à y faire :

1° L'étude définitive de l'alimentation du bief de partage et de la branche du Rhin; la rédaction des projets définitifs et l'exécution de toutes les prises d'eau;

2° L'achèvement des travaux du canal dans la descente d'Arschwiller entre la sortie du grand souterrain d'Arschwiller et la limite du Bas-Rhin, travaux commencés par M. Molard (2);

3° Les projets et l'exécution de tous les étanchements du bief de partage des Vosges et de la branche du Rhin, ainsi que la mise en eau de ces parties du canal.

Lorsque M. Collignon fut nommé inspecteur général, en 1853, M. Jaquiné lui succéda de nouveau dans son service d'ingénieur en chef du canal, et nous nous retrouvâmes ainsi, finissant ensemble des travaux dont nous avions commencé les projets comme ingénieurs ordinaires, en 1838, lui à Sarrebourg, nous à Saverne.

On verra, d'après ce qui précède, que, sur tout le versant du Rhin, il n'y a que deux parties des travaux à l'exécution desquelles nous n'ayons pas été directe-

___

(1) Les travaux du canal furent suspendus en 1844. On chercha à le faire abandonner, et, pour répondre à ces attaques, l'administration supérieure fit étudier en détail l'idée qu'on avait émise de le faire servir à l'établissement du chemin de fer. Cette étude prouva toute l'impossibilité de l'idée en question. M. Collignon contribua plus que personne à la reprise des travaux, que 1848 remit de nouveau en question, mais qui reprirent avec énergie en 1851, pour se terminer complétement à la fin de 1853.

(2) Il restait à faire, dans le service de M. Molard, lorsque nous l'avons pris : dix écluses, tous les murs de la descente d'Arschwiller du côté gauche, la moitié de ceux du côté droit, un aqueduc déversoir et la moitié environ de terrassements.

ment employé : ce sont les parties du chemin de fer comprises entre le souterrain de Hommarting et la limite des départements de la Meurthe et du Bas-Rhin, et entre Wilwisheim et Strasbourg. Pour la première de ces deux parties, nous en avons fait l'avant-projet, et nous avons été nommé, par décision de M. le ministre des travaux publics, en date du 29 avril 1852, expert de l'administration dans une réclamation de l'entrepreneur sur le décompte définitif des travaux, circonstance qui nous a mis dans l'occasion d'étudier cette partie du chemin de fer en détail, dans ses dépenses, comme nous en avions étudié le tracé dans notre avant-projet.

Les travaux ont d'ailleurs été exécutés, comme nous l'avons déjà dit, par M. Molard, sous la direction de M. Jaquiné. Quant à la partie du chemin de fer comprise entre Wilwisheim et Strasbourg, nous n'y avons en rien été mêlé, et c'est M. Guerre qui en a fait l'avant-projet et exécuté les travaux.

Les dépenses des travaux du canal sur le versant du Rhin faisaient partie des archives de notre dernier service d'ingénieur ordinaire; nous connaissions celles de la partie du chemin de fer, en amont du Bas-Rhin, par notre expertise, et quant à celles de notre ancien service du chemin de fer, entre la limite de la Meurthe et Wilwisheim, nous en avions conservé tout le détail. Pour mettre en regard des dépenses du canal sur le versant du Rhin, que notre dernier service d'ingénieur ordinaire permettait d'établir très-exactement, les dépenses du chemin de fer sur ce même versant, il fallait donc ajouter aux éléments que nous possédions déjà ceux de la partie comprise entre Wilwisheim et Strasbourg, ou renoncer à établir une comparaison exacte entre les dépenses d'un canal et celles d'un chemin de fer, ces deux voies suivant ici la même vallée pour ainsi dire côte à côte, et se trouvant dans des conditions d'exécution tout à fait semblables.

Pour éclaircir cette question, si longtemps débattue sans résultats positifs, du prix de revient des canaux comparé à celui des chemins de fer, nous n'avons pas dû hésiter à nous adresser à notre ancien collègue M. Guerre, et son obligeant empressement à mettre à notre disposition tous les éléments de dépense de son service du chemin de fer pour y faire nos recherches, ne nous permet pas de croire un seul instant qu'il y ait eu de notre part indiscrétion à les lui demander. Ajoutons maintenant que des ingénieurs qui ont été employés aux travaux du versant du Rhin, tant pour le chemin de fer que pour le canal, aucun n'a pu achever complétement l'œuvre commencée; les uns ont avancé quand leur temps est venu, les autres ont quitté leurs services avant la fin. Nous avons eu seul le privilége de rester dans le pays comme ingénieur ordinaire, depuis le premier coup de niveau jusqu'au complet achèvement des travaux, y compris le règlement de tous les décomptes. Nous pouvions donc seul entreprendre en connaissance de cause le travail considérable de dépouillement d'archives qu'il a fallu faire pour arriver au classement détaillé et analytique des dépenses. Mais si nos chevrons nous ont paru nous donner le droit d'être l'historien de ces travaux, c'est sous toute réserve et sous condition, bien entendu, que le mérite en revienne à tous les ingénieurs qui y ont participé sous la haute direction de MM. les inspecteurs généraux, Bonnelat, Schwilgué et Collignon. Nous n'avons été qu'un modeste ouvrier de l'œuvre commune; sans notre travail, elle serait restée inconnue quant au détail, personne ne possédant tous les renseignements que nous sommes à même de donner : c'était là un des motifs qui nous portaient à remplir, en publiant ces résultats, ce que nous regardions comme le dernier devoir de notre carrière d'ingénieur ordinaire. Cependant ce travail était terminé depuis le mois de mars 1855, que nous n'étions pas décidé à le publier. Il a été soumis en grande partie à M. l'inspecteur général Schwilgué, qui nous avait donné de nouveaux renseignements sur quelques points dépendants de son ancien service d'ingénieur en chef, et qui voulait de plus nous fournir une statistique complète des dépenses de toute la ligne du chemin de fer de Paris à Strasbourg, afin que nous pussions comparer sur une plus grande échelle ces dépenses à celles du canal. Il s'occupait de cette statistique, lorsque la mort est venu l'enlever au corps des ponts et chaussées, dont il était une des plus hautes lumières, et à l'affection des ingénieurs qui avaient eu comme nous l'honneur de partager ses études.

Notre travail sur la partie des travaux du chemin de fer et du canal à laquelle il avait été le plus directement intéressé à cause de son ancien service d'ingénieur en chef du Bas-Rhin, était complétement terminé lorsque la mort est venue le frapper d'une manière si subite. Il devait lui être soumis dans son ensemble dès qu'il nous aurait adressé les renseignements relatifs aux prix de revient de toute la ligne du chemin de fer qu'il voulait nous donner; il en avait du reste déjà examiné plusieurs parties en détail successivement et à mesure que nous les terminions, et c'est sur son conseil que nous avons ajouté à ce travail la mise en eau du canal, qui n'en faisait point partie d'abord.

Nous croyons aujourd'hui remplir un devoir en nous décidant à publier cet essai sur ceux des travaux dirigés par lui, soit comme ingénieur en chef, soit comme inspecteur général, auxquels il portait le plus d'intérêt, par suite de leur rapport plus direct avec son ancien service du Bas-Rhin.

Ajoutons maintenant qu'en ce qui concerne le détail des travaux, nous ne parlerons que d'ouvrages dont nous ayons eu à suivre nous-même l'exécution comme ingénieur ordinaire ; quand d'ailleurs ces ouvrages auront avec ceux qu'ont fait exécuter d'autres ingénieurs sur la ligne, des relations trop directes pour qu'il soit impossible de ne point parler de ces derniers, nous aurons toujours soin de ne le faire que sommairement, sans toucher aucun détail de travaux qui ne concernent pas directement les services dont nous avons été chargé, et sans empiéter par conséquent sur les droits d'autrui.

Notre travail se subdivisera en deux parties : la première sera entièrement technique ; la seconde s'appliquera à l'analyse des dépenses. La première partie se subdivisera en huit chapitres : dans le premier on traitera des tracés et de ce qui s'y rattache ; dans le deuxième, des terrassements ; dans le troisième, des ouvrages accessoires aux terrassements tels que murs de soutènement, perrés, consolidation d'éboulements, etc. ; dans le quatrième, des ouvrages d'art, en classifiant et discutant tous les types employés pour le chemin de fer et le canal ; dans le cinquième, on traitera des souterrains ; le sixième chapitre sera consacré aux procédés d'étanchements employés dans notre service du canal ; le septième donnera l'historique de tous les essais de mise en eau et des résultats obtenus ; le huitième s'appliquera à l'alimentation du canal, aux prises d'eau, pertes, jaugeages, chômages d'usines.

La deuxième partie sera consacrée à la discussion analytique et détaillée des dépenses du canal et du chemin de fer, et à l'établissement des prix de revient des deux voies de communication ; elle se subdivisera en chapitres, qui suivront, autant que possible, l'ordre de classement adopté pour la première partie.

Dans cette première partie nous ne donnerons que des dessins d'ensemble des types et les dessins de détail les plus importants, nous appliquant surtout à faire ressortir les faits d'expérience et les procédés employés. Chaque ingénieur sortant de l'École sait rédiger un projet, et les menus détails se trouvent partout, aujourd'hui que la France est sillonnée de routes, de canaux et de chemins de fer ; mais ce qui est plus difficile à rencontrer, c'est l'histoire de l'exécution de grands travaux, histoire comprenant indistinctement les succès et les revers, et constatant les uns sans chercher à dissimuler les autres. C'est cette histoire que nous avons essayé d'écrire pour les travaux du versant du Rhin.

Quant à la deuxième partie de notre travail concernant les dépenses, elle est le résultat du dépouillement consciencieux de tous les décomptes et d'un classement méthodique des dépenses suivant la nature des travaux exécutés. Comme il s'agit ici de plus de trente millions de travaux de toute espèce (1), cette seconde partie pourra être utile à tous les jeunes ingénieurs qui ont des projets

---

(1) Voir les résultats de l'état récapitulatif des dépenses (note I). Ces trente millions comprennent d'ailleurs aussi l'évaluation approximative des travaux exécutés par la Compagnie du chemin de fer de Paris à Strasbourg pour la pose de la voie de ce chemin de fer sur le versant du Rhin.

à faire et qui tiennent à les faire exactement. Nous espérons que les faits d'expérience contenus dans la première partie ne leur seront pas non plus tout à fait inutiles. Il ne nous reste maintenant qu'un vœu à faire, c'est celui de n'être pas resté par trop au-dessous d'une tâche que nous n'eussions jamais osé entreprendre sans l'accueil si flatteur pour nous que les ingénieurs ont bien voulu faire aux premières études que nous avons publiées en 1851, 1852 et 1856, dans les *Annales des ponts et chaussées*, études que nous venons compléter aujourd'hui, et sans les encouragements que nous ont donnés ceux de nos camarades à qui nous avons communiqué notre travail. C'est le résumé de près de dix-neuf ans de pratique d'ingénieur ordinaire, dont dix-huit employés principalement aux études et aux travaux du canal de la Marne au Rhin et du chemin de fer de Paris à Strasbourg, que nous publions. Nos efforts seraient trop bien récompensés si nous pouvions atteindre le double but que nous nous proposons, celui d'être utile aux jeunes ingénieurs, et celui de rendre hommage à la mémoire de l'homme éminent qui, depuis notre entrée à l'École polytechnique jusqu'à sa mort, nous a constamment honoré de sa bienveillance et de ses excellents conseils.

Saint-Étienne, le 1er décembre 1860.

PREMIÈRE PARTIE.

DÉVELOPPEMENTS TECHNIQUES.

CHAPITRE PREMIER.

TRACÉS.

§ 1ᵉʳ. — Points de sujétion et points remarquables des tracés du canal et du chemin de fer.

Brisson, dans son projet du canal de la Marne au Rhin a, comme nous avons eu occasion de le dire dans notre avant-propos, déterminé le col d'Arschwiller comme étant le point le plus favorable pour la traversée des Vosges, et il arrivait à traverser cette chaîne de montagnes par un souterrain de 2,300 mètres de longueur.

L'avant-projet de la partie du chemin de Paris à Strasbourg, entre Hommarting et Strasbourg, que nous étudiâmes en 1842, démontra d'un autre côté, comme nous l'avons déjà dit plus haut, que *le col d'Arschwiller était le plus déprimé non-seulement de ceux qui avaient été étudiés pour le canal, mais encore de tous ceux qui existent pour la traversée des Vosges par les affluents de la Sarre.* Il offrait d'ailleurs, pour le souterrain du chemin de fer, moins long que ceux des autres cols, une disposition unique : c'était celle de le placer à côté du souterrain du canal, de profiter de la galerie déjà ouverte de ce dernier pour entrer en galerie dans l'axe du chemin de fer au moyen de galeries transversales à percer du souterrain du canal à celui du chemin de fer, et d'éviter ainsi l'opération dispendieuse du percement de puits.

Ces dispositions prévues par l'avant-projet pour le souterrain de Hommarting ont été suivies en exécution, quoique modifiées dans quelques détails (1).

Le plan général et les profils en long (pl. A) indiquent les positions des deux souterrains, quant aux dispositions générales qui peuvent rentrer dans notre sujet, par l'influence qu'elles ont eue sur les tracés de la descente d'Arschwiller. (On a donné ce nom à la partie du canal comprise entre les écluses n°s 1 et 18 du versant du Rhin. Le profil en long (pl. A) du canal montre s'il est justifié.)

La figure n° 1 (pl. B) donne un profil en travers du bief de partage un peu en aval de la tête de sortie du grand souterrain du canal, avant la tête de sortie du souterrain du chemin de fer (l'emplacement de chaque profil en travers est d'ailleurs indiqué sur le plan général et les profils en long, figures 1, 2, 3, pl. A, par le même numéro qu'il porte sur la planche B). Le canal et le chemin de fer se coupent là une première fois, le chemin de fer passant sous le canal.

(1) Dans notre avant-projet, l'axe du souterrain de Hommarting (chemin de fer) devait être parallèle à celui du souterrain d'Arschwiller (canal) et les axes étaient à 25 mètres l'un de l'autre ; le souterrain de Hommarting devait sortir du côté de Strasbourg sous la partie du bief de partage du canal qui se trouve en aval du souterrain d'Arschwiller, et avoir 2,612^m,50 de longueur avec une pente de 0^m,005 par mètre jusqu'à sa tête d'entrée du côté de Paris. En exécution, l'axe du souterrain de Hommarting a été modifié ; la tête d'entrée se trouve dans le même plan vertical que la tête d'entrée du souterrain d'Arschwiller ; les deux axes sont éloignés en ce point de 14^m,20 l'un de l'autre, et l'axe du souterrain d'Hommarting, au lieu d'être parallèle à l'axe du souterrain d'Arschwiller comme dans l'avant-projet, est incliné sur cet axe de 0^m,026 par mètre, ce qui, au droit de la tête de sortie du souterrain d'Arschwiller qui a 2,307 mètres de longueur, éloigne les axes de 75 mètres. Cette disposition facilitait la sortie sous le canal et évitait un petit souterrain de l'avant-projet un peu en aval du grand.

La longueur du souterrain de Hommarting prévue par l'avant-projet était de 2,612^m,50, la longueur du souterrain exécuté est de 2,678^m,30 ; mais le souterrain de l'avant-projet donnait dans le contre-fort de Kaisenkopff (profil en long, figure 2, pl. A), un petit souterrain de 380 mètres de longueur qui, avec le souterrain actuel, est remplacé par une tranchée de 17 mètres environ de hauteur maximum sur l'axe, de sorte qu'en définitive la longueur totale de souterrain, qui dans l'avant-projet était de 2,992^m,50, n'est que de 2,678^m,30, d'après les dispositions définitives que M. l'ingénieur en chef Jaquiné a adoptées pour l'exécution des travaux de cette double percée qu'il a si habilement dirigés.

Après avoir passé sous le canal vers la sortie du souterrain d'Hommarting, le chemin de fer passe sur le canal : 1° à l'écluse n° 14; — 2° entre les écluses n°ˢ 18 et 19, près du moulin de Hoffmühl; — 3° un peu en aval de l'écluse n° 29, près des usines de la Walck; — 4° un peu en aval de l'écluse n° 48, près du village de Vendenheim.

Le plan général et les profils en long (pl. A) indiquent ces intersections des deux tracés. Dans l'avant-projet les deux premiers de ces quatre croisements étaient évités : le tracé du chemin de fer était maintenu constamment sur le revers du côté droit de la vallée du Teigelbach (1), le canal restant sur le revers du côté gauche, mais on n'arrivait à cette solution qu'avec des rayons de 500 mètres. Dans les projets définitifs, l'administration supérieure adopta 800 mètres pour minimum de rayon, et dès lors il a fallu se décider à couper le canal en deux points : aujourd'hui que l'on revient aux rayons de 500 mètres, on ne serait plus dans le cas d'adopter cette disposition, et l'on serait ramené à celle de l'avant-projet, qui était plus commode pour le canal. Quant au point de croisement entre les écluses n°ˢ 29 et 30, il était forcé, quelle que fût la limite de rayon, et avait lieu dans l'avant-projet comme dans les projets définitifs.

Le point de croisement de Vendenheim est aussi forcé ; car le canal étant dans cette partie, ainsi que le montre le plan général (fig. 1, pl. A), tracé sur la rive droite de la Zorn et déjà construit lorsqu'on pensa au chemin de fer, ce dernier devait évidemment desservir la rive gauche. Le point d'arrivée à Strasbourg étant forcé, puisqu'on devait entrer dans la place par le même point que le chemin de Strasbourg à Bâle, il en résultait qu'il fallait couper le canal quelque part avant cette entrée, et comme ce ne pouvait être qu'après avoir desservi l'importante commune de Brumath, il s'ensuivait que le point de croisement le plus convenable était Vendenheim, cette commune elle-même étant encore desservie par le chemin de fer.

Le passage sur l'écluse n° 14 se fait au moyen d'un viaduc biais à 33° 30'; le canal est franchi par une arche composée d'arcs en fonte, et les chemins de halage passent sous deux petites voûtes latérales en maçonnerie.

(1) Le Teigelbach est le ruisseau qui passe à Arschwiller (voir le plan général, pl. A). C'est un affluent de la Zorn qu'il rejoint au moulin de Hoffmuhl, un peu en amont de l'écluse n° 18.

Nous donnons (fig. 4 et 5, pl. B) deux profils qui indiquent la complication de ce croisement comme tracé, surtout en ce qui concerne le canal, dont cette partie a été définitivement arrêtée par M. Collignon et exécutée depuis que nous avons pris le service de la troisième subdivision (1).

La figure 6 (pl. B) donne en plan le croisement du canal et du chemin de fer à l'écluse n° 14. Ce passage est incommode pour la navigation par le tournant brusque qu'il a fallu faire en amont de l'écluse et par les petites voûtes sous lesquelles passent les chemins de halage. Malheureusement l'adoption des rayons de 800 mètres comme minimum dans l'exécution du chemin de fer a commandé ici le tracé du canal et conduit au viaduc qui traverse la quatorzième écluse. On n'eût pu faire autrement qu'au prix d'une très-grande augmentation de dépenses.

La figure 10 (pl. B) indique le plan de la partie du tracé qui a offert le plus de complication; c'est le passage de la vallée de la Zorn, près des usines de la Walck, un peu en amont de Saverne. La rivière et les chemins latéraux ont été rectifiés, et le barrage de l'usine lui-même a été déplacé et reconstruit. Le canal passe sur la Zorn au moyen du pont-canal de la Walck, le chemin de Lutzelbourg à Saverne sur le canal, au moyen d'un pont sur l'épaulement d'aval de l'écluse n° 29 accolée à ce pont canal; le chemin de fer passe au moyen d'un viaduc biais à 46° sur le canal, sur la Zorn, et sur deux chemins; un peu en amont de ce viaduc, sur le tracé du chemin de fer, il y a un souterrain; immédiatement en aval, une grande tranchée de 20 mètres de hauteur maxima sur l'axe.

Le profil en travers n° 9 (fig. 11, pl. B) indique cette tranchée et donne en même temps les dispositions particulières du canal vis-à-vis des usines de la Walck. Ce point de la vallée de la Zorn est des plus remarquables, moins encore par le nombre et la variété des ouvrages qui s'y trouvent accumulés sur un petit espace que par l'admirable nature qui les environne. Nous avons donné dans notre mémoire sur les ponts biais (*Annales des ponts et chaussées*, 1852) le dessin d'ensemble du viaduc de la Walck; celui du pont-canal du

____

(1) L'écluse n° 14 était construite lorsque nous avons été chargé du service de M. Molard; elle a été construite en même temps que le viaduc du chemin de fer qui passe par-dessus cette écluse.

même nom et de l'écluse n° 29 est donné par les figures 28, 29, 30, 31, 32, pl. D.

Les passages du chemin de fer sur le canal au viaduc de Hoffmühl entre les écluses n° 18 et 19, et au pont de Vendenheim entre les écluses n° 48 et 49, ont offert moins de difficultés de tracé que les deux précédents. Dans le premier de ces passages on a rectifié la Zorn, le chemin vicinal de Lutzelbourg à Dabo, et tracé le canal de manière à les faire passer à angle droit sous le viaduc par une courbe en S. Dans le second le chemin de fer coupe le canal sous un angle de 45° et au moyen d'un pont en fonte d'une arche, système Polonceau.

Entre les points d'intersection qui viennent d'être indiqués, il y a quelques autres points où les deux tracés se rapprochent et qui donnent lieu à des profils en travers assez remarquables ; ce sont les profils n° 6 (fig. 7, pl. B), n° 7 (fig. 8), n° 8 (fig. 9) , n° 9 *bis* (fig. 17) et n° 12 (fig. 16). Comme tous ces profils sont indiqués par leurs numéros sur le plan général et les profils en long de la planche A, il est facile de voir où ils se trouvent par rapport aux localités indiquées sur le plan général.

Le canal débouche dans la rivière d'Ill à Strasbourg en prolongement du canal de l'Ill au Rhin ; il traverse l'Aar, qui est un bras de l'Ill, au moyen d'un barrage à poutrelles établi sur ce cours d'eau, un peu en aval de l'écluse n° 51 (voir le plan général, fig. 1, pl. A). Entre ce barrage et celui qui a été construit en tête du canal de l'Ill au Rhin, sur le bras principal de l'Ill, le canal de la Marne au Rhin est donc à proprement parler en rivière. On a appelé cette partie du canal chenal du Wacken, nom de l'îlot de terrain compris entre le bras principal de l'Ill et sa dérivation de l'Aar.

§ 2. — **Profils en long.**

La longueur du bief de partage des Vosges est de 29,479^m,30.

La longueur totale du canal sur le versant du Rhin, comptée entre la tête d'aval de l'écluse n° 1 (1), est de 59,522^m,30. On voit que ce

(1) Cette écluse fait partie du bief de partage ; le numéro de chaque bief se donne ainsi par le numéro de son écluse d'aval.

versant est à peine deux fois long comme son bief de partage. La cote du plan d'eau du bief de partage au-dessus du niveau de la mer est (voir le profil en long, fig. 2, pl. A) . . . . 265ᵐ,00 (1).

La cote du plan d'eau de l'Ill au barrage établi sur cette rivière pour le canal de l'Ill au Rhin. 133ᵐ,95

Différence. 131ᵐ,05

Cette chute totale est rachetée par cinquante et une écluses se répartissant ainsi qu'il suit pour les chutes :

38 écluses de 2ᵐ,60 de chute 98ᵐ,80

8 écluses de 2ᵐ,725 de chute de l'écluse nᵒ 30 à l'écluse
    nᵒ 37 inclusivement 21 80

1 écluse de 2ᵐ,49 de chute, l'écluse nᵒ 21. . . . . . . 2 49

1 écluse de 2ᵐ,46 de chute, l'écluse nᵒ 48. . . . . . . 2 46

2 écluses de 2ᵐ,00 de chute, les nᵒˢ 49 et 50. . . . . 4 00

1 écluse de 1ᵐ,50 de chute, l'écluse nᵒ 51. . . . . . . 1 50

Total pareil à la différence ci-dessus. . . 131ᵐ,05

La chute de l'écluse nᵒ 51 varie d'ailleurs avec le niveau des eaux de l'Ill, et la cote sur laquelle est calculée la chute de 1ᵐ,50 est la cote d'étiage des eaux de navigation du canal donnant 1ᵐ,60 de tirant d'eau sur le busc d'aval de cette écluse.

On devait d'abord donner à toutes les écluses du versant du Rhin 2ᵐ,60 de chute ; mais les circonstances locales n'ont pas permis de satisfaire partout à la condition complète d'égalité de chute qui est si désirable dans la construction des canaux ; cependant on s'est très-peu éloigné de cette chute normale de 2ᵐ,60 admise en principe, excepté pour les trois dernières écluses, près de Strasbourg, où il eût été difficile et coûteux de prendre des dispositions différentes de celles qui ont été adoptées ; ce décroissement des chutes vers l'extrémité d'aval d'un canal ne paraît pas offrir d'ailleurs d'inconvénients sérieux.

La cote au-dessus de la mer, du fond du ballast du chemin de fer au sommet du palier de niveau du col d'Arschwiller, un peu en

____

(1). Cette cote est celle qui a été donnée par Brisson et que nous conservons dans nos profils.

amont de l'entrée du souterrain de Hommarting, est (voir le profil en long, figure 2, pl. A) de. 268ᵐ,55

La cote correspondante à l'entrée de la gare de Strasbourg est.   138   31

Différence. 130ᵐ,24

Cette chute est rachetée par les différentes pentes indiquées au profil en long (fig. 2, pl. A) ; elles varient de 0 à 0ᵐ,06891 par mètre. Toutefois cette dernière pente ne règne que sur 2,298ᵐ,20 de longueur en aval de la station de Lutzelbourg, et c'est la pente de 0ᵐ,005 qui est la pente limite en général.

La longueur totale, depuis le palier de niveau du col d'Arschwiller jusqu'à l'entrée de la gare de Strasbourg, est de. . .   62,167ᵐ,13

Les pentes supérieures à 0ᵐ,005 et inférieures à 0ᵐ,007 par mètre donnent une longueur totale de. 2,944ᵐ,20

La pente de 0ᵐ,005 règne sur une longueur de. .   10,113   20

Les pentes inférieures à 0ᵐ,005, et supérieures ou égales à 0ᵐ,002, donnent une longueur de.   17,988   66

Les pentes inférieures à 0ᵐ,002 une longueur de. .   19,292   60

Les paliers de niveau une longueur totale de. . . .   10,831   47

Longueur totale pareille à la longueur ci-dessus.   62,167ᵐ,13

Aucune de ces pentes n'excède les limites que l'on adopte en général sur les chemins à grande vitesse, et n'approche même pas de celles de 0ᵐ,01 à 0ᵐ,02 que l'on admet aujourd'hui pour les chemins de fer en pays de montagnes. Des paliers de niveau sont d'ailleurs ménagés près de la plupart des stations, chose indispensable pour un service commode des voies de garage, de sorte que le profil en long du chemin de fer ne donne lieu à aucune observation particulière ; il n'en est pas de même de celui du canal.

La première observation que provoque ce profil est le peu de longueur des dix-huit biefs de la descente d'Arschwiller ; leur longueur moyenne n'est guère que de 200 mètres, et le bief n° 3 n'a que 95 mètres de longueur, y compris l'écluse n° 3 (1).

____

(1) Les longueurs des biefs sur le profil en long (fig. 2, pl. A) sont toujours prises entre les têtes d'aval des écluses.

Pour parer à cet inconvénient que la conformation du terrain ne permettait pas d'éviter, M. Jaquiné projeta une rigole faisant communiquer le bief n° 3 avec l'étang inférieur du Forrellenbachel, ce qui augmente sa superficie de toute celle de cet étang, et a pour effet d'empêcher le bief de tomber hors de navigation par le passage des bateaux. La figure 20', pl. F, indique cette disposition ; on y a inscrit les cotes des eaux rapportées au niveau de la mer. Cette même figure montre comment on a placé le quatrième bief pour augmenter sa superficie ; il est dans le vallon même de Forrellenbachel et contient un déversoir de 4^m,00 d'ouverture pour dégager les crues du ruisseau. On a par le même procédé augmenté la superficie des biefs n°s 9 et 13 en les développant dans deux vallons secondaires et y recevant les deux petits affluents de ces vallons ; chacun de ces biefs est muni d'un déversoir : les plans détaillés de ces deux biefs sont donnés par les figures 1 et 3, pl. F, et le dessin d'un déversoir est donné par les figures 1, 2, 3, 4, pl. D. L'idée de développer ces biefs dans les vallons secondaires pour augmenter leurs surfaces est entièrement due à M. l'ingénieur en chef Jaquiné.

L'expérience de la navigation a démontré que chaque éclusée faisait baisser de 0^m,20 au maximum les biefs les plus courts, et comme ils ont 2^m,00 de tenue d'eau, et que la tenue d'eau normale générale du canal est 1^m,60, il s'ensuit qu'il faudrait tirer deux éclusées de suite d'un bief avant de le faire tomber hors de navigation. On pourrait donc faire passer deux bateaux de suite dans une écluse ; mais si le bief supérieur baisse à 0^m,40 dans ce cas, le bief inférieur s'élèverait à peu près de la même quantité, ce qui lui donnerait 2^m,40 de tenue d'eau et l'exposerait à déborder. Pour maintenir les biefs à leur cote normale de 2^m,00, M. l'inspecteur général Collignon a proposé à l'administration supérieure, qui les a approuvés, des aqueducs latéraux à chaque écluse faisant communiquer les biefs indépendamment des écluses. Les figures 21, 22, 25, 26, 27, planche D, donnent le détail de ces ouvrages ; les eaux des biefs se règlent d'elles-mêmes par des déversoirs de superficie établis à l'entrée de l'aqueduc dans le bief d'amont. Ces déversoirs avaient été projetés avec 0^m,50 d'ouverture ; on leur a donné 1^m,00 en les exécutant : cette ouverture ne paraît pas encore suffisante pour leur faire remplir complétement leur but, et l'on sera obligé probablement de la porter à 3^m,00, ce qui sera du reste facile et ne modifiera en rien la section intérieure de l'aqueduc, qui a un débouché suffisant pour recevoir le débit d'un pareil déversoir. *Il faut, pour que ces déversoirs soient tout à fait utiles, qu'ils puissent débiter en général, pendant la durée de l'éclusée supérieure, le cube de cette éclusée et sans laisser les eaux s'élever dans le bief de plus de* $0^m,04$ *à* $0^m,05$ *au-dessus de leur cote maxima.* Avec ces dispositions particulières la navigation de la descente d'Arschwiller se fait sans peine et les eaux ne se perdent pas ; elles vont de bief en bief à mesure qu'il y a des excédants, et quand il y a abaissement, on tire par le jeu des ventelles des écluses supérieures les eaux du bief de partage. On avait projeté d'abord une rigole régulatrice qui devait suivre le contre-fossé du canal, du côté gauche, et qui prenait ses eaux dans l'étang supérieur de Forrellenbachel, mis lui-même en communication avec le bief de partage par une rigole, ce qui était exactement comme si l'on eût tiré des eaux du bief de partage sans passer par les écluses intermédiaires ; mais les difficultés que l'on rencontre pour le service d'une pareille rigole et l'inconvénient qu'elle présente toujours de faire perdre beaucoup d'eau par fausses manœuvres y fit renoncer, et M. l'inspecteur général Collignon proposa de la remplacer par les aqueducs régulateurs dont on a parlé plus haut, qui sont ce qu'il y a de plus simple, de moins coûteux et de plus pratique.

Hors de la descente d'Arschwiller, les longueurs des biefs vont en augmentant en général, à mesure qu'on s'éloigne du bief de partage; le plus court des biefs en aval du dix-huitième est le bief n° 35, qui a $321^m,45$ de longueur (profil en long, fig. n° 2, pl. A) ; et le plus long est le bief n° 47, qui a une longueur de $6,501^m,10$.

Le profil en long montre que tous les chemins sont traversés par des ponts fixes ; il n'y a que deux ponts tournants, un à Vendenheim, l'autre au Wacken, près de l'embouchure du canal dans l'Ill à Strasbourg.

Le chemin de fer au contraire traverse presque tous les chemins à niveau et n'a qu'un seul pont sur rails entre Vendenheim et Strasbourg. (Voir le profil en long, fig. 3, pl. A.)

ALIGNEMENTS.

La longueur totale du tracé du chemin de fer entre le palier de niveau du col d'Arschwiller et l'entrée de Strasbourg est de................ .... 62,167m,13

Les alignements droits ont une longueur totale de ... 40,877m,19
Les courbes une longueur de....................... 21,289m,94

Total pareil 62,167m,13

Les rayons des courbes varient entre 800 mètres et 4,655 mètres; le rayon minimum des courbes est donc de 800 mètres; il n'y a d'exceptions que la courbe en aval du souterrain no 5 de 631m,90 de longueur, qui n'a que 750 mètres de rayon, et la courbe d'entrée à Strasbourg, qui a 700 mètres de rayon sur une longueur de 714.

La branche du Rhin du canal de la Marne au Rhin entre la première écluse et l'entrée du canal dans l'Ill à Strasbourg a, comme on l'a vu plus haut, une longueur totale de 59,522m,70

Les alignements droits ont une longueur de........ 29,626m,25
Les courbes une longueur de 29,896m,45

Total pareil......... 59,522m,70

Les rayons des courbes varient entre 100 et 1,200 mètres; pour les rayons plus petits que 300 mètres on est obligé d'élargir le canal dans les courbes afin d'y assurer le croisement de deux bateaux. On a, dans la partie du tracé comprise dans notre ancien service du canal, ajouté à la largeur normale de 10 mètres au plafond qu'a le canal dans les alignements droits et dans les courbes de moins de 300 mètres de rayon les largeurs suivantes qui permettent à deux bateaux de 34m,50 de longueur et 5m,10 de largeur de se croiser :

Pour des rayons compris entre 100 et 120 mètres........ 1m,10
Pour des rayons compris entre 120 et 260 mètres........ 0m,80
Pour des rayons compris entre 260 et 300 mètres........ 0m,50

Ces élargissements se prenaient d'ailleurs du côté du canal où la courbe tournait sa convexité vers l'axe.

Quand par suite de circonstances exceptionnelles les rayons étaient moindres que 100 mètres, on adoptait des dispositions de tracé particulières. (Les fig. 6 et 13, pl. B, en donnent des exemples.)

Toutes les courbes de raccordement du chemin de fer sont des arcs de cercle; il en est de même de celles du canal en général, excepté pour la partie de la vallée de la Zorn comprise entre la limite des départements de la Meurthe et du Bas-Rhin et l'écluse n° 29.

Le plan général (fig. 1, pl. A) montre combien cette partie de la vallée de la Zorn est tortueuse ; et comme on y a tracé le canal partout contre la côte, de manière à compenser les déblais et les remblais, il a fallu suivre les courbes naturelles, ou du moins adopter pour les tracés la courbe qui par sa forme permît de s'en rapprocher le plus.

Dans cette partie du tracé les courbes sont toutes des arcs de parabole ; quand on la voit en eau d'un point élevé, elle fait exactement l'effet d'un ruban d'argent s'enroulant sur le flanc de la montagne ; les rayons qui ont servi à déterminer les élargissements du plafond d'après les bases données ci-dessus sont dans ce cas ceux des cercles tangents aux points de plus grande courbure des arcs de parabole.

§ 3. — Profils en travers.

Le profil en travers de détail du chemin de fer est donné, tant en remblai qu'en déblai, par la figure 18, pl. B. Il a au niveau du fond du ballast 9^m,00 de largeur jusqu'aux crêtes des talus. Les talus de remblai sont inclinés à 3 de base pour 2 de hauteur ; les talus de déblai ont été très-variables suivant la nature du terrain ; les figures 7, 8, 11, pl. B, donnent quelques-unes des dispositions suivies dans les parties où les terrassements ont été les plus considérables. Dans les projets de notre ancien service du chemin de fer entre la limite des départements de la Meurthe et du Bas-Rhin et Wilwisheim, nous avions admis, pour les déblais dans toutes les tranchées de la partie en amont de Saverne où l'on rencontrait le roc, un talus moyen de 2 de base sur 3 de hauteur. Pour les parties en aval de Saverne, où l'on ne devait rencontrer que de la terre, nous avions adopté des talus de 45° ; mais les terres tiennent difficilement à cette inclinaison sur une certaine hauteur, lorsqu'on n'y fait pas de gazonnages ; nous pensons que pour les déblais en terre, on ferait bien d'admettre le talus de 3 de base pour 2 de hauteur que l'on admet en général pour les remblais. Quant aux talus de déblai dans le roc, on ne peut rien fixer pour leur inclinaison, et c'est la nature du roc qui seule peut la déterminer.

Le profil en travers normal du canal est donné par les figures 9, 16 et 19, de la planche B. Le détail des profils normaux de la descente d'Arschwiller et de la traversée de Saverne est donné par les figures 14, 15, 20 de la même planche. La combinaison de ces profils avec le profil normal ordinaire a donné lieu à d'autres dispositions spéciales, comme celles qui sont indiquées par les figures 3 et 11, pl. B.

Dans son profil en travers normal, le canal a 10 mètres de largeur au plafond, 1^m,60 de tenue d'eau ou de mouillage ; une banquette de 0^m,50 de largeur règne à fleur d'eau de chaque côté, et les crêtes des chemins de halage sont de 0^m,70 au-dessus de la ligne d'eau, ce qui donne 2^m,30 de hauteur totale entre ces crêtes et le plafond. (Fig, 19, pl. B.)

Comme les talus intérieurs sont d'ailleurs inclinés à 2 de hauteur pour 3 de base, cela donne à la ligne d'eau une largeur de 14^m,80, et entre les crêtes intérieures des chemins de halage une largeur de 17^m,90. (Fig. 19, pl. B.)

Le chemin de halage principal a en général 4^m,50 de largeur, et le chemin de halage secondaire ou marchepied 3 mètres, ce qui donne au canal, entre les crêtes des talus extérieurs, une largeur totale de 25^m,40, tandis que pour le chemin de fer, cette même largeur n'est que de 9 mètres (sur la ligne des terrassements, c'est-à-dire au niveau du fond du ballast).

Dans le profil entre murs de la descente d'Arschwiller (fig. 20, pl. B) le minimum de largeur au plafond est de 12 mètres, et comme les murs ont leurs parements inclinés à 1/5 de fruit, cela fait à la ligne de flottaison qui se trouve dans cette partie du canal à 2 mètres au-dessus de celle du plafond normal une largeur de 12^m,80 ; les crêtes des couronnements des murs sont à 0^m,50 au-dessus de la ligne d'eau, ce qui donne entre ces crêtes une largeur de 13 mètres. Le chemin de halage a 5 mètres de largeur et le marchepied 2^m,50, ce qui donne une largeur totale, entre les crêtes des talus extérieurs, de 20^m,50. Cette largeur est, comme on l'a vu plus haut, de 25^m,40 quand il n'y a pas de murs de cuvette.

Dans le cas où le terrain serait très-cher aux abords ou dans la traversée de localités bâties, il peut être souvent avantageux d'adopter le profil entre quais ; c'est ce qui est arrivé à Saverne, où l'on a même réduit à 11 mètres la largeur au plafond. (Fig. 15, pl. B.)

Revenons au profil en travers, type de la descente d'Arschwiller :

Brisson, dans son projet du canal de la Marne au Rhin, avait supposé que dans cette partie du canal la cuvette serait entièrement en maçonnerie. Lorsque l'on fit les projets définitifs (1), on pensa que le terrain serait assez bon pour se passer d'un revêtement continu, et l'on se borna à admettre le mur de soutènement intérieur du côté droit, c'est-à-dire du côté du remblai (fig. 20, pl. B); on supposait que du côté gauche du profil, on pourrait se contenter d'un simple talus en déblai. Le mur du côté droit était construit sur la moitié de sa longueur totale environ lorsque nous prîmes le service de la troisième subdivision en 1851. En faisant exécuter les déblais du talus prévu pour le côté gauche du profil, nous ne tardâmes pas à reconnaître des failles nombreuses dans le roc, et nous proposâmes de faire de ce côté un mur semblable à celui qui avait été projeté pour le côté droit du profil. Nous ne tardâmes pas non plus à acquérir la certitude, par la nature du terrain rencontré dans les déblais du plafond, qu'il n'y avait aucune chance de faire tenir les eaux dans un pareil terrain sans revêtement; on était donc ramené à l'idée de Brisson. A la fin de 1852 nous essayâmes de fermer en maçonnerie les fissures de roc du plafond dans le cinquième bief. Ces travaux furent faits avec un soin minutieux; au moyen du Forrellenbachel, nous parvînmes à mettre dans le cinquième bief 1^m,20 d'eau; or, malgré les travaux faits, les pertes y étaient encore considérables. Il devenait donc évident que le système des travaux partiels de maçonnerie ou de bétonnage dit *en recherche* ne devait conduire à aucun résultat certain, tout en coûtant beaucoup, et nous en arrivâmes à proposer en définitive la mesure radicale d'un revêtement continu en béton entre les deux murs. Ces dispositions (un second mur et le plafond bétonné) furent adoptées par M. Collignon, et l'administration les approuva définitivement le 15 juin 1853.

Le chemin de halage principal destiné aux chevaux est placé sur la droite du profil en travers, c'est-à-dire du côté de la vallée dans le profil à mi-côte; le marchepied est du côté gauche. Cette disposition du profil est assez générale sur les canaux tracés à mi-côte, comme l'est la plus grande partie de la branche du Rhin du canal de la Marne au Rhin; le chemin de halage est toujours du côté de la val-

(1) Ces projets ont été dressés par M. Molard, ingénieur ordinaire, sous la direction de M. l'ingénieur en chef Jacquiné, en 1846.

lée. Ici, il reste à droite jusqu'au pont-canal de la Walck, vingt-neu-vième bief, où le canal passe sur la Zorn, et le chemin de halage change de côté. Il reste à gauche depuis ce point jusqu'à Strasbourg, c'est-à-dire toujours du côté de la vallée par rapport au profil en travers du canal. Cette disposition est la plus commode pour la navigation et la meilleure aussi par rapport aux terrassements. Comme le marchepied est presque toujours en déblai, on peut la plupart du temps disposer son tracé de manière à trouver de son côté le déblai nécessaire pour faire le remblai du côté du chemin de halage, excepté aux abords des écluses et dans les passages des affluents du cours d'eau principal, où il y a toujours des remblais à faire. On a soin alors de placer le tracé un peu plus en déblai en amont de ces points.

<h3 style="text-align:center">§ 4. — Procédés de tracé.</h3>

Nous allons indiquer maintenant les procédés de tracé qui ont été employés dans notre service, tant pour les études que pour les projets, et comme c'est le canal qui a été entrepris le premier, nous commencerons par lui.

La première opération a consisté à tracer sur le terrain une ligne continue sur laquelle on eût à peu près, avec le profil en travers normal du canal, la compensation des déblais et des remblais, et qui fût telle, quant à ses niveaux, que le canal placé sur cette ligne fût à l'abri des crues de la Zorn; voici comment on a opéré pour arriver à ce résultat.

On a commencé d'abord par établir de distance en distance des repères fixes que l'on a nivelés au niveau à bulle d'air et dont on a, après vérification, calculé les cotes. Ces repères étaient numérotés ensuite et sur chacun l'on inscrivait sa cote; on avait ainsi des points de rattachement certains pour tous les nivellements en long et en travers à faire ultérieurement pour l'étude des projets définitifs.

Après cette première opération on fit un profil en long général de la vallée de la Zorn, sur lequel on rapporta la ligne de la crue de 1824, la plus forte dont le pays eût gardé souvenir, et un plan général à l'échelle de 0m,001 pour 5 mètres sur lequel était tracée la ligne d'opération de ce nivellement en long. On y leva, tous les 200 mètres environ et en général aux changements notables dans l'inclinaison transversale du terrain, un profil en travers; l'emplacement et la direction de ces profils étaient rapportés sur le plan général et leurs cotes y étaient inscrites.

Voyons maintenant comment la position de chaque écluse est déterminée par la condition que le bief d'aval soit à l'abri des crues de la Zorn.

Supposons que le nivellement du Bas-Rhin soit rattaché à celui du département de la Meurthe ou des ingénieurs voisins et que nous connaissions la cote du plafond du dernier bief de ce département; on remarquera d'ailleurs que cette cote est déterminée elle-même, d'après le nivellement, par les chutes d'écluses et le point de départ du bief de partage ou la cote d'eau de ce bief.

La cote d'eau du bief de partage rapportée au niveau de la mer étant 265, celle du bief n° 25 commun aux départements de la Meurthe et du Bas-Rhin est, en ayant égard aux chutes de $2^m,60$ de vingt-trois écluses et à celle de $2^m,49$ de l'écluse n° 22, de $202^m,71$. (Voir le profil en long, fig. 2, pl. A.) Les crêtes intérieures des chemins de halage étant, d'après le profil en travers normal (fig. 19, pl. A), à $0^m,70$ au-dessus de la ligne d'eau, soit à $2^m,30$ au-dessus du plafond (1), il en résulte que pour ce bief les cotes du plafond et de la crête intérieure du chemin de halage sont $211^m,11$ et $203^m,41$.

Nous admettions *à priori* que la ligne des crêtes des chemins de halage devait être à $0^m,60$ au-dessus des plus grandes crues de la Zorn. Or, la cote de cette ligne horizontale pour le bief n° 25 était $203^m,41$. La cote de cette même ligne pour le bief suivant (la chute d'écluse étant de $2^m,60$) était $203^m,41 + 2^m,60 = 206^m,01$; en retranchant de cette cote $0^m,60$, on a la cote minima de $205^m,41$ que doivent avoir les crues au droit de l'écluse pour rester à $0^m,60$ plus bas que la crête intérieure du chemin de halage du bief d'aval vis-à-vis de l'écluse. Il fallait donc placer l'écluse n° 26 vis-à-vis du point où la cote de la ligne des crues de 1824 était sur le profil en long de ces crues $205^m,41$. C'est ainsi que nous avons déterminé les positions de toutes les écluses en amont de Saverne. En aval de cette ville la condition des crues de la Zorn n'avait plus grande importance, le tracé étant en général de beaucoup au-dessus de la rivière;

(1) Non compris le petit bourrelet établi pour empêcher les chevaux de marcher sur les talus et de tomber dans le canal.

c'est le profil en long du terrain et la condition du minimum de terrassements qui a là principalement déterminé les emplacements des écluses. Mais revenons au tracé en amont de Saverne qui a offert le plus de difficultés; reprenons les biefs n°s 25 et 26 et cherchons à y tracer la ligne d'axe sur laquelle les déblais et les remblais se compensent. Pour y arriver, voici comment nous avons opéré. Nous avons sur quelques profils en travers du terrain levés comme il a été dit plus haut, rapporté le profil en travers normal du canal et fait glisser ce dernier profil sur celui du terrain, de manière à obtenir dans le profil en travers la compensation du déblai et du remblai. C'est un petit tâtonnement à faire qui est fort simple ; on calcule rapidement deux ou trois positions du profil type, et l'on voit bientôt quelle est la cote de déblai sur l'axe qu'il faut adopter pour la compensation ; ainsi supposons, par exemple, le profil n° 8 (fig. 9, pl. B), la ligne du terrain y est indiquée en traits ponctués : supposons qu'avec une hauteur de déblai de $0^m,50$ sur l'axe, le déblai et le remblai se compensent dans le profil en travers, on calculera de même deux ou trois autres profils et on déterminera ainsi une cote moyenne de déblai sur l'axe. Supposons que cette cote soit $0^m,50$, la cote du plafond du bief n° 25 est, comme on l'a vu plus haut, $201^m,11$; la cote de la ligne d'axe sur laquelle les déblais et les remblais se compenseront dans ce bief sera $201^m,11 + 0^m,50 = 201^m,61$; la cote analogue sur le bief suivant sera $201^m,61 + 2^m,60 = 204^m,21$, et ainsi de suite. On trace donc sur le plan des courbes de niveau aux cotes $201^m,61$, $204^m,21$, etc., sur lesquelles le profil en travers du canal étant placé, la compensation du déblai et du remblai se fait dans le profil.

Si le tracé suivait exactement ces courbes et que chaque écluse placée entre deux courbes successives fût normale aux deux courbes, la compensation des déblais et des remblais dans le profil en travers se ferait à très-peu près partout, mais il faut que l'écluse soit dans l'axe du canal. Il s'ensuit que cet axe aux abords de l'écluse passera entre les deux courbes de niveau successives; alors encore on arrive, sinon à une compensation des déblais et des remblais dans le profil en travers, du moins à une compensation sur le profil en long; car si l'axe en quittant la courbe d'amont donne du remblai en amont de l'écluse, il donne un déblai correspondant en se rapprochant de la courbe d'aval.

On se rappellera d'ailleurs que la position de l'écluse était fixée sur le plan général par la ligne des crues de la Zorn; on ne prolongeait vers ce point les courbes de niveau de ces étages successifs que de quelques mètres de part et d'autre, et l'on ne traçait ainsi de ces courbes que ce qu'il fallait. Toutes les courbes de niveau étant rapportées sur le plan, on voyait ensuite si elles pouvaient être conservées ou s'il fallait les rectifier un peu pour régulariser le tracé; on faisait disparaître tous les petits mouvements irréguliers et l'on traçait ainsi un axe régulier que l'on reportait sur le terrain au moyen de piquets. C'est sur cette ligne que s'établissait le nivellement du profil en long définitif. En même temps que se faisait cette opération, on levait un plan à l'échelle de $0^m,001$ pour mètre sur lequel on devait plus tard dresser le plan parcellaire. Ce plan avait une série de bases d'opérations qui se rapprochaient autant que possible de l'axe du nivellement. Ces bases étaient fixées par des bornes exactement et solidement placées, puis chaînées avec soin, leurs longueurs cotées et leurs angles successifs pris au théodolite et cotés sur le plan. Au moyen d'ordonnées élevées sur ces bases on rapportait sur le plan tous les détails qu'on désirait y faire figurer. Il n'est pas inutile de faire remarquer d'ailleurs que dans le *chaînage des longueurs il est très-important de vérifier tous les jours les chaînes sur des étalons;* autrement on s'expose à des mécomptes notables pour peu que la ligne à étudier ait quelque étendue.

Le plan d'étude à l'échelle de $0^m,001$ pour mètre servait à déterminer définitivement tous les tracés et à faire toutes les études de détail relatives aux projets définitifs.

Pour le tracé des chemins de fer, on ne peut pas, comme pour les canaux et les routes, se laisser conduire, pour ainsi dire, par le niveau; la question des rayons introduit dans le tracé quelque chose de brutal, qui vous rejette tantôt à droite, tantôt à gauche, par monts et par vaux. La première chose à faire quand on a une vallée sinueuse à suivre, est de voir quels sont les rayons possibles dans des limites raisonnables de dépense; il faut pour cela une grande habitude de juger le terrain et, par conséquent, beaucoup de pratique des tracés.

Pour notre étude de 1842, entre Hommarting et Wilwisheim, nous connaissions déjà la vallée de la Zorn par les études du canal et tous nos repères étaient nivelés. Nous avons pour cette étude opéré de la manière suivante : au moyen de piquets numérotés, et d'après notre connaissance du pays, nous tracions une première ligne et nous étions suivi par trois ateliers d'opération ; le premier nivelait en long sur la ligne, le second levait les profils en travers sur les piquets, le troisième levait le plan des piquets, les directions des profils en travers, la rivière, la courbe indiquant le pied de la montagne dans la vallée, ce qui était déjà exécuté du canal, les repères, les amorces de villages et les points remarquables des localités traversées. Le soir, en arrivant au logis on calculait toutes les cotes de la journée et deux dessinateurs y rapportaient ensuite les profils et le plan presque à mesure qu'ils se faisaient, de sorte que, nos opérations terminées, nous revînmes à Saverne ayant tous les dessins nécessaires pour commencer immédiatement les études de cabinet. Au moyen des profils en travers qu'on avait prolongés de 50 à 60 mètres de chaque côté de la ligne d'opération, on pouvait modifier cette ligne de manière à satisfaire en même temps à la question du minimum de rayon et à celle du minimum de terrassement relatif à ces rayons. Au moyen du profil en long et de la pente-limite de $0^m,005$ donnée *à priori*, les pentes se déterminaient de manière à traverser le col d'Arschwiller avec un minimum de longueur de souterrain, et les points de sujétion, comme le passage du canal près des usines de la Walck, au moyen du minimum de hauteur afférent à ces points.

Pour les projets définitifs du service du chemin de fer dont nous avons fait exécuter les travaux entre la limite des départements de la Meurthe et du Bas-Rhin et Wilwisheim, cette étude de l'avant-projet nous servit beaucoup : l'étude définitive fut faite, comme celle du canal, à l'aide d'un plan à l'échelle de $0^m,001$ pour mètre. On y traçait les alignements droits dont on relevait les angles, et l'on calculait les arcs de cercle tangents à ces lignes au moyen de ces angles et des rayons que l'on se donnait d'après la configuration des courbes naturelles de la vallée et en se tenant dans la limite de minimum de rayon donnée qui était de 800 mètres (elle avait été de 500 mètres pour l'avant-projet).

Le tracé ne fut définitivement établi qu'après bien des calculs d'essai ; car, outre toutes les difficultés que présentait la vallée supérieure de la Zorn par ses coudes brusques, on s'était imposé encore la condition d'arriver à peu près à la compensation des déblais et des remblais. L'expérience nous a appris que cette question était plus secondaire pour les tracés de chemins de fer que pour ceux des canaux et surtout des routes. Elle est secondaire dans les chemins de fer, parce que les talus des grandes tranchées ne peuvent jamais être exactement prévus d'avance, et que leur modification immanquable bouleverse souvent tous les calculs de terrassements du projet. Du reste nous prêchons des convertis, car il y a peu d'ingénieurs qui s'amuseraient aujourd'hui à résoudre pour un chemin de fer le problème de la compensation des déblais et des remblais. Nous avons consciencieusement résolu ce problème dans presque tous nos projets, et il ne s'est pas une seule fois réalisé dans l'exécution des travaux.

CHAPITRE II.

TERRASSEMENTS.

§ 1. — Observations générales sur les terrassements.

FOISONNEMENT DES TERRES. — On commettrait dans certains cas des erreurs grossières en admettant un foisonnement pour les terres employées du déblai au remblai. Pour nos travaux du chemin de fer nous avons presque partout eu assez de déblais, là où les profils donnaient la compensation des déblais et des remblais, et dans ceux du canal l'inverse est arrivé dans la même partie de la vallée de la Zorn, entre la limite des départements de la Meurthe et du Bas-Rhin et Saverne. Le tracé du chemin de fer coupant les contre-forts, ses déblais ont donné beaucoup de roc, de sorte qu'ils ont foisonné. Un mètre cube de déblai de roc plein donnait en général de $1^m,50$ à $1^m,60$ de remblai, mais la terre se logeait dans une bonne partie des vides et, en définitive, le mètre cube de déblai général, roc et terre, ne donnait guère qu'environ 1 mètre de remblai.

Pour le canal, où l'on n'a employé en remblai que les terres fines rencontrées par le tracé vers le fond de la vallée, il y a eu un déficit du déblai au remblai de 1/10 à 1/8. Ainsi, pour faire 1 mètre cube de remblai pilonné et tassé par le passage des brouettes et des tombereaux, il a fallu de $1^m,10$ à $1^m,25$ de déblai de terre. Ces faits résultent et des expériences directes que nous avons faites et surtout de l'expérience en grand de tous les travaux du canal compris entre l'écluse nº 18, la dernière de la descente d'Arschwiller et Saverne. Dans cette partie de la vallée de la Zorn le terrain léger du grès vosgien foisonne négativement du déblai au remblai, si l'on peut s'exprimer ainsi. Dans les projets on avait supposé le foisonnement nul, et partout où l'on avait obtenu, par le calcul des terrassements, la compensation du déblai et du remblai, il y a eu un déficit de 1/10 à 1/8 sur les remblais, qu'il a fallu compléter par des emprunts. Le mécompte aurait été bien plus grand encore si l'on eût adopté un foisonnement dans les projets au lieu de le supposer nul. *Nous croyons qu'à moins de circonstances exceptionnelles, quant à la nature des terres, il est toujours imprudent d'admettre un foisonnement dans les projets de terrassements, et qu'il y a certaine nature de terre, les terres légères, pour lesquelles on doit admettre un retrait au lieu d'un foisonnement. Ce retrait variera suivant la nature des terres, mais on peut admettre, en général, qu'il est le dixième du volume des déblais.*

§ 2.—Mode d'exécution des terrassements.

Les terrassements du chemin de fer, dans notre service, ont été exécutés au wagon sur rails définitifs; ceux du canal, au tombereau. Il faut pour les canaux proscrire le mode de transport au wagon d'une manière absolue, attendu que les dépenses d'étanchement qu'on est obligé de faire plus tard pour tenir les eaux dans de mauvais remblais ne sont pas en rapport avec l'économie qui résulterait dans les dépenses primitives de l'emploi des chemins provisoires. Il y aurait, bien entendu, exception à cette règle dans le cas où le tracé couperait des contre-forts dans les tranchées desquels on trouverait du roc. Les remblais se feraient alors avec de la pierraille mêlée de terre; dans ce cas on doit se résigner d'avance aux étanchements, et dès lors il y a tout avantage à exécuter les terrassements au wagon sur chemins de fer provisoires.

Pour les remblais des canaux il faut avoir soin d'essarter le sol avant d'y déposer les terres; il s'établit volontiers des filtrations à la ligne d'assiette du remblai sur le terrain naturel. Il faut donc mettre le sol à vif pour y relier le remblai, et si l'on veut mieux faire encore, y creuser sur le milieu du remblai un fossé longitudinal de 1 mètre à 1^m,50 de largeur. Ce fossé est remblayé ensuite par les terres du remblai : cette disposition peu coûteuse suffit souvent pour fermer le passage aux eaux et peut éviter des étanchements ultérieurs fort dispendieux. Pour les routes et les chemins de fer on n'a pas besoin de prendre ces sortes de précautions; mais elles s'appliqueraient parfaitement à des digues d'étangs ou réservoirs. Pour les terrassements de digues qui doivent être étanches, le pilonnage par couches de 0^m,15 à 0^m,20 d'épaisseur doit être rigoureusement exigé. Les terres doivent être purgées des plus grosses pierres, et il faut éviter d'une manière absolue les terrassements d'hiver. Les mottes de terre gelée qui sont introduites dans le corps du remblai le mettent en mouvement au dégel et rendent son étanchement très-difficile.

Il nous reste à donner une idée de l'agencement particulier d'un atelier important de terrassements au wagon de notre ancien service du chemin de fer : c'est celui de la tranchée de la Walck.

On entama la tranchée aux deux bouts, les plus forts ateliers mis à l'aval, attendu que toutes les terres devaient être transportées dans le remblai d'aval. Cet atelier fut organisé de la manière suivante : on attaqua par gradins dans le profil en long et dans le profil en travers. Ainsi (fig. 12, pl. B) on commença par déblayer suivant une ligne t, g, e, s, c, r, a, sur trois gradins, et en même temps dans le profil en travers on déblayait sur les mêmes gradins, de droite à gauche, suivant e', s', c', r', a', y, w, fig. 11; pl. B; sur chaque gradin on établissait d'ailleurs un chemin de fer destiné au transport des déblais; ces voies, placées à mi-côte sur le versant contre lequel est appuyé le remblai, sont indiquées sur la fig. 12 par les lignes $a\,b$, $c\,d$.

L'atelier ainsi attaqué par gradins, on poussait ces gradins vers l'amont, dans le sens de l'axe, tout en les élargissant vers la montagne, c'est-à-dire vers la gauche dans le profil en travers; la partie inférieure de la tranchée, celle qui est en dessous du gradin e', s' (fig. 11), fut attaquée dès que le déblai du gradin supérieur arriva à la ligne $c''s''$, et dès qu'on eut ouvert ainsi dans le fond de la tranchée une section de 4 à 5 mètres de largeur, on s'en servit très-utilement pour achever le déblai des gradins supérieurs; on opérait par abatage et les quartiers de roc tombaient dans le fond de la tranchée; là on les débitait, on les chargeait et on les enlevait; la tranchée vide, on recommençait à déblayer par le haut et à remplir de nouveau le fond et ainsi de suite. On parvint ainsi à enlever toute la partie non hachée et jusqu'à la ligne kgt de la figure 12. La partie hachée fut enlevée par l'amont au moyen de deux chemins de fer provisoires; l'un allait de m vers n (fig. 10, pl. B), où un dépôt de déblai devait être fait; l'autre contournait le mamelon par la banquette $mm'pq$, pour aller reprendre la voie principale en aval de la tranchée; ce dernier chemin de fer s'embranchait, par une plate-forme tournante, sur une voie vm' supportée par un pont provisoire à travers la vallée de la Zorn, qui servit plus tard à approcher les matériaux du viaduc de la Walck. Les déblais de la tranchée d'aval du souterrain du Haut-Barr prirent aussi cette

voie pour contourner la tranchée de la Walck et aller sur le remblai
d'aval de cette tranchée ; ce système permit d'attaquer vigoureusement
les deux tranchées à la fois. Revenons maintenant au détail du service
des voies. La voie ab (fig. 12, pl. B) servit à déblayer tout ce qui
était au-dessus de la ligne $a'a''$ du profil en travers (fig. 11); la voie
cd (fig. 12), ce qui était entre les lignes $c'r'$ et $a'a''$ du profil en travers (fig. 11); la voie ef (fig. 12), ce qui était entre les lignes $e's''$ et
$c'r'$ (fig. 11); la voie tf (fig. 12), ce qui était entre les lignes $k't'$ et
$e's''$ (fig. 11) et la partie des déblais supérieurs lorsqu'on arrivait vers
la paroi définitive à régler du côté gauche de la tranchée. Enfin, quand
tout fut terminé, on fonça la partie inférieure à la ligne $k't'$ du profil
en travers (fig. 11), limitée sur le profil en long (fig. 12) par les lignes
kt, kz, zf.

Les voies s'embranchaient par croisements sur deux voies principales
qui se développaient sur le remblai à mesure que celui-ci marchait
en avant. Les pentes des chemins de service étaient comprises entre
0,02 et 0,05 par mètre; les wagons chargés descendaient avec une
vitesse assez grande pour aller jusqu'à la décharge, où ils s'arrêtaient
d'eux-mêmes, attendu qu'on disposait le remblai de manière à les
obliger à remonter un peu avant d'arriver à cette décharge. Les
wagons de la voie supérieure avaient, en raison de la grande pente
de cette voie, des freins qui servaient à modérer la vitesse de la descente; derrière chaque wagon montaient deux manœuvres qui le dé-
chargeaient une fois arrivé à sa destination, et le ramenaient ensuite
à bras. Une fois que la distance de transport dépassait 300 à 400 mètres, les wagons vides étaient ramenés en convoi par des chevaux. Il
est inutile d'ajouter que les voies se déplaçaient sur les gradins dans
le profil en travers à mesure que le déblai avançait vers la gauche.
Ces petits déplacements se font très-facilement lorsqu'on se sert, comme
on l'a fait ici, des rails définitifs; on soulève la voie avec des leviers
sans la démonter et on la déplace; on la règle ensuite et on la cale
pour la fixer et la rendre propre à son nouveau service; c'est ce qui
s'appelle, comme on le sait, *riper la voie*.

§ 3. — Hauteur-limite des tranchées.

C'est ici le cas de parler de la hauteur-limite à adopter pour les
tranchées, c'est-à-dire de celle à partir de laquelle il convient d'entrer

en souterrain. Dans le projet de la partie du chemin de fer où se trouve la grande tranchée de la Walck, dont il vient d'être question, on avait admis un petit souterrain ; l'administration supérieure demanda qu'il fût remplacé par une tranchée si le terrain s'y prêtait. Cette tranchée, qui a 20 mètres de hauteur maxima sur l'axe, a coûté à peu près exactement la somme prévue pour le souterrain dans le projet. Il est clair que l'on doit entrer en souterrain là où le mètre courant de tranchée commence à coûter aussi cher que le mètre courant de souterrain ; mais comment savoir d'avance quels seront ces prix ? Pour les souterrains on peut les prévoir plus exactement que pour les tranchées si on les suppose voûtés en entier. Dans une tranchée un peu importante on a toujours des ouvrages de consolidation à faire qui, en définitive, peuvent élever beaucoup sa dépense. On ne peut donc pas donner de règle générale, ni de formule pour déterminer la hauteur-limite des tranchées ; c'est principalement une affaire d'appréciation et d'habitude de juger que l'on acquiert par l'expérience ou par la comparaison des circonstances où l'on se trouve avec celles dans lesquelles se sont trouvés d'autres ingénieurs.

Les limites de hauteur sur l'axe entre lesquelles ont varié les tranchées de tête des souterrains du versant du Rhin sont 15 mètres et 17 mètres.

CHAPITRE III.

TRAVAUX ACCESSOIRES AUX TERRASSEMENTS.

Les travaux accessoires qui complètent les terrassements sont les perrés, enrochements, murs de soutènement, revêtements de talus, semis, gazonnages, plantations, consolidations d'éboulements, empierrements. Il y a d'ailleurs encore à classer, au moins pour le canal, dans cette catégorie d'ouvrages, les gares, qui consistent principalement en terrassements. Pour les chemins de fer, elles participent plutôt des ouvrages d'art par les constructions importantes auxquelles elles donnent lieu ; mais comme nous ne les examinerons que sous un point de vue très-sommaire, nous ne les séparerons pas de celles du canal.

§ 1er. — Perrés, Enrochements.

On a arrêté par des enrochements perreyés suivant l'inclinaison des talus en remblai, qui est de 3 de base sur 2 de hauteur, les pieds de ces talus dans les parties où ils sont baignés par les eaux de la Zorn, jusqu'à 0m,50 au-dessus de la ligne des plus grandes crues de cette rivière. Quelques perrés ont aussi été faits dans l'intérieur du canal du côté du coteau, pour empêcher les éboulements de talus dans les parties humides traversées par des sources venant du coteau contre lequel s'appuie en général le tracé. Enfin toutes les rectifications qu'il a fallu faire subir à la Zorn ont leurs berges revêtues d'enrochements perreyés au talus de 45°. Au bout de très-peu de temps les semences d'aulnes apportées par le vent se sont déposées dans ces enrochements et ont produit une bordure d'arbres dont les racines s'enchevêtrant dans les pierres des enrochements, en ont fait une ligne de défense remarquable contre les corrosions des crues.

§ 2. — Murs de soutènement.

Les murs de soutènement ont été faits en maçonnerie pour le chemin de fer, en pierre sèche pour le canal, excepté les murs de quai qui sont en maçonnerie. Le profil 9 (fig. 11, pl. B) offre cette double disposition. On a exécuté en pierre sèche les petits murs soutenant le ballast dans les tranchées ; la figure 18, pl. B, en indique le détail relativement à la voie ; ces murs sont en maçonnerie à mortier dans les souterrains. Le fruit des murs en maçonnerie est de 0, de 1/10 et de 1/5, celui des murs en pierre sèche de 1/5. Le système des murs en pierre sèche n'est bon, à notre avis, que là où il n'y a pas de poussée importante et ne doit être employé que comme revêtement ; on augmente leur solidité en y disposant tous les cinq ou six mètres des chaînes en maçonnerie à mortier. Le tableau suivant donne les épaisseurs de divers murs en maçonnerie, par rapport à leur hauteur. Pour la pierre sèche l'épaisseur moyenne a été prise à peu près partout égale à la moitié de la hauteur, et la plus grande hauteur où l'on ait employé ce système de construction est 2m,50.

INDICATION DES MURS.	HAUTEUR au-dessus des fondations.	ÉPAISSEUR mesurée sur le milieu de la hauteur.	FRUIT du parement.	RAPPORT de l'épaisseur à la hauteur.
Murs de soutènement du remblai du chemin de fer en aval du souterrain du Mungelbaëchel (grès)	6.00	2.00	1/10	0.33
Murs de soutènement du remblai de la gare de Saverne au chemin de fer (argileux)	2.05	0.80	»	0.39
Murs de la cuvette du canal, descente d'Arschwiller (grès) :				
1° Contre la tête d'aval des écluses	5.10	1.65	1/5	0.32
2° Pour la partie en aval des rampes d'écluses.........	2.50	0.85	1/5	0.34
Murs de la cuvette dans le bief n° 30.....................	2.30	0.80	1/10	0.35
Murs du quai de Saverne (argile) :				
1° Contre la tête d'aval du pont de l'écluse n° 31.....	7.80	2.80	»	0.36
2° Pour la partie en aval de la rampe	2.30	0.95	»	0.40
Pour les murs en retour des ponts sous rails du chemin de fer dans notre service	»	»	»	0.35 à 0.40
Pour les murs en retour des ponts sur le canal dans notre service..	»	»	»	0.23 à 0.35 Sans que l'épaisseur puisse être moindre de 0,50 à 0,60.

Le rapport le plus petit de l'épaisseur à la hauteur $0^m,23$ que nous ayons employé se rapporte au pont de la route impériale n° 4 sur le canal à Saverne, dont le dessin est donné (pl. B, fig. 14). Les murs en prolongement des têtes ont pour le côté droit du canal $9^m,30$ de hauteur au-dessus du plafond, soit $7^m,40$ au-dessus du chemin de halage qui est en déblai. Pour le côté gauche, la hauteur correspondant au-dessus du chemin de halage est $5^m,10$. Or, on a donné aux murs en prolongement des têtes, tant à droite qu'à gauche, $1^m,60$ d'épaisseur, ce qui, pour le côté droit, donne le rapport de $0^m,23$ et pour le côté gauche $0^m,31$: on avait donc là deux rapports différents et par conséquent un point de comparaison pour l'expérience. Or les deux murs du côté droit du canal se sont légèrement courbés vers les extrémités, tandis que ceux du côté gauche n'ont subi aucune espèce de mouvement. La courbure prise par les murs du côté droit n'a occasionné aucune rupture ni même de lézarde apparente dans les parements vus, et l'on n'aperçoit ce petit mouvement qu'en dégauchissant à l'œil la ligne droite des parapets, qui se courbe un peu vers les extrémités ; on peut donc dire qu'ici le rapport $0^m,23$ étant la limite inférieure à laquelle on pût descendre sans provoquer de rupture, ce rapport n'est dès lors pas à conseiller en général. Celui de $0^m,31$ qui résulte des murs du côté gauche était déjà très-suffisant, puisque les murs n'ont éprouvé absolument aucun mouvement ; nous croyons que l'on peut en général adopter pour les ponts de routes de $0^m,25$ à $0^m,30$, sauf à porter le rapport à $0^m,35$ ou même $0^m,40$ pour les ponts de chemins de fer qui exigent un excès de solidité. Il est d'ailleurs entendu qu'il n'est pas question ici des murs en prolongement des têtes des grands viaducs, pour lesquels ces rapports seraient trop forts, attendu les faibles poussées auxquelles ces murs sont soumis, les terres ayant leur talus naturel à l'intérieur comme à l'extérieur.

§ 3. — Revêtements.

Dans la tranchée de Saverne on a fait quelques revêtements à pierre sèche ; dans les tranchées du chemin de fer on a fait des revêtements en maçonnerie et à pierre sèche ; les figures 7, 8, 11, 14, planche B, indiquent quelques-unes de ces dispositions.

Lorsqu'on emploie la maçonnerie à mortier en revêtement, il est essentiel de la garantir contre les infiltrations des sources, s'il y en a dans le terrain à revêtir. Dès que les eaux n'ont pas d'issue, elles finissent par se faire quelque jour, et lorsque les gelées arrivent, tout le revêtement est poussé en dehors. Nous avons été obligé de faire reconstruire au bief de partage des Vosges, environ dix ans après leur construction, plusieurs parties de murs qui avaient été dégradées par cette cause. Il faut donc avant tout faire arriver les sources dans de petits caniveaux derrière le revêtement, et les recueillir pour les faire sortir par des barbacanes pratiquées à cet effet dans le corps de la maçonnerie.

§ 4. — Gazonnages, semis et plantations.

On a cherché à gazonner les talus : pour le canal, où la terre dominait, des semis ont suffi ; pour le chemin de fer, les semis n'ont réussi qu'à force de soin et seulement sur les remblais. Dans le voisinage des forêts, on y a semé du genêt qui a fini par tout envahir et qui a consolidé ces talus ; il a pris de lui-même dans les talus en déblai des grandes tranchées en amont de Saverne.

Les acacias ont parfaitement réussi dans les remblais ; en déblai cet arbuste est plus difficile. Quand on peut faire dans les talus en déblai un revêtement continu de gazon, en ayant soin de fixer de distance en distance les gazons par de petits piquets de saule-marceau ou d'acacia, qui ont eux-mêmes quelque chance de prendre racine, c'est certainement ce qu'il y a de mieux ; mais dans les grands talus on est souvent arrêté par la question de dépense, on peut alors gazonner par bandes horizontales de 1 mètre à $1^m,20$ de hauteur, espacées les unes des autres de $1^m,50$ à 2 mètres en hauteur, et semer les intervalles en ayant soin de les couvrir préalablement d'une couche de terre végétale de $0^m,05$ à $0^m,06$ d'épaisseur. Les bandes en gazon divisent les eaux et les empêchent de raviner les cases dans lesquelles la semence finit par prendre. Il faut d'ailleurs toujours dans les gazonnages avoir soin de prendre des gazons provenant du même terrain que celui auquel on a affaire ; cette condition est essentielle pour la réussite de l'opération.

§ 5. — Empierrements.

Le chemin de halage seul du canal a été empierré, le marchepied ne l'a pas été ; on sera amené, quand la navigation deviendra plus active, à l'empierrer aussi très-probablement. La figure 19, planche B, donne le détail du profil en travers du chemin de halage empierré, la figure 18 celui du chemin de fer ballasté.

§ 6. — Gares ; dimensions.

Les dimensions des gares des canaux ne peuvent, pas plus que celles des chemins de fer, être soumises à des règles fixes : leur étendue doit varier avec les besoins du commerce ; mais il est cependant des conditions auxquelles elles doivent toutes satisfaire pour être commodes ; ce sont les suivantes :

1°. Les ports secs ou terre-pleins des canaux, sur lesquels se déposent les marchandises, doivent toujours être du côté opposé à celui du chemin de halage, afin que la circulation des bateaux qui ne s'arrêtent pas dans la gare ne soit aucunement gênée par le mouvement du port. Les terre-pleins ou ports secs doivent être assez vastes pour contenir les marchandises qui constituent ce mouvement et offrir des abords faciles.

2° La gare doit toujours avoir au plafond une largeur un peu supérieure au maximum de longueur des bateaux qui circulent sur le canal, afin qu'un bateau arrivant à cette gare pour charger et repartir dans le sens où il est arrivé puisse tourner.

La longueur maxima des bateaux sur le canal de la Marne au Rhin est fixée jusqu'à présent à 34^{m},50, de sorte qu'il faut que les gares aient au moins 36 mètres de largeur au plafond ; celles qui ont moins ne sont guère que des gares de passage de peu d'importance.

Nous donnons dans la figure 4, planche A, le plan général des deux gares du canal et du chemin de fer, les plus commodes du versant du Rhin, celles de Saverne.

Le tableau ci-après indique les contenances et les dimensions principales des diverses gares du canal ; nous y ajoutons pour point de comparaison les contenances des gares correspondantes du chemin de fer.

INDICATION des GARES.	GARES DU CANAL.					GARES DU CHEMIN DE FER.				OBSERVATIONS.
	LONGUEUR TOTALE sur l'axe.	LARGEUR au plafond.	CONTENANCES			LONGUEUR TOTALE sur l'axe.	CONTENANCES			
			des bassins ou ports.	des terro-pleins ou ports secs.	totales.		des voies principales.	des voies de garage et des superficies bâties.	totales.	
	m. c.	m. c	h. a.	h. a.	h. a.	m. c.	h. a.	h. a.	h. a.	
Gare de Lützelbourg....	120 »	30 »	» 34	» 25	» 59	» »	» »	» »	3 20	Stat. de 3e cl.
Gare de Saverne........	387 »	50 »	2 »	» 60	2 60	640 »	» 60	4 10	4 70	Id. de 1re cl.
Gare de Steinbourg.....	140 »	40 »	» 55	» 76	1 31	371 »	» 27	» 83	1 »	Id. de 3e cl.
Gare de Dettwiller	228 »	36 »	» 73	» 50	1 23	367 »	» 26	» 68	» 94	Id. id.
Gare de Hochfelden	114 »	30 »	» 35	» 15	» 50	470 »	» 32	» 78	1 10	Id. de 2e cl.
Gare de Mutzenhausen..	150 »	30 »	» 45	» 18	» 63	» »	» »	» »	» »	»
Gare de Waltenheim et Mommenheim........	84 »	22 »	» 18	» 10	» 28	100 »	» 9	» 10	» 19	Stat. de 3e cl.
Gare de Brumath........	158 »	30 »	» 47	» 53	1 »	470 »	» 33	» 82	1 25	Id. de 2e cl
Gare de Vendenheim ...	130 »	22 »	» 27	» 18	» 45	130 »	» 10	» 60	» 70	Id. de 3e cl.
Gare de Souffelweyersheim	80 »	30 »	» 20	» 11	» 31	» »	» »	» »	» »	»
Gare de Bircheim	107 »	15 »	» 16	» 18	» 34	» »	» »	» »	» »	»
Gare de Schiltigheim ...	150 »	20	» 30	» 13	» 43	» »	» »	» »	» »	»

Toutes les dispositions des gares, depuis et y compris celles de Saverne, ont été arrêtées par M. Schwilgué.

Dans les ports importants il est bon d'avoir des murs de quai pour faciliter le chargement et le déchargement des marchandises; dans les ports secondaires on se contente des talus ordinaires du profil du canal. Il existe en amont de Saverne plusieurs gares particulières qui ont été autorisées pour des exploitations de carrières le long du canal dans la formation du grès vosgien. Ces gares ont 35 mètres de longueur et 5m,20 de largeur en dehors du profil du canal, de manière à y embosser un bateau en chargement; elles sont toutes faites du côté du marchepied, de sorte que le chemin de halage reste libre, et que la circulation n'est pas entravée par le chargement des bateaux en gare. On a d'ailleurs imposé pour condition que le marchepied lui-même ne serait pas encombré, et que le chargement se ferait en faisant passer les matériaux sur la banquette, soit en les bardant soit en les transportant à la brouette.

On voit par le tableau précédent que les gares de chemins de fer exigent en général plus de contenance que celles des canaux. Il est facile d'en concevoir la raison par ce seul fait, qu'un grand bateau de canal chargeant 150 à 180 tonnes transporte à peu de chose près autant de marchandises qu'un convoi ordinaire moyen de chemin de fer. Or, quelle différence pour la place occupée! Dans ces conditions de tonnage, un bateau n'a pas plus de 34 à 35 mètres de longueur, et la longueur du convoi de chemin de fer n'a pas moins de 250 à 260 mètres.

§ 7. — Travaux confortatifs dans les éboulements.

A côté des ouvrages accessoires aux terrassements se placent les travaux confortatifs à faire dans le cas des éboulements ou des terres en mouvement des tranchées et remblais; nous allons parler des travaux de ce genre que nous avons eu à exécuter et des procédés qui ont été employés pour en assurer le succès. Il est d'ailleurs encore une catégorie de travaux qui dans les canaux devrait prendre sa place à côté des ouvrages accessoires aux terrassements : ce sont les étanchements; mais nous les placerons plus loin, à côté de la mise en eau et de l'alimentation, qui sont, comme les étanchements, des questions tout à fait particulières aux canaux. Nous nous occuperons donc d'abord des travaux qui sont communs aux canaux et aux chemins de fer. Nous abandonnerons ensuite ces derniers pour ne plus nous occuper entièrement que de la question de mise en eau et des travaux qui s'y rapportent.

Les mouvements que peuvent prendre les terrassements dans les terrains argileux constituent une des parties les plus délicates de l'art de l'ingénieur. M. de Sazilly a publié un remarquable travail sur ce sujet dans les *Annales des ponts et chaussées* (1er semestre de 1851). M. Chaperon, dans une note insérée aux *Annales* (1853, 1er semestre), a émis l'opinion que la théorie exposée par M. de Sazilly, d'après laquelle la partie importante du phénomène se passerait à la surface des talus, ne saurait s'appliquer d'une manière absolue, et qu'il fallait nécessairement admettre dans les grands mouvements une rupture d'équilibre entre les masses à laquelle on ne pouvait réellement remédier que par des travaux de soutènement. Notre expérience confirme parfaitement celle de M. Chaperon, et nous croyons comme lui que dans ces mouvements il n'y a pas d'autre remède que d'étayer les massifs, ou en d'autres termes d'établir un système de travaux capable de résister à leur poussée.

M. de Sazilly, pour les remblais comme pour les déblais, ne conseille comme certain que le système radical de l'enlèvement des terres en mouvement, la réparation superficielle et l'assainissement des surfaces de glissement, réparations sur lesquelles on rétablit ensuite un talus régulier. Cette méthode ne s'est pas, que nous sachions, employée souvent pour les remblais ; nous avons vu au chemin de fer de Paris à Strasbourg un remblai argileux, celui de la Vezouze (Meurthe), qui a éprouvé des mouvements considérables ; au lieu d'enlever les terres en mouvement on en a ajouté de nouvelles, et donné du pied jusqu'à ce que l'équilibre se fût établi. Ce même système a été suivi en Allemagne pour plusieurs grands remblais argileux. Quant aux déblais, nous espérons prouver par l'exemple des travaux que nous allons citer, que l'enlèvement de toutes les terres en mouvement occasionne le plus souvent des dépenses considérables ; que dans les grands mouvements cet enlèvement serait très-dangereux, et que le seul remède dans ce cas est l'établissement d'un système convenable de travaux de soutènement. Personne ne songera que nous ayons la pensée d'amoindrir en quoi que ce soit le mérite éminent d'un ingénieur qu'une mort prématurée est venue enlever si malheureusement à ses camarades et aux sérieuses études ; notre seul but est de montrer que la théorie de M. de Sazilly, ou plutôt la pratique qu'il en déduit, n'est pas entièrement applicable dans les grands mouvements ; que ses procédés, au lieu d'être alors la base de l'opération, n'en doivent être que le complément, et que les résultats les plus satisfaisants seront obtenus par leur combinaison avec des travaux plus puissants de consolidation.

Voici les deux cas qui se sont présentés dans notre service, et ici nous ferons une digression hors du versant du Rhin, attendu que le principal de ces deux mouvements a eu lieu au bief de partage des Vosges.

Le premier cas est celui de la tranchée de Hesse (bief de partage), ouverte au col de Hesse dans le terrain des marnes grises inférieures au muschelkalk. Au-dessous de ces marnes on rencontre un banc de grès bleuâtre, et au-dessus de ce grès les marnes irisées inférieures.

Le second cas est celui du coteau du Ramsberg sur le versant du Rhin, vis-à-vis de Hochfelden. Ce coteau, qui a fait un mouvement général par suite de l'ouverture du canal à son pied, est dans les marnes supraliasiques.

1° TRANCHÉE DE HESSE. — La figure 2, pl. C, montre qu'il existe dans la tranchée de Hesse une faille très-marquée dont nous avons trouvé deux points certains. Le pont de Hesse est fondé sur le roc, et les fouilles de réparation de la tranchée ont prouvé que ce roc finissait brusquement à l'extrémité d'aval du pont, comme l'indique la figure 2. Il y a là, par la disposition des couches, l'indice certain d'une faille; on retrouve trace du même roc vers le milieu de la tranchée et au niveau du fond de la fouille du radier, de sorte que nous pensons que les couches suivant à peu près l'inclinaison du sol, la faille doit avoir la forme indiquée par la figure 2. On ne pourrait du reste, sans la circonstance d'un mouvement brusque aussi considérable, expliquer l'irrégularité de l'enchevêtrement des couches grises, rouges et jaunâtres du terrain de la tranchée. C'est un chaos de courbes de toute espèce qui non-seulement serait difficile à dessiner, surtout à une petite échelle, mais qui même ne permet pas de donner une idée un peu précise du terrain de cette tranchée. Du reste ce n'est pas là l'important : l'essentiel pour nous est d'indiquer d'abord les mouvements qui se sont opérés, et ensuite les moyens qui ont réussi à y porter remède.

La tranchée de Hesse a été commencée en 1842, et son déblai terminé en 1843. Elle avait été ouverte suivant le profil de toutes les tranchées du bief de partage des Vosges pour recevoir des murs de soutènement dans la cuvette du canal; la figure 3, pl. C, indique ce profil en travers en lignes noires pleines. Bientôt des mouvements commencèrent dans cette tranchée et la suspension des travaux en 1844 contribua à les aggraver; la tranchée se bouleversa complétement au point que le plafond, qui avait été ouvert à la cote 263^m,40 (au-dessus de la mer) du plafond du bief de partage, s'éleva en certains points à la cote 266^m,17, c'est-à-dire de 2^m,77; la ligne ponctuée du profil en long, figure 2, sur laquelle sont inscrites les cotes, indique assez l'état de bouleversement dans lequel se trouvait la tranchée par suite de ces mouvements. La tranchée de Hesse resta dans cet état jusqu'au mois de mars 1852, époque où nous commençâmes les travaux de consolidation, qui furent terminés vers la fin d'août 1853.

Le terrain dans le profil en travers (fig. n° 3) qui, avant les mouvements, affectait la forme indiquée par les lignes noires pleines, prit celle des lignes noires hachées après le nouvel équilibre établi par suite de ces mouvements; les terres se détachèrent par le haut et glissèrent suivant des surfaces dont la coupe par le plan vertical du profil en travers est indiquée par les lignes ponctuées (fig. 3). Toutes les courbes de glissement que nous avons relevées dans la tranchée de Hesse offrent le même caractère; la tangente supérieure a une inclinaison assez brusque, en général : 1 de base pour 1/2 de hauteur, la tangente inférieure est à peu près horizontale.

En comparant sur le profil en travers, fig. 3, les lignes des talus avant et après le glissement, on comprendra facilement que le mouvement imprimé à la masse du terrain a dû, en renversant les talus inférieurs, remblayer en partie la cuvette du canal, dont le plafond s'était lui-même soulevé par la pression des terres latérales sur un ou deux points de la tranchée. On reconnut ces points par les terres mobiles que l'on y rencontra en faisant les fouilles du radier. Cette mobilité était telle qu'on pouvait enfoncer dans le plafond, sans difficulté, des perches de 2 à 3 mètres de longueur; la besogne n'était donc pas des plus facilés.

Un premier projet de réparation de la tranchée avait été approuvé dès le 29 septembre 1848, et en prenant en 1851 le service de la troisième subdivision, nous n'avions qu'à en entreprendre l'exécution.

Les dispositions de ce projet sont indiquées par le profil type nᵒ 2, fig. 4, sur lequel sont reportées les lignes du terrain éboulé du profil nᵒ 1, fig. 3. Ces dispositions consistaient à réduire d'abord la section de la cuvette au passage d'un seul bateau, et ensuite à établir de chaque côté un mur en pierre sèche ayant 1/5 de fruit au parement, 3ᵐ,00 de hauteur au-dessus de la ligne normale du plafond du bief de partage, et 2ᵐ,50 d'épaisseur au niveau de cette ligne. Ces murs devaient être reliés par un radier également en pierre sèche disposé en voûte renversée de 0ᵐ,50 de flèche et de 0ᵐ,75 d'épaisseur à la clef. La largeur des banquettes de halage devait être de 3ᵐ,50, et les talus de la tranchée réglés à 2 de base pour 1 de hauteur. Comme le montre la figure 4, ce profil avait l'avantage de ne donner que très-peu de déblais pour l'établissement des talus, mais il était évidemment basé sur l'idée que la fouille à faire pour établir les murs et le radier n'occasionnerait plus de mouvements notables, en un mot que l'état d'équilibre des masses en mouvement ne serait pas rompu par la séparation que le déblai ferait à leur pied ; qu'en cas de mouvements nouveaux, ces mouvements seraient faibles, et que des murs en pierre sèche seraient suffisants pour les maintenir, surtout si l'on avait le soin de n'opérer que par petites parties et d'élever les murs au fur et à mesure que l'on avancerait dans le déblai de la cuvette. Mais il n'en a pas été ainsi : dès qu'on mit des ateliers dans la cuvette pour déblayer l'emplacement des murs projetés, les mouvements recommencèrent sur les anciennes surfaces de glissement, il s'en produisit de nouveaux, et ces mouvements étaient tels qu'aucun système d'étais ne pouvait arrêter les terres, et qu'il était dès lors impossible de songer à les maintenir par des murs en pierre sèche. Nous proposâmes alors le système indiqué par le profil type n° 3, fig. 5 : il consistait à établir tous les 7^m,50 des contre-forts en maçonnerie à mortier de 1^m,50 d'épaisseur, qui traversaient la cuvette perpendiculairement à l'axe du canal et avaient la forme générale du profil en travers (deux murs reliés par un radier); et l'intervalle de 7^m,50 entre deux contre-forts massifs devait être rempli par un perré en pierre sèche. Les contre-forts en maçonnerie formaient ainsi une série d'étais très-solides traversant tout le canal qui devaient soutenir la poussée des terres en mouvement sur les deux côtés de la cuvette. Les chemins de halage conservaient la largeur de 2^m,50 prévue par le premier projet, et les talus de la tranchée devaient être réglés, comme dans ce projet, à 1 de hauteur pour 2 de base. La comparaison des figures 5 et 4 montre que cette modification n'entraînait pas d'augmentation dans les terrassements prévus ; la seule augmentation résultait de l'introduction de la maçonnerie à mortier. Le parement des murs, au lieu d'avoir 1/5 de fruit comme dans le projet, devait être incliné à 1 de base sur 2 de hauteur, et les perrés en pierre sèche devaient offrir une épaisseur uniforme de 1^m,50. Ces dispositions furent adoptées par M. l'ingénieur en chef Collignon, qui les proposa à l'administration supérieure, et elles furent approuvées le 25 mai 1852. Elles donnaient une augmentation de 11,672 fr. 24 c. sur le montant total du projet primitif, qui était de 170,000 francs, ce qui le portait à 181,672 fr. 24 c. Mais bientôt les mouvements prirent de telles proportions, qu'il n'y avait plus d'autre parti à prendre que de déblayer en partie les terres en mouvement, aucune force ne pouvant résister à des masses de 10 à 15,000 mètres cubes qui, en huit jours et par les temps de pluie, avançaient de 1^m,00 à 1^m,50 l'une vers l'autre,

4

partant des bords vers l'axe de la cuvette. Dès que les mouvements commençaient sur les anciennes surfaces de glissement, il s'en produisait d'ailleurs de nouveaux au-dessus, comme l'indiquent les lignes tracées en points ronds sur la figure 5. Les fissures que l'on voyait au haut de chaque côté de la tranchée par suite de ces mouvements allaient jusqu'à 50 et 60 mètres de l'axe. Il était clair aussi qu'en déblayant les terres en mouvement pour arriver aux surfaces de glissement, et entreprendre d'appliquer les principes de M. de Sazilly (p. 114 de son mémoire), on risquait de provoquer sur une bien plus grande échelle ces nouveaux mouvements. Qu'y avait-il à faire dans cet état de choses ? Le profil n° 3, fig. 5, montre qu'en prolongeant de chaque côté la ligne des banquettes de halage jusque vers les anciennes courbes de glissement, on divisait à peu près en parties égales les masses en mouvement. En enlevant les terres mobiles de la partie supérieure à cette ligne, on devait donc considérablement réduire la poussée et faciliter la construction des contre-forts et perrés de la cuvette. En effet, les masses supérieures A enlevées, il était évident que les masses inférieures B n'auraient plus que des mouvements beaucoup moindres, attendu que les tangentes inférieures des courbes de glissement étaient à peu près horizontales et que, dès qu'on aurait déchargé les masses B du poids des masses A, l'équilibre devait devenir beaucoup moins instable. Cette idée est, comme on le voit, une combinaison des principes de M. de Sazilly avec le système de soutènement inférieur. Mais ce n'était pas tout que de pousser le plan de niveau des banquettes de halage jusqu'à sa rencontre avec les anciennes surfaces de glissement, il fallait en même temps mettre fin aux nouveaux mouvements qui se faisaient au-dessus des anciens.

La distance de l'axe au point de rencontre des anciennes courbes de glissement par la ligne de niveau des banquettes de halage dans le profil en travers variait de 12 à 16 mètres (fig. 5). Nous adoptâmes la distance de 12^m,90 à partir de l'axe pour la largeur uniforme à déblayer (fig. 6 et 8) au niveau des chemins de halage et eu égard aux nouveaux glissements ; d'où résulta le profil en travers type n° 4, fig. 6. Les lignes noires pleines de ce profil suivant lesquelles on devait déblayer tout ce qui se trouvait au-dessus des banquettes de halage, montrent qu'au moyen de ces dispositions on enlevait à peu près toutes les masses en mouvement A, C, C' dans le haut. Le bas, depuis le niveau des banquettes de halage jusqu'au fond de la cuvette devait être consolidé par le système des contre-forts maçonnés avec remplissage en pierre sèche, approuvé le 25 mai 1852.

Nous fîmes déblayer, suivant ce profil, que M. Collignon avait approuvé le 29 juillet 1852 et jusqu'au niveau des banquettes de halage, une longueur de tranchée de 100 mètres. À la fin de novembre on fut forcé d'interrompre les travaux, et l'hiver y passa. Or, au printemps de 1853 aucun mouvement nouveau n'avait eu lieu dans cette partie de la tranchée, tandis qu'une autre partie, de 15 mètres de longueur seulement, faite suivant le premier système, était entièrement bouleversée. Il n'y avait donc plus à hésiter sur le choix du système définitif à suivre. Il fallait commencer par déblayer au nouveau profil (type n° 4, fig. 6) toute la tranchée jusqu'au niveau des banquettes de halage, et ce n'était qu'après avoir fait ce travail, et déchargé ainsi la partie inférieure, qu'on pouvait espérer de maintenir les terres des anciens mouvements au moyen de maçonneries.

La tranchée déblayée, on procéda au foncement de la cuvette en construisant le radier et les murs à mesure qu'on avançait. Dès qu'on se mit à enlever les parties B' des masses inférieures (fig. 6), les parties B se remirent en mouvement; mais, comme on l'avait prévu, ces mouvements n'étaient plus aussi redoutables; les masses n'avançaient plus vers la cuvette que de quantités minimes et s'arrêtaient bientôt, ce qui est facile à comprendre, si l'on remarque, comme nous l'avons déjà dit plus haut, que les tangentes inférieures aux courbes de glissement sont à très-peu de chose près horizontales. Il était d'ailleurs évident qu'en inclinant les murs à 45°, on résisterait encore plus victorieusement à la poussée des masses B qu'en conservant le talus de 1 de base pour 2 de hauteur proposé en 1852, et approuvé le 25 mai.

Nous prîmes donc le parti de modifier cette inclinaison et de la porter à 45°. La disposition des maçonneries indiquées par la figure 6, ou mieux encore par la figure de détail n° 8, a été étudiée avec un grand soin; elle a été le fruit de l'expérience même des essais tentés dans les travaux difficiles qu'a présentés la consolidation de la tranchée de Hesse; nous croyons qu'elle résout pour le cas de cette tranchée le problème du maximum de résistance à la poussée des terres, sous le minimum de volume des maçonneries. La figure 8, coupe sur EF, montre la disposition générale des massifs de terres mobiles que les contre-forts avaient à supporter de chaque côté. Les massifs sont hachés sur la figure et portent la lettre B pour un côté; la pression de chaque côté vient se reporter sur les murs, qui sont eux-mêmes maintenus dans leur position par la voûte renversée du radier.

Les contre-forts en maçonnerie à mortier sont indiqués sur le plan fig. 1, pl. G. Ils devaient, d'après le projet approuvé le 25 mai 1852, être espacés de 7^m,50 et avoir 1^m,50 d'épaisseur. Nous fûmes obligé de les rapprocher davantage et d'augmenter leur épaisseur. En moyenne l'espacement des contre-forts est de 5^m,50, et leur épaisseur de 2^m,50. Ils affectent en profil en travers la forme indiquée par la figure 8, coupe sur EF ; entre les contre-forts, le perré de remplissage en pierre sèche affecte la forme indiquée par cette même figure, coupe sur CD. La maçonnerie à mortier des contre-forts n'est d'ailleurs pas reliée avec la maçonnerie en pierre sèche des perrés. Ces contre-forts devaient faire l'office d'étais isolés et permettre aux petits mouvements de se faire dans la pierre sèche sans arrachement ; le remplissage des intervalles entre deux contre-forts successifs ne devait donc avoir aucune liaison avec ces contre-forts.

L'adoption de ces dispositions ne mettait pas fin à toutes les difficultés, comme on va le voir. Les deux premiers contre-forts établis en aval du pont de Hesse (voir pour la position de ce pont le plan et le profil en long, fig. 1 et 2, pl. C) furent renversés une première fois avant d'avoir pu être terminés ; il fallait aviser au moyen d'exécuter presque d'un coup de grandes longueurs, et commencer par les parties les moins mauvaises pour diminuer le mouvement général, et se servir ainsi des travaux faits pour assurer la possibilité d'exécuter ceux qui restaient à faire. Nous remarquâmes que les éboulements se faisaient rarement des deux côtés à la fois dans le profil en travers. Ils alternaient par une espèce de sinusoïde, comme l'indique le plan fig. 1 ; il n'y avait d'exception que pour la partie immédiatement en aval du pont et pour une petite partie vers l'aval de la tranchée. Voici le système d'exécution que cette circonstance particulière nous permit de suivre : on commençait par établir les contre-forts transversaux ou étais en maçonnerie contre la partie solide et on les poussait ensuite vers le côté opposé, c'est-à-dire vers la masse en mouvement. Ainsi le contre-fort dirigé suivant la ligne MN du plan fig. 1 a été commencé du côté gauche, où il n'y avait pas de mouvement important et où il trouvait un point d'appui assez stable pour être poussé ensuite vers le côté droit, où il rencontrait les terres en mouvement qu'il devait arrêter. A mesure que les contre-forts avançaient, on garnissait d'ailleurs les cases en pierre sèche. Enfin, dans les parties où les deux côtés du profil en travers étaient en mouvement, on faisait un suprême effort, en mettant force maçons, jour et nuit, de manière à enlever en peu de temps et autant que possible par un temps sec où les mouvements étaient moindres, la pose des contre-forts transversaux ; ceux-ci une fois posés, les poussées latérales n'avaient plus aucune prise sur eux.

Au mois de septembre 1853 on mit l'eau pour la première fois dans la tranchée de Hesse ; rien n'y bougea. Lorsqu'en 1854 on mit le canal à sec avant le chômage et lorsqu'on le remit en eau après ce chômage de deux mois, aucun mouvement n'eut lieu non plus, et depuis cette tranchée s'est parfaitement maintenue.

Ce n'est qu'en 1854, lorsque le canal était déjà en eau, que nous pensâmes à fixer les talus ; les anciens éboulements qui y existaient encore furent asséchés au moyen de pierriers dont les rameaux sont indiqués en traits ronds sur le plan fig. 1. On établit sur les banquettes des contre-fossés indiqués par les lignes ponctuées sur la figure 2, pl. C. Ces contre-fossés rassemblent les eaux des talus et des pierriers, et les mènent à de petits aqueducs établis sur les talus, suivant l'indication de la fig. 8, coupe sur CD. On recouvrit ces pierriers d'une couche de terre de $0^m,30$ à $0^m,40$ d'épaisseur, l'on y sema de la luzerne et l'on y planta des boutures de saule-marceau. À la fin de 1854 tout cela avait poussé, et l'on ne dirait pas aujourd'hui, quand on passe dans la tranchée de Hesse, qu'elle ait jamais éprouvé le moindre mouvement.

Les travaux dont nous venons de donner l'analyse n'ont pas été exécutés sans nouvelle augmentation de dépense. Nous adressions, le 27 juin 1853, à M. Jaquine, successeur de M. Collignon dans le service du canal, un rapport en augmentation de 99,453 fr., tout en annonçant que cette augmentation ne serait peut-être pas la dernière. Elle fut, ainsi que la justification des procédés d'exécution que nous avions suivis, approuvée par l'administration supérieure le 2 août 1853, ce qui portait à 281,125 fr. 24 c. le montant total des dépenses approuvées jusqu'alors.

Nous réalisâmes une légère économie sur les crédits, et la dépense définitive des travaux de consolidation de la tranchée de Hesse a été de 276,872 fr. 23 c. (1).

Comme les travaux s'appliquent à une longueur totale de 550 mètres, cela fait revenir le mètre courant à 503 fr. 41 c.

Il est permis de conclure de tout ce qui précède que le succès des travaux de consolidation de la tranchée de Hesse ne dépendait pas exclusivement, comme le supposait le projet primitif, de l'établissement de murs, mais qu'il dépendait aussi, comme l'a prouvé l'expérience, de la réduction que l'on ferait subir à la poussée des terres en mouvement en déblayant les parties supérieures des éboulements. Il résulte de là pour nous qu'une théorie absolue ne peut être établie dans ces sortes de travaux ; le système de réparation des talus employé ici comme base de la consolidation n'aurait eu absolument aucun résultat, et sa combinaison avec des moyens puissants de soutènement était la seule chose à tenter. Ce système a réussi complétement et avec des dépenses moindres que celles qu'il eût fallu faire si l'on avait dû enlever toutes les terres en mouvement, ainsi que le conseille M. de Sazilly, de la manière la plus absolue et comme seul moyen de réussir (pages 113 et 114 de son mémoire). Nous pensons que cette mesure radicale peut être bonne lorsque les mouvements sont partiels, mais elle ne peut, selon nous, que conduire à des dépenses énormes et sans résultats positifs lorsqu'on a affaire à de grandes masses en mouvement. *Le mieux est donc de n'employer alors le système de réparation conseillé par M. de Sazilly que comme l'auxiliaire du système principal, qui consiste à arrêter les mouvements par des ouvrages de soutènement, convenablement projetés pour atteindre ce but, et ce n'est qu'en combinant les deux systèmes que l'on peut espérer le succès dans les cas très-difficiles.*

2° ÉBOULEMENTS DU RAMSLERG. — Dans la tranchée de Hesse, les couches argileuses n'étaient séparées les unes des autres par aucune couche de sable ; les glissements ont eu lieu par masses énormes dont l'équilibre a été rompu par l'ouverture de la tranchée dans le col même, c'est-à-dire dans le point le plus bas vers lequel tous les

(1) Entreprise...	256,424 fr.	60 c.
Somme à valoir.......................................	20,447	63
Total...............................	276,872 fr.	23 c.

glissements devaient se précipiter. Au Ramsberg, le canal est au pied d'un coteau, à pente très-douce, et le faible déblai qu'on a fait au pied de ce coteau (voir la fig. 11, pl. C) a suffi pour mettre en mouvement toute la partie inférieure, qui s'est mise à descendre et à envahir le canal. La figure 11 montre que les glissements ont été occasionnés ici par des couches de sable aquifères qui se trouvaient interposées entre les couches argileuses; les courbes de glissement présentent d'ailleurs des formes analogues à celles que l'on avait constatées à la tranchée de Hesse quant aux éléments des tangentes extrêmes.

Il est encore clair ici, par l'inspection seule du plan figure 9 et de la coupe, figure 11, qu'il ne fallait pas songer à enlever toute la masse en mouvement; mieux eût valu abandonner la partie et rectifier le canal. Cette étude fut faite par M. Guerre en 1847, et il en résulta qu'une rectification suivant la ligne MN du plan fig. 9, aurait coûté 90,000 francs.

Il résulta d'une autre étude faite par le même ingénieur que moyennant une dépense de 20,000 francs on pouvait établir un système de soutènement capable d'arrêter les mouvements. Le projet de ces travaux fut soumis à l'administration supérieure, qui décida, le 23 mars 1852, qu'au lieu de construire dans le corps de la banquette de contre-halage un mur en pierre sèche, consolidé par des éperons, comme l'indiquait le projet, il convenait de se borner à établir au pied du talus intérieur de cette banquette un massif à pierre sèche à section triangulaire qui serait encastré dans le fond solide du terrain, et sur lequel on appuierait les remblais destinés à former la banquette; la face apparente de ce massif serait dans le plan du talus régulier de la banquette; ses dimensions varieraient de manière à faire équilibre sur tous les points à la poussée des terres; le contre-fossé serait d'ailleurs perreyé.

Nous rédigeâmes immédiatement un projet d'après ces bases, et les travaux furent exécutés dans la campagne de 1852. La figure 12 donne le type normal du profil qui montre la forme d'enrochements adoptée pour résister à la poussée des massifs B détachés. Les pentes des contre-fossés ont d'ailleurs été réglées conformément aux indications de la figure 10, et les eaux amenées dans deux petits aqueducs qui traversent la banquette de contre-halage (voir les fig. 13, 14, 15, pl. C) se déversent dans le canal. Toute cette réparation a coûté

14,528 fr. 41 c. (1), et dès la fin de 1852 le canal était en eau. Depuis rien n'a bougé. Cette simple réparation a donc arrêté un mouvement général qui eût occasionné des dépenses énormes si l'on eût voulu déblayer toutes les terres en mouvement. Il eût mieux valu, nous le répétons, rectifier le canal que d'entreprendre une pareille opération. On voit encore ici que les réparations superficielles jouent souvent un rôle très-secondaire par rapport aux ouvrages de soutènement. Ce rôle a été complétement nul au Ramsberg, où l'on n'a absolument rien fait en dehors du contre-fossé. Les éboulements conservent au delà de cette limite leur forme primitive qui est maintenant, grâce aux enrochements du pied des talus du canal, leur forme d'équilibre définitif.

La longueur de la partie réparée au Ramsberg est de 450 mètres, et comme la dépense totale a été, ainsi que nous l'avons dit plus haut, de 14,528 fr. 41 c., il s'ensuit que le mètre courant a coûté 32 fr. 29 c.

(1) Entreprise.. 10,269 fr. 63 c.
    Somme à valoir....................................   4,258   78
                    Total............................ 14,528 fr. 41 c.

CHAPITRE IV.

OUVRAGES D'ART.

Classification des types.

Les ouvrages d'art des chemins de fer se classent en deux simples catégories : les ponts sur rails et les ponts sous rails, le mot pont ayant ici son acception la plus générale, c'est-à-dire devant s'étendre aussi bien au plus modeste aqueduc qu'au viaduc des dimensions les plus considérables. Cette même subdivision des ponts en ponts par-dessus et ponts par-dessous s'applique aux canaux ; mais ceux-ci offrent de plus des types qui leur sont propres : ce sont les écluses, les barrages et autres ouvrages relatifs au mouvement des eaux. Nous examinerons successivement les divers types qui résulteront des travaux que nous avons eu à diriger, et nous les classerons dans cet examen de la manière suivante :

1° Ponts par-dessus ;
2° Ponts par-dessous ;
3° Écluses ;
4° Barrages et ouvrages accessoires des prises d'eau.

§ 1ᵉʳ. — **Ponts par-dessus:**

Comme les travaux du chemin de fer et du canal sur le versant du Rhin traversent le grès vosgien et le lias, qui donnent des pierres et de la chaux hydraulique de bonne qualité, on ne s'attendra pas à nous voir présenter d'autres types que des ponts en maçonnerie ; nous aurons cependant occasion de les comparer à d'autres systèmes de construction adaptés aux mêmes usages, qui n'ont été employés ici que par de rares exceptions, mais qui pourraient recevoir plus d'applications dans d'autres circonstances locales.

ARTICLE 1er. — PONTS PAR-DESSUS LE CANAL.

Les ponts sur le canal se divisent en ponts fixes et en ponts mobiles.

1° PONTS FIXES. — Quand on peut placer les ponts fixes sur les épaulements d'aval des écluses, en réalise une économie importante dans leur construction. Cette condition mise en comparaison avec la dépense des terrassements, déterminera souvent la position d'une écluse. Le profil en long général (fig. 2, pl. A) montre que plusieurs des écluses du Bas-Rhin ont été déterminées ainsi.

On a construit des tabliers en charpente sur quelques écluses du versant du Rhin, entre le bief de partage et Lutzelbourg. Ces ponts n'offrent rien de particulier et ne sont d'ailleurs que des exceptions ; presque tous les ponts sur écluses ont été construits en maçonnerie, et les figures 30, 31, pl. D, donnent le pont de l'écluse n° 29, qui représente ce type en général. Il a pour ouverture la largeur de $5^m,20$ de l'écluse, et les naissances de la voûte sont à $3^m,50$ au-dessus de la ligne d'eau du bief d'aval ; c'est la hauteur maxima du chargement d'un bateau au-dessus de la ligne de flottaison.

Pour les ponts fixes qu'on n'a pas pu placer sur des écluses, on a suivi le type indiqué par les figures 16 et 17, pl. D. La largeur de la cuvette du canal est réduite sous ces ponts à $5^m,50$, soit, au passage d'un bateau (1), le chemin de halage à $2^m,50$ et le marchepied $1^m,00$ de largeur. La voûte est disposée de manière que le minimum de hauteur entre l'intrados et la ligne de flottaison soit de $3^m,50$.

Les sections rétrécies ont un grave inconvénient, ainsi que l'a démontré M. l'inspecteur général Comoy, dans les parties de bief où il y a des courants à craindre. Les ponts à un passage deviennent là de véritables entraves à la navigation et souvent des points dangereux. Ce cas ne se présente pas sur le versant du Rhin, où les prises d'eau sont trop rapprochées pour que de pareils courants puissent

______

(1) La largeur maxima d'un bateau étant $5^m,10$, il reste $0^m,20$ de jeu de chaque côté quand ce bateau passe sous le pont.

C'est M. l'inspecteur général Schwilgué qui a proposé ce type, adopté par l'administration supérieure.

s'établir : aussi, depuis que le canal est navigable, n'avons-nous pas vu que les ponts à un seul passage y présentassent le moindre inconvénient. En adoptant des murs de quai avec raccordements circulaires comme ceux qui sont construits sur le canal de la Marne au Rhin et indiqués par la figure 16, pl. D, le bateau n'éprouve pas de gêne sensible au passage des ponts à section rétrécie. Les murs circulaires sont bons sous tous les rapports : quand on fait des raccordements à angles, les bateaux viennent choquer contre les saillies, qu'ils détériorent en peu de temps ; dans les raccordements circulaires, le bateau glisse contre les courbes et ne peut donner de secousses brusques.

Au bief de passage des Vosges, les ponts isolés sont disposés un peu différemment de ceux du versant du Rhin : ils ont 10 mètres d'ouverture, et les deux banquettes de halage ont chacune 2 mètres de largeur, ce qui laisse 6 mètres de largeur à la cuvette. Ces dispositions sont très-bonnes, attendu qu'elles permettent de haler indifféremment des deux côtés, mais on pourrait atteindre le même but en conservant l'ouverture de 9 mètres du type du versant du Rhin et en donnant plus de largeur au marchepied, qui n'a que 1 mètre dans ce type. Les meilleures dispositions à adopter seraient, selon nous, les suivantes :

Largeur du chemin de halage.	$2^m,00$
Largeur de la cuvette.	$5^m,50$
Largeur du marchepied.	$1^m,50$
Ouverture totale.	$9^m,00$

Le marchepied pourrait servir ainsi au besoin de chemin de halage pour les chevaux ; il aurait la largeur des banquettes de halage dans les souterrains. Avec cette modification, le type du versant du Rhin nous paraîtrait à conseiller partout comme le plus commode et en même temps comme le plus économique, lorsqu'il s'agirait de ponts en maçonnerie.

Il n'existe sur la branche du Rhin que trois ponts fixes en fonte : le premier sur l'écluse n° 14, au passage du chemin de fer sur le canal ; le deuxième au passage du chemin de fer sur le canal à Vendenheim ; le troisième sur l'épaulement d'aval de l'écluse n° 50, au passage de la route départementale n° 6 de Strasbourg à Souffelveyersheim. Le plus important de ces trois ouvrages est celui de l'écluse n° 14, construit dans l'ancien service de M. l'ingénieur ordinaire Molard, et sous la direction de M. l'ingénieur en chef Jaquiné.

On a construit aussi sur le canal quelques ponts suspendus quand il s'agissait des chemins secondaires. Ce type, qui avait été très-vivement recommandé d'abord à cause de la disposition précieuse qu'il présente de franchir le canal et les chemins de halage sans rien changer au profil en travers normal, n'a pas tardé à être abandonné, parce qu'il était en définitive plus coûteux que le type en maçonnerie à section rétrécie de 9 mètres d'ouverture. Les ponts suspendus sont aujourd'hui tombés dans un tel discrédit, qu'il serait inutile de chercher à les défendre contre des types plus solides, et qu'il faut les réserver sagement pour les cas où d'autres constructions ne seraient pas possibles sans augmentations notables de dépenses.

Les figures 14 et 15, pl. D, donnent les dispositions d'un pont suspendu construit dans notre ancien service sur le chemin vicinal de Dettwiller à Lupstein. Ce pont a 22^m,90 d'ouverture.

Il est bien malheureux pour les ponts suspendus que leur système de construction, qui est de tous celui dont les parties peuvent le plus exactement se déterminer par le calcul, soit précisément celui de tous qui puisse inspirer le moins de confiance.

Il est cependant des cas où l'on ne peut pas adopter le type du pont fixe à section rétrécie, et où, eu égard aux courants à craindre, on est obligé d'adopter de plus grandes ouvertures. Quel type faut-il admettre alors si l'on élimine le pont suspendu, en tant qu'il s'agit de routes importantes? On peut satisfaire à la question par deux types : le premier offrirait sous le pont la section minima du canal entre quais, soit 11 et 12 mètres d'ouverture de cuvette, et se disposerait ainsi qu'il suit :

Largeur du chemin de halage	2^m,00
Largeur de la cuvette entre quais.	11^m,50
Largeur du marchepied	1^m,50
Ouverture totale.	15^m,00

Avec l'ouverture de 15 mètres on peut encore aborder le pont en maçonnerie (la fig. 3, pl. E, en donne les dispositions) ; mais il revient plus cher que d'autres types, à moins que les prix de la maçonnerie ne soient très-peu élevés. Il peut y avoir dans ce cas un

avantage à se servir du type américain ou du type à poutres métalliques.

Le deuxième type, qui offrirait le plus large avantage pour la navigation en ne changeant rien à la section ordinaire du canal, aurait
une ouverture de 22 mètres, savoir :

Largeur du chemin de halage...................... $2^m,00$
Ouverture normale du canal entre les crêtes des chemins
de halage .... $17^m,90$
Largeur du marchepied ou chemin de contre-halage.... $2^m,00$

$$\text{Ouverture totale...} \quad 21^m,90$$
$$\text{Soit en nombres ronds...} \quad 22^m,00$$

Lorsque ce dernier type sera indispensable, la solution d'un pont
en maçonnerie ne sera plus possible, et les ponts américains en bois
ou les ponts à poutres de tôle deviennent les plus économiques,
comme nous aurons occasion de le montrer tout à l'heure plus en
détail. Il existe sur le chemin de fer badois, près d'Offenbourg, un beau
pont en treillis de fer; mais ce système est beaucoup plus coûteux
que les ponts en bois et ne doit être adopté, selon nous, que lorsqu'il
faut une grande solidité. C'était le cas de l'adopter, dès qu'il devait
supporter le mouvement d'un chemin de fer ; mais pour les routes
il arrivera sans doute rarement qu'on l'applique.

2o **PONTS MOBILES.** — Il n'y a sur la branche du Rhin que deux
ponts mobiles : ce sont les deux ponts tournants de Vendenheim sur
le quarante-neuvième bief, et du Vacken, près de l'embouchure du
canal de l'Ill à Strasbourg. Les poutres du premier de ces ponts sont
en bois, celles du second sont en fonte. Nous donnons, fig. 18 et 19,
pl. D, les dispositions générales du pont de Vendenheim, dont le
projet dressé par M. Guerre était approuvé lorsque nous avons pris le
service de la troisième subdivision du canal et que nous avons eu
simplement à faire exécuter. Le mécanisme de ce pont est commode ;
le mouvement se donne au moyen d'une tige verticale qui sort sur le
trottoir du pont et qui, sur la plate-forme, communique par un
engrenage avec une crémaillère circulaire horizontale scellée dans la
maçonnerie. La tige tourne au moyen d'une poignée ou manivelle
que le pontonnier y adapte chaque fois qu'il veut manœuvrer le pont.

La roue d'engrenage qui mord sur les dents de la crémaillère fixe et qui est d'ailleurs mise en mouvement par le pignon que porte la tige, communique au tablier le mouvement circulaire qu'il doit faire pour se rabattre, en aval, du côté du marchepied, et laisser libres le pertuis et le chemin de halage. Le tablier roule sur des galets qui marchent eux-mêmes sur un rail fixe circulaire scellé sur la plate-forme en maçonnerie. Il est superflu sans doute de faire remarquer que c'est toujours du côté opposé au chemin du halage principal que doit être établie la plate-forme sur laquelle marche le pont : cela va de soi, attendu que ce chemin étant le plus important, c'est celui qu'il convient de gêner le moins.

Les ponts tournants en bois sont simples, faciles à manœuvrer et marchent très-bien pendant quelques années, mais ils deviennent ensuite d'un entretien assez coûteux. Les ponts en fonte ont plus de précision dans leur ajustage ; ils coûtent plus cher de premier établissement, mais cela se regagne plus tard sur le peu d'entretien qu'ils exigent, et nous pensons que les types métalliques sont plus appropriés à ce système qu'à tout autre.

ARTICLE 2. — PONTS PAR-DESSUS LE CHEMIN DE FER.

Il n'existe sur toute la partie du chemin de fer qui se développe sur le versant du Rhin qu'un seul pont sur rails au passage d'un chemin sur la tranchée, qui se trouve immédiatement après la Souffel, entre Vendenheim et Strasbourg. Ce pont ne pourrait pas être pris pour type, à cause des conditions spéciales dans lesquelles il se trouve. Nous donnons, fig. 1, pl. E, un type de pont sur rails que nous avions projeté dans une étude du chemin de fer près de Saverne, étude dans laquelle, au lieu de traverser la route impériale n° 4 de Paris à Strasbourg à niveau, comme cela a lieu, le chemin de fer la traversait par-dessous. M. l'ingénieur en chef Jaquiné a fait exécuter entre Nancy et Sarrebourg des ponts elliptiques dont le croquis est donné par la fig. 2, pl. E. Ils sont très-commodes et peu coûteux ; ils permettent de conserver au chemin de fer et à ses contre-fossés leur section ordinaire dans les parties en tranchée, ce qui est un avantage incontestable. Un pont semblable qui a 12^m,20 d'ouverture ne coûte d'ailleurs guère plus qu'un pont de même largeur entre têtes en arc de cercle surbaissé et du type de la fig. 1, pl. E, n'ayant que 7^m,40 d'ouverture.

Le type elliptique dont on vient de parler a aussi été employé, si notre mémoire locale ne nous trahit, par M. l'ingénieur en chef Denis sur son chemin de fer de la rive allemande du Rhin.

§ 2. — Comparaison des divers types de ponts par-dessus.

Afin d'établir une comparaison des divers systèmes de ponts sous le rapport de la dépense, nous avons fait une estimation détaillée de chaque système pour les trois ouvertures de 9 mètres, de 15 mètres et de 22 mètres, que nous avons indiquées plus haut, pour les types des ponts par-dessus le canal. Nous comparerons les types suivants pour chacune de ces ouvertures, et pour les deux largeurs limitées entre garde-corps de 8 mètres et de 4 mètres, que l'on admet en général pour les routes ou les chemins de fer, et pour les chemins vicinaux : 1° ponts en maçonnerie ; 2° ponts suspendus ; 3° ponts américains en bois ; 4° ponts à poutres de tôle ; 5° ponts à poutres de fonte.

Pour les ponts à poutres de fonte, on sait qu'il ne faut pas dépasser la portée de 4 à 5 mètres quand ils doivent soutenir un chemin de fer, ni celle de 9 mètres à 10 mètres lorsqu'ils doivent servir à une route. Il s'ensuit que ce type ne s'appliquera ici qu'à l'ouverture de 9 mètres. Pour les ponts suspendus, on sait qu'il n'y a aucun avantage à les adopter pour de petites portées ; on sait d'ailleurs encore que ces ponts ne se prêtent pas aisément à de grandes largeurs entre têtes. Le type du pont suspendu ne s'appliquera donc ici qu'aux ouvertures de 22 mètres et 15 mètres, et à la largeur de 4 mètres entre garde-corps.

Pour l'ouverture de 22 mètres, le pont en maçonnerie ne peut être admis, attendu que, pour avoir sur les chemins de halage une hauteur de passage suffisante, on serait obligé de donner plus de hauteur qu'il n'en faut pour le passage des bateaux sous le pont, et dès lors d'augmenter en pure perte la hauteur des rampes. Un semblable pont serait évidemment plus coûteux ici que tout autre système. Le type voûté ne devra donc s'appliquer qu'aux ouvertures de 9 mètres et de 15 mètres. Quant au type américain et au type à poutres de tôle, ils peuvent s'appliquer aux trois ouvertures de 9 mètres, de 15 mètres et de 22 mètres.

Cela posé, nous avons évalué les divers types au moyen des prix que coûtent les matériaux à Saverne (1), et nous avons établi ainsi, au moyen d'un mètre et d'un détail estimatif fait sur le dessin du type, le montant total de la dépense.

Mais si l'on veut comparer complétement la dépense d'un pont en charpente ou en fer à celle d'un pont en maçonnerie, il faut tenir compte non-seulement des dépenses de construction, mais aussi des dépenses d'entretien. On peut admettre dans les ponts en charpente qu'il faille renouveler le tablier tous les douze ans, et la grosse charpente tous les vingt-quatre ans; on suppose que les autres réparations de menu entretien se soldent par la valeur des vieux bois lorsqu'on reconstruit.

Pour les ponts à poutres métalliques, on admettra que le tablier en charpente se renouvelle tous les douze ans. On ne peut rien savoir dans l'état actuel de la question sur la durée des poutres métalliques; ce système est trop récent pour cela; mais nous leur ferons certes une belle part en les assimilant à la maçonnerie; un pont en maçonnerie dure des siècles, lorsqu'il est convenablement entretenu. Admettons dans nos calculs qu'il en soit de même du fer et de la fonte employés sous une certaine masse; ce que nous sommes du reste loin de croire. Nous supposerons qu'un pont en maçonnerie ait besoin d'un rejointoiement au ciment de Vassy, tous les cinquante ans, et qu'il en soit par conséquent de même des parements des culées des ponts à poutres. Il faudra bien remplacer quelques pierres des parements si elles sont gélives; mais on se rappellera que nous avons supposé aussi que les poutres métalliques duraient autant que les voûtes, et d'ailleurs nous nous plaçons ici dans l'hypothèse de bonnes

		fr.	c
(1) Prix de la maçonnerie ordinaire......		10	73
— de pierre de taille.............		36	79
— de libages ou moellons d'appareil pour voûtes......		33	61
— de moellons piqués.............		14	91
— de béton pour fondations.............		12	24
Parement vu de la pierre de taille.............		4	49
— de moellons piqués.............		3	43
Prix du mètre cube de charpente de chêne pour ponts, peinture et goudronnage compris.............		120	00
Prix du kilogramme de fonte douce de deuxième fusion pour poutres.....		0	50
— du kilogramme de fer pour ponts en tôle.............		0	70
— du kilogramme de fer forgé.............		1	20

maçonneries; or, pour celles-là, il ne nous paraît pas que cinquante ans puissent détruire un rejointoiement au ciment de Vassy lorsqu'il a été bien fait. Nous n'exagérons donc rien en faveur des ponts en maçonnerie, dans les hypothèses que nous sommes obligé de faire pour établir nos comparaisons.

Si C' désigne le capital qu'il faut débourser après n années pour l'entretien d'un système de ponts, r l'intérêt annuel de 1 franc, C le capital primitif correspondant, c'est-à-dire celui qu'il faut ajouter à la dépense primitive de construction du pont, si l'on veut évaluer la somme totale à laquelle reviendra le pont y compris son entretien, on aura entre ces quantités la relation :

$$C' = C\,(1+r)^n$$
$$\text{d'où } C = C' + \frac{1}{(1+r)^n}\;.$$

Il ne s'agit maintenant que de calculer C' pour chaque partie de l'entretien de chaque système de ponts. Ainsi, pour un pont en charpente, il faut capitaliser actuellement ce que coûtera le renouvellement du tablier dans douze ans, le renouvellement de la grosse charpente dans vingt-quatre ans, et le rejointoiement dans cinquante ans; pour un pont à poutres métalliques, il faut capitaliser actuellement la dépense qu'on fera au bout de douze ans pour renouveler son tablier en charpente, et celle qu'on fera dans cinquante ans pour le rejointoyer. Enfin, pour un pont en maçonnerie, il faut capitaliser actuellement le rejointoiement à faire tous les cinquante ans.

Si l'on suppose l'intérêt à 5 0/0, soit $r = 0,05$, le rapport $\frac{1}{(1+r)^n}$ prendra pour $n = 12$; $n = 24$; $n = 50$, les valeurs :

$$\frac{1}{(1+r)^{12}} = 0,784; \quad \frac{1}{(1+r)^{24}} = 0,310; \quad \frac{1}{(1+r)^{50}} = 0,087;$$

Il suffira donc de multiplier par ces rapports les valeurs de C' qui conviennent à la question.

Les valeurs de C sont les dépenses indiquées dans les premières colonnes du tableau ci-après, et nous arriverons ainsi à déterminer pour chaque type la somme à ajouter à sa dépense de construction si l'on veut tenir compte de l'entretien, c'est-à-dire comparer complétement les types entre eux, en multipliant ces dépenses d'entretien par les rapports $\frac{1}{(1+r)^n}$ indiqués ci-dessus pour $n = 12$, $n = 24$, $n = 50$:

INDICATION des TYPES.	OUVERTURES.	LARG. DE VOIE.	DÉPENSE du renouvellement du tablier à faire tous les 12 ans.	DÉPENSE du renouvellement de la grosse charpente à faire tous les 24 ans.	DÉPENSE du rejointoiement des maçonneries à faire tous les 50 ans.	CAPITAL ACTUEL Du renouvellement du tablier.	Du renouvellement de la grosse charpente.	Du rejointoiement.	TOTAL par pont.	TOTAL en nombres ronds.	OBSERVATIONS.
1	2	3	4	5	6	7	8	9	10	11	12
	m.	m.	fr. c.	fr. c.	fr. c.	fr. c.	fr. c.	fr. c.	fr. c.	fr. c.	
Ponts en maçonnerie......	15	8	»	»	380 »	»	»	50 46	50 46	50 »	Les chiffres des colonnes 7, 8, 9 s'obtiennent en multipliant les chiffres correspondants des colonnes 4, 5, 6 par les nombres 0.786, 0.310 et 0.087 déterminés plus haut pour le rapport $\frac{1}{(1+r)n}$
	15	4	»	»	660 »	»	»	57 42	57 42	60 »	
Ponts en maçonnerie......	9	8	»	»	650 »	»	»	36 35	35 35	60 »	
	9	4	»	»	420 »	»	»	36 54	36 54	40 »	
Ponts suspendus..........	22	4	650 »	4,030 »	300 »	509 60	323 50	26 10	861 20	860 »	
	15	4	490 »	780 »	270 »	384 16	241 80	23 49	649 45	650 »	
	22	8	1,800 »	15,000 »	320 »	1,411 20	4,650 »	27 84	6,089 04	6,090 »	
	22	4	900 »	8,000 »	300 »	705 60	2,480 »	26 10	3,211 70	3,210 »	
Ponts américains en bois..	15	8	1,200 »	10,200 »	310 »	940 80	3,162 »	26 97	4,129 77	4,130 »	
	15	4	600 »	6,600 »	290 »	470 40	2,046 »	20 30	2,535 70	2,540 »	
	9	8	800 »	7,500 »	300 »	588 »	2,323 »	26 10	2,939 10	2,940 »	
	9	4	400 »	2,400 »	280 »	313 60	1,364 »	24 36	1,701 96	1,700 »	
Ponts à poutres en fonte..	9	8	900 »	»	250 »	705 60	»	21 75	727 35	730 »	
	9	4	500 »	»	230 »	392 »	»	20 01	412 01	410 »	
Ponts à poutres en tôle..	22	8	2,100 »	»	270 »	1,646 40	»	23 49	1,669 89	1,670 »	
	22	4	1,100 »	»	250 »	862 40	»	21 75	884 15	880 »	
	15	8	1,500 »	»	260 »	1,176 »	»	22 62	1,198 62	1,200 »	
	15	4	800 »	»	240 »	588 »	»	20 88	608 88	610 »	
	9	8	900 »	»	250 »	705 60	»	21 75	727 35	730 »	
	9	4	500 »	»	250 »	392 »	»	20 01	412 01	410 »	

En ajoutant pour chaque pont le total général de la colonne 11 de ce tableau à la dépense de premier établissement donnée par les évaluations de détail que nous avons faites pour chaque type, nous avons formé le tableau suivant :

INDICATION DES TYPES.	Nos D'ORDRE des ponts.	OUVERTURE.	LARGEUR de voie.	HAUTEUR maxima des rampes au-dessus du plafond du canal.	DÉPENSE de premier établissement.	DÉPENSES d'entretien capitalisées au moment de la construction.	DÉPENSE TOTALE de chaque type.	DÉPENSES des rampes lorsque le passage est tout en remblai.	DÉPENSE TOTALE complète de chaque type et des rampes.	OBSERVATIONS.
1	2	3	4	5	6	7	8	9	10	11
		m.	m.	fr. c.	fr. c.	fr. c.	fr. c.	f. c.	fr. c.	Le cube des rampes du pont sus-pendu, qui a le minimum absolu de hauteur, est de 3,500 mètres cubes pour un chemin de 6 mètres de largeur, d'après ce qui a été calculé pour un de ces ponts. Si le chemin avait 9 mètres de largeur, le cube des ram-pes serait de 6,000 mètres cubes. On a supposé que la largeur de voie de 4 mètres sur un pont supposait 5 mètres de largeur au chemin, et que la voie de 8 mètres du pont sup-posait une route de 9 mètres de lar-geur. On a calculé ensuite les aug-mentations de cubes par rapport aux augmentations de hauteur, en com-parant chaque type à celui du pont suspendu, dont la hauteur est le minimum absolu, et l'on a ainsi cal-culé les dépenses des autres types. La pente en long est supposée la pente-limite de 0m,05 des routes, et les talus des rampes inclinés à 1 1/2 de base pour 1 de hauteur. Le prix du mètre cube de remblai a d'ail-leurs été supposé de 0 fr. 70 c. dans nos calculs.
Ponts en maçonnerie............	1	15	8	6 94	22,000 »	50 »	22,050 »	8,660 »	30,710 »	
	2	15	4	6 94	16,100 »	60 »	16,160 »	3,900 »	20,060 »	
	3	9	8	6 78	16,300 »	60 »	16,360 »	6,280 »	22,640 »	
	4	9	4	6 78	10,600 »	40 »	10,640 »	3,600 »	14,240 »	
Ponts suspendus..............	5	22	4	5 43	19,300 »	860 »	20,160 »	2,400 »	22,560 »	
	6	15	4	5 38	15,500 »	650 »	16,150 »	2,350 »	18,500 »	
Ponts américains en bois.......	7	22	8	7 57	29,400 »	6,090 »	35,490 »	8,090 »	43,580 »	
	8	22	4	7 57	18,900 »	3,210 »	22,110 »	4,250 »	26,360 »	
	9	15	8	6 96	21,900 »	4,130 »	26,030 »	6,660 »	32,690 »	
	10	15	4	6 96	14,700 »	2,340 »	17,240 »	3,900 »	21,140 »	
	11	9	8	6 54	17,400 »	2,940 »	20,340 »	5,900 »	26,240 »	
	12	9	4	6 54	11,400 »	1,700 »	13,100 »	3,390 »	16,490 »	
Ponts à poutres en fonte.......	13	9	8	5 90	20,400 »	730 »	21,130 »	4,840 »	25,970 »	
	14	9	4	5 90	11,600 »	410 »	12,010 »	2,750 »	14,760 »	
Ponts à poutres en tôle........	15	22	8	6 50	34,900 »	1,670 »	36,570 »	5,900 »	42,470 »	
	16	22	4	6 50	20,800 »	880 »	21,680 »	3,390 »	25,070 »	
	17	15	8	6 20	24,500 »	1,200 »	25,700 »	5,400 »	31,100 »	
	18	15	4	6 20	15,800 »	610 »	16,410 »	3,160 »	19,570 »	
	19	9	8	5 90	16,400 »	730 »	17,130 »	4,840 »	21,970 »	
	20	9	4	5 90	10,800 »	410 »	11,210 »	2,750 »	13,960 »	

Comparons d'abord les divers ponts, abstraction faite des rampes. Il résulte de cette comparaison : 1° que les ponts en maçonnerie de 9 et 15 mètres d'ouverture (voir la colonne 8) sont moins chers que les ponts de toute autre espèce, pour les deux largeurs de voie de 8 et de 4 mètres, excepté le pont suspendu de 4 mètres de largeur de voie ;

2° Que les ponts en tôle de 9 mètres d'ouverture sont moins chers que les ponts en fonte, qu'ils doivent dès lors leur être préférés. Ce résultat est d'accord avec l'opinion de M. Brame. Quand il s'agit d'arcs et non plus de poutres métalliques, l'avantage est incertain ; quelques ingénieurs le donnent à la tôle, d'autres à la fonte, mais nous croyons que les intéressantes recherches de MM. Collet-Meygret et Desplaces sur le viaduc de Tarascon *(Annales des ponts et chaussées,* 1854, mai et juin), permettent de donner la préférence à la fonte lorsqu'il s'agit d'arcs de grandes masses ;

3° Que les ponts en tôle coûtent moins que les ponts américains, pour des ouvertures moindres que 22 mètres dans les deux limites de largeur de 8 mètres et de 4 mètres ; qu'ils coûtent encore moins pour l'ouverture de 22 mètres et pour la largeur de 4 mètres, mais commencent à coûter plus cher pour 8 mètres de largeur avec cette même ouverture de 22 mètres (comparer les numéros 20, 19, 18, 17, 16, colonne 8, avec les numéros 12, 11, 10, 9, 8, et le numéro 15 avec le numéro 7) ; que dès lors l'avantage des ponts américains augmente avec l'ouverture à partir de cette limite de 22 mètres, et que d'ailleurs cet avantage devient d'autant plus grand que les ponts sont plus larges (pour 4 mètres, le pont en tôle coûte 22,110 — 21,680 fr., ou 430 fr. de moins que le pont américain en bois de 22 mètres d'ouverture ; pour 8 mètres il coûte déjà 36,576 — 35,496 fr., ou 1,080 fr. de plus) ;

4° Que d'une ouverture à l'autre de 9 mètres à 15 mètres, et de 15 mètres à 22 mètres, les accroissements de dépense pour les ponts américains comme pour les ponts en tôle sont beaucoup plus grands pour la largeur de 8 mètres que pour celle de 4 mètres, et que dès lors ces systèmes présentent d'autant plus d'avantage que le pont à construire est plus étroit, surtout le pont en tôle. (Comparer sous ce rapport les chiffres de la colonne 8 pour ces ponts.)

Si l'on admet que le passage du pont soit au maximum de remblais, les résultats précédents se modifient un peu. Les ponts en tôle (comparer les chiffres de la colonne 10) deviennent un peu moins chers que les ponts en maçonnerie pour l'ouverture de 9 mètres, et avec les deux largeurs limites de 4 mètres et de 8 mètres. Ils sont encore un peu moins chers pour l'ouverture de 15 mètres et la largeur de 8 mètres; leur avantage est d'ailleurs toujours d'autant plus grand, que le pont à construire est plus étroit. Cependant, la différence est trop petite partout, et nous avons trop exagéré les conditions de durée, et par conséquent l'économie de l'entretien des ponts à poutres métalliques, pour que le pont en maçonnerie ne doive pas leur être préféré ici d'une manière incontestable pour ces deux ouvertures.

Le pont en tôle, lorsque les rampes sont à leur maximum, est partout plus économique que le pont américain ; mais le minimum d'économie est pour le cas de 22 mètres d'ouverture et de 8 mètres de largeur (nᵒˢ 15 et 7, colonne 10) ; ce qui montre encore que si ces deux systèmes conviennent surtout au cas où la largeur est très-petite par rapport à la longueur, cette propriété caractérise encore plus catégoriquement le système des ponts à poutres de tôle que le système américain, et explique parfaitement l'emploi qu'en a fait l'ingénieur anglais Stephenson.

Nous pensons pouvoir conclure légitimement de ce qui précède :

1º Que dans les conditions de prix où se trouvent les matériaux à Saverne et même pour tout le versant du Rhin, et pour une bonne partie de la France, le pont en maçonnerie doit être préféré partout pour l'ouverture de 9 mètres ;

2º Que le pont à poutres en tôle peut devenir avantageux pour des ouvertures supérieures à 9 mètres, et d'autant plus avantageux que les largeurs des ponts à construire sont plus petites ;

3º Que suivant que les rampes seront entièrement en remblai, qu'elles seront de peu d'importance ou nulles, ce qui pourra arriver si l'on traverse le canal dans une tranchée, le pont en tôle, lorsqu'il s'agira de l'ouverture de 22 mètres, peut être, suivant sa largeur, plus avantageux, offrir le même avantage ou devenir moins avantageux que le pont américain en bois ;

4º Que pour les passerelles, c'est-à-dire pour les ponts très-étroits où ce système lui-même n'offre pas d'inconvénient sous le rapport de la solidité, aucun système de ponts ne peut rivaliser avec le pont suspendu.

Il suit donc de là : 1º que partout où le type à section rétrécie de 9 mètres pourrait être admis sans gêner la navigation, c'est-à-dire dans les biefs où il n'y aurait pas de courants à craindre, on devrait construire des ponts en maçonnerie;

2º Que les ponts à poutres de tôle pourraient être employés avec avantage pour la section de 15 mètres, lorsque celle-ci serait nécessaire et suffisante autant qu'il s'agirait de ponts ayant moins de 8 mètres de largeur de voie;

3º Que si la question exigeait le maximum d'ouverture de 22 mètres, c'est-à-dire aucune espèce d'obstacle à la navigation, le pont américain pourrait être supérieur ou inférieur au pont à poutres de tôle, suivant l'importance des remblais des rampes.

Comme sur la branche du canal qui nous occupe ici il n'y a qu'un seul pont en maçonnerie offrant le passage de deux bateaux, celui de la route impériale n₀ 4, à Saverne, et qu'il a 14ᵐ,50 d'ouverture (1) (fig. 3, pl. E), il s'ensuit que l'on a dû construire en maçonnerie tous les ponts de 9 mètres d'ouverture. On a construit deux ponts suspendus à Lupstein et à Hoenheim que nous avons toujours regardés comme peu motivés, attendu que des ponts en maçonnerie de 9 mètres d'ouverture n'auraient pas coûté plus cher. Pour les ponts sur lesquels le chemin de fer traverse le canal à l'écluse nº 14 et à Vendenheim (voir le plan général et le profil en long, pl. A), on a employé des arcs en fonte et renoncé à la maçonnerie à cause du biais trop prononcé de ces passages; on a employé le même système pour un pont sur l'épaulement d'aval de l'écluse nº 50, qui est également biais et en arcs de fonte.

Il a d'ailleurs été construit sur le canal, vis-à-vis de Hochfelden, une passerelle suspendue pour piétons qui est parfaitement justifiée, attendu que dans ce cas ce système coûte moins cher que tout autre et ne présente aucun danger.

Pour rendre complète la comparaison des divers types examinés ci-dessus, il faudrait l'étendre aux types du chemin de fer. Nous avons toujours, dans l'hypothèse du prix des matériaux à Saverne, estimé les dépenses des types indiqués par les figures 1 et 2, pl. E, pour les deux hypothèses de 4 mètres et 8 mètres de largeur de voie sur ces ponts. Nous les donnons au tableau ci-après :

____

(1) Ce pont a été projeté sur les indications de M. l'inspecteur général Bonnelat, qui avait été rapporteur du premier projet au conseil général des ponts et chaussées.

INDICATION des TYPES.	OUVERTURE.	LARGEUR DE VOIE.	LARGEUR ENTRE TÊTES.	HAUTEUR ENTRE LE RAIL et la clef.	ÉPAISSEUR A LA CLEF.	CHAUSSÉE	HAUTEUR DE LA CHAUSSÉE au-dessus du rail.	DÉPENSES.	OBSERVATIONS.
Pont elliptique.	12 10	8 »	8 80	4 66	» 75	» 30	5 71	14,900	Le rail est de 0ᵐ,64 en contre-haut du fond de la fouille, ce qui donne 0ᵐ,64 de hauteur de fondation ; c'est à peu de chose près la hauteur de fondation des ponts du canal. La hauteur minima du rail jusqu'à l'extrados est de 4ᵐ,30.
	12 10	4 »	4 80	4 66	» 75	» 30	5 71	10,700	
Pont en arc de cercle surbaissé.	7 40	8 »	8 80	4 80	» 60	» 30	5 70	14,000	
	7 40	4 »	4 80	4 80	» 60	» 30	5 70	9,900	

On a vu plus haut que, pour les ouvertures moindres que 22 mètres, les ponts à poutres en tôle étaient moins chers que les ponts américains, de sorte qu'en définitive il n'y aurait ici à comparer que les ponts en maçonnerie avec les ponts à poutres de tôle. La dépense du type elliptique est d'ailleurs, comme le montre le tableau ci-dessus, trop peu supérieure à celle du type en arc de cercle surbaissé, et il offre sur ce dernier un tel avantage par sa grande ouverture, que l'on ne doit pas balancer à l'admettre comme le plus convenable. Il suffira donc de lui comparer un pont en tôle de 12ᵐ,10 d'ouverture. Les détails de ce pont sont indiqués ci-après :

OUVERTURE.	LARGEUR DE VOIE.	LARGEUR hors GARDE-CORPS.	HAUTEUR DES POUTRES au-dessus du rail.	HAUTEUR DES POUTRES.	ÉPAISSEUR DU TABLIER EN MADRIERS et de la chaussée.	HAUTEUR TOTALE au-dessus des rails.	DÉPENSES. MAÇONNERIES.	BOIS du tablier.	TÔLES des poutres	FERS des garde-corps.	TOTALES.
							f. c.	f. c.	f. c.	f. c.	f. c.
12 10	8 »	8 08	4 30	» 75	» 30	5 35	6,000	960	10,200	800	17,960
12 10	4 »	4 08	4 30	» 75	» 30	5 35	3,800	480	6,000	800	11,080

Les totaux de ce dernier tableau étant plus forts que ceux de 14,900 fr. et 10,700 fr. du pont elliptique en maçonnerie de même ouverture et de même largeur, et la différence des hauteurs des rampes étant peu de chose d'un système à l'autre, il n'est pas nécessaire de pousser plus loin la comparaison des deux types, et pour les ponts sur rails l'avantage reste encore incontestablement acquis à la maçonnerie, résultat auquel on devait s'attendre, puisque les ouvertures sont plus petites que 15 mètres, et qu'on savait déjà que pour le canal l'avantage des ponts en tôle sur les ponts en maçonnerie ne commençait qu'à partir d'ouvertures plus grandes que 15 mètres.

Si nous sommes entré dans les détails qui précèdent, c'est principalement dans le but de prémunir les jeunes ingénieurs contre le trop grand engouement des constructions métalliques ; elles offrent quelque chose d'attrayant par leur nouveauté. Nous sommes loin de contester leur utilité dans de certains cas ; mais on ne doit, à notre avis, abandonner la maçonnerie qu'à bonne enseigne et quand on se sera bien convaincu en détail que, dans le cas où l'on se trouve, sa solution n'est pas de toutes la meilleure ; car, en définitive, les constructions métalliques, surtout celles où le métal n'est qu'en petites masses, ont toujours une preuve pratique à faire, qui est celle de leur durée. Or, qui peut répondre que l'on n'ait pas à attendre là des mécomptes analogues à ceux qui se sont révélés pour les ponts suspendus ? Les ingénieurs qui se méfiaient le plus de ce système de ponts étaient eux-mêmes loin de croire à des destructions aussi rapides que celles qui n'ont été constatées que trop souvent depuis quelques années. Les ponts métalliques fournissent une excellente solution dans certains cas, mais il faut, à notre avis, éviter de les employer partout où la maçonnerie est possible sans trop d'augmentation dans les dépenses.

§ 3. — Ponts par-dessous.

Les ponts sous le chemin de fer rentrent dans la catégorie de tous les ponts sur cours d'eau. Il n'y a rien de particulier à en dire ; chaque ingénieur saura adopter pour ces constructions les dispositions les plus avantageuses, suivant les circonstances locales, depuis le pont sur une grande rivière jusqu'à l'aqueduc du plus petit ruisseau.

Les ponts sous le canal sont tous en maçonnerie et affectent des dispositions particulières : ce sont les ponts-canaux et les aqueducs.

ARTICLE Iᵉʳ. — PONTS SOUS LE CANAL.

1° *Ponts-canaux.*

DISPOSITIONS GÉNÉRALES. — Les ponts sur lesquels le canal traverse les cours d'eau du versant du Rhin, ne sont pas de grande importance. Le pont-canal de la Walck, dont le dessin est donné par les figures 28, 29, 30, 32, planche D, est le plus considérable de ces ouvrages. Les figures donnent assez de détails pour nous dispenser d'en faire la description. Il présente en amont une disposition peu commode pour la navigation qui existe dans beaucoup de ponts-canaux : c'est le retour à angle droit des banquettes de halage (fig. 28). Dans un pont analogue que nous avons fait construire depuis sur la Mosselbach, nous avons adopté les dispositions données par les lignes ponctuées (A, B, C, fig. 28), qui se terminent par un mur en aile ayant l'inclinaison du talus et placé perpendiculairement à l'axe du canal. Cette disposition est, sous tous les rapports, préférable à celle des murs en retour ; outre qu'elle facilite beaucoup le passage des chevaux sur les banquettes, en évitant les coudes brusques, elle a un avantage capital dans les grands remblais : là, à moins de donner aux murs en retour des épaisseurs considérables, on risque toujours de les voir tourmentés par le tassement des terres. Contre un mur en aile, le tassement général se fait sans inconvénient pour la solidité du mur, qui ne l'empêche pas, comme le mur en retour, de faire son mouvement en dehors. Cette observation n'a pas d'importance pour le pont-canal de la Walck, où aucun mouvement n'a eu lieu, grâce au peu de tassement que prennent les terres dont est fait le remblai ; mais elle acquiert une importance majeure en général : ainsi, pour tous les ponts ou aqueducs dans les grands remblais du chemin de fer de Paris à Strasbourg et pour tous les déversoirs de la descente d'Arschwiller, où l'on avait adopté des murs en prolongement des têtes, ces murs se sont courbés aux extrémités par la poussée des terres. Dans ceux de ces ouvrages pour lesquels on avait adopté des murs en aile perpendiculaires aux têtes et ayant l'inclinaison des talus, aucun mouvement n'a été remarqué dans les maçonneries.

Les murs en retour en prolongement des têtes ne doivent, à notre avis, être employés que lorsqu'il y a peu de hauteur de remblai. Dans les remblais élevés, et surtout dans ceux qui sont formés de terres susceptibles de prendre du pied, ces murs doivent être proscrits d'une manière absolue et remplacés par des murs en aile perpendiculaires aux têtes et offrant la même inclinaison que les talus. Notre observation ne s'applique pas d'ailleurs aux viaducs entre les murs desquels on laisse prendre aux terres leurs talus, et qui n'ont qu'une très-faible poussée à supporter, ni aux ponts par-dessus des chemins de fer et des canaux. Dans ces ponts, les murs en aile ne donnent pas, en général, une disposition commode pour les abords ; les murs en prolongement des têtes n'offrent pas là d'ailleurs d'inconvénients, à cause de la faible hauteur de remblai et du peu de vide qui reste entre les murs d'une tête à l'autre. — Quand on a affaire à une route large, ce vide peut toujours être réduit à peu de chose, en le garnissant d'une maçonnerie à pierre sèche ou d'un enrochement, ce qui réduit encore la poussée sur les murs. Notre observation s'applique donc moins aux ponts qui sont montés jusqu'à la couronne des terrassements qu'à ceux qui sont sous remblais, et qui ont, par conséquent, une plus grande largeur entre les têtes. Pour ceux-là, le danger des murs en prolongement des têtes est très-grand, et les mouvements que prennent ces murs sous la poussée des remblais peuvent aller jusqu'à compromettre la solidité de la voûte vers ses têtes, surtout lorsqu'elle est biaise.

On pourrait encore adopter avec avantage le raccordement circulaire (D, E, fig. 28, pl. D) ; dans ce cas, il y aurait des quarts de cônes comme pour les murs parallèles aux têtes. Ces raccordements circulaires en évasement des murs de tête sont analogues à ceux qui sont employés pour les murs de quais sous les ponts par-dessus le canal (fig. 16, pl. D).

Une dernière observation à faire, puisque nous en sommes aux murs en retour et murs en aile, est relative aux ponts biais : ordinairement, on met les murs en aile parallèles à l'axe du cours d'eau ou de la route traversée. Cette disposition n'est pas heureuse ; elle masque une bonne partie de la construction et n'a aucune raison d'être. Nous pensons que le mur en aile, du côté de l'angle aigu, doit être dirigé normalement à la tête ; on démasque ainsi la construction, qui ne peut qu'y gagner en élégance, tout en n'y perdant pas comme solidité.

CUVETTE. — La cuvette du pont-canal de la Walck a la même largeur que le sas de l'écluse n° 29, accolée à ce pont-canal, soit 5^m,20 ; les bajoyers de cette cuvette ont 2 mètres d'épaisseur et 2^m,50 dans les retours à angle droit d'amont. Les garde-corps sont en fer à croix de Saint-André. Lorsqu'on adopte un parapet en pierre, on donne ordinairement 2^m,50 d'épaisseur, y compris celle du parapet, ce qui laisse 2 mètres de largeur aux banquettes de halage. Dans des ponts plus grands que celui qui nous occupe ici, on donne plus de largeur à la cuvette. Au pont-canal de la Sarre, sur le bief de partage des Vosges, la largeur de la cuvette est de 6^m,50 au niveau du couronnement des murs ; ces murs ont d'ailleurs un fruit de 0^m,21 sur leur hauteur, ce qui laisse 6^m,08 de largeur sur le plafond de la cuvette.

La cuvette du pont-canal de la Wack a été construite suivant les indications de la figure 32, pl. D ; elle se compose de deux bajoyers en maçonnerie de 2 mètres d'épaisseur, parementés verticalement (1) en moellons piqués ; les voûtes sont en libages ou moellons d'appareil ; le radier est en maçonnerie, et sur les voûtes il a 0^m,08 d'épaisseur totale ; les voûtes ont 0^m,60 d'épaisseur à la clef ; la chape, en asphalte, a 0^m,015, et par-dessus cette chape il y a un dallage de 0^m,065 d'épaisseur ; ce dallage s'engage en formant liaison avec les pierres inférieures des bajoyers qui font retour dans le radier. C'est aussi contre ces pierres, dans l'angle, que la chape en asphalte s'arrête, en y pénétrant par un petit refouillement.

La construction du pont-canal de la Walck a été commencée en 1841 : on construisit d'abord les voûtes et l'on arasa horizontalement les maçonneries des tympans jusqu'au niveau de la chape. On laissa les voûtes sous cintres pendant deux mois, et leurs tassements au décintrement furent 0^m,01, 0^m,013, 0^m,012 ; on les chargea ensuite d'un poids à peu près égal à la moitié de celui des bajoyers qui devaient être construits sur ces voûtes et de l'eau à mettre dans la cuvette. Un nouveau tassement de 0^m,005 à 0^m,006 s'opéra. La campagne suivante on construisit les bajoyers, et quatre mois après leur achèvement on coula la chape sur les voûtes, et ce n'est qu'après avoir minutieusement examiné cette chape, qui avait été reconnue exempte de toute fissure, qu'on plaça le dallage destiné à la recouvrir. La construction, achevée en 1842, resta ainsi jusqu'en 1848. Pendant l'automne de 1848, lorsque nous fîmes mettre les eaux pour la première fois dans la cuvette, il se manifesta quelques suintements dans les voûtes, et nous reconnûmes un joint ouvert de 0^m,001 à 0^m,002 tout le long de

(1). Les parements verticaux nous paraissent les meilleurs pour les bajoyers des cuvettes des ponts-canaux, parce qu'ils ne donnent que peu de prise à la poussée des glaces. Dans les parements à fruits, les glaces restent suspendues sans pouvoir suivre le mouvement de l'eau lorsqu'elle baisse, et si l'on n'a pas le soin de les casser sans cesse, elles finissent par pousser les bajoyers en dehors.

la cuvette de chaque côté, au raccordement du dallage avec les pierres inférieures des bajoyers. Il paraît donc que, malgré toutes les précautions prises pendant la construction, les parties des voûtes chargées par le poids des bajoyers avaient fait un nouveau tassement, bien minime sans doute, puisqu'au bout de six ans il n'était que de $0^m,005$; ce léger mouvement, qui n'aurait eu aucune conséquence dans toute autre construction, avait eu pour effet ici de fendre la chape en asphalte contre le raccordement des bajoyers avec le radier, ce qui suffisait pour donner passage à quelques suintements dans les voûtes lorsque la cuvette était remplie d'eau. Les gouttières qui se manifestèrent suivaient exactement les points voisins des lignes d'intersection des parements intérieurs des bajoyers avec le radier de la cuvette, et la partie comprise entre ces lignes, d'une tête à l'autre, restait sèche: pas de doute donc sur la nature du mouvement, qui était dû évidemment au tassement des voûtes sur la partie correspondante à l'épaisseur des bajoyers.

La première idée de réparation fut d'enlever le dallage du radier de la cuvette, de réparer la chape en asphalte et de recouvrir toute la cuvette d'un enduit de ciment de Vassy; c'eût été une dépense de 1,400 fr. La saison était d'ailleurs avancée et l'on tenait à continuer les essais de mise en eau. On se contenta donc d'essayer un rejointoiement en ciment de Vassy du dallage du radier. La dépense de ce rejointoiement eût été simplement perdue si, par suite des essais, il avait fallu ultérieurement revenir à un revêtement continu de ce radier; si au contraire le tassement était complétement terminé, cette réparation paraissait devoir suffire; or, depuis cette petite réparation, qui a coûté 300 fr., les voûtes se sont convenablement tenues, et les parements extérieurs des bajoyers, quoique ces bajoyers soient en simple maçonnerie sans béton ni asphalte, sont demeurés sans suintements. Ces faits tendent à prouver, selon nous, que l'on ne gagne pas grand'chose à faire pour les ponts-canaux des bâches coûteuses compliquées de béton et d'asphalte, et qu'en les construisant tout simplement avec de bons mortiers en maçonnerie bien liée et rejointoyée au ciment de Vassy sur les parements, on peut arriver à de très-bons résultats. Dans les grandes arches, les mouvements périodiques des joints de rupture, aux changements de saison, sont, comme on le sait, des causes de filtrations indépendantes du système de construction de la cuvette; mais on a trouvé moyen d'y remédier, et les procédés à employer à cet effet ont été décrits dans les *Annales*, par M. Regnard (1849, tome XVIII, page 1, et 1854, janvier et février, page 50). Ces procédés admis, il ne nous paraît plus y avoir de raison pour ne pas exécuter les cuvettes des ponts-canaux tout simplement en bonne maçonnerie. En ayant soin de charger les cintres avant de poser les voussoirs, pour leur faire prendre le tassement dû à la compression des bois et réduire ainsi à son minimum le tassement total après la construction des voûtes, en laissant deux mois les voûtes sur cintres, en les chargeant après leur décintrement d'un poids à peu près égal à celui des bajoyers et de l'eau de la cuvette, et en ne construisant les bajoyers qu'après ces tassements divers, on peut, à notre avis, aborder hardiment ce système, qui, tout en étant le plus simple et le plus économique, sera aussi le plus solide, attendu que tout y est en parfaite liaison. Il faut cependant y faire une exception; elle s'appliquerait au cas où le pont à construire serait sur un bief de partage très-élevé et exposé à de fortes gelées. Dans ce cas, les maçonneries des ponts-canaux finissent toujours par être attaquées, à cause de l'humidité qu'elles contiennent nécessairement, et qui les fait éclater par la production de la glace lorsque la gelée pénètre profondément les massifs. Nous pensons que si l'on se trouve dans des circonstances aussi désavantageuses pour la maçonnerie, il faut ne pas hésiter à adopter des bâches en tôle et abandonner complétement les cuvettes maçonnées.

FONDATIONS. — Le pont-canal de la Walck est fondé sur radier général en béton de 1 mètre d'épaisseur, retenu dans une enceinte en pieux et palplanches défendue en aval par des enrochements; ce radier est assis sur la couche épaisse de gravier qui compose le fond de cette partie de la vallée de la Zorn. Les piles et les culées ont été élevées jusqu'au-dessus de l'eau au moyen de bourrelets en béton coulés au pourtour, qu'on a ensuite enlevés dans les basses eaux.

Nous avons fait construire d'autres ponts sur la Zorn pour le chemin de fer de Paris à Strasbourg. Ils sont aussi sur radiers généraux, et les radiers sont de plus revêtus d'un pavé en moellons smillés de 0m,25 à 0m,30 d'épaisseur. Cette dernière précaution est toujours bonne pour garantir la surface du béton, surtout lorsque les crues charrient des graviers. Au pont-canal de la Walck, où elle n'a pas été prise, il est vrai que le béton n'a subi aucune avarie et qu'il a acquis aujourd'hui la dureté du roc; mais cela tient à une circonstance particulière : aucune crue importante n'a eu lieu dans les trois ou quatre années qui ont suivi sa construction, de sorte que le béton a eu le temps d'arriver à une consistance telle, que les plus grandes crues sont devenues impuissantes à l'entamer. Il ne se fût pas comporté ainsi, sans aucun doute, si une crue était venue l'assaillir quelques jours après l'achèvement des travaux. C'est donc surtout pour protéger la surface du béton pendant les premières années, qu'un revêtement en moellons est une chose essentielle, et que l'on doit conseiller comme le complément normal de tout radier général en béton exposé au mouvement de l'eau.

2° *Aqueducs sous le canal.*

Les aqueducs construits sous le canal se subdivisent en deux catégories : les aqueducs ordinaires et les aqueducs siphons.

Le type le plus général des aqueducs du versant du Rhin est celui qui est donné par les figures 5 *bis*, 7, 9, de la planche D pour les aqueducs ordinaires, et celui qui est donné par les figures 5, 6, 8, pour les aqueducs à siphon.

Dans les deux types, il règne sous les chemins de halage des chambres de 2 mètres de hauteur réunies par un conduit maçonné de 1 mètre de largeur sur 0m,80 de hauteur pour les aqueducs ordinaires, et par une conduite en fonte de 0m,60 de diamètre pour les aqueducs destinés à siphonner. La hauteur des chambres est déterminée de manière qu'un homme puisse s'y tenir debout lorsqu'il faut curer le conduit.

Les figures 10, 11, 12, 13, donnent les dispositions d'un grand aqueduc à siphon livrant passage à un affluent important de la Zorn, près de Lutzelbourg, qui a lui-même d'assez fortes crues; cet ouvrage, placé entre Lutzelbourg et la limite des départements de la Meurthe et du Bas-Rhin, a été projeté par M. Jaquiné lorsqu'il était ingénieur ordinaire à Sarrebourg, et exécuté ensuite sous sa direction par M. Molard (1).

(1) Le dessin de cet ouvrage, qui était achevé lorsque nous avons pris le service, n'est donné ici que pour montrer comment le type général des siphons du canal de la Marne au Rhin se modifie dans le cas de plusieurs tuyaux. En comparant les dessins (pl. D), on voit que cette modification consiste simplement à remplacer, dans les siphons à plusieurs tubes, par des voûtes les dalles du siphon à un tube. Toutes les autres dispositions sont les mêmes.

Le dessin de l'aqueduc sous dalles donné par les figures 5 *bis*, 7, 9, indique les dispositions des déversoirs qui ont été établis sur quelques-uns de ces aqueducs dans les plus longs biefs du versant du Rhin. Dans ceux de ces aqueducs qui n'ont pas de déversoir, la jonction du conduit en maçonnerie avec les chambres se fait par un mur analogue à celui qui est indiqué dans la figure 6 (pl. D). /

Dans les aqueducs sous dalles, le conduit est recouvert d'une chape en béton de 0^m,10 d'épaisseur, et le dessus de cette chape est à 0^m,20 sous la ligne du plafond du canal; elle est donc sous une hauteur de remblai de 0^m,20, qui la préserve des coups de gaffe. Pour les siphons, les premiers qu'on a construits laissent 0^m,30 entre le dessus des tuyaux et le plafond, mais cette hauteur a aussi été réduite depuis à 0^m,20, comme pour les aqueducs sous dalles.

La chape en béton qui est placée sur les dalles du conduit en maçonnerie passe de là sur le dallage des chambres, en s'étendant sur le parement intérieur du mur qui sépare la chambre du conduit. Cette chape, dans les aqueducs à tuyaux, n'existe que sur ce mur et les chambres; sur les tuyaux il y a une couche de gravier ou de pierre cassée de 0^m,20, destinée à les préserver des coups de gaffe.

Il y a d'ailleurs sous le canal plusieurs aqueducs voûtés sur de petits affluents de la Zorn; ils n'offrent rien de particulier.

Une précaution indispensable pour les aqueducs sous un canal est de crépir d'une couche de 0^m,01 à 0^m,015 d'épaisseur en bon mortier tous les parements des murs du côté des terres. Cette couche de mortier fait suite à celle qu'on met comme chape sur le béton qui recouvre les voûtes ou les dalles et le dessus des culées, de sorte que toute la partie de la carcasse de l'aqueduc exposée aux filtrations des eaux est pour ainsi dire revêtue d'une chemise continue en mortier; sans cette précaution, il est impossible d'avoir des aqueducs parfaitement étanches, les massifs des culées ayant trop peu d'épaisseur pour qu'on puisse compter qu'ils ne laisseront point passer d'eau. Il est aussi commun de voir des murs peu épais, très-bien soignés d'ailleurs, traversés par les eaux, qu'il est rare de voir des suintements à travers de gros massifs pour peu que leurs maçonneries aient été faites suivant les règles de l'art.

ARTICLE 2. — CHAPES DES PONTS.

La chape est une des parties les plus importantes de la construction des ponts; elle préserve les maçonneries des dégradations si elle
est convenablement faite.

On a employé sur nos chantiers trois systèmes de chapes : le premier consistait à couler sur les voûtes une couche de mortier de $0^m,04$
d'épaisseur, qu'on recouvrait ensuite d'une seconde couche de $0^m,03$
à 0^m04 d'épaisseur lissée avec le plus grand soin. Dans le second
système on coulait une couche de béton fin de $0^m,08$ à $0^m,10$ d'épaisseur sur laquelle on faisait une chape en mortier de $0^m,02$ d'épaisseur;
enfin, dans le troisième système, on couvrait les voûtes d'une chape
en mortier de $0^m,02$ à $0^m,03$ d'épaisseur, sur laquelle on posait une
couche d'asphalte de $0^m,015$ d'épaisseur.

Les deux premiers systèmes sont les plus économiques, et lorsqu'on
a soin d'employer de bons procédés et de savater le béton et la chape
comme nous l'indiquerons à l'article *Étanchements*, chapitre vi, on
est sûr d'avoir d'excellents résultats, à moins toutefois que les tassements du pont se prolongeant ne fassent fendre la chape. Dans ce cas,
c'est la chape en asphalte qui vaut le mieux, et quand on craint des
tassements prolongés (1), on la rend tout à fait indépendante de la
maçonnerie en interposant du papier d'emballage entre la chape en
mortier et la couche d'asphalte; cette dernière étant élastique peut
supporter de petits mouvements de la maçonnerie sans rompre.

Pour les ponts de chemins de fer, les deux premiers systèmes donnant des épaisseurs totales de $0^m,07$ à $0^m,12$ ne peuvent pas toujours
être employés, et l'on est souvent obligé de prendre le troisième pour
gagner un peu de hauteur; c'est ce qui est arrivé pour le viaduc de
la Walck. On a franchi le canal de la Marne au Rhin avec le minimum de hauteur obligatoire pour le passage des bateaux, afin d'éviter de plus grands terrassements dans le chemin de fer, et la chape de
cet ouvrage n'a que $0^m,03$ d'épaisseur totale sur la voûte du canal,
savoir : $0^m,015$ de mortier et $0^m,015$ d'asphalte. Cette chape est assez
étanche, mais pour la rendre telle il a fallu prendre des dispositions

____

(1) On sait qu'on diminue beaucoup les tassements en chargeant les cintres de
matériaux ayant le poids des voûtes pour comprimer les bois avant la pose des
voûtes.

particulières. Les eaux de la chape s'écoulent par la pente longitudinale du viaduc, qui est de 0m,005 par mètre ; on n'a pas ménagé de
barbacanes dans les maçonneries qui sont pleines. Quelque temps
après que le ballast eut été posé, on s'aperçut par les grandes pluies
de quelque humidité aux têtes. — Les filtrations avaient lieu entre
les pierres des plinthes et la couche d'asphalte, qui avait cependant
été relevée avec soin contre ces pierres, mais l'asphalte ne prend pas
contre les maçonneries. On fut obligé de refouiller la plinthe et d'a-
dopter les dispositions de la figure 20, pl. D ; depuis, il n'y a plus eu
de suintements.

Dans les ponts de chemins de fer qui sont soumis aux vibrations
résultant du passage des trains, une matière un peu élastique comme
l'asphalte semble être ce qu'il y a de mieux ; mais quand on répare
la voie, ces sortes de chapes s'entament facilement, surtout si le ballast est en pierre cassée. Il serait bon dans ce cas de mettre sur la
chape du gros sable comme ballast et de proscrire la pierre cassée
d'une manière absolue.

Pour les ponts-canaux l'emploi de l'asphalte est généralement répandu. Nous avons, à l'occasion du pont-canal de la Walck, émis l'o-
pinion que ce système ne valait pas celui de la maçonnerie rejointoyée
au ciment de Vassy, et en résumé notre opinion sur les chapes est la
suivante :

Pour les ponts des routes et des chemins de fer, les chapes en
mortier hydraulique de chaux et sable ou en béton et mortier sont
ce qu'il y a de plus économique et de meilleur, à moins qu'on n'ait
à craindre des tassements prolongés ou qu'on ne soit gêné par la
hauteur. Dans ce cas il n'y a pas autre chose à employer que l'asphalte en l'isolant des maçonneries par l'interposition de gros papier
et en le fixant dans les plinthes par un refouillement. Si nous ne
parlons d'ailleurs pas des chapes en ciment de Vassy, c'est qu'elles
coûtent aussi cher que les chapes en asphalte et qu'elles ne nous
paraissent pas les valoir dans les circonstances où nous conseillons
leur emploi.

Il nous reste à ajouter que pour compléter le parfait étanchement
d'un pont il est bon de crépir les parements du côté des terres. Enfin,
quand on fait écouler les eaux des chapes par des barbacanes établies
dans les piles ou les culées, il faut avoir soin de remblayer au-dessus
du grillage qui forme la barbacane par le haut avec de la pierre

cassée et non avec de la terre. Quand on ne prend pas cette précaution, les grillages se bouchent au bout de très-peu de temps et les barbacanes ne servent plus à rien.

§ 4. — Écluses.

Les figures n°s 21, 22, 23, 24 (pl. D) donnent le dessin de l'écluse n° 12 de la descente d'Arschwiller ou le type d'une écluse de 2^m,60 de chute pour des biefs de 2 mètres de tenue d'eau (1). Les figures 28, 30, pl. D, donnent le type d'une écluse du Bas-Rhin de 2^m,60 de chute pour des biefs de 0^m,60 de tenue d'eau (2).

Il serait à désirer que toutes les écluses des canaux à grande section qui doivent communiquer entre eux eussent les mêmes dimensions, mais il n'en est malheureusement pas ainsi : les bateaux du canal de la Marne au Rhin ne peuvent tenir dans celui du Rhône au Rhin ; de là un transbordement du premier de ces canaux sur le second, et pour le second une perte, si l'industrie des transports en transit est obligée d'y mettre des bateaux plus petits que ceux qu'elle pourrait y faire circuler, si elle avait à se tenir dans les limites du canal de la Marne au Rhin.

Dans les écluses du canal de la Marne au Rhin, la longueur du sas comprise entre les naissances de la courbe du mur de chute (voir le plan, fig. 28, pl. D) et l'extrémité d'amont des enclaves d'aval est de . . . . 33^m,85

La distance qui reste entre ce point et la pointe des portes d'aval est de . . . . 1^m,96

La distance entre les naissances du mur de chute et la pointe des portes d'aval est de . . . . 2^m,30

Ce qui donne entre les pointes des portes une longueur totale de . . . . 38^m,11

(1) Les dispositions générales de ce type ont été arrêtées par M. l'inspecteur général Collignon, lorsqu'il dirigeait, comme ingénieur en chef, les premiers travaux du canal dans le département de la Meurthe.

(2) Les dispositions de ce type ont été arrêtées par M. l'inspecteur général Schwilgué, lorsqu'il était ingénieur en chef du Bas-Rhin.

Mais cette longueur n'est pas utile tout entière : beaucoup de bateaux de canaux sont carrés à l'arrière, de sorte que placés à la descente dans une écluse, ils ne peuvent dépasser les naissances de la courbe du mur de chute. Ceux dont l'arrière est arrondi en coque gagnent quelque chose, mais c'est toujours très-peu, attendu que leur gouvernail se replie et prend une partie de la place. Il faut donc admettre en général que, lorsqu'un bateau est placé à la descente dans une écluse, son arrière tourné contre le mur de chute, c'est la corde de l'arc de ce mur de chute qui limite à l'amont la partie utile du sas. Presque tous les bateaux de canaux sont maintenant un peu arrondis vers l'amont, de sorte qu'ils offrent une sorte de proue, quoique leur fond soit plat. Cette pointe avance vers celle des portes d'aval, et il suffit que le bateau soit arrondi de manière qu'étant distant de $0^m,50$ à $0^m,60$ de la pointe des portes, celles-ci puissent s'ouvrir.

La distance entre la corde de l'arc du mur de chute et la pointe des portes d'aval est de $33,85 + 1,96$ ou de $35^m,81$.

Un bateau de $34^m,50$ de longueur peut passer aisément dans une semblable écluse à la descente, et un bateau de 35 mètres pour peu que la proue soit convenablement établie ; il est clair d'ailleurs qu'il passera à plus forte raison à la remonte. Jusqu'à présent la longueur des bateaux a été limitée à $34^m,50$ sur le canal de la Marne au Rhin, et à $5^m,10$ de largeur totale, la largeur des écluses étant de $5^m,20$.

Quant aux radeaux des trains de flottage, il convient de restreindre leurs longueurs à de moindres limites, attendu que par leur forme rectangulaire ils sont difficiles à manœuvrer ; leurs dimensions ont été fixées, jusqu'à présent, à $33^m,50$ de longueur sur $4^m,80$ de largeur, sur le canal de la Marne au Rhin.

Au canal du Rhône au Rhin, la distance entre la corde de l'arc du mur de chute et l'extrémité d'amont des enclaves d'aval n'est, en général, que de $30^m,30$, de sorte que la partie utile de leur sas est de $33^m,85 - 30^m,30$, ou de $3^m,55$ plus courte que celle des sas du canal de la Marne au Rhin ; si donc les bateaux de ce dernier canal peuvent avoir de $34^m,50$ à 35 mètres de longueur, ceux du canal du Rhône au Rhin ne peuvent guère avoir plus de 31 mètres à $31^m,50$.

Depuis quelques années, le progrès de l'industrie des transports sur chemins de fer s'est traduit par la mise en mouvement de machines plus puissantes, et la locomotive Engerth, de 66 tonnes, est loin des premières locomotives de 20 tonnes. Cet accroissement du poids des machines a entraîné, comme conséquence, celui du poids des rails. Pour les premiers chemins de fer, les rails ne pesaient que de 20 à 30 kilogrammes par mètre courant. Aujourd'hui on est généralement arrivé en France à leur donner au moins 37^k,50. Le progrès de l'industrie des transports par eau tend à suivre une marche analogue : on a été conduit à augmenter les dimensions des bateaux et par conséquent celles des écluses; seulement ici, il y a une limite de plus que la limite de dépense de l'établissement qui existe sur les chemins de fer, c'est celle qui est relative à la dépense d'eau ou à l'alimentation du canal. Les plus grands bateaux du canal de la Marne au Rhin portent moyennement 180 tonnes, avec un tirant d'eau de 1^m,40, qui exige pour le canal un mouillage ou une tenue d'eau de 1^m,60.

Ce qui précède explique la différence de dimensions entre les écluses des canaux récemment construits et celles des canaux plus anciens. Revenons maintenant aux dispositions de détail des écluses :

Les fig. 21, 22, 23, 24, pl. D, indiquent toutes les dispositions de détail de l'écluse n° 12, type des écluses de 2^m,60 de chute et de 2 mètres de tenue d'eau. Les fig. 28 et 30, 31, indiquent les dispositions principales de l'écluse n° 29, type des écluses du Bas-Rhin, de 2^m,60 d'écluse et de 1^m,60 de tenue d'eau. Les écluses de la Meurthe sont terminées, en amont comme en aval, par des murs en retour à angle droit sur les bajoyers, et dont les angles sont arrondis à un rayon de 0^m,60. Les écluses du Bas-Rhin offrent sur leur tête d'aval une disposition particulière : ce sont des musoirs circulaires faisant communiquer par un escalier placé sur le talus la banquette de halage avec la plate-forme de l'écluse. Nous recommandons cette disposition comme étant des plus commodes pour les mariniers et aussi pour les éclusiers, lorsqu'ils doivent, la nuit, aller lire la cote de leurs échelles d'aval.

La chute des écluses se rachète dans les terrassements par des rampes de 0^m,07 par mètre, qui rattachent les plates-formes de l'écluse aux chemins du halage du bief inférieur; les fig. 30, 31, pl. D, indiquent ces dispositions. Dans la descente d'Arschwiller, les talus intérieurs de ces rampes, ainsi que ceux des chemins de halage, sont, comme on l'a vu à l'article des terrassements, remplacés par des murs de soutènement.

La chute de l'écluse dans le sas est répartie entre deux murs de chute placés l'un à l'amont des portes, l'autre à l'aval. Le premier est dérasé à 0ᵐ,20 en contre-bas du niveau du plafond normal du bief d'amont; l'autre est disposé de manière que les ventelles des portes soient noyées en partie par les eaux du bief d'aval. Cette disposition est des plus avantageuses; elle empêche les bateaux d'être inondés par les jets d'eau des ventelles. Les hauteurs respectives de ces deux murs de chute ne sont pas tout à fait les mêmes dans les écluses de la Meurthe que dans celles du Bas-Rhin; mais il suffit que les résultats soient les mêmes.

La fig. 30, pl. F, indique la position des eaux d'aval par rapport aux ventelles des portes dans les écluses du Bas-Rhin. Les fig. 23 et 24, pl. D, donnent les coupes en travers d'une écluse de la descente d'Arschwiller sur le bajoyer, et sur l'épaulement des portes où il y a surépaisseur à cause de la solidité relative qu'exige cette partie de la construction soumise à la pression et au mouvement des portes. Dans les écluses du Bas-Rhin on a suivi les mêmes dimensions à très-peu près; seulement leurs radiers ne sont pas circulaires : ils ont 1ᵐ,20 d'épaisseur totale dans le sas, et 1ᵐ,45 sous le busc de l'épaulement d'aval. Nous regardons cette disposition comme la plus simple et la plus économique, et nous l'adopterions dans le type normal d'une écluse; il nous semble que c'est aussi la disposition qui a été suivie dans les écluses du canal latéral à la Garonne, si nos souvenirs ne nous font défaut.

§ 5. — Observations sur le profil des bajoyers et mode d'exécution des maçonneries.

Le profil en travers des bajoyers donne lieu à une observation spéciale, que nous regardons comme importante et qui s'applique en général à tous les massifs en maçonnerie ayant à supporter des terres et qui doivent être étanches. Au lieu de terminer les parements du côté des terres par des retraites, il eût mieux valu leur donner un fruit uniforme de 1/10ᵉ. Avec cette disposition, les terres font coin et se serrent à mesure qu'elles tassent; avec les retraites, au contraire, il y a arrachement à chaque retraite, séparation des terres et de la maçonnerie, et il en résulte souvent des communications d'eau du bief d'amont au bief d'aval le long des maçonneries des bajoyers. Depuis que nous connaissons par expérience le mauvais effet des retraites, nous les avons supprimées dans toutes nos constructions, et nous n'avons eu qu'à nous en applaudir sous tous les rapports. Il est bon d'ailleurs de revêtir d'un crépi en maçonnerie le dessus des murs et leurs parements du côté des terres, pour empêcher les eaux, qui pourraient filtrer du bief d'amont autour des maçonneries, de les rendre humides.

NATURE ET DISPOSITION DES MAÇONNERIES. — On n'a employé la pierre de taille qu'aux chaînes angulaires des parements verticaux, aux buscs des radiers, aux musoirs et aux couronnements. Il faut avoir soin d'arrondir toutes les crêtes des couronnements, des coulisses de poutrelles et des enclaves, car le passage des bateaux brise en peu de temps tous les angles vifs, et quand on a la précaution de les arrondir, ils se conservent assez intacts pour ne pas défigurer l'aspect de la construction par des écornures qui font toujours un triste effet.

Les parements vus ont été exécutés en moellons piqués, les fondations en béton et le gros des massifs en maçonnerie de remplissage. Dans les écluses de la Meurthe, les parements des bajoyers sont consolidés par deux rangs de lancis ou grandes boutisses en pierre de taille; le rang inférieur est au niveau de la ligne d'eau du bief d'aval; le rang supérieur, qui est à 1^m,40 au-dessus de la ligne d'eau, porte des croisillons en fer, sur lesquels les bateliers peuvent s'appuyer pour faire démarrer le bateau de l'écluse. Jusqu'à présent, nous n'avons pas vu qu'ils s'en servissent souvent, et nous les regardons comme peu utiles; lorsque le bateau est chargé, il ne reste pas assez de place pour qu'un batelier puisse se mettre entre le chargement et le parement de l'écluse. Ils ne servent donc que pour les bateaux vides qui, en général, n'ont pas grande peine à sortir des écluses, et pour les flottes. Dans les écluses du Bas-Rhin, il n'y a pas de lancis; mais on a établi une assise en pierre de taille qui règne sur tout le bajoyer au niveau de la ligne d'eau du bief d'aval. Cette disposition est moins économique et moins bonne à notre avis que celle des lancis. Nous pensons que l'on ne peut rien faire mieux que d'adopter, sous ce rapport, les dispositions de l'écluse n° 12.

Les parements vus donnent lieu à une observation qui n'est pas sans importance et qui s'applique aux murs de soutènement d'une certaine hauteur aussi bien qu'aux écluses: ces parements se détachent au bout de quelques années des massifs, quand leurs matériaux sont d'échantillon trop fort par rapport à celui que l'on emploie pour la maçonnerie de remplissage. On comprend, en effet, que des moellons piqués de $0^m,25$ de hauteur d'assise, par exemple, tassent beaucoup moins, surtout si les joints sont petits, qu'une grosse maçonnerie qui serait faite avec des moellons de $0^m,08$ à $0^m,10$ d'épaisseur; il s'établit dans ce cas, entre les deux espèces de maçonneries, une ligne de rupture qui doit amener tôt ou tard la chute des parements. Voici, d'après notre expérience, la règle à suivre : il faut exécuter la maçonnerie de remplissage et les parements vus avec des matériaux de grosseur à peu près égale. Quand on ne peut avoir que de petits matériaux pour la maçonnerie de remplissage, il faut donc adopter des moellons de peu de hauteur d'assise pour les parements et tenir les joints horizontaux de ces parements très-forts ($0^m,010$ à $0^m,020$), tout en ayant soin d'employer, selon l'usage généralement établi, des boutisses qui relient le parement au massif. Avec ces précautions, on égalise les tassements et l'on prévient la rupture. Lorsqu'on a des matériaux plus forts à sa disposition, et que dès lors on peut augmenter les hauteurs d'assise des parements, il n'en faut pas moins se méfier des petits joints qui, outre l'inconvénient de laisser souvent les lits sans mortier, ont toujours celui de donner un tassement définitif trop petit par rapport au tassement général des massifs. Nous ne pensons pas qu'on doive descendre au-dessous de $0^m,008$ pour les joints des moellons piqués, ni au-dessous de $0^m,005$ pour la pierre de taille, ces dimensions étant comptées le joint fait, c'est-à-dire après que l'on a battu la pierre sur son lit de mortier et qu'elle a occupé sa place définitive.

Quant à la maçonnerie de pierre de taille, elle se relie toujours beaucoup mieux aux massifs que celle des moellons piqués, à cause de la grande queue de la pierre et de son appareil régulier par carreaux et boutisses. Pour les moellons piqués, nous avions, dans nos derniers travaux du chemin de fer de Paris à Strasbourg, prescrit les dispositions suivantes : la longueur d'un moellon en parement ne devait pas dépasser le quadruple de sa hauteur, les moellons devant être disposés par carreaux et boutisses; les carreaux avaient en parement $0^m,40$ à $0^m,75$ de longueur, sur $0^m,35$ à $0^m,37$ de queue; les boutisses, $0^m,40$ à $0^m,50$ de longueur, sur $0^m,35$ à $0^m,37$ de queue; outre ces boutisses, on plaçait tous les quatre mètres une boutisse de $0^m,30$ à $0^m,40$ de longueur en parement et de $0^m,60$ de queue. Avec ces dispositions, la maçonnerie de parement avait une épaisseur moyenne de 0^m,35, et en y ajoutant les lancis que nous avons fait remarquer à l'écluse n° 12, la liaison se fait aussi parfaitement que possible. La hauteur moyenne d'assise de nos moellons piqués était de 0^m,20 à 0^m,25 ; pour la maçonnerie de remplissage on n'employait que des moellons cubant au minimum 0^m,01 et ayant 0^m,15 à 0^m,20 d'épaisseur d'assise. On n'arasait d'ailleurs jamais les maçonneries ordinaires par assises, et on exécutait le massif comme un seul bloc, en laissant des boutisses dans tous les sens.

Dans les parements de murs non exposés à l'eau, la séparation se fait toujours quand les matériaux sont disproportionnés ; mais ces parements peuvent durer très-longtemps sans qu'on se doute même de cette séparation. Pour les écluses et les murs de quai, dès que les eaux pénètrent dans un parement séparé, elles le renversent promptement surtout si la gelée vient s'en mêler. Aussi est-il très-important de refaire les joints dès qu'ils se détériorent ; et pour les vieilles maçonneries, on ne peut faire cette opération avec succès qu'en employant les ciments de Vassy et de Pouilly.

Enfin, pour les rejointoiements eux-mêmes, nous devons faire l'observation suivante : souvent on attend un ou deux mois et même davantage après la construction pour rejointoyer ; ce système est tout à fait vicieux à notre avis, le nouveau mortier ne faisant jamais bonne prise contre l'ancien. Ce qu'il y a de plus avantageux est de lisser les joints avec le mortier même de pose, au fur et à mesure que l'on construit les parements. On obtient ainsi des rejointoiements d'une apparence un peu moins belle il est vrai, mais beaucoup meilleurs au fond.

Il résulte de l'expérience de nos travaux que la plupart des rejointoiements faits après coup en mortier de chaux hydraulique et de sable, sont tombés au bout de sept à huit ans, tandis que les rejointoiements au même mortier faits à mesure que l'on achevait les maçonneries sont encore parfaitement intacts.

§ 6. — Faits principaux qui se sont présentés dans la construction des écluses.

La plupart des écluses de la descente d'Arschwiller et de la vallée supérieure de la Zorn sont fondées sur le roc ; l'écluse n° 29 est fondée sur le gravier, ainsi que le pont-canal de la Walck auquel elle est accolée; plusieurs autres écluses, en aval de Saverne, sont dans le même cas; celle qui a offert le plus de difficultés est l'écluse n° 37, accolée au pont-canal sur la Mosselbach, près de Detwiller. Cet ouvrage est fondé sur une couche tourbeuse, qui a nécessité une épaisseur de fondation de 2ᵐ,95 sous les bajoyers; l'épaisseur du radier, qui est de 1ᵐ,20 pour les autres écluses du Bas-Rhin, a été portée pour celle-ci à 2ᵐ,15. Ce radier est exécuté en maçonnerie ordinaire, avec revêtement en moellons piqués; et, sous les bajoyers, le massif de 2ᵐ,95 d'épaisseur comprend une épaisseur de 0ᵐ,80 de béton, dont le dessus arase le dessous du radier général. L'écluse n° 35 s'est trouvée à peu près dans le même cas.

En général, le béton qui sert de fondation aux bajoyers et aux radiers des écluses a été coulé à sec. Pour que cette opération réussisse complétement, il faut, lorsqu'il y a des eaux à craindre, avoir soin de laisser autour du massif une petite rigole un peu plus profonde que le fond de la fouille, qui rassemble les eaux et les conduise soit dans une rigole d'écoulement ouverte en aval de l'écluse, dans le plafond du canal, soit dans le puisard où l'on dispose les pompes à épuisement; sans cette précaution, on risque de voir le béton souffler et des sources se montrer, après même que sa masse générale a déjà fait prise. Nous pensons que chaque fois qu'on peut couler le béton à sec sans s'exposer à des sous-pressions, c'est le meilleur moyen de l'employer; il peut, en effet, se pilonner alors par couches, et donne des massifs homogènes sans aucun vide qui se prennent tout d'une seule masse. En ce qui nous concerne, nous préférerons toujours ce mode à celui de l'immersion, lorsque les circonstances permettront de l'employer.

Il est arrivé dans plusieurs écluses, et surtout dans celles qui sont fondées sur le roc, que des sources très-importantes surgissaient dans la fouille préparée pour recevoir le béton. Dans ce cas, on a laissé remplir la fouille et coulé le béton sous l'eau; mais quand les sources étaient de peu d'importance, on leur creusait en contre-bas de la plate-forme de la fouille de petits conduits qu'on recouvrait de briques ou de moellons maçonnés, et par-dessus lesquels on coulait le béton à sec. Les sources sortaient par ces petits canivaux sous la plate-forme en béton, et étaient reçues dans la rigole de ceinture des fondations.

Quand ces rigoles donnaient assez d'eau pour faire craindre que les maçonneries des bajoyers fussent attaquées, on recouvrait les rigoles d'un petit aqueduc maçonné en briques ou en moellons qui débouchait dans le bief inférieur en aval de l'écluse. Dans ce cas, il faut avoir soin de couper la communication avec le bief d'amont, autrement ces aqueducs seraient plus nuisibles qu'utiles, attendu que le canal une fois en eau, les eaux du bief d'amont s'y précipiteraient pour aller dans le bief d'aval. Cette communication se coupe tout naturellement au droit du mur de chute par la chute même du terrain. Il n'y a jamais de sources dans les radiers d'amont, et en commençant les rigoles et les aqueducs (dans le cas où il en faut) un peu en aval de l'emplacement du mur de chute, on ne risque pas d'événement fâcheux de communication. Quand, d'ailleurs, on voit que les sources qui alimentent ces aqueducs tarissent ou du moins diminuent notablement au bout d'un certain temps, ce qui arrive presque toujours, on bouche l'orifice de l'aqueduc dans le bief d'aval avec un tampon du béton. Il vaut toujours mieux empêcher les eaux d'aval de séjourner derrière les bajoyers, et, par conséquent, supprimer ces aqueducs dès qu'on le peut; mais il ne faut pas trop craindre cette action, qui ne peut avoir aucune fâcheuse conséquence une fois les mortiers pris et lorsqu'il n'y a pas, d'ailleurs, communication avec le bief d'amont.

§ 7. — Enrochements et perrés en aval des écluses.

Il est indispensable de revêtir de perrés les talus en aval des écluses, et d'enrocher le plafond sur 15 à 20 mètres de longueur pour le préserver des affouillements dus au jeu des ventelles. Ces constructions doivent être assez solidement établies, si l'on ne veut pas avoir à les réparer continuellement.

Les perrés doivent être fondés sur béton ou maçonnerie à mortier, et il est bon d'établir au bout de l'enrochement deux plates-bandes en maçonnerie à mortier se reliant avec les fondations des perrés. Cette carcasse en maçonnerie divise l'enrochement en cases que l'on remplit ensuite en pierre sèche. Il faut que ces pierres soient posées debout et bien serrées, et qu'elles offrent au moins 0^m,40 à 0^m,45 de queue. Si les pierres sont petites, le jeu des ventelles les entraîne souvent, et dès qu'une pierre est partie, le reste s'en va au galop.

RACCORDEMENTS EN AMONT ET EN AVAL DES ÉCLUSES. — La largeur des écluses n'étant que de 5^m,20, tandis que celle du plafond normal du canal est de 10 mètres, il en résulte qu'en amont et en aval de chaque écluse il y a un raccordement à faire. En amont, on raccorde la section normale avec la section rétrécie par un talus perreyé sur 10 mètres de longueur. En aval, l'évasement a la longueur des rampes, de sorte que le plafond reprend sa largeur de 10 mètres au droit du pied des rampes. (Les fig. 28, 31, pl. D, donnent une idée de ces raccordements.) Dans la descente d'Arschwiller, où le canal est entre murs et où les biefs sont très-courts, on n'a pas rétréci la section aux abords des écluses ; ces murs viennent se terminer dans leurs alignements avec leur fruit contre les murs en retour d'amont et d'aval des écluses.

§ 8. — Portes d'écluses.

Les portes des écluses du versant du Rhin sont en bois ; ce système a été perfectionné par M. l'ingénieur en chef Jaquiné, au moyen de grands boulons reliant les poteaux busqués et tourillons dans le ventail ; cette disposition augmente la rigidité des portes, qui sont très-étanches quand elles sont bien posées. Quant au système des crics employés dans le Bas-Rhin, il est perfectionné et des plus commodes, en ce qu'il prend peu de place sur la passerelle ; les pignons sont en fer trempé au baquet, ainsi que les crémaillères. Nous regrettons que le cadre de notre travail ne nous permette pas de donner pour les portes tous les détails d'exécution que nous avons entre les mains. Nous sommes obligé de nous borner à ceux des dessins des figures n°s 29, 30, 31, 32, 33, pl. F, qui donnent le type des portes d'écluses de notre ancien service du Bas-Rhin (1).

Les joints des bordages sont recouverts de bandelettes en tôle de 0^m,05 de largeur clouées sur le bois. Ces bordages sont tout à fait jointifs ; seulement, du côté de la bandelette, les joints sont découpés sur la moitié de leur épaisseur en un triangle qui a 0^m,03 de base sur 0^m,03 de hauteur ; on le remplit d'étoupes qu'on y foule avec force. On y coule du brai ; on a soin de laisser un peu déborder le rem-

---

(1) Ce type est celui de M. l'inspecteur général Schwilgué, dans lequel a été introduit le perfectionnement des grands boulons reliant le poteau tourillon au poteau busqué.

plissage, et puis on cloue la bandelette qui comprime l'étoupe renfermée dans ce joint de forme prismatique triangulaire et le rend parfaitement étanche.

Quand on pose les portes, quelque soin que l'on ait mis à tracer l'épure des chardonnets, il arrive rarement que du premier coup l'on obtienne une adhérence complète du poteau tourillon contre la partie plane du chardonnet, adhérence dans laquelle réside le plus grand succès de l'opération. Il faut donc ne pas sceller définitivement les crapaudines, afin de pouvoir les changer un peu de place jusqu'à ce qu'on obtienne le résultat désiré. C'est un petit tâtonnement que le constructeur le plus habile ne peut éviter; il arrive d'ailleurs souvent que des portes qui perdaient au poteau tourillon, lors de la mise en eau, finissent par ne plus perdre au bout d'un certain temps, les petites aspérités du poteau s'étant usées contre la pierre par le mouvement des portes : dans ce cas, si la crapaudine n'est pas scellée dans le radier, elle suit le petit mouvement du poteau, et en la scellant définitivement au premier chômage on obtient un résultat parfait; si on l'avait scellée de suite, le poteau n'aurait plus eu aucune liberté, et la porte aurait toujours continué à couler. Cette précaution est des plus importantes dans la construction des portes d'écluses. Il n'y a d'ailleurs, sous le rapport de la solidité, aucun inconvénient à laisser pendant un an et même davantage les crapaudines sans scellement.

Nous avons fait le calcul du temps qu'il faut pour remplir le sas au moyen des ventelles des portes d'amont, et celui qu'il faut pour le vider au moyen des ventelles des portes d'aval dans les portes du Bas-Rhin, type des figures nᵒˢ 29, 30, 31, pl. F. On trouve, en appliquant les formules d'hydraulique appropriées à cet usage, que, pour remplir un sas ayant 200 mètres carrés de surface avec deux ventelles ayant chacune 0ᵐ,40 de section, et l'écluse ayant 2ᵐ,60 de chute, les ventelles étant disposées suivant les figures 29, 30, 31, 32, comme celles de l'écluse nᵒ 29, il faut 5′,57″ pour remplir et 6′ pour vider, soit en tout 11′57″. Mais ce dernier chiffre n'est pas le chiffre pratique; en effet, on ne peut pas ouvrir de suite à toute hauteur les ventelles d'aval, l'eau prendrait une trop grande vitesse à sa sortie, et il en résulterait des dégradations dans les enrochements qui sont posés dans le plafond du canal en aval de l'écluse. On ne peut donc aller que graduellement, et la ventelle ne s'ouvre en entier que lorsque l'eau a déjà commencé à baisser notablement dans le sas. Il faut en général six minutes pour remplir et sept pour vider, de sorte qu'on peut compter que le temps total perdu par un bateau pour écluser est de treize minutes. En comptant le temps qu'il lui faut pour s'arrêter et s'amarrer aux champignons qui sont placés sur le couronnement de l'écluse, on peut compter d'un quart d'heure à vingt minutes pour le temps nécessaire au passage d'une écluse. Si les besoins de la navigation exigeaient que ce temps fût abrégé, il faudrait mettre une ventelle de plus à chaque ventail, ou établir des aqueducs faisant communiquer directement et à volonté le sas avec le bief d'amont, ainsi que cela existe déjà sur quelques canaux; mais comme avec un quart d'heure par éclusée on peut écluser à la dernière limite quatre-vingt-seize fois en vingt-quatre heures, il n'est pas probable qu'il y ait jamais rien à changer sous ce rapport aux écluses du canal de la Marne au Rhin.

Les dispositions les plus commodes des champignons d'amarre pour la navigation nous paraissent être celles qui sont indiquées par la figure 28, planche D : ce sont les dispositions adoptées pour les écluses du Bas-Rhin.

Les portes s'ouvrent au moyen de béquilles en fer rond, s'accrochant à un anneau fixe que porte la monture de la passerelle de la porte; la poignée est en bois, et l'éclusier ouvre le ventail en tirant la béquille avec les deux mains. Ce système est, de tous ceux qu'on emploie pour ouvrir les portes d'écluses, le moins savant, mais il est loin d'être le plus mauvais.

§ 9. — **Déversoirs.** — **Ouvrages de prise d'eau.**

ARTICLE 1er. — DÉVERSOIRS.

Dans la descente d'Arschwiller, il y a trois déversoirs placés dans les biefs nos 4, 9, 13, biefs qui reçoivent les petits affluents des vallons secondaires, dans lesquels on leur a donné leur développement. Il y a de plus un déversoir dans chacun des biefs nos 30, 37, 42, 47. La nécessité de ces derniers déversoirs a été démontrée par l'expérience de la mise en eau, et on les a établis pendant le chômage de 1853 sur des aqueducs existants. Leur position a été déterminée, autant que possible, de manière à les utiliser pour vider les parties des longs biefs les plus éloignées de l'écluse d'aval. Avant la construction de ces déversoirs, lorsqu'on voulait vider un bief, il fallait à toute force faire aller ses eaux jusqu'à la rivière d'Ill, à Strasbourg, et manœuvrer toutes les écluses. Depuis qu'ils sont construits, on a des points intermédiaires par lesquels on peut faire sortir l'eau du canal sans lui faire parcourir toute la partie de la branche de ce canal située en aval du bief que l'on est obligé de mettre à sec. Ces déversoirs sont disposés suivant les figures 7, 9, pl. D; ils jouent par une vanne. La plupart sont du côté du halage, de sorte qu'il a fallu adopter pour les chapeaux du vannage une disposition qui permît à la corde de passer facilement. La figure 9, pl. D, donne cette disposition : le chapeau est surmonté d'une barre de fer méplat recourbée qui passe par-dessus le cric, de sorte qu'il n'y a absolument aucun obstacle au passage de la corde lorsque la vanne est fermée, ce qui est son état normal.

Les figures n°s 1, 2, 3, 4, pl. D, donnent le dessin d'un déchargeoir de la descente d'Arschwiller; c'est un système analogue, seulement il fonctionne avec des poutrelles que l'on remplacera certainement plus tard par des vannes semblables à celles des déversoirs du Bas-Rhin indiquées ci-dessus, la manœuvre des poutrelles étant toujours une chose assez incommode.

ARTICLE 2. — OUVRAGES DE PRISE D'EAU.

Les quatre prises d'eau dans la Zorn, qui existent sur le versant du Rhin, n'offrent que des ouvrages fort simples. Dans les projets que nous avons dressés de ces prises d'eau, nous sommes parvenu à donner aux rigoles de très-faibles longueurs et à les réduire ainsi à leur minimum de dépenses.

Les deux premières prises d'eau, celles de Hoffmühl et du Mungelbaëchel, ont chacune un barrage de tête dans la Zorn, et un aqueduc d'entrée dans le canal. Les deux rigoles de Lupstein et de la Munchmuhl prennent les eaux dans les biefs de deux moulins, ce qui a économisé la dépense des barrages : les eaux entrent dans le canal par de petits aqueduc voûtés qui passent sous le chemin de halage; leur radier est à 0^m,60, en contre-bas de la ligne d'eau du bief du canal dans lequel sont reçues ces eaux. Pour la prise d'eau du Mungelbaëchel, nous avons trouvé un point de la vallée où la Zorn peut être prise sans rigole; les figures 33, 34, 35, 36, 37, 38, planche D, donnent les indications du barrage avec prise d'eau établie à cet effet dans la Zorn; cet ouvrage est le plus important de ceux des prises d'eau du versant du Rhin. Depuis la construction de ce barrage, nous avons reconnu combien il est difficile de régler une retenue avec des poutrelles; aussi une vanne a-t-elle été placée dans un des pertuis pendant le chômage de 1854; cette vanne, qui a 3^m,50 d'ouverture, est manœuvrée par deux crics, auxquels le mouvement est communiqué par une tige horizontale à pignons placée sur le chapeau et marchant dans des collets. La manivelle est placée au bout de cette tige, du côté du canal, de sorte que l'éclusier, lorsqu'il a manœuvré sa vanne, ôte la manivelle, et personne ne peut déranger le mécanisme.

Les crics sont à double engrenage, ce qui est nécessaire ici à cause de la grande pression exercée contre la vanne par la retenue du barrage. Ce système a l'avantage de réduire la force à employer pour lever la vanne, et l'inconvénient d'augmenter le temps qu'il faut pour exécuter la manœuvre. L'un de ces éléments ne peut jamais être réduit qu'au détriment de l'autre. La résistance au départ est, pour cette vanne de 3^m,50 d'ouverture, de 3,500 kilogrammes. Le calcul nous a donné 8^k,80 pour l'effort à appliquer à la manivelle, pour lever de 1^m,50 la vanne, au moyen des deux crics à double engrenage, sur lesquels marche la tringle horizontale à laquelle la manivelle communique le mouvement. L'effort moyen que l'on doit faire développer à l'homme sur une manivelle, pour être dans de bonnes conditions de manœuvre, pouvant aller jusqu'à 18 et même jusqu'à 20 kilogrammes, on voit avec quelle facilité se manœuvre ce système. Le calcul nous avait donné dix minutes pour le temps qu'il faudrait pour lever la vanne d'une hauteur de 1^m,50; en pratique il faut à peu près douze minutes.

CHAPITRE V.

SOUTERRAINS.

§ 1er. — Considérations générales.

Depuis la sortie des grands souterrains du col d'Arschwiller, le profil en long du canal n'offre pas de percées souterraines jusqu'à Strasbourg (voir planche A), et ne présente qu'une seule grande tranchée à l'entrée de Saverne; il n'en est pas de même de celui du chemin de fer. Des cinq petits souterrains qu'il indique, trois, ceux de *Stutzmatt*, du *Mungelbaëchel* et du *Haut-Barr*, font partie de notre ancien service du chemin de fer; c'est donc de ces trois percées que nous avons à parler en détail, et si nous mentionnons les deux autres qui ne font point partie de ce service, cela se bornera à les indiquer dans le profil en long, et à donner sommairement leurs dépenses dans les évaluations des travaux de la branche du Rhin que nous donnons à la fin de notre travail.

On a suivi dans le percement des souterrains du Bas-Rhin à très-peu près les méthodes qui avaient été employées au percement du grand souterrain d'Arschwiller.

Voici la marche générale prévue par le devis des travaux de ces souterrains, qui ont été tous trois exécutés par entreprise. On devait d'abord percer une galerie G (fig. 18, pl. E), sur $2^m,00$ environ de hauteur et de largeur, et dont le fond devait être à $1^m,00$ au-dessus de la ligne des naissances de la voûte. La galerie percée, on devait élargir jusqu'au niveau du fond de cette galerie, c'est-à-dire de la ligne AB et jusqu'à la ligne circulaire ACB, limitant le déblai à faire pour la construction de la voûte. Cette opération faite, on devait construire la voûte reposant ainsi sur la ligne AB dans le profil en travers; la voûte faite, on devait foncer le déblai FF' haché sur la figure 18 jusqu'aux parois du souterrain. Cette opération terminée, on devait reprendre la voûte en sous-œuvre, et construire ses pieds-droits, lorsque la nature du sol faisait reconnaître la nécessité d'un revêtement. Les opérations de toute la construction du souterrain se résument donc ainsi dans leur suite méthodique :

1° Percement de la galerie ;

2° Elargissement complet de la section transversale jusqu'au niveau du fond de la galerie;

3° Construction de la voûte jusqu'au niveau du fond de la galerie;

4° Foncement depuis le niveau du fond de la galerie jusqu'à celui du fond souterrain.

5° Reprise en sous œuvre de la voûte et des pieds-droits.

Chacune de ces opérations constitue une partie distincte de l'avancement des travaux, qui demande des détails particuliers. Nous allons donc entrer dans ces détails, et ce n'est qu'après les avoir donnés que nous indiquerons les prix de revient, et que nous comparerons ce mode de percement avec d'autres modes employés.

§ 2. — Galerie. — Détails.

ARTICLE 1er. — TRACÉS.

La première opération à faire pour tracer l'axe d'une galerie est de prolonger l'axe extérieur dans l'intérieur de la galerie, ou, si l'on opère par des puits, ce qui arrive dans les grands souterrains, de déterminer l'axe de la galerie au moyen des axes des puits : nous n'entrerons pas dans ces détails de tracé qui sont décrits dans les livres sur la matière, et notamment dans l'excellent ouvrage anglais publié par M. Simms, ingénieur des souterrains de Blekingley et de Saltwood du chemin du Sud-Est entre Douvres et Londres. Nous n'entrerons pas non plus dans le détail du travail du mineur, et renvoyons les personnes qui ne le connaissent pas suffisamment au mémoire de M. Ruelle, sur la percée du Lioran (*Annales des ponts et chaussées*, 1846). Nous nous bornerons à indiquer les procédés qui ont été suivis dans nos souterrains pour le tracé des parties courbes, ces tracés sortant des règles ordinaires. Le souterrain de Stutzmatt, n° 4 du profil en long général, planche A, a été dans ce cas : il y a une courbe de 800 mètres de rayon, qui se prolonge dans le souterrain jusqu'à 111^m,60 de son entrée.

Supposons l'arc de cercle tracé sur le papier (fig. 19, pl. E). La ligne TO partage l'angle β des deux tangentes en deux parties égales; cet angle est d'ailleurs connu; on le prend au moyen des alignements droits des tangentes prolongées à ciel ouvert. On divise les arcs Am', $m'A'$ en un certain nombre de parties égales, et les points m, m', m'' se fixent facilement d'après cette condition. En effet, dans le triangle moA on connaît l'angle $moA = \frac{1}{2}(90° - \frac{\beta}{2})$ et les deux côtés $mo = R$ et $Ao = R$, d'où l'on déduira les angles égaux mAo et Amo, ainsi que la longueur Am; on déduira aussi de là l'angle Amm' double de l'angle Amo.

Maintenant au point A, on tracera sur le terrain la ligne Am, par son angle avec la ligne Ao perpendiculaire à la tangente que l'on connaît; sur Am on portera la longueur Am calculée par le triangle mAo, et l'on déterminera le point m de la courbe. Partant ensuite du point m, on déterminera le point m'; par l'angle que font les lignes Am et mm', on tracera la direction mm', et en portant sur mm' à partir de m la longueur mm' calculée, on aura le point m', et ainsi de suite : les points m, m', m'' peuvent d'ailleurs toujours se rapprocher assez pour qu'il soit possible de tracer ainsi un arc polygonal pour la galerie que l'on perce. Quand cette galerie est percée et qu'on a plus de largeur pour opérer, on détermine l'axe plus exactement; sur chaque côté du polygone on élève la flèche de l'arc dont le côté du polygone est la corde; si c désigne la longueur de cette corde ou du côté du polygone inscrit, f la flèche, on a :

$$F = \frac{2R \pm \sqrt{4R^2 - C^2}}{2} \qquad (1)$$

On calcule donc F en fonctions de R et de C qu'on connaît, on porte la flèche ainsi calculée sur la perpendiculaire élevée au milieu de la corde, et l'on détermine un troisième point de l'arc situé entre deux points $m\ m'$ déjà déterminés ; par ces trois points on fait passer une cerce circulaire de rayon R, au moyen de laquelle on trace en détail l'arc de cercle. Si l'on a soin de s'arranger de manière que les côtés $A\ m$, $m\ m'$ du polygone n'aient pas plus de 4 à 5 mètres de longueur, ce procédé donne une exactitude suffisante et ne présente pas de difficulté d'application ; on peut d'ailleurs déterminer d'autres points intermédiaires par le procédé suivant:

Supposons (fig. 20, pl. E) que $A\ m$ soit le côté du polygone déterminé ci-dessus (fig 19, pl. E), et qu'on ait calculé la flèche $n\,k$, comme il a été dit, ce qui détermine le point n du cercle au moyen des points A et m. On peut, au moyen du côté de polygone A m et par un procédé très-simple, tracer sur le terrain le polygone entier ou même le polygone d'un nombre de côtés doubles déterminés par les flèches calculées par les cordes du polygone primitif. Ainsi l'on a (fig. 20, pl. E), si l'on désigne A n par a et si l'on se rappelle que A m a été désigné ci-dessus par c :

$$\mathrm{A}n = nm = \sqrt{\overline{mk^2} + \overline{nk^2}}$$

$$\text{où } a = \sqrt{\frac{c^2}{4} + \mathrm{F}^2} \qquad (2)$$

Le point n peut se tracer sur le terrain au moyen de l'angle $n\,A\,o$, ce qui vérifiera si ce point a été exactement déterminé par le tracé de la flèche $n\,k$. Prolongeons $a\,n$ et supposons que de m on abaisse $m\,s$ perpendiculaire à A n prolongé ; désignons A $n = n\,m$ par a, $n\,s$ par z et $s\,m$ par t ; par 2 δ l'angle $m\,n\,a$ et par γ l'angle $s\,nm$, on aura d'après les relations de la figure 20, pl. E :

$$sm = nm \sin.\ \gamma \text{ ou } t = a \sin.\ \gamma.$$
$$\text{On a d'ailleurs } \gamma = 180° - 2\ \delta.$$

$$\text{d'où } t = a \sin.\ 2\ \delta = 2\ a \sin.\ \delta \cos.\ \delta = 2\ a \cos.\ \delta \sqrt{1 - \cos.^2 \delta.}$$

$$\text{Or on a } \cos \delta : \frac{\frac{1}{2}\,a}{\mathrm{R}}, \text{ R étant le rayon du cercle,}$$

$$\text{d'où } t = \frac{a^2}{2\mathrm{R}^2}\sqrt{4\mathrm{R}^2 - a^2} \qquad (3)$$

et l'on a d'ailleurs d'après la figure :

$$z = \sqrt{a^2 - t^2} = \frac{a^2}{2\mathrm{R}^2}\sqrt{(2\mathrm{R}^2 - a^2)^2} = a\left(\frac{2\mathrm{R}^2 - a^2}{2\mathrm{R}^2}\right) \qquad (4)$$

t et z étant calculés d'après les formules 3 et 4 en fonction de R qui est connu, et de a qui se calcule par la formule 2, on opérera ainsi qu'il suit : on prolongera $a\,n$ (fig. 20) de la quantité $n\,s = z$, au point s on élèvera une perpendiculaire $s\,m$, et en prenant $s\,m = t$, le point m sera sur le cercle ; on déterminerait de même un point n' et ainsi de suite. Le mineur lui-même peut mettre ce procédé en pratique ; il prolonge la première corde de la quantité z calculée une fois pour toutes ; au bout de cette ligne il élève une perpendiculaire avec l'équerre et il y porte la quantité t aussi calculée une fois pour toutes, et détermine un point m du cercle. Il met là un tampon au ciel de la galerie et y accroche son fil à plomb ; au moyen de ce fil à plomb et de celui qu'il met au tampon correspondant au point n déjà déterminé, il tire la ligne $n\,m$ qu'il prolonge de $m\,s'$; en s' il élève sur cette ligne $s'\,n' = t$ et détermine le point n', où il met un nouveau tampon au ciel de sa galerie pour y accrocher son fil à plomb et ainsi de suite.

Ce procédé est on ne peut plus simple et tout à fait pratique ; mais comme les ordonnées sont toujours très-petites, il est sujet à erreur : ainsi, dans le souterrain de Stutzmatt dont une partie est courbe, comme on l'a dit plus haut, et pour lequel on avait $R = 800$ mètres, on avait pris a égal à $5^{m},00$, d'où l'on tirait d'après les formules 3 et 4 $z = 5^{m},00$ et $t = 0^{m},03$; on voit combien t est petit par rapport à z. Cette méthode ne devra donc être employée que pour marcher sur une certaine longueur, sauf à se vérifier de distance en distance par le procédé de triangulation indiqué ci-dessus.

C'est ainsi que l'on a opéré dans nos souterrains du Bas-Rhin : les opérations ont été faites par M. Feurstein (1), conducteur des ponts et chaussées chargé sous nos ordres de la surveillance des travaux de ces souterrains, avec une exactitude telle que les axes des deux galeries marchant vers leur rencontre ne se sont dans aucune rencontre écartés de plus de $0^{m},01$ l'un de l'autre.

ARTICLE 2. — POINTS D'ATTAQUE DES GALERIES.

Les galeries des souterrains de Stutzmatt (n° 4 du profil en long, pl. A) ont été percées en partant des deux têtes après l'ouverture des parties centrales des tranchées de têtes. Au souterrain du Mungelbaëchel (n° 5 du profil) on a pu faire une attaque dans le vallon du Mungelbaëchel : le profil en long montre qu'il était facile en effet d'établir là un large puits de peu de hauteur, et par conséquent peu coûteux, par lequel on est entré ensuite en galerie. Ainsi pour ce souterrain il y a eu quatre points d'attaque de galerie, une à la tête d'amont, les deux autres dans le puits de Mungelbaëchel, et la qua-

<hr>

(1) M. Feurstein, sorti des travaux de l'Etat, est entré, après l'achèvement de ces travaux, comme ingénieur à la Compagnie de l'Est, sur la ligne de Strasbourg à Wissembourg, et il est aujourd'hui avec nous dans le département de la Loire, où il fait fonctions d'ingénieur pour le service hydraulique.

trième à la tête d'aval. Pour le souterrain du Haut-Barr (n° 6 du profil) on était pressé par la Compagnie (1), qui voulait exploiter le tronçon de Sarrebourg à Strasbourg dans des délais très-courts. Pour accélérer les travaux on perça deux galeries transversales, l'une de 60 mètres, l'autre de 70 mètres de longueur, indiquées par la figure 15, pl. E : la première de ces galeries coupe l'axe de la galerie longitudinale du souterrain sous un angle de 54° 33' 30", la seconde à angle droit ; le plan indique d'ailleurs les distances de ces points d'intersection aux têtes et entre eux. Un puits vertical unique vers le milieu du souterrain n'eût pas été abordable à cause de la dépense et du temps qu'il eût fallu pour le foncer. Deux puits placés à peu près aux points d'intersection de nos deux galeries avec la galerie du souterrain eussent marché plus vite ; mais comme d'après l'expérience des puits du grand souterrain d'Arschwiller (canal de la Marne au Rhin) le prix du mètre cube de déblai, sur 40 mètres de hauteur qu'auraient à peu près eu nos deux puits ici, devait revenir au moins à 35 francs, tandis que le mètre cube de déblai de galerie ne nous revenait qu'à 18 francs, il s'ensuivait qu'à section égale il y eût eu égalité de dépense pour des puits de 40 mètres de hauteur et des galeries de 70 mètres de longueur. Une seule de nos galeries atteignant cette longueur , il était évident que ce système devait être préféré aux puits, lors même qu'il n'eût pas procuré les avantages incontestables qui en sont résultés, d'aller beaucoup plus vite et de donner une économie notable sur tous les transports des déblais du souterrain et des matériaux à employer pour les maçonneries.

Le souterrain du Haut-Barr fut donc attaqué par quatre points comme celui du Mungelbaëchel, et dès que les galeries transversales furent arrivées sur l'axe de la galerie longitudinale, celle-ci marcha avec une rapidité extrême puisqu'il y avait dès lors six points d'attaque de chantiers de galerie.

Dans les souterrains qui traversent des cols, on ne peut arriver en galerie que par puits verticaux ; c'est une nécessité de leur position ; mais dans ceux qui traversent des contre-forts secondaires, on peut y arriver par des puits horizontaux ou galeries percées du flanc de la montagne vers le souterrain ; ce système a le grand avantage de pro-

(1) Il faut se rappeler que les travaux du chemin de Paris à Strasbourg ont été exécutés dans les conditions de la loi de 1842, la Compagnie n'ayant à établir que la voie proprement dite, et l'État exécutant le reste des travaux.

curer un écoulement facile aux eaux, et de permettre de transporter à bas prix les déblais au lieu de les monter à grands frais ; on ne doit, à notre avis, y renoncer que lorsque les galeries à faire ont une grande longueur, car alors la ventilation y devient très-difficile. Si l'on avait d'avance quelques données sur les prix du déblai par galeries latérales et par puits verticaux, on pourrait calculer exactement la limite de longueur à partir de laquelle il deviendrait plus avantageux de faire des puits.

Si h désigne la hauteur du puits, l la longueur de la galerie transversale qui doit le remplacer, p le prix moyen du mètre cube de déblai de puits pour la hauteur h, s la surface de sa section transversale, p' et s' le prix du mètre cube de déblai de la galerie et la surface de sa section transversale, on aura égalité de dépense quand ces diverses quantités satisferont à la relation,

$$p\,s\,h = p'\,s'\,l \qquad (5)$$

Faisons remarquer que p et p' sont d'ailleurs des fonctions de h et l qui croissent avec ces quantités.

On pourra poser en général $p = f(h)$ et $p' = \varphi(l)$.
de sorte que l'équation ci-dessus deviendra $s\,h\,f(h) = s'\,l\,\varphi(l)$

$$\text{d'où } l = \frac{s}{s'} \frac{f(h)}{\varphi(l)}\, h \qquad (6)$$

La nature des fonctions $f(h)$ et $\varphi(l)$ n'est pas facile à déterminer ; mais pour le genre de comparaison pratique qu'il s'agit de faire ici, on peut sans erreur sensible admettre que le prix moyen du mètre cube de déblai augmente proportionnellement à la hauteur du puits, et que le prix moyen du mètre cube de déblai de galerie soit constant : si donc on sait que pour un puits de hauteur h_1, le prix moyen du mètre cube de déblai a été p_1,

$$\text{on aura ici } p : p_1 :: h : h_1$$

$$\text{d'où } p = p_1 \frac{h}{h_1}$$

$$\text{ou } f(h) = \frac{p_1}{h_1}\, h$$

L'équation 6 devient donc, si p_2 représente d'ailleurs le prix moyen du mètre cube de déblai de galerie supposé aussi connu par des travaux analogues et dans le même terrain :

$$l = \frac{s}{s'} \cdot \frac{p_1}{h_1\, p_2}\, h^2 \qquad (7)$$

$$\text{et si } s = s',\; l = \frac{1}{h_1}\frac{p_1}{p_2}\, h^2 \qquad (8)$$

On voit par l'équation 8 que l doit croître beaucoup plus rapidement que h, comme on devait s'y attendre, puisqu'il est proportionnel au carré de h, ce qui explique parfaitement l'avantage qu'offrent les galeries horizontales sur les puits.

ARTICLE 3. — NATURE DU TERRAIN.

Le percement des galeries nous montra, pour les trois souterrains du Bas-Rhin, que nous étions dans les gros bancs du grès vosgien. Vers les têtes des souterrains de Stutzmatt et du Mungelbaëchel, n°s 4 et 5 du profil en long, pl. A, on rencontrait des bancs isolés, séparés par des couches de terre et fort en désordre ; on fut obligé d'y blinder complétement, mais les gros bancs ne tardèrent pas à paraître avec une stratification régulière. On rencontra bien des parties mauvaises, surtout vers le vallon du Mungelbaëchel, mais la coupe géologique de ces souterrains n'offrirait pas grand intérêt. Le même terrain a été rencontré dans le souterrain du Haut-Barr avec une circonstance accidentelle fort remarquable : tous les bancs étaient brisés par de grandes fentes parallèles à peu près verticales qui venaient rencontrer le souterrain sous un angle de 45°. Cette disposition ne peut être expliquée que par le voisinage de la grande faille qui s'aperçoit dans la vallée de la Zorn, un peu en amont de Saverne, entre les profils n°s 9 et 10 du plan général, fig. 1, pl. A, et qui détermine le passage du grès au muschelkalk. Ce passage très-remarquable se fait dans la tranchée du canal de la Marne au Rhin qui est à l'entrée de Saverne. Nous supposons donc que les gros bancs de grès dans lesquels est ouvert le souterrain du Haut-Barr auront été disloqués par ce grand mouvement : cette circonstance a rendu l'exécution de ce souterrain plus difficile, et par conséquent plus coûteuse que celle des deux autres.

ARTICLE 4. — PROFILS DE LA GALERIE.

Dans le projet, on avait supposé que les galeries auraient moyennement 2 mètres de largeur sur 2 mètres de hauteur, ce qui leur donnait un cube de 4 mètres par mètre courant dans les parties non blindées. Dans les parties blindées, la hauteur de la galerie entre les cadres (fig. 8, pl. E) était de $1^m,80$; les traverses supérieures et inférieures avaient chacune $0^m,20$ de hauteur, et les poutrelles qu'on lançait autour du cadre pour les blindages avaient de $0^m,10$ à $0^m,12$ d'épaisseur. La hauteur totale entre le ciel et le fond de la galerie était donc dans ce cas de $2^m,30$ environ; quant à sa largeur, elle était de $1^m,60$ en haut et de $1^m,80$ en bas, entre cadres, et comme les cadres avaient $0^m,20$ et les madriers de blindage $0^m,10$ d'épaisseur, cela faisait en haut une largeur totale de $2^m,20$ et en bas de $2^m,40$, soit une largeur moyenne de $2^m,30$. Le cube de déblai, par mètre courant de galerie blindée, était donc de $2,30 \times 2,30$ ou de $5,29$, tandis que le déblai des parties non blindées n'était que de 4 mètres par mètre courant, comme on vient de le voir plus haut.

Le cube moyen de déblai de galerie par mètre courant, en y comprenant indistinctement les parties blindées et non blindées, a été le suivant pour les trois souterrains :

Souterrain de Stutzmatt, n° 4 du profil en long, pl. A . . $4^{mc},10$
Souterrain du Mungelbaëchel, n° 5. . . . . 4 38
Souterrain du Haut-Barr, n° 6. . . . . 4 33

Le devis stipulait d'ailleurs qu'il ne serait pas compté à l'entrepreneur, pour ce déblai, plus que ne comportait la section de la galerie déterminée d'avance pour les deux cas. Cette condition est indispensable pour des déblais aussi coûteux que ceux des galeries; car, si on laissait l'entrepreneur libre de juger des dimensions à leur donner, il aurait tout intérêt à les agrandir, ce qui augmenterait la dépense dans une proportion notable. Il faut donc ici régler à l'avance dans le devis la manière de compter le déblai de galerie, c'est-à-dire limiter, pour le cas de la galerie blindée et de la galerie non blindée, des lignes passé lesquelles le déblai ne sera plus compté au prix de galerie, mais bien au prix d'élargissement, qui est beaucoup moindre. Il y avait aussi dans le devis une limite fixée pour la ligne du contour de l'élargissement. Le rayon de l'arc moyen extérieur ACB (fig. 18, pl. E) était fixé par l'ingénieur suivant le terrain rencontré, et tout ce que l'entrepreneur enlevait au delà ne lui était pas compté, excepté lorsqu'il y avait des éboulements par cas de force majeure. Dans ce cas, on comptait à l'entrepreneur le déblai excédant les limites de la galerie aux prix des déblais à ciel ouvert, attendu qu'il n'avait qu'à débiter les plus gros blocs et à charger. La ligne horizontale passant dans le profil en travers, à 1 mètre au-dessus des naissances, séparait d'ailleurs l'élargissement du foncement, de sorte que tout était parfaitement réglé et à l'abri de toute contestation, quant à l'application des prix aux travaux exécutés.

Les dimensions de galeries indiquées ci-dessus permettent d'établir une voie au fond de la galerie et de déblayer au moyen de wagons cubant environ 1 mètre chacun. Dans nos souterrains, on s'est servi de rails définitifs pour les voies, et les entrepreneurs en ont payé, après l'achèvement des travaux, la détérioration à la Compagnie qui les leur avait prêtés.

Dans les parties où l'on était obligé de blinder, l'espacement des cadres variait suivant la difficulté du terrain; ils étaient placés en général de 1ᵐ,30 à 1ᵐ,60 d'axe en axe les uns des autres. Le profil en long, fig. 6, pl. E, indique une partie de galerie blindée.

Les galeries étant percées de manière que leur fond fût à une hauteur constante (1 mètre) en contre-haut de la ligne des naissances de la voûte, il s'ensuivait qu'elles avaient la même pente longitudinale que le chemin de fer. (Voir pour ces pentes les trois souterrains nᵒˢ 4, 5, 6, sur le profil en long, pl. A.) Dans toutes les galeries partant des têtes d'aval des souterrains (1), l'écoulement des eaux se faisait par la pente naturelle et sans difficultés au moyen de petites rigoles pratiquées dans l'angle ou dans le milieu de la galerie; pour les galeries partant de la tête d'amont, il n'en était pas de même, attendu que leurs pentes étaient du dehors au dedans du souterrain. Pour ces parties de galeries on épuisait, et les eaux étaient reçues dans un chenal en planches qui les conduisait hors de la galerie. Quelquefois aussi, quand elles étaient peu abondantes, on les chargeait dans des tonneaux sur des wagons, et on les menait ainsi hors du souterrain. Nous n'avons été sérieusement inquiété par les eaux que dans le sou-

(1) La pente générale est ici de l'amont à l'aval.

terrain du Mungelbaëchel, vers le vallon qu'il traverse; mais les épuisements étaient faciles, car les plus grandes filtrations avaient lieu dans le voisinage du vallon, et l'on sait que nous avions là une ouverture par laquelle on pouvait facilement monter les eaux et s'en débarrasser comme on le fait en général dans les puits.

Le dessus des rails du chemin de service de la galerie était à 1m,40 au-dessus de la ligne des naissances, soit à 0m,20 au-dessus de la semelle du cadre de la galerie (voir la fig. 8, pl. E); la voie avait 0m,80 de largeur.

ARTICLE 5. — COMPOSITION D'UN ATELIER DE GALERIE.

Un atelier de galerie se composait de quatre mineurs et de deux manœuvres au chargement en wagon; cet atelier faisait, par jour de vingt-quatre heures, de 0m,50 à 0m,70 de longueur de galerie. Les mêmes ouvriers travaillaient en général de huit à dix heures sur vingt-quatre; ils étaient à la tâche par atelier. Au bout de quelques jours de travail d'essai, l'entrepreneur réglait tous les prix par mètre cube à forfait avec chaque chef de chantier, et il payait ces prix aux tâcherons en les appliquant aux cubes, dont l'administration elle-même lui tenait compte dans ses métrés définitifs. Ce système a été suivi par les entrepreneurs pour tous les travaux de percement, et il est le seul qui soit admissible lorsqu'on veut rester dans de sages limites de dépenses. Le travail à la journée est une chose ruineuse, qu'on doit éviter chaque fois qu'on le peut. Nous avons eu à faire de grandes dépenses en régie pour les travaux de la descente d'Arschwiller et pour les étanchements du canal dans la troisième subdivision ; nous n'avons réellement réalisé d'économies notables que du moment où nous sommes parvenu à traiter tout à la tâche et à ne faire à la journée que les menus travaux de sujétion, qu'il est impossible de traiter à forfait. On ne doit donc pas s'étonner que les entrepreneurs traitent à la tâche tout ce qu'il est possible d'exécuter par ce procédé, le seul applicable dans des travaux bien entendus.

§ 3. — **Élargissement. — Détails.**

ARTICLE 1er. — DISPOSITIONS GÉNÉRALES. — ÉTAIS.

La galerie longitudinale percée, son chemin de service sert à transporter hors du souterrain les déblais d'élargissement. De distance en distance, et en choisissant à cet effet les parties les meilleures dans le roc, on commence à élargir, pour établir des gares dans lesquelles on amène les wagons chargés, au moyen de croisements établis sur le chemin de service. Là, les wagons attendent qu'on puisse les mettre sur la voie principale. Ces gares ont été établies en moyenne, dans nos divers souterrains, tous les 100 mètres.

Le transport en galerie se fait à bras d'hommes; les wagons arrivés en dehors, on y attèle des chevaux après avoir formé les trains si les transports doivent être faits à longues distances; si la distance est petite, les wagons sont poussés par des hommes jusqu'à la décharge.

Quant au déblai d'élargissement en lui-même, il y a deux cas à distinguer : 1° le roc vif; 2° le terrain à étayer. Dans le premier cas, le déblai à la mine se fait facilement; on l'entame sur toute la section, et il suffit de quelques étais, comme l'indique la fig. 9, pl. E, pour soutenir le plafond au fur et à mesure que l'on élargit. Le second cas exige plus de précautions et demande que nous entrions ici dans quelques détails. Reportons-nous pour cela aux fig. 6 et 8, pl. E. Supposons une partie déjà voûtée comme l'indique la fig. 6, ou élargie à section normale et étayée.

Pour procéder à l'élargissement de la partie suivante supposée mauvaise, on commence par établir au-dessus de la galerie un élargissement partiel indiqué par la fig. 8, pl. E, coupe suivant GH : on place une semelle ou base MM en étançonnant le terrain au-dessus de cette base par des chandelles ou étais provisoires et en s'aidant au moyen de pièces q (fig. 6), appuyées d'un bout, sur la voûte faite ou sur un système d'étais dans la partie élargie, et de l'autre, sur le ciel de la galerie et le roc (fig. 8, coupe sur GH). La semelle M posée et l'élargissement au-dessus de la galerie blindé, on élargit au-dessous de cette semelle, en l'étayant à mesure par des étais provisoires a (fig. 8), jusqu'à ce qu'on ait élargi toute la section au niveau du fond de la galerie. On étaie alors par des étais définitifs d (fig. 8). La fig. 7 (pl. E) représente l'élargissement et le blindage complet dans ce cas (1); on y place ensuite les cintres (fig. 6 et 7) pour construire une nouvelle partie de voûte; à mesure que cette voûte avance, on

---

(1) Cette figure n'indique que trois étais de chaque côté de l'axe, pour ne pas compliquer le dessin. Leur nombre varie évidemment avec la nature du sol, et la figure ne donne que la manière générale de les disposer.

retire les pièces *q* (fig. 6), et l'on recommence les mêmes opérations en s'appuyant ensuite sur cette nouvelle partie de voûte. Les cours d'étais définitifs ont été mis en général à 1ᵐ,50 de distance d'axe en axe, et ils alternent avec les cours de cintres, comme le montre le profil en long (fig. 6, pl. D). Dans les parties les plus mauvaises, on a été obligé de les rapprocher davantage, et l'on ne peut donner à cet égard de règle fixe.

Les fig. 11 et 12, pl. E, donnent le détail des étais d'un éboulement, ou fondis, qui a eu lieu vers l'entrée du souterrain de Stutzmatt. Un fondis semblable, mais plus long, s'est fait aussi vers l'entrée du souterrain du Mungelbaëchel; dans ces fondis, on a été obligé de laisser tous les bois au-dessus de la voûte, on les a sciés par le bas en les appuyant par des cales sur la voûte à mesure que celle-ci avançait, et aussi au moyen des longrines boulonnées reliant les étais qui y sont restés fixés. Cette charpente a servi ensuite à faire des cases qui ont permis de remplir en pierres et en fascinages tout le vide du fondis au-dessus de la voûte.

Le système qui vient d'être indiqué pour l'élargissement dans un terrain difficile ressemble beaucoup à celui qu'on emploie pour le foncement des puits : il consiste à placer des semelles comme dans ces derniers on place des cadres, à les étayer ensuite par-dessous jusqu'à ce qu'on puisse en placer un autre, et ainsi de suite. Aux souterrains de Bleckingley et de Saltwood, on a placé les semelles M (fig. 4 et 5, pl. E) de la même manière : elles reposent aux abouts sur le sol et sont introduites par des trous dans les parois, comme les cadres de puits. On a étançonné ensuite comme l'indiquent les figures 4 et 5.

Quant aux madriers qui complètent les blindages dans les parties difficiles, on les place en recouvrement, comme des tuiles, c'est-à-dire exactement comme les picots des puits. Cette disposition est indiquée dans la petite galerie de 1ᵐ,70 de hauteur de la fig. 4, pl. E, et dans l'élargissement fig. 5.

ARTICLE 2. — COMPOSITION D'UN ATELIER D'ÉLARGISSEMENT. — DISTANCES DES ATELIERS.

Un atelier d'élargissement se compose en général de huit mineurs, quatre de chaque côté. Le chargement des déblais se fait par un service spécial de manœuvres qui poussent les wagons jusqu'à la gare voisine. On ne peut fixer le nombre de ces manœuvres, qui varie avec les circonstances locales. Des chevaux prennent d'ailleurs les wagons dans les gares pour les mener à la décharge. Comme on n'évacue ordinairement les déblais d'élargissement que par les deux extrémités du souterrain, il faut pour les transports un service de jour et de nuit. Quant à la disposition des ateliers, on commence par élargir dans tous les points où le roc est bon, et dans tous les cas vers les deux têtes : on établit ainsi des gares, on espace ensuite les ateliers d'élargissement de 50 à 60 mètres ; mais aux extrémités du souterrain on peut les rapprocher et garnir sur les grandes longueurs, sur 100 mètres par exemple. On avance ensuite des têtes vers l'intérieur du souterrain en conservant cette importance d'ateliers, et le milieu du souterrain est élargi en dernier lieu. Dans les petits souterrains, l'élargissement peut se commencer à la fois sur presque toute la longueur ; dans ceux du Bas-Rhin, on a placé des ateliers à peu près continus aux têtes sur environ 100 mètres de longueur vers l'intérieur, et le reste était ensuite enlevé presque en même temps par des ateliers distants de 30 à 40 mètres les uns des autres.

Le transport des déblais d'élargissement se fait par des chevaux une fois que la largeur de galerie est assez grande pour cela, et qu'elle a atteint les dimensions indiquées à la figure 6, pl. E, et à la figure 8, coupe suivante E F.

ARTICLE 3. — TAILLE DE COUSSINETS.

La partie de roc sur laquelle doit s'appuyer le premier cours de voussoirs de la voûte (fig. 7, pl. E) doit être taillée de manière que la surface de joint des voussoirs s'appuie parfaitement contre la surface du roc qui sert de coussinet ; de sorte que cette surface doit être dirigée suivant la direction des plans de joint du cylindre de la voûte. Dans la coupe en travers, le joint prolongé doit aller passer au centre de la demi-circonférence de la voûte.

§ 4. — **Voûtes.** — **Détails.**

ARTICLE 1ᵉʳ. — CONSTRUCTION DE LA VOUTE.

La fig. 7, pl. E, indique la construction de la voûte : les cours de cintres sont espacés en général de $1^m,50$ d'axe en axe, comme les cours d'étais avec lesquels ils alternent. On les relie d'ailleurs dans le sens de l'axe du souterrain par des cours de moises ; à mesure que la voûte avance on enlève les étais, et souvent on se sert des parties inférieures de la voûte exécutées dans le profil en travers pour étayer au-dessus et achever la partie supérieure ; les détails de ces étais provisoires sont tellement variables avec les circonstances locales, qu'il faut renoncer à en donner une description ; mais ils n'offrent en général aucune difficulté à établir. La comparaison des figures 7, 8, 9, pl. E, montre que la galerie se prolonge sous le cintre avec sa hauteur. Le ciel de la galerie dans les parties non blindées, le dessous de la traverse supérieure du cadre dans les parties blindées et le dessus de la traverse supérieure du cintre, sont au même niveau, par rapport à la ligne des naissances ($3^m,00$ au-dessus de cette ligne), et aussi par rapport au dessus des rails du chemin de service ($1^m,60$ au-dessus de ces rails) : tout le service des matériaux se fait donc par la même voie. A mesure que la voûte se termine dans le profil en travers, on la recouvre d'une chape, et par-dessus on bourre en pierres sèches les vides qui restent entre le déblai et la chape. Les parties de voûtes supérieures aux joints de rupture, c'est-à-dire au-dessus du rayon faisant un angle de 30° avec la ligne des naissances, sont extradossées parallèlement et n'appuient pas contre le sol, dont elles sont séparées par cet enrochement destiné à laisser passer les eaux et à servir de matelas sur la voûte en cas de mouvements du sol supérieur. Ce remplissage n'offre en général aucune difficulté, si ce n'est dans les fondis ; la fig. 12, pl. E, suffit à montrer qu'alors l'opération est des plus dangereuses. On est obligé dans ce cas de laisser les boisages au-dessus de la voûte pour s'en servir comme de boucliers pour faire le remplissage par cases. On scie les étais inférieurs et on cale ce bâti supérieur sur la voûte au moyen de madriers pour empêcher les bouts d'étais de porter directement sur la voûte, qui soutient alors, sans danger pour sa solidité, tout le système supérieur de charpente dans lequel on opère pour faire le remplissage. Ce remplissage dans les grands fondis ne peut pas se faire entièrement en pierre et l'on est obligé souvent de se servir de fascinages.

Les parties inférieures des voûtes sont prolongées jusqu'au terrain comme l'indique la fig. 7, pl. E, et l'on établit là des barbacanes qui, par des pentes convenablement ménagées, évacuent les eaux de filtration ; on les fait déboucher au niveau du fond de l'élargissement, et plus tard, quand le foncement est fait, on les mène dans les rigoles définitives d'écoulement des souterrains par des cheminées pratiquées dans les pieds-droits ; la fig. 6, pl. E, indique cette disposition.

Dans les parties sèches on peut se dispenser de barbacanes et souvent même de chapes; dans les parties humides nos barbacanes étaient distantes de 10 à 20 mètres, et les chapes ont été faites avec un soin particulier, comme nous allons l'indiquer.

ARTICLE 2. — CHAPES.

Dans les parties humides on a fait des chapes en béton de $0^m,10$ et des chapes en ciment de Vassy de $0^m,04$ à $0^m,05$ d'épaisseur. Dans les parties très-humides on a fait une double chape, la première en ciment, la seconde en béton. Ce système a un grand avantage : comme dans les souterrains, on est obligé de faire les chapes avant de décintrer, il en résulte lors du décintrement des filtrations dans les voûtes, filtrations auxquelles il est presque impossible de remédier une fois qu'elles sont établies. Une double chape a plus de chance de réussite, parce qu'il y a des probabilités pour que les ruptures dans les deux chapes ne se fassent pas précisément aux mêmes points ; quand la chape supérieure est en béton, il y a des chances pour que les parcelles de chaux et de sable entraînées dans les fissures de cette chape bouchent celles de la chape inférieure en ciment. Nous avions commencé à mettre la chape en ciment par-dessus la chape en béton; mais nous avons ensuite fait l'inverse d'après le raisonnement qui précède. Ce système a produit d'excellents effets dans le souterrain du Haut-Barr où il a été principalement employé.

ARTICLE 3. — DÉTAILS DIVERS.

Les trois souterrains du Bas-Rhin sont voûtés sur toute leur longueur; on avait dressé les projets dans l'hypothèse qu'une partie pourrait se maintenir sans voûtes; mais on ne tarda pas à acquérir la conviction qu'il serait impossible de répondre que quelque pierre ne se détachât pas dans les parties non voûtées, et l'on se décida à voûter le tout, sauf à donner de faibles épaisseurs aux voûtes dans les parties où le roc était bon, et où elles ne devaient servir que de revêtement.

L'intrados de la voûte à la clef est partout à $5^m,50$ au-dessus du niveau des rails des voies définitives du souterrain, et, comme le ballast a 0ᵐ,50 d'épaisseur, cela donne au souterrain une hauteur totale maxima de 6 mètres. La hauteur du ballast n'est, du reste, pas exactement constante dans ces souterrains, parce qu'il est impossible de diriger les mines de manière à arrêter le déblai juste à une ligne déterminée. La hauteur de 6 mètres à la clef est donc le minimum normal, et la hauteur moyenne admise dans les souterrains du Bas-Rhin pour le règlement des comptes des entreprises a été de 6ᵐ,14.

Dans le souterrain de Stutzmatt, l'épaisseur à la clef dominante est de 0ᵐ,70; dans les parties où il n'y avait qu'un revêtement à faire, eu égard à la solidité du terrain, la moindre épaisseur est de 0ᵐ,50, et la plus grande est de 0ᵐ,90 dans les parties mauvaises; dans les voûtes de 0ᵐ,50 les moellons sont d'une seule assise; dans les autres, la douelle est en moellons smillés sur 0ᵐ,35 à 0ᵐ,40 d'épaisseur; le reste en maçonnerie de remplissage à gros moellons, faite par assises en prolongement de coupe, c'est-à-dire convergeant vers le centre de la demi-circonférence de la voûte. Il n'y a d'exception à ces épaisseurs qu'à l'éboulement de la tête d'entrée de ce souterrain, où la voûte a 1ᵐ,20 d'épaisseur.

Au souterrain de Mungelbaëchel, les épaisseurs dominantes sont 0ᵐ,60 et 0ᵐ,70; la plus grande épaisseur est de 0ᵐ,90, excepté dans un seul bandeau, celui du fondis vers la tête d'amont, où il a fallu donner 1ᵐ,50 d'épaisseur; les parties de voûte qui ne servent que de revêtement ont, comme dans les souterrains de Stutzmatt, 0ᵐ,50 d'épaisseur à la clef.

Au souterrain du Haut-Barr, l'épaisseur à la clef est uniformément de 0ᵐ,70, excepté vers les têtes, où cette épaisseur a été portée à 0ᵐ,90.

Quant aux tassements des voûtes, ils varient peu d'un bandeau à l'autre. Nous avons fait tenir attachement, dans les trois souterrains de Stutzmatt, du Mungelbaëchel et du Haut-Barr, des tassements de tous les bandeaux, et ce tassement a varié entre 0ᵐ,01 et 0ᵐ,03 : un tassement exceptionnel de 0ᵐ,05 a eu lieu pour un bandeau qu'on avait été obligé de décintrer presque immédiatement après son achèvement, à cause du besoin qu'on avait des cintres pour activer l'achèvement d'un autre bandeau en construction, et où le terrain menaçait. On laissait, en général, les bandeaux quinze jours sur cintre en été et vingt à trente jours en hiver. Nous ferons ici une observation de pratique qui a de l'importance quant à la solidité des voûtes. Dans les souterrains de peu de longueur, la gelée se fait sentir d'un bout à l'autre (1). Les parties centrales des souterrains de Stutzmatt et du Mungelbaëchel ont malheureusement dû être maçonnées en hiver; aussi les mortiers n'y ont-ils jamais acquis la résistance de ceux des parties extrêmes qui avaient été maçonnées pendant la belle saison, ni des mortiers du souterrain du Haut-Barr, où nous ne laissâmes rien maçonner pendant les froids. Lorsqu'on est forcé de maçonner en hiver dans un petit souterrain, nous croyons qu'on ne peut jamais arriver à faire de très-bonnes maçonneries; mais on met le plus de chances de son côté en ne négligeant aucune précaution. Il faut fermer le souterrain à ses têtes; il faut chauffer l'atelier de la fabrication du mortier et mettre celui-ci au milieu du souterrain, où il doit être isolé dans une chambre close avec des portes aux deux bouts pour le service, et l'eau doit chaque jour être approvisionnée dans cette enceinte pour les besoins du jour suivant, afin qu'elle ait le temps de se tempérer. En prenant toutes ces précautions, on arrivera peut-être à faire des maçonneries passables; mais il vaut bien mieux suspendre les travaux pendant les gelées, si cela est possible, eu égard au temps qu'on a devant soi pour les livrer; car c'est presque toujours là qu'est la question principale. Un retard de quelques mois dans la livraison d'une ligne est une perte énorme, eu égard aux capitaux engagés qui restent improductifs, et il vaut encore mieux, lorsque l'exploitation ne dépend que de l'achèvement d'un ouvrage, se décider à l'achever dans des conditions moins favorables, sauf à le faire réparer plus tard s'il y a lieu, que de causer à l'exploitation du chemin une perte plus grande que la valeur entière de cet ouvrage lui-même.

ARTICLE 4. — IMPORTANCE ET ESPACEMENT DES ATELIERS DE VOUTE.

La longueur des bandeaux varie en raison des difficultés du terrain. Au souterrain de Stutzmatt, elle a varié entre 4 et 12 mètres; au sou-

____

(1) Dans l'hiver de 1854 à 1855, l'eau du canal a gelé sur toute la longueur du petit souterrain de Niderviller, au bief de partage du canal de la Marne au Rhin; ce souterrain a 475 mètres de longueur. Au grand souterrain d'Arschviller, même bief, l'eau a gelé à chaque bout, sur 250 mètres de distance, à partir de chaque tête, vers l'intérieur du souterrain. Un souterrain de 500 mètres de longueur aurait donc gelé de part en part.

terrain du Mungelbæchel, entre 6 et 12; au souterrain du Haut-Barr, entre 4 et 12 mètres. D'après les attachements tenus dans les souterrains du Bas-Rhin, on faisait en moyenne, par vingt-quatre heures, de $0^m,50$ à $0^m,60$ de voûte par atelier.

ARTICLE 5. — TÊTES DE SOUTERRAINS.

Nous donnons, fig. 13, pl. E, le dessin normal des têtes des souterrains du Bas-Rhin, dont le type a été arrêté par M. l'inspecteur général Schwilgué.

La tête d'aval du souterrain du Haut-Barr a été un peu ornée pour la mettre en harmonie avec l'ensemble des ouvrages exécutés pour le canal et le chemin de fer, près des usines de la Walck. Elle est donnée par les fig. 16 et 17, pl. E; les avant-corps y ont un but de solidité, celui d'empêcher la tête de pousser en dehors, mouvement qui s'était déjà prononcé dans le talus supérieur avant l'exécution des maçonneries. C'est M. l'inspecteur général Schwilgué qui a arrêté les dispositions principales de cette tête.

Afin d'éviter les cassures de la voûte près des têtes, il est très-important d'empêcher le mouvement en dehors, et pour cela le meilleur moyen est de les décharger d'une partie des terres qu'elles doivent supporter en élargissant la banquette qui se trouve au niveau de la plinthe (fig. 14, pl. E). Une bonne disposition à adopter encore lorsque l'on craint cette poussée, est de faire des murs en aile qui avancent de chaque côté de la tête et la soutiennent; cette disposition est indiquée par la fig. 14, pl. E; elle a été mise en usage dans plusieurs souterrrains, notamment dans celui de Chalifert (service de la Marne), et dans ceux de Hoffmühl et Lutzelbourg (nos 2 et 3 du profil en long, pl. A).

Enfin, il nous reste à parler des filtrations qui souvent se manifestent dans les voûtes près des têtes; cette circonstance tient à ce que les terres y ont moins de hauteur et permettent aux eaux de pluie d'arriver plus facilement jusqu'à la voûte.

Un moyen d'atténuer cet effet, qu'il est souvent fort difficile, pour ne pas dire impossible d'éviter, est de faire des perrés maçonnés sur le talus extérieur immédiatement au-dessus de la tête, de couvrir d'une bonne chape la banquette, et de régler les pentes du caniveau à mettre à l'intersection du talus perreyé et de cette banquette, de manière que les eaux s'écoulent en dehors de la tête; *mais le meilleur conseil à donner est assurément celui de construire en mortier de ciment de Vassy toute la voûte aux environs des têtes et des sources principales dans l'intérieur des souterrains.*

§ 5. — Foncement. — Détails.

Le foncement est la partie du déblai qui offre le moins de difficultés et qui peut être poussée le plus rapidement. Au moyen d'un chemin de service établi d'un côté sur le fond de l'élargissement, on fonce un côté du souterrain, et ensuite, en mettant le chemin de service au fond du côté foncé, on fonce l'autre côté. Cette deuxième période du travail donne lieu à moins de dépenses que la première, attendu qu'on a latéralement la place nécessaire pour procéder par abatage. On peut établir des ateliers très-rapprochés les uns des autres de 5, 10, 20 mètres, suivant les circonstances locales et le degré d'activité qu'on veut imprimer aux travaux. Rien n'empêche d'ailleurs, pour cette période du travail des souterrains, d'adopter pour les chemins de service la largeur de voie de $1^m,50$ entre les axes des rails, et de se servir des grands wagons de terrassements en usage pour les travaux à ciel ouvert et pour le ballastage des chemins de fer.

L'importance d'un atelier de foncement varie beaucoup d'un souterrain à l'autre; mais on peut, en général, admettre qu'il se compose de la manière suivante :

Huit mineurs pour un atelier de foncement sur la moitié de la largeur du souterrain, et quand cette première partie est faite, on peut porter jusqu'à seize le nombre de mineurs, huit à l'avant et huit à l'arrière. Le nombre des manœuvres placés au fond pour débiter les blocs, de manière à les charger et pour pousser les wagons jusqu'à la gare voisine, ne peut être fixé; il est trop variable pour cela.

Lorsque dans le foncement on arrive vers la ligne du fond du souterrain en profil en travers, on est obligé de prendre quelques précautions dans la disposition des mines pour ne pas avoir de trop grandes flaches au delà de cette ligne. Ces inégalités ne peuvent être évitées, et il en résulte toujours que, dans les souterrains, le ballast a des épaisseurs très-inégales. Nous ne pouvons attribuer qu'aux tassements irréguliers, résultant de cette circonstance, les faits si fréquents de rupture de rails que l'exploitation des chemins de fer constate dans les tunnels, et on les éviterait très-probablement en remplissant de grosse maçonnerie à mortier les flaches dont nous venons de parler et en nivelant ainsi solidement le fond du souterrain, de manière qu'il pût recevoir un ballast d'épaisseur uniforme.

§ 6. — Reprises en sous-œuvre.

Les reprises en sous-œuvre se font à mesure que le foncement descend. La fig. 10, pl. E, indique une partie reprise en sous-œuvre (1). La voûte, dans cette opération, porte toujours, par les extrémités de la partie qu'on traite, sur le terrain solide; on l'étaye d'ailleurs par-dessous, et ces reprises n'offrent pas de difficultés. On peut, sans aucun danger, donner aux ateliers de reprise en sous-œuvre de 4 à 5 mètres de longueur dans le sens de l'axe; la voûte se tient très-bien sur ce vide avec quelques petits étais et l'appui des extrémités déjà faites (fig. 6, ligne A B).

§ 7. — Caponnières.

Nous n'avons point parlé jusqu'ici des caponnières ou niches de refuge des gardes-voie.

Les caponnières sont, en général, des niches en plein cintre, de $1^m,50$ d'ouverture, de $2^m,50$ de hauteur sous clef et de 1 mètre de profondeur. Le fond se trouve au niveau du dessus du ballast, et il y a sur le fossé une dalle qui permet au garde d'entrer et de sortir facilement de la niche.

Dans les souterrains du Bas-Rhin, on a adopté les mêmes dimensions en largeur, profondeur et hauteur totale; seulement les petites voûtes sont surbaissées à $0^m,25$ de flèche au lieu d'être en plein cintre.

Les caponnières sont distantes de 100 à 150 mètres les unes des autres sur un même côté et alternent en quinconce d'un côté du souterrain à l'autre.

(1) Ces dispositions ont été données dans les *Annales de la construction*, 1855, comme s'appliquant au souterrain suisse du Hauenstein. Les dessins produits pour ce souterrain étant le *calque exact* du projet officiel du souterrain du Haut-Barr, ont sans doute été communiqués à ce recueil par M. Hégner, ingénieur suisse, qui, étant en mission à Saverne, y a calqué notre projet il y a quelques années.

§ 8. — **Observations générales sur les méthodes de percement.**

La méthode de percement décrite ci-dessus peut, d'après ce qui précède, se résumer ainsi qu'il suit :

1° Percement d'une galerie longitudinale au-dessus du niveau des naissances de la voûte; 2° élargissement de cette galerie à la section définitive; 3° foncement de la partie du souterrain en contre-bas du fond de la galerie; 4° reprise en sous-œuvre des maçonneries de la voûte et des pieds-droits.

Il est facile de démontrer que, sous le rapport de la dépense, il y a avantage à placer le fond de la galerie le plus haut possible au-dessus du niveau des naissances. Désignons (fig. 18, pl. E), par

a l'ouverture du souterrain;

b la hauteur des naissances au-dessus du fond du souterrain;

x la hauteur du fond de la galerie au-dessus du fond du souterrain;

h la hauteur moyenne de la galerie longitudinale;

l sa largeur moyenne;

P le prix du mètre cube de déblai de la galerie;

p le prix du mètre cube de déblai d'élargissement;

p' le prix du mètre cube de déblai de foncement;

D la dépense totale du percement du mètre courant de souterrain (non compris la vente, puisqu'il ne s'agit ici que des déblais);

d la dépense du mètre courant de galerie;

d' la dépense du mètre courant d'élargissement;

d'' la dépense du mètre courant de foncement.

La dépense de mètre courant de galerie sera représentée par l'expression suivante :

$$d = \mathrm{P} \, l \, h$$

Celle du mètre courant d'élargissement par

$$d' = p \left[\frac{\pi \, a^2}{8} - a \, (x\text{-}b) - l \, h \right]$$

Et celle du mètre courant de foncement par

$$d'' = p' \, a \, x$$

Or, on a $\qquad \mathrm{D} = d + d' + d''$

D'où l'on déduira :

$$\mathrm{D} = \mathrm{P} \, l \, h + p \left[\frac{\pi \, a^2}{8} - l \, h + a \, b \right] - a \, x \, (p\text{-}p')$$

Or, comme par la nature des choses, p est toujours plus grand que p', la difficulté de l'élargissement étant notablement plus grande que celle du foncement, il s'ensuit que $p-p'$ est toujours positif, et que, dès lors, D diminue à mesure que x augmente, c'est-à-dire à mesure que l'on met le fond de la galerie plus haut; il y a néanmoins une limite de hauteur que l'on ne peut dépasser à cause de l'exécution de la voûte. En général, le dessus des couchis du cintre est à 0ᵐ,50 au-dessus du cadre supérieur de la galerie, qui lui-même a 0ᵐ,20 d'épaisseur au moins, ce qui met le dessous de ce cadre au ciel de la galerie, à 0ᵐ,70 au plus en contre-bas du sommet de l'intrados de la voûte. C'est cette disposition qu'on a suivie dans les souterrains du Bas-Rhin. Dans ces derniers, qui ont 6 mètres de hauteur totale du fond du souterrain au sommet de l'intrados et 7ᵐ,40 d'ouverture, le ciel de la galerie étant placé à 0ᵐ,70 en contre-bas de ce sommet, et la galerie ayant 2 mètres de hauteur totale, il s'ensuit que le fond de cette galerie devait être placé à 2ᵐ,70 en contre-bas du sommet de l'intrados, soit à 1 mètre au-dessus des naissances qui sont à 3ᵐ,70 en contre-bas de ce même point. Ce sont là, en effet, les dispositions indiquées par la fig. 18, pl. E, et par les fig. 7, 8, 9.

La méthode de percement, qui a été résumée ci-dessus, paraît devoir s'appliquer avec succès à tous les souterrains; elle diffère essentiellement des méthodes anglaises.

Dans les souterrains de Bleckingley et de Saltwood (fig. 4 et 5, pl. E), on a placé une galerie au point le plus bas du profil en travers du souterrain, et cette galerie n'a là d'autre but que de procurer un écoulement aux eaux. On a ensuite, par les puits, commencé le percement d'une autre galerie dans le sommet du profil, galerie qu'on a élargie au fur et à mesure qu'on avançait; on a placé ainsi dans le profil en travers une semelle M au-dessous de laquelle on a ensuite, en déblayant et blindant et en étayant la semelle M, placé une seconde semelle M', laquelle a été à son tour étayée à mesure qu'on déblayait dessous. Le rapprochement, et par conséquent le nombre de ces semelles augmente avec la difficulté du terrain. On déblayait donc et l'on blindait la section entière, et l'on construisait ensuite toute la voûte d'un coup sans reprise en sous-œuvre. Ce système, qui peut avoir ses avantages dans les terrains difficiles, occasionne de très-grandes dépenses en bois; il suffit d'examiner les fig. 4 et 5, pl. E, pour s'en convaincre.

D'autres méthodes ont été suivies pour le percement des souterrains; mais elles sont toujours une combinaison de la méthode anglaise et de celle qui a été indiquée ci-dessus, et qui était employée, dès 1839, par M. Jaquiné, dans les travaux des souterrains d'Arschwiller. Ainsi l'on a percé quelques souterrains en ouvrant dans le haut une galerie à toute largeur et en fonçant le reste du profil en travers; de ce nombre est le souterrain du Lioran. Dans d'autres on a suivi à peu près la méthode que nous avons indiquée, mais en donnant plus de largeur aux galeries. M. Krantz, dans sa note sur le souterrain de Chalifert (*Annales*, 1846, page 213), conseille de donner à la galerie 3 mètres de hauteur et 3 mètres de largeur. Une grande galerie a sans doute l'immense avantage de faciliter le service et de permettre de marcher vite, mais les chances d'accidents y sont énormes pour peu qu'on ait affaire à des terrains difficiles.

Aux souterrains de Hoffmühl et Lutzelbourg, nos 2 et 3 du profil en long, pl. A, le devis prescrivait à l'entrepreneur d'exécuter la galerie sur toute la section circulaire et, la voûte faite, on devait foncer; c'était la méthode du Lioran, ou plutôt celle d'Arschwiller dans laquelle on supprimait le percement de la galerie. Or, lorsqu'on exécuta les travaux, on fut obligé de renoncer à ce système et de revenir à la galerie. Dans nos souterrains du Bas-Rhin, les entrepreneurs, croyant qu'ils trouveraient de l'avantage à opérer sur toute la section circulaire au lieu de percer d'abord la galerie longitudinale, demandèrent à essayer ce procédé : on le leur accorda à leurs risques et périls, et ils ne tardèrent pas à en revenir d'eux-mêmes à l'exécution de la galerie prescrite par le devis. Nous nous croyons donc fondé à conseiller de ne jamais entreprendre l'exécution de la galerie centrale sur des dimensions exagérées. C'est, à notre avis, une faute capitale sous tous les rapports dans l'exécution d'un souterrain, à moins d'un très-bon terrain.

Quant à l'exécution des maçonneries, on ne peut indiquer de règles générales en ce qui concerne leurs dispositions; mais c'est la partie d'un souterrain qui supporte le moins la médiocrité et les fausses économies. Pour avoir négligé de donner assez d'épaisseur à une voûte ou à un pied-droit, de construire un radier en voûte renversée quand le sol des parois menaçait, on peut compromettre l'avenir de la construction. En général, le souterrain est de toutes les espèces de travaux celui qui comporte le moins les demi-mesures, et l'on se repent presque toujours des économies qu'on s'est laissé entraîner à y faire.

Il nous reste maintenant, pour compléter les développements relatifs aux souterrains, à établir les prix de revient par mètre courant. Ce travail donnera d'ailleurs encore des détails spéciaux, et c'est pour cela que nous les plaçons ici plutôt que dans le chapitre où nous aurons à nous occuper des estimations générales des dépenses de la partie du canal et du chemin de fer qui fait l'objet de cet écrit.

Nous donnerons ensuite les prix du mètre cube des diverses espèces de déblais de souterrain.

§ 9. — Évaluation des dépenses des souterrains au mètre courant.

Les dépenses des trois souterrains du. Bas-Rhin s'établissent par l'état suivant :

ÉTAT N° 1.

DES DÉPENSES DES SOUTERRAINS DU BAS-RHIN EXÉCUTÉS A L'ENTREPRISE.

INDICATION DES OUVRAGES.	DÉPENSES, rabais des adjudications déduits.	CUBES EXÉCUTÉS par nature d'ouvr.	par mètre courant de souterrain	PRIX moyen du mètre cube.	DÉPENSE par mètre courant de souterrain	OBSERVATIONS.
1	2	3	4	5	6	7
	fr. c.	m.c.	m.c.	fr. c.	fr. c.	
1° Souterrain de Stutzmatt de 399m,70 de longueur.						
Déblais de la galerie longit.	27,841 35	1,646	4.12	16 89	69 66	
Id. d'élargissement	52,654 38	8,328	20.83	6 32	131 74	
Id. de foncement	50,977 03	11,100	27.77	4 59	127 54	
Id. d'éboulement	1,074 18	566	1.41	1 89	2 68	
Piquage de paroi au m. carré.	2,443 74	1,588	3.97	1 53	6 12	
Bois	17,999 67	564	1.26	35 71	45 04	
Fers au kilogramme	1,829 39	5,703	14.41	0 31	4 58	
Maçonneries pour voûtes	86,582 82	3,524	8.84	24 56	216 61	
Id. pour pieds-droits, parements compris	16,735 15	1,234	3.08	13 56	41 86	
Remplissage en pierre sèche.	1,994 50	1,494	3.73	1 33	4 98	
Murs de ballast au mètre courant de souterrain	1,535 48	»	»	»	3 84	
Dépenses des deux têtes de souterrain	3,481 87	»	»	»	8 71	
TOTAL POUR LE SOUTERRAIN DE STUTZMATT (non compris les dépenses sur la somme à valoir).	265,146 56				663 36	
2° Souterrain du Mungelbaëchel de 493m,20 de longueur.						
Déblais de la galerie longit.	36,644 66	2,167	4.39	16 61	74 30	
Id. d'élargissement	77,394 83	11,813	23.95	6 55	156 93	
Id. de foncement	55,724 33	12,375	25.09	4 50	112 98	
Id. d'éboulement	1,345 33	711	1.44	1 89	2 73	
Piquage de paroi au m. carré.	3,923 54	2,628	5.32	1 48	7 96	
Bois	28,582 24	607	1.23	47 08	57 95	
Fers au kilogramme	2,752 96	8,655	17.54	0 31	5 58	
Maçonneries pour voûtes	110,144 53	4,461	9.04	24 69	223 32	
Id. pour pieds-droits, parements compris	19,120 65	1,511	3.06	12 65	38 76	
Remplissage en pierre sèche.	2,584 56	1,730	3.50	1 49	5 21	
Murs du ballastage au mètre courant de souterrain	1,894 67	»	»	»	3 84	
Dépenses des deux têtes	3,408 62	»	»	»	6 92	
Cheminée d'aérage dans le vallon du Mungelbaëchel.	614 54	»	»	»	1 24	
Cunette du ruisseau au-dessus de la voûte du souterrain	948 52	»	»	»	1 92	
TOTAL POUR LE SOUTERRAIN DU MUNGELBAECHEL (non compris les dépenses sur la somme à valoir).	345,080 98				699 67	

OBSERVATIONS.

Les dépenses élémentaires extraites des décomptes des entreprises ont été groupées de manière à réunir tout ce qui concerne la même nature d'ouvrage.

Ces dépenses ainsi groupées, on leur a appliqué le rabais de l'adjudication, ce qui a donné les chiffres de la colonne 2. Les décomptes donnent d'ailleurs aussi les cubes de la colonne 3; en divisant ces derniers par la longueur du souterrain on obtient ceux de la colonne 4.

Les chiffres de la colonne 5 se déduisent de ceux de la colonne 2 en les divisant par ceux de la colonne 3 correspondants.

Les chiffres de la colonne 6 résultent de la multiplication des chiffres correspondants des colonnes 4 et 5. Ils s'obtiendraient aussi en divisant ceux de la colonne 2 par la longueur du souterrain. Ces quotients reproduiraient à très-peu de chose près les chiffres de la colonne 6, qui ne sont calculés qu'avec deux décimales, ce qui est plus que suffisant ici.

Les prix moyens de la colonne 5 comprennent tous les faux frais et dépenses de matériel de quelque nature qu'elles soient.

Les bois des cintres sont restés aux entrepreneurs après l'achèvement des travaux, d'après les conditions du devis.

Les entrepreneurs ont payé à la Compagnie de l'Est, après l'achèvement des travaux et à dire d'experts, la détérioration du matériel de rails et de coussinets que cette Compagnie

Suite de l'État n° 1.

INDICATION DES OUVRAGES.	DÉPENSES, rabais des adjudications déduits.	CUBES EXÉCUTÉS		PRIX moyen du mètre cube.	DÉPENSE par mètre courant de sou-terrain.	OBSERVATIONS.
		par nature d'ouvr.	par mètre courant de sou-terrain			
1	2	3	4	5	6	7
	fr. c.	m.c.	m.c.	fr. c.	fr. c.	avait mis à leur dis-position pour accélérer les travaux.
3° Souterrain du Haut-Barr de 303ᵐ,40 de longueur.						Cette dépense, ainsi que celle des wagons et de tout matériel, est, comme on l'a déjà dit,
Déblais de percement des galeries transversales.....	10,031 31	553	1.82	18 13	33 06	comprise dans les prix
Id. de la galerie longitudin.	23,919 87	1,319	4.34	18 13	78 84	moyens de la colonne 5
Id. d'élargissement........ .	47,638 39	7,138	23.52	6 67	157 01	qui représentent les dé-
Id. de foncement..........	36,381 18	7,699	25.37	4 72	119 92	penses réelles payées par l'administration aux
Id. d'éboulement..........	1,118 59	591	1.94	1 89	3 68	entrepreneurs par na-
Piquage de paroi au m. carré.	1,716 89	1,095	3.60	1 56	5 66	ture de travail groupé comme nous l'avons
Bois.	14,108 35	350	1.15	40 30	46 50	fait.
Fers au kilogramme........	1,444 17	4,456	14.68	0 32	4 76	Les totaux par sou-
Maçonneries pour voûtes....	69,235 37	2,772	7.48	24 97	228 19	terrain de la colonne 6 reproduisent à très-peu près les quotients
Id. de pieds-droits, parements compris..................	15,236 56	1,284	4.23	11 86	50 22	des totaux correspon-
Remplissage en pierre sèche.	1,505 90	1,105	3.64	1 36	4 96	dants de la colonne 2 par les longueurs des souterrains. S'il n'y a
Murs de ballast au mètre courant de souterrain.....	1,166 69	»	»	»	3 86	concordance parfaite,
Dépenses des deux têtes....	9,673 20	»	»	»	34 88	cela ne tient qu'au degré d'approximation dont on
TOTAL POUR LE SOUTERRAIN DU HAUT-BARR............. (non compris les dépenses sur la somme à valoir).	233,473 47				768 53	s'est contenté pour les opérations particielles qui ont donné les chiffres de la colonne 6.

Les prix moyens étant établis pour chaque souterrain dans ce qui vient d'être indiqué, nous allons maintenant comparer les divers souterrains entre eux, et pour cela nous formons l'état récapitulatif suivant :

ÉTAT N° 2.

ÉTAT RÉCAPITULATIF ET RÉSUMÉ DES TROIS SOUTERRAINS DU BAS-RHIN.

DÉSIGNATION DES OUVRAGES.	SOUTERRAIN DE STUTZMATT.			SOUTER. DU MUNGELBAECHEL			SOUTERRAIN DU HAUT-BARR		
	CUBE par mètre courant de souterrain.	PRIX du mètre cube.	DÉPENSE par mètre courant de souterrain.	CUBE par mètre courant de souterrain.	PRIX du mètre cube.	DÉPENSE par mètre courant de souterrain.	CUBE par mètre courant de souterrain.	PRIX du mètre cube.	DÉPENSE par mètre courant de souterrain.
	m. c.	fr. c.	fr. c.	m. c.	fr. c.	fr. c.	m. c.	fr. c.	fr. c.
Déblais de galeries transv..	»	»	»	»	»	»	1.82	18 13	33 06
Id. de galeries longitudin.	4.12	16 89	69 66	4.39	16 91	74 30	4.34	18 13	78 84
Id. d'élargissement........	20.83	6 32	131 74	23.95	6 55	156 93	23.52	6 67	157 01
Id. de foncement.:........	27.77	4 59	127 54	25.09	4 50	112 98	25.37	4 72	119 92
TOTAUX des cubes et des dépenses du percement et prix moyen qui en résultent. ...	52.72	6 23	328 94	53.43	6 44	344 21	55.05	7 06	388 83
Déblais d'éboulements......	1.41	1 89	2 68	1.44	1 89	2 73	1 94	1 89	3 68
Piquage de paroi au m. carré.	3.97	1 53	6 12	5.32	1 48	7 96	3.60	1 56	5 66
Bois.....................	1.26	35 71	45 04	1.23	47 08	57 95	1.15	40 30	46 50
Fers au kilogramme........	14.41	0 31	4 58	17.54	0.31	5 58	14.68	0 32	4 76
Maçonneries pour voûtes....	8.81	24 56	216 61	9.04	24 69	223 32	7.48	24 97	228 19
Id. pour pieds-droits, y compris les parements vus...	3.08	13 56	41 86	3 06	12 65	38 76	4.23	11 86	50 22
Remplissage en pierre sèche.	3.73	1 33	4 98	3.50	1 49	5 24	3.64	1 36	4 96
Murs de ballast au m. courant de souterrain........	»	»	3 84	»	»	3 84	»	»	3 86
Dépense des deux têtes	»	»	8 71	»	»	6 92	»	»	31 88
Maçonneries et ouvrages divers dans les fondis......	»	»	»	»	»	»	»	»	»
Cheminée d'aérage du souterrain du Mungelbaëchel.	»	»	»	»	»	1 24	»	»	»
Cunette du ruisseau du Mungelbaëchel.............	»	»	»	»	»	1 92	»	»	»
TOTAUX..................			663 36			699 67			768 53

Le tableau qui précède résume tous les renseignements qui peuvent intéresser dans le percement des souterrains, et permet d'établir quelques comparaisons entre les diverses percées qui nous occupent ici : nous comparerons d'abord les dépenses de percement comprenant les déblais de la section transversale, et en prenant les totaux des chiffres relatifs à chaque souterrain et les prix moyens qui en résultent, on établit le tableau suivant :

ÉTAT N° 3.

PRIX MOYENS DU PERCEMENT.

INDICATION des SOUTERRAINS.	CUBE total de percement par mètre courant de souterrain.	PRIX du mètre courant de percement.	PRIX moyen du mètre cube	OBSERVATIONS.
	m. c.	fr. c.	fr. c.	
Souterrain de Stutzmatt......	52 72	328 94	6 23	Le percement comprend la galerie , l'élargissement et le foncement.
Souterrain du Mungelbaëchel.	53 43	344 21	6 44	
Souterrain du Haut-Barr.....	55 05	388 83	7 06	

On voit que pour les trois souterrains les prix moyens de perce-ment se rapprochent beaucoup entre eux; celui du Haut-Barr a coûté un peu plus cher à cause de la nature fissurée du roc. Quant aux prix des maçonneries, ils sont très-peu différents d'un souterrain à l'autre, ainsi que le montre l'état suivant :

ÉTAT N° 4.

PRIX MOYENS DES MAÇONNERIES.

INDICATION des SOUTERRAINS.	CUBES totaux des maçonneries par mètre courant de souterrain.	DÉPENSES par mètre courant.	PRIX du mètre cube de maçonnerie.	OBSERVATIONS.
	m. c.	fr. c.	fr. c.	
Souterrain de Stutzmatt......	11 89	258 47	21 73	Pour avoir les éléments de cet état, on ajoute dans l'état n° 2 la dépense des maçonneries de voûtes à celle des maçonneries de pieds-droits.
Souterrain du Mungelbaëchel.	12 10	262 08	21 65	
Souterrain du Haut-Barr.....	11 71	278 41	23 76	

Pour les bois, les cubes par mètre courant sont à peu près les mêmes pour les trois souterrains, comme le montre l'état n° 2.

Pour les murs de ballast, les faibles prix des trois souterrains du Bas-Rhin (état n° 2) s'expliquent par cette circonstance que les ma-çonneries ont été faites avec des matériaux appartenant à l'administration : ces prix ne comprennent donc que le mortier et la façon de la maçonnerie.

Jusqu'ici on n'a pas tenu compte, pour les souterrains exécutés à l'entreprise, des dépenses diverses faites sur la somme à valoir ; ces dépenses comprennent les épuisements, les rigoles d'écoulement, quelques rejointoiements au ciment de Vassy, des chapes, des frais de surveillance.

Pour les trois souterrains du Bas-Rhin, les dépenses sont données par mètre courant dans l'état suivant, n° 5, qui récapitule ces dépenses et donne les prix définitifs.

ÉTAT N° 5.

PRIX DÉFINITIFS DE REVIENT PAR MÈTRE COURANT.

INDICATION des SOUTERRAINS.	LONGUEURS des SOUTERRAINS.	DÉPENSES PAR MÈTRE COURANT		DÉPENSES TOTALES.
		sur l'entreprise.	sur la somme à valoir	
	m. c.	fr. c.	fr. c	fr. c.
Souterrain de Stutzmatt............	399 70	663 36	21 97	685 33
Souterrain du Mungelbaëchel........	493 20	699 67	18 27	717 94
Souterrain du Haut-Barr............	303 40	768 53	45 09	813 62

§ 10. — Sous-détails.

Dans ce qui précède, nous avons établi les prix de revient par nature d'ouvrage et par mètre courant ; il ne nous reste plus pour compléter notre travail qu'à donner des sous-détails des prix du mètre cube des différentes espèces de déblai. Il est inutile de donner des sous-détails du prix du mètre cube de voûte, ces sous-détails pouvant être établis partout sans difficulté d'après les éléments relatifs à la localité dans laquelle se font les travaux.

Percement de galerie. — Sous-détails.

Les sous-détails des prix de percement de galerie s'établissent dans le tableau suivant, dont la colonne intitulée *prix* reproduit les prix portés pour le mètre cube de cette espèce de déblai dans les états n⁰ˢ 1 et 2.

INDICATION des SOUTERRAINS.	ÉLÉMENTS DU PRIX MOYEN DU MÈTRE CUBE DE PERCEMENT DE GALERIE.							
	Main-d'œuvre pour déblayer, charger et blinder	Transport des déblais et déchargement.	Poudre, soufre et cartouches.	Éclairage.	Entretien des outils.	Total, non compris le matériel.	Frais de matériel et faux frais divers.	Prix.
1	2	3	4	5	6	7	8	9
	fr. c.	fr. c.	fr. c.	fr. c.	fr. c.	fr. c.	fr. c.	fr. c.
Souterrain de Stutzmatt de 399ᵐ,70 de longueur.........	10 07	» 75	4 10	» 40	» 40	15 72	1 17	16 89
Souterrain du Mungelbaëchel de 493 m. 20 de longueur......	10 05	» 79	4 10	» 40	» 40	15 74	1 17	16 91
Souterrain du Haut-Barr de 303ᵐ,40 de longueur.........	10 65	» 72	4 23	» 43	» 45	16 48	1 65	18 13

OBSERVATIONS. — Les prix de la colonne 9 de ce tableau reproduisent ceux de la 5ᵉ de l'état n° 1 pour chaque souterrain.

Les prix du transport varient d'un souterrain à l'autre en raison des distances moyennes du transport. Les frais de matériel et faux frais sont un peu moindres que le 1/10ᵉ des dépenses brutes de la col. 7.

Élargissement. — Sous-détails.

Les sous-détails des prix d'élargissement résultant de la colonne 5 de l'état n° 1 s'établissent ainsi qu'il suit :

INDICATION des SOUTERRAINS.	ÉLÉMENTS DU PRIX MOYEN DU MÈTRE CUBE DE DÉBLAI D'ÉLARGISSEMENT.							
	Main-d'œuvre pour déblayer étayer et charg' en wagons.	Transport des déblais et déchargement.	Poudre, soufre, cartouches, etc.	Éclairage.	Entretien des outils.	Total, non compris le matériel	Frais de matériel et frais divers.	Prix.
1	2	3	4	5	6	7	8	9
	fr. c.	fr. c.	fr. c.	fr. c.	fr. c.	fr. c.	fr. c.	fr. c.
Souterrain de Stutzmatt de 399ᵐ,70 de longueur..............	3 15	» 65	1 50	» 20	» 35	5 85	» 47	6 32
Souterrain du Mungelbaëchel de 493ᵐ,20 de longueur..............	3 16	» 72	1 52	» 20	» 39	5 99	» 56	6 55
Souterrain du Haut-Barr de 303ᵐ,40 de longueur..............	3 20	» 67	1 57	» 21	» 40	6 05	» 62	6 67

OBSERVATIONS. — Les prix de la colonne 9 reproduisent ceux de la colonne 5 de l'état n° 1 pour chaque souterrain.

Le chargement en wagons, qui fait partie de la main-d'œuvre dont le prix est donné dans la seconde colonne de ce tableau, peut être évalué de 0 fr. 15 à 0 fr. 20 par mètre cube.

Foncement. — Sous-détails.

Le tableau suivant donne les sous-détails du prix du mètre cube de foncement pour les trois souterrains du Bas-Rhin.

INDICATION des SOUTERRAINS.	ÉLÉMENTS DU PRIX MOYEN DU MÈTRE CUBE DE DÉBLAI DE FONCEMENT.							
	Main-d'œuvre pour déblayer étayer et charger.	Transport des déblais et déchargement.	Poudre, soufre, cartouches, etc.	Éclairage.	Entretien des outils.	Total, non compris le matériel	Frais de matériel et frais divers.	Prix.
1	2	3	4	5	6	7	8	9
	fr. c.	fr. c.	fr. c.	fr. c.	fr. c.	fr. c.	fr. c.	fr. c.
Souterrain de Stutzmatt de 399r,70 de longueur..	1 95	» 40	1 40	» 15	» 30	1 20	» 39	4 59
Souterrain du Mungelbaëchel de 493m,20 de longueur.............	1 95	» 40	1 40	» 15	» 30	1 20	» 30	4 50
Souterrain du Haut-Barr de 393m,40 de longueur.,.............	2 »	» 38	1 42	» 16	» 35	1 31	» 41	4 72

OBSERVATIONS. — Les prix de la colonne 9 reproduisent ceux de la colonne 5 de l'état n° 1 pour chaque souterrain.

ARTICLE 4. — APPLICATION DES SOUS-DÉTAILS A D'AUTRES SOUTERRAINS.

Les éléments des sous-détails ci-dessus peuvent être utiles pour établir les sous-détails analogues dans d'autres souterrains. Il suffit pour cela de partir des éléments correspondants du déblai de roc à ciel ouvert dans les deux cas. Prenons, par exemple, le cas du souterrain du Haut-Barr.

La main-d'œuvre pour extraire et charger un mètre cube de roc à ciel ouvert de la nature du roc du souterrain du Haut-Barr, a été de 1 fr. 25 c. Supposons un autre terrain dans lequel une expérience facile à faire, puisque c'est à ciel ouvert, donnerait 2 fr. pour la main-d'œuvre employée à extraire et charger un mètre cube de roc; les mains-d'œuvre correspondantes pour les déblais de galerie d'élargissement et de foncement sont dans le souterrain du Haut-Barr, d'après les sous-détails précédents (colonne 2) :

Pour la galerie 10,65
Pour l'élargissement 3,20
Pour le foncement 2,00

On calculera assez approximativement les prix x y z de ces trois mains-d'œuvre pour le souterrain, dont le roc demande 2 fr. pour être extrait et chargé à ciel ouvert, le roc du Haut-Barr ne demandant que 1 fr. 25 c. dans les mêmes circonstances, en faisant les proportions suivantes :

$$x : 10,65 \ :: \ 2,00 : 1,25 \quad \text{d'où } x = 17 \text{ fr. } 06$$
$$y : \ 3,20 \ :: \ 2,00 : 1,25 \quad \text{d'où } y = 5 \quad 12$$
$$z : \ 2,00 \ :: \ 2,00 : 1,25 \quad \text{d'où } z = 3 \quad 20$$

Pour les dépenses en poudre on opérerait de même, et il ne resterait d'un peu arbitraire que l'éclairage et le matériel; mais les données des sous-détails indiquées ci-dessus peuvent encore servir à les établir au moins approximativement.

Nous ne pousserons pas plus loin ces considérations, et il demeure bien entendu, d'ailleurs, qu'il ne s'agit ici que d'évaluations d'avant-projet; car pour évaluer tout à fait exactement un souterrain on ne peut le faire qu'après en avoir exécuté une partie, et encore est-on exposé à se tromper, et est-il toujours prudent d'admettre une forte somme à valoir lorsqu'on veut éviter des mécomptes ultérieurs.

§ 11. — Accidents arrivés aux ouvriers.

Les travaux des souterrains ont un côté lugubre comme les batailles; il y reste ensevelies bien des victimes qui n'ont pas, comme le soldat, la consolation de mourir d'une mort glorieuse, et qui souvent laissent une femme et des enfants pour qui leur perte est une cruelle épreuve. Voici le relevé de cette triste statistique en ce qui concerne les travaux des trois souterrains du Bas-Rhin :

NATURE DES ACCIDENTS.	NOMBRE D'ACCIDENTS CAUSÉS PAR			TOTAL.	OBSERVATIONS.
	Éboulements.	Explosions inattendues.	Chutes et accidents divers.		
Morts..................	4	2	»	6	
Aveugles..............	»	1	»	1	
Amputés..............	1	»	»	1	
Fractures graves........	2	1	»	3	
Id. ordinaires.....	1	1	»	2	
Blessures graves........	3	2	2	7	
Id. légères et contusions	5	»	30	35	

Cet état ne comprend, comme on le voit, que les accidents et non les maladies. Il y a eu si peu de malades dans les tunnels du Bas-Rhin, qu'il serait superflu d'en parler.

On voit d'après l'état ci-dessus que les causes principales des accidents graves sont les éboulements et les explosions inattendues. Pour les éboulements, on a beau prendre toutes les précautions possibles dans le blindage, il est bien difficile d'éviter des accidents. La plupart des accidents arrivent lorsqu'on passe de l'exécution de la galerie à celle de l'élargissement.

Quant aux explosions de mines, les accidents peuvent être attribués pour la plupart à la témérité des ouvriers qui se familiarisent avec le danger, au point de s'y exposer par leur propre faute. On a diminué le nombre de ces accidents par l'emploi des fusées de sûreté.

Pour prévenir autant que possible les accidents dans les travaux par entreprise, il est nécessaire que les ingénieurs, usant du pouvoir que leur donnent les articles 19 et 29 des clauses et conditions générales, n'admettent pour les surveillants de l'entrepreneur que des hommes d'expérience, et qu'ils les fassent en outre constamment surveiller par les agents de l'administration. Les ingénieurs doivent faire des règlements sévères, qui soient affichés sur les ateliers, et lorsqu'un accident grave arrive, le renvoi immédiat du chef de chantier doit être prévu par le règlement. Cette mesure est très-propre à atteindre le but, attendu qu'elle engage toute la responsabilité de celui qui dirige les ouvriers.

Les ingénieurs ont d'ailleurs pour premier devoir de vérifier souvent les boisages et les échafauds, afin de s'assurer de leur solidité, et de ne rien épargner pour protéger autant qu'il dépend d'eux la vie des ouvriers qui s'engagent sous leur direction dans ces redoutables travaux.

L'administration en France s'est préoccupée avec raison de la position des ouvriers qui deviennent victimes des travaux publics : l'arrêté ministériel du 15 décembre 1848 et l'instruction du 22 octobre 1851 règlent aujourd'hui la matière, et il est inutile dès lors que chaque ingénieur indique les mesures qu'il avait prises avant l'époque où l'administration a tracé les règles à suivre.

Dans les travaux exécutés par le gouvernement, l'ouvrier blessé est soigné aux frais de l'entrepreneur si les travaux se font à l'entreprise, et aux frais de l'administration s'ils s'exécutent en régie ; il reçoit de plus des secours déterminés. Lorsqu'il a charge de famille, il reçoit la moitié de son salaire pendant le temps que dure l'incapacité de travail. Si par suite de ces blessures il est devenu impropre au travail de sa profession, il reçoit la moitié du salaire d'une année. Quand un ouvrier ayant charge de famille est tué, sa famille a droit à un secours de 300 fr. Les secours peuvent d'ailleurs être augmentés par une décision spéciale du ministre. Les ouvriers blessés dans un état d'ivresse n'ont droit qu'aux secours médicaux. Toutes les dépenses sont au compte de l'entrepreneur tant qu'elles ne dépassent pas la proportion de 1 0/0 du montant des travaux; au delà, elles tombent à la charge de l'administration.

En Angleterre, où l'administration intervient moins directement qu'en France dans l'exécution des travaux publics, il n'existe pour les ouvriers blessés que des règlements particuliers; chaque entrepreneur fait le sien. Aux souterrains de Saltwood et de Blekingley le règlement a été fait par M. Simms, ingénieur, chargé par la Compagnie de l'exécution des travaux. Il y a quelque intérêt à en donner les dispositions principales, les voici :

Le fonds de prévoyance était formé au moyen des souscriptions des ouvriers. Le comité d'administration nommé par l'ingénieur était composé de cinq chefs d'ateliers ou entrepreneurs; il se réunissait une fois par semaine; l'ingénieur était président et trésorier.

Tout ouvrier payait 0 fr. 62 c. par semaine quand il était employé plus de trois jours, et il fallait avoir payé deux semaines pour avoir droit au bénéfice de la souscription, à moins de maladie par accident survenu pendant le travail.

Les malades recevaient 15 fr. par semaine pendant les six premières semaines de la maladie, pendant les trois suivantes 7 fr. par semaine, et plus rien si la maladie se prolongeait au delà de ce terme.

Si un ouvrier était victime d'un accident et qu'il allât à l'hôpital, il recevait 3 fr. 75 c. par semaine, pendant douze semaines; s'il n'allait pas à l'hôpital, 15 fr. par semaine, pendant six semaines; et 7 fr. 50 c. pendant six autres semaines, après quoi il n'avait plus de droit à faire valoir.

En cas de mort d'un souscripteur, sa famille retirait la différence de ce qu'il avait versé et de ce qu'il avait touché. En cas de renvoi, l'ouvrier perdait le montant de sa souscription. Le comité d'administration pouvait d'ailleurs augmenter ou diminuer le taux de la souscription, suivant l'état de la caisse de secours.

Si après l'exécution des travaux il restait de l'argent en caisse, on le distribuait aux veuves et orphelins, ainsi qu'aux ouvriers hors d'état de travailler.

Tout ouvrier malade pris au cabaret perdait ses droits, et tout ouvrier buveur incorrigible était renvoyé du chantier, sur une décision du comité. Dans ce cas on lui rendait la somme qu'il avait versée.

Ces dispositions sont fort sages et bien combinées sans doute, mais en définitive elles n'assurent rien à l'ouvrier qui est devenu incapable de travailler, ni à la famille de celui qui est mort sur les chantiers. Les dispositions prises par l'administration en France sont plus protectrices quoiqu'elles n'atteignent pas non plus complétement le but; elle n'abandonne pas l'ouvrier après qu'il a été soigné aux frais de l'entreprise: des secours lui sont assurés en cas de besoin, et souvent il obtient un de ces menus emplois dont l'administration peut disposer.

La Compagnie des chemins de l'Est, en prenant l'exploitation de la ligne de Paris à Strasbourg, a placé, soit comme aiguilleurs, soit comme gardes-ligne, plusieurs blessés des ateliers de l'État qui pouvaient encore faire ce service, et qui avaient été signalés à M. le ministre des travaux publics pour leur bonne conduite; d'autres ont été nommés plus tard éclusiers au canal, et presque tous ont fini par trouver une position qui les a mis à l'abri du besoin. Les ingénieurs ne font que leur devoir en cherchant à placer les ouvriers victimes des travaux qu'ils dirigent, lorsque ceux-ci méritent d'ailleurs par leur bonne conduite l'estime de leurs chefs et la bienveillance de l'administration supérieure.

CHAPITRE VI.

·ÉTANCHEMENTS. — PROFILS TYPES.
DESCRIPTION DES PROCÉDÉS EMPLOYÉS. — CHOIX DU SYSTÈME
D'ÉTANCHEMENTS SUIVANT LES CIRCONSTANCES LOCALES.

On a employé dans la troisième subdivision du canal, qui constituait notre service d'ingénieur ordinaire depuis 1851, trois procédés d'étanchements suivant le degré d'importance des pertes : le béton, les corrois en terre et le sable. On a étanché en béton tout ce que les expériences successives de la mise en eau ont démontré ne pas pouvoir être étanché autrement, et généralement les pertes étaient dans ce cas plus grandes que 3 mètres cubes par mètre courant et par vingt-quatre heures (1). Des corrois en terre ont été employés pour les étanchements ordinaires des pertes variant entre 2 et 3 mètres cubes par mètre courant et par vingt-quatre heures. Enfin, quand on ne perdait pas plus de 2 mètres par mètre courant et par vingt-quatre heures, on n'employait que le sable et l'eau trouble. C'était là la marche générale; elle était quelquefois modifiée par des circonstances particulières. Quand une partie du canal ne perdait pas plus de 0^m,30 par mètre courant et par vingt-quatre heures, elle était regardée comme arrivée à l'état normal, et l'on n'y faisait plus rien. Quand on ne perdait pas plus de 0^m,50 par mètre courant et par vingt-quatre heures, on admettait que l'étanchement se perfectionnerait de lui-même, et si l'on y faisait quelque chose c'étaient quelques petites opérations à l'eau trouble, lorsque, après un certain temps, on ne voyait pas les pertes 'diminuer.

Pour jauger les pertes et en constater l'importance on faisait creuser, au pied des talus extérieurs, des fossés dont on réunissait les eaux dans un seul et même fossé principal qui les conduisait au cours d'eau le plus voisin; sur ce fossé on établissait un petit déversoir au

(1) Il y a des parties du bief de partage qui perdaient 13 mètres cubes par mètre courant et par vingt-quatre heures d'après les jaugeages des pertes apparentes seules, et dans la descente d'Arschwiller des parties qui perdaient de 20 à 30 mètres cubes.

moyen d'une planchettte, et on jaugeait les pertes par le débit de ce déversoir.

§ 1er. — Étanchements en béton.

Pour les étanchements en béton on a suivi les procédés et le profil employés avec succès dans la première subdivision du canal par M. l'ingénieur Malézieux (1) ; les dispositions normales de ce profil sont indiquées par la figure 21, planche F. Le revêtement en béton a 0^m,15 d'épaisseur au plafond et 0^m,10 à ses extrémités supérieures sur les talus ; il est recouvert par une chape de 0^m,02 d'épaisseur sur laquelle il y a une hauteur de terre de 0^m,30, ce qui donne 0^m,47 de hauteur totale à la fouille en contre-bas de la ligne normale du plafond.

On peut avec avantage réduire la hauteur de terre de 0^m,30 à 0^m,20 ; cette diposition protége suffisamment le béton et laisse le dessus du revêtement en terre à 0^m,10 en contre-bas de la ligne normale du plafond (2).

Dans les parties où nous avions à notre disposition du menu gravier pour le béton, nous avons réduit l'épaisseur du revêtement en béton de 0^m,15 du profil normal à 0^m,10 au plafond, et celle de 0^m,10 des parties supérieures des talus à 0^m,08 : or, ces revêtements ont tout aussi bien réussi que les autres ; nous croyons donc que, lorsque le béton est fait en menu gravier, on peut réduire l'épaisseur au plafond jusqu'à 0^m,10 sans inconvénient et réaliser ainsi une économie très-notable sur le prix du mètre courant. Lorsqu'on se sert de pierre cassée pour faire le béton, l'épaisseur de 0^m,12 nous paraît être la limite inférieure d'épaisseur au plafond à admettre. Ces limites ne s'ap-

(1) M. Malézieux a publié sur ses travaux un très-bon mémoire dans les *Annales des ponts et chaussées*, année 1856. Ce chapitre était écrit à cette époque et nous n'avons rien à y changer ; nous en avons seulement retranché la description détaillée des procédés, qui aurait fait double emploi avec le travail de M. Malézieux.

(2) Comme le fond des canaux tend à s'exhausser par les dépôts qu'y amènent toujours les eaux avec lesquelles on les alimente, il serait bon de tenir partout, et surtout dans les biefs voisins des prises d'eau, le plafond plus bas que le niveau normal qu'il doit avoir pour obtenir le tirant d'eau fixé : ainsi, pour une tenue d'eau de 1^m,60 qu'a le canal de la Marne au Rhin, on aurait très-bien fait de mettre son plafond à 1^m,70 et même à 1^m,80 en contre-bas de la ligne d'eau. Cette bonne disposition ne se rencontre que dans une partie de l'ancien service de M. Guerre, entre Wilwisheim et Strasbourg. Or, elle a évité jusqu'ici dans cette partie du canal les curages qu'il a déjà fallu faire dans plusieurs autres.

pliquent d'ailleurs qu'au cas où le bétonnage est posé sur des terres ayant déjà fait leur tassement. Lorsqu'il y a encore des tassements à craindre, l'épaisseur de 0^m,15 nous paraît elle-même un minimum, et cette épaisseur a été portée à 0^m,18 et même 0^m,20 dans nos bétonnages sur les terrassements récents de la descente d'Arschwiller. On peut donc admettre que les épaisseurs-limites de la couche de béton varieront entre 0^m,10 et 0^m,20, suivant la nature plus ou moins solide du terrain que l'on aura à revêtir. Nous ne voulons pas dire qu'une couche de 0^m,20 se brisera moins qu'une couche de 0^m,10 s'il y a des tassements notables; il est clair que ce n'est pas cette surépaisseur qui l'en empêchera, mais avec des couches plus épaisses les réparations des fissures se font beaucoup mieux qu'avec les couches minces, et c'est le seul motif à donner, selon nous, pour les employer de préférence sur les terrassements nouveaux.

Les essais que nous fîmes des bétonnages de 0^m,10 d'épaisseur dans les parties non susceptibles de tasser et lorsque nous avions de bon gravier à notre disposition, et la réussite incontestable de ces opérations, nous firent penser qu'on pouvait encore réduire les épaisseurs, et par conséquent la dépense, qui est le point d'achoppement du système des étanchements au béton, en supprimant complétement le béton, et en n'employant que du mortier. Pour un essai en grand il eût fallu une autorisation et le temps pressait, au chômage de 1854, lorsque cette idée nous vint : nous n'avons donc pu faire cet essai, et, après le chômage de 1854, il n'y a plus rien eu à bétonner dans notre service, de sorte que ce système n'a pu arriver à être appliqué sur le canal; mais nous n'en avons pas moins fait un essai dans une fouille en déblai de 1 mètre carré au fond que nous avons fait disposer avec l'inclinaison des talus et la hauteur des levées du canal et au moyen des restes de chaux du chômage de 1854, circonstance peu favorable puisque ces chaux avaient dix mois lorsque nous les employâmes; nous avons traité cette fouille ainsi qu'il suit : on a commencé par extraire des talus toutes les pierres saillantes, et après avoir arrosé le terrain avec du lait de chaux on y a coulé une première couche de mortier de 0^m,04 environ d'épaisseur fabriqué avec de gros sable. On a traité cette couche par les procédés de savatage qui seront indiqués plus loin et par-dessus on a mis une chape en mortier de 0^m,02 d'épaisseur, comme sur les bétonnages ordinaires; on a ensuite recouvert le tout d'une couche de terre de 0^m,30, et mis l'eau dans la fouille avec la hauteur de 1ᵐ,60 de la tenue d'eau du canal. Or, cette fouille tient l'eau aussi hermétiquement qu'un pot (1) (qu'on nous passe cette expression de chantier) et, dès lors, nous devons croire que ce nouveau procédé d'étanchement qui donnerait une dépense de plus de moitié moindre que celle des bétonnages ordinaires de 0ᵐ,18 d'épaisseur, y compris la chape, peut trouver son application. Nous pensons qu'il réussira très-certainement dans toutes les parties en déblai et dans les remblais où les tassements sont faits, c'est-à-dire partout où il n'y a plus de mouvements à craindre. Or, il y a bien des parties du canal à étancher qui présentent ce caractère, et où, par conséquent, on pourrait, tout en employant ce procédé économique, arriver au même résultat qu'en faisant des bétonnages beaucoup plus coûteux. Enfin, il serait tout à fait opportun pour l'étanchement de rigoles d'alimentation ou de canaux d'irrigation. Comme il y a dans ces sortes de canaux beaucoup moins de hauteur d'eau que dans les canaux de navigation, il nous paraît certain que le système y réussirait en toute circonstance de la manière la plus complète.

Dans les parties très-humides on établit sous le béton de petits aqueducs en pierre sèche de 0ᵐ,20 sur 0ᵐ,20 (moitié de la fig. 21, pl. F) de section, recouverts d'un madrier de 0ᵐ,03 à 0ᵐ,04 d'épaisseur, sur lequel repose le béton, et l'on dirige par ces petits conduits les eaux souterraines jusqu'au premier aqueduc passant sous le canal dans lequel on les fait entrer. Quand cela est d'ailleurs nécessaire, on coupe encore le terrain par des aqueducs transversaux de même section que les aqueducs longitudinaux avec lesquels ils communiquent. Ce système de drainage a pour objet d'empêcher le béton d'être mouillé quand on le pose, ce qui est on ne peut plus important quand on opère sur des couches aussi minces.

Lorsqu'il y a de fortes sous-pressions à craindre, on établit dans les petits aqueducs des barbacanes à clapets qui permettent aux eaux extérieures d'entrer dans le canal quand leur pression est plus forte que celle des eaux du canal lui-même. Ce cas s'est présenté dans le bief n° 51, près de Strasbourg, lors de la grande crue du Rhin de 1852. Les figures 24, 25, 26, 27, pl. F, donnent le détail des barba-

---

(1) Avant qu'on eût fait le bétonnage, la fouille perdait rapidement toute l'eau qu'on y mettait. Ce bétonnage existait encore en 1856, près de l'écluse n° 33, et l'on pouvait constater que depuis son bétonnage économique il ne perdait absolument que l'eau qui s'évaporait.

canes que nous avons fait établir dans ce bief; elles sont placées dans le plafond au pied des talus de la cuvette.

Quand on ne bétonne pas toute la section du profil en travers, ce qui peut arriver quand on a la certitude que les pertes n'existent pas sur toute la largeur, il faut, à l'extrémité du béton, faire un petit mur de garde également en béton, de 0^m,30 de profondeur en contre-bas de la couche générale, et de 0^m,30 de largeur pour empêcher les eaux de tourner cette couche; c'est ce que nous avons fait dans quelques parties des trentième et trente-septième biefs. Ces bétonnages partiels sont à conseiller, surtout dans le cas où l'ingénieur connaît parfaitement son terrain, et où il a lui-même exécuté les travaux de construction du canal. Les soudures d'un ancien bétonnage avec un nouveau se font du reste facilement; on a soin de repiquer le joint en biseau, de le laver et d'y amorcer une bonne couche de mortier de 0^m,02 d'épaisseur, contre laquelle on pose le nouveau béton en le pilonnant fortement; on a soin ensuite de faire passer la nouvelle chape sur l'ancienne, de manière à recouvrir parfaitement la soudure. Si, donc, en faisant un bétonnage partiel, l'ingénieur s'est trompé, il peut le compléter au chômage suivant; il y a alors quelques faux frais de plus et la perte de béton des petits murs de garde qui terminaient la section partielle, devenus inutiles dès qu'on bétonne sur toute la section. Il ne faut donc pas s'exagérer outre mesure les inconvénients de ce système, qui réussit et produit par conséquent une grande économie lorsqu'on connaît parfaitement le terrain, et qui peut échouer une première fois sans grande augmentation de dépense pour les travaux destinés à le compléter; il permet souvent de réaliser, avec le crédit déterminé et limité d'un exercice, un premier résultat sur une plus grande longueur, que l'on complète ensuite sur les crédits de l'exercice suivant dans les parties qui laissent à désirer; mais pour cela il faut très-bien connaître son terrain, sous peine de s'exposer à n'arriver qu'à des résultats insignifiants par cette première opération.

Donnons un exemple du succès d'une opération partielle que nous avons fait exécuter dans le trentième bief, sur une longueur de 360 mètres; ce bief affecte le profil en travers n° 9 *bis* (fig. 17, pl. B). On remarquait sur ces 360 mètres des filtrations nombreuses et considérables qui sortaient au pied des talus du chemin de Lutzelbourg, dans la Zorn. En mettant le canal à sec au chômage de 1854, on vit que les eaux s'engouffraient dans le talus en *déblai* du côté droit par des renards qui s'étaient produits dans le talus et dans le plafond. Le talus du côté gauche, c'est-à-dire le talus en *remblai*, était parfaitement intact et les sondages qu'on y fit démontrèrent que les terrassements étaient très-bons. On se contenta donc de bétonner le talus en déblai du côté droit et le plafond, et lorsqu'on remit l'eau dans le canal toutes les fuites, sans aucune exception, avaient disparu. Dans une autre partie de ce bief on ne bétonna que le talus du côté droit et $1^m,10$ de plafond au pied de ce talus sur 190 mètres de longueur, et cette opération eut le même succès que la précédente. Or, on réalisait dans la première partie, par les dispositions adoptées, une économie de 25 pour 0/0, et dans la seconde une économie de 70 pour 0/0, sur la dépense qu'on aurait faite en bétonnant la section entière; il est donc des cas où l'on ne doit pas hésiter à bétonner en section partielle. Ce système, sagement combiné avec celui du profil complet, permettra de faire des étanchements en béton une opération très-abordable sous le rapport de la dépense, tout en lui conservant une supériorité incontestable sur tous les autres procédés.

Dans les parties où la cuvette était entre murs et où le plafond perdait, nous avons fait bétonner ce plafond avec les mêmes épaisseurs que pour le profil ordinaire; les fig. 15 et 20, pl. B, indiquent ces dispositions; l'épaisseur a été portée à $0^m,18$ dans la descente d'Arschwiller. Il faut avoir soin, avant de couler le béton contre la maçonnerie, de nettoyer le parement, de le laver proprement et d'y fouetter une bonne couche de mortier contre laquelle on pose le béton. Sans cette précaution qui procure une bonne soudure, le béton resterait toujours séparé de la maçonnerie. Contre le mur, on ramène d'ailleurs la chape par un petit bourrelet qu'on relie parfaitement avec le parement du mur. Dans la traversée de Saverne, nous avons traité, par ce procédé, une partie où les quais étaient fondés sur pilotis et enrochements à l'emplacement d'un ancien marais. On a établi un petit aqueduc en pierre sèche contre les pilotis sous la couche en béton, qui mène les eaux souterraines à un aqueduc du canal, et l'étanchement a bien réussi : seulement on a porté l'épaisseur de la couche de béton à $0^m,25$ et même à $0^m,30$ sur quelques points; la fig. 15, pl. B, indique ces dispositions.

L'emploi du béton sur d'aussi petites épaisseurs que celles qui sont adoptées dans ces sortes d'opérations ($0^m,10$ à $0^m,20$) exige des soins et des procédés tout particuliers. Il faut le former d'abord de petits matériaux, et quand on emploie la pierre cassée ne pas dépasser l'anneau de 0^m,04 à 0^m,05. Supposons le béton parfaitement fabriqué, et cela est nécessaire ici ; voici, en résumé, les procédés employés par M. Malézieux (1) : on répand d'abord le béton et ensuite on le pilonne jusqu'à ce que le mortier reflue à sa surface sur 0^m,02 environ d'épaisseur ; sur les talus, il faut le placer par couches de 0^m,15 à 0^m,20 d'épaisseur et l'élever successivement jusqu'en haut en pilonnant les couches. Comme cette opération tend à faire sortir le revêtement, on le corrige en battant le talus du béton avec une dame plate ; cette seconde opération complète la première et fait parfaitement refluer le mortier à la surface. Notre expérience nous a démontré, d'ailleurs, que dans les cas où l'on n'emploie que de faibles épaisseurs on peut se dispenser de pilonner les talus par couches, et que la dame plate suffit. On peut se servir aussi, pour compléter l'effet du pilonnage sur la couche du plafond, d'une dame légère composée d'une planchette de 0^m,30 de section carrée pesant sur le béton ; au moyen d'un manche vertical, on la remue tout simplement jusqu'à ce que le mortier vienne refluer à la surface du béton. Quand le béton est pilonné et qu'on ne voit plus aucune pierre à la surface, on le bat à la savate. C'est le général Haxo qui a, comme on le sait, le premier employé ce système. La savate employée par M. Malézieux et que nous avons aussi employée sur nos travaux sans modification est un morceau de cuir double rond de 0^m,30 à 0^m,40 de diamètre monté sur un manche ; ce cuir est garni de gros clous très-rapprochés, comme une semelle de souliers ferrés ; elle pèse de 3 à 4 kilogrammes. Après cette première opération, et quand le béton prend un commencement de consistance, on le bat encore une fois avec une savate plus lourde. M. Malézieux a fixé son poids à 10 kilogrammes, et il vaut mieux qu'elle soit plutôt lourde que moins. Cette savate est formée de cuir quatre double. Après cette opération, on laisse le béton perdre son eau et faire son retrait, après quoi on le savate une seconde fois et une troisième quand cela est nécessaire ; mais il est assez rare qu'on soit obligé de savater au delà de deux fois. Le point délicat de cette opération du savatage est, selon nous, l'intervalle de temps qu'il faut laisser entre cette opération et celle du pilonnage qui

---

(1) Voir, pour plus de détails, le mémoire de M. Malézieux, *Annales des ponts et chaussées*, 1856.

la précède et la prépare. Cet intervalle est très-variable. C'est une affaire de tact et de connaissance des chaux qu'on emploie qui constitue ici le tour de main du métier. Pour que le savatage réussisse, il faut que le béton ne soit ni trop mouillé, ni trop sec : dans le premier cas, le savatage ne sert pas à grand'chose; dans le second, il est plutôt nuisible qu'utile; il est excellent quand on saisit le bon moment. Il faut donc des agents et des ateliers formés pour cette opération, qui est délicate, mais qui produit des résultats très-satisfaisants quand elle est bien conduite. Le béton ainsi traité, on y étend la chape; celle-ci doit être faite d'excellent mortier gâché très-ferme. Dans nos travaux, nous avions à notre disposition des chaux hydrauliques de lias qui faisaient prise de huit à dix jours. La chape était étendue sur le béton en général de trente à quarante heures après le dernier savatage; pour bien la faire adhérer, il faut, comme le conseille M. Malézieux, nettoyer la surface du béton avec soin au moyen de petits balais et l'arroser si cela est nécessaire par suite des circonstances atmosphériques. La chape se dame avec une dame légère, lorsqu'elle commence à durcir. Après ce damage, on la savate deux ou trois fois et enfin on la lisse à la truelle. Cette série d'opérations parfaitement disposée par M. Malézieux la rend tellement étanche que dans les parties bien faites on ne perd plus une goutte d'eau. Il faut, d'ailleurs, avoir soin de l'abriter contre le soleil quand il fait chaud : on la couvre, à cet effet, de paillassons, d'une opération à l'autre ; quand elle est terminée et qu'on n'a plus de gerçures à craindre, on la recouvre de terre dont on a soin d'extraire les pierres. Les gerçures s'effacent, quand il y en a, au moyen d'un savatage et d'un lissage.

Il ne nous resterait plus qu'à parler des réparations des brisures qui se font dans les bétonnages, quand ceux-ci sont établis sur des terrassements qui n'ont pas complétement fini de tasser. Voici le procédé qui nous a le mieux réussi : on élargit la cassure sur $0^m,04$ à $0^m,05$ de profondeur, de manière à lui donner $0^m,02$ à $0^m,03$ de largeur au fond, et l'on remplit ce joint en ciment de Vassy. Lorsque les cassures sont très-fortes, il faut employer d'autres procédés que nous aurons occasion d'indiquer quand nous parlerons de la mise en eau de la descente d'Arschwiller, où ce cas s'est présenté dans les circonstances les plus compliquées que l'on puisse rencontrer pour ces sortes de travaux.

Il nous reste maintenant quelques détails à donner sur l'organisation des chantiers, et nous n'indiquerons, sous ce rapport, que les résultats pratiques des travaux que nous avons eu à diriger. Voici d'abord, d'après les résultats moyens de tous les bétonnages exécutés dans la troisième subdivision, les cubes de mortier et de béton qui entrent dans le mètre courant du bétonnage. (Nous ne parlerons pas des terrassements, qui se calculent aisément d'après le profil en travers et se traitent toujours à la tâche.)

Il faut compter par mètre courant pour le profil normal (fig. 21, pl. F) bétonné en entier un cube moyen de béton de 2^{mc},80 à 2 mètres cubes, suivant qu'on adopte 0^m,15 ou 0^m,10 d'épaisseur moyenne au plafond; pour le profil entre murs de 12 mètres de largeur moyenne au plafond, il faut compter de 1^{mc},90 à 2^{mc},30 de béton, y compris les petits bourrelets contre les murs par mètre courant, suivant que l'on donne 0^m,15 ou 0^m,18 d'épaisseur moyenne au plafond. Il faut d'ailleurs pour les chapes dans le profil normal complet en moyenne 0^{mc},40 de mortier par mètre courant et 0^{mc},25 dans le profil entre murs. Enfin si l'on se trouvait, par suite des circonstances locales, dans le cas d'employer le système d'étanchement économique au mortier, il faudrait par mètre courant de canal, pour 0^m,04 d'épaisseur, un cube de gros mortier de 0^m,80 pour la première couche, et pour la chape de 0^m,02 d'épaisseur 0^{mc},40 de mortier ordinaire, ce qui ferait 1^{mc},20 de mortier par mètre courant pour le profil normal.

Connaissant la composition du mortier et du béton, il est facile, d'après ce qui vient d'être dit sur les cubes relatifs à chaque type de profil, de calculer les approvisionnements à faire pour un chantier. Sur nos ateliers, les chapes ont été faites en mortier de chaux et sable; la chaux provenait des calcaires liassiques de Hochfelden et de Zenacker; ces chaux prennent en huit jours moyennement, quand elles sont bien éteintes. Les proportions prévues pour le mètre cube de mortier étaient 0^{mc},45 de chaux éteinte en pâte forte et 0^{mc},90 de sable, soit la proportion de 1 à 2.

Le mètre cube de béton était composé de 0^{mc},55 de mortier et 0^{mc},82 de gravier ou pierre cassée, soit la proportion de 2 à 3. Quand le gravier n'est pas tout à fait exempt de sable, il est bon d'adopter pour le béton la proportion de 3 de mortier et 4 de gravier. Pour la pierre cassée, la proportion de 2 à 3 semble être celle que l'on doive préférer. Ces données, en y ajoutant celle du foisonnement de la chaux qui sera déterminée par l'expérience dans chaque localité, permettent de calculer très-facilement les approvisionnements à faire pour un chantier de bétonnage d'une longueur et d'un profil déterminés.

Lorsqu'on a de grandes longueurs à traiter, il y a avantage à faire acquisition d'un matériel de rails et de wagons pour le transport du mortier des manéges au lieu d'emploi ; mais ce matériel est trop coûteux quand il ne s'agit que de petits chantiers. On peut transporter très-bien le mortier en tombereau du manége au lieu d'emploi. Quand on se sert de ce véhicule, il faut rapprocher davantage les manéges, afin de réduire la distance de transport. Nous pensons que tant qu'on n'a pas à faire une longueur totale de 8 à 10 kilomètres, il y a avantage à opérer au tombereau et à ne pas acheter par conséquent un matériel de rails et de wagons qui perd toujours beaucoup de sa valeur une fois qu'on veut le revendre. Dans nos bétonnages du Bas-Rhin et du bief de partage, on a employé des voies de fer (la plupart provenant de la Meuse, où les travaux étaient finis). Dans la descente d'Arschwiller, on a transporté les mortiers au tombereau. Pour la fabrication du mortier, nous nous sommes servi exclusivement du manége, le mortier fabriqué avec cette machine étant, selon nous, de beaucoup supérieur à celui que l'on obtiendrait par tout autre procédé.

Un manége à un cheval faisait en général de $1^{mc},20$ à $1^{mc},30$ de mortier par heure, et un manége à deux chevaux de $1^{mc},90$ à 2 mètres cubes. Connaissant les cubes de mortier qu'il faut par mètre courant pour le béton et la chape, cubes faciles à calculer d'après les données ci-dessus indiquées, on déterminera, en général, le nombre minimum des manéges à établir d'après la longueur de bétonnage à faire et le temps qu'on a à sa disposition pour les terminer ; car c'est presque toujours là le point de départ, les opérations dont il s'agit ici se faisant ordinairement pendant les chômages et par conséquent dans un temps limité et le plus souvent très-court.

Nous avons, en 1852, exécuté nos bétonnages en régie à la journée ; en 1853, on a commencé à en traiter à la tâche, et ceux de 1854 ont été tous exécutés par ce dernier système, auquel on trouve l'avantage d'une grande simplicité de comptabilité, tout en exécutant plus économiquement et avec toute la perfection désirable, lorsqu'on a de bons agents pour la surveillance des travaux, ce qui est ici une condition fondamentale et *sine quâ non*. Dans les bétonnages à la tâche qui ont été exécutés dans notre service, on a payé la façon du mètre cube de mortier 2 fr. 50, celle du mètre cube de béton 3 fr., et celle du mètre carré de chape 16 centimes.

§ 2. — Étanchements en terre.

On a employé, suivant la disposition des filtrations, les trois procédés suivants : 1° quand les pertes avaient lieu par les talus et par le plafond, on remaniait le tout sur une épaisseur de 0^m,40 à 0^m,60, soit 0^m,50 en moyenne, comme l'indique la fig. 23, pl. F, en pilonnant les terres et les arrosant au lait de chaux; 2° quand les filtrations n'avaient lieu qu'en dessous du plafond et point par les talus, par exemple au-dessous de la ligne *cd* de la fig. 22, pl. F (1), on se contentait de faire un fossé A dans lequel on réemployait la terre en la pilonnant; 3° quand les filtrations étaient dans les talus et supérieures au plafond, on faisait un fossé B ou un fossé D qu'on remplissait avec la même terre convenablement pilonnée. En le mettant en B on a un peu moins de dépenses; mais quand ce travail se fait le canal étant en eau, comme cela arrive souvent, on ne peut le mettre qu'en D. On peut ainsi travailler derrière le talus, et s'il y avait des chances de rupture, on pourrait étançonner la fouille; en se servant des outils de drainage, on peut même pousser les tranchées D' jusqu'au niveau du plafond, et plus bas en ne leur donnant que 0^m,20 à 0^m,25 de largeur au fond, ce qui permet d'étancher sans mettre le canal à sec toutes les pertes qui viennent des talus sur toute leur hauteur. Quant au plafond, il arrive souvent qu'on est obligé de n'en remanier que des parties. Cela se présente surtout quand le canal est à mi-côte. La partie du plafond qui est en déblai tient en général assez bien l'eau; celle qui est en remblai la laisse souvent passer à la ligne d'assiette du remblai sur le terrain naturel. Dans ce cas, on n'a que des remaniements partiels à faire. On ne peut ici donner de règles générales; mais les indications données ci-dessus peuvent être utiles comme jalons dans les détails.

Quant aux remblais des corrois, ils étaient exécutés par couches de

---

(1) La ligne suivant laquelle s'établissent le plus volontiers les filtrations des talus est la ligne d'assiette du remblai sur le terrain naturel; quand on n'a pas eu soin d'essarter parfaitement le sol, d'en enlever tout le gazon avant d'y asseoir le remblai, ces filtrations sont immanquables, et ce sont en général les plus difficiles à étancher.

0^m,10 au plus d'épaisseur; pilonnées et arrosées, ces couches se réduisent à une épaisseur de 0^m,06 à 0^m,07. On en ôtait les pierres avec soin avant de les réemployer, et l'on arrosait les couches avec du lait de chaux, afin de donner plus de consistance aux corrois. Dans les étanchements par coupures indiqués par la fig. 22, on battait fortement les terres par le haut afin de bien serrer le nouveau remblai; celui-ci, par sa forme, fait coin, et à mesure qu'il tasse, il se serre davantage contre les parois et les rend plus étanches. Ce système est peu coûteux et donne de bons résultats.

Quant aux talus remaniés en entier, lorsqu'ils perdaient un peu après la mise en eau, on y jetait du sable, on troublait l'eau en la remuant sur les talus, et l'étanchement devenait complet en très-peu de temps.

Il nous reste quelques observations à faire sur le choix des terres à employer dans ces corrois. La plus mauvaise, à notre avis, est la glaise, à moins qu'elle ne soit employée dans des parties qui doivent constamment rester sous l'eau, ou tout au moins rester humides pendant les chômages, ce qui arrive en général pour des corrois de plafond recouverts d'une couche de terre. L'argile éprouve des retraits considérables et des gerçures lorsqu'elle sèche; elle laisse ensuite passer l'eau lorsqu'on la remet dans le canal, ce qui n'arrive pas aux terres sablonneuses : ces dernières, lorsqu'on les arrose au lait de chaux, forment une espèce de mortier maigre qui souvent peut remplacer le béton et qui coûte beaucoup moins cher. Il est bien des cas cependant où l'on n'a à sa disposition que des terres argileuses pour les corrois; on corrige leur défaut en y mêlant du sable (1), et le lait de chaux est encore très-utile pour les bien lier. Nous pensons que pour réussir dans l'emploi de ces terres comme corrois, on doit les ramener à la composition de 1 1/2 de sable au moins, pour 1 d'argile.

Il nous reste à donner une idée de la proportion dans laquelle nous avons employé le lait de chaux dans nos corrois en terre. Cette proportion a varié, suivant la qualité des terres, entre 0^{mc},005 et 0^{mc},010 de chaux pour 1 mètre cube de terre, soit entre 0^{mc},10 et 0^{mc},20

---

(1) Voici un fait qui le prouve clairement. Au chômage de 1854, une bonne partie du bief de partage resta à sec pendant deux mois. Tous les talus de la cuvette du canal (terre argileuse) étaient profondément crevassés, tandis que les mêmes talus sur lesquels on avait hersé et où il y avait une couche de sable de 0^m,01 à 0^m,02 incrustée, n'ont éprouvé aucune gerçure. Nous avons remarqué le même phénomène dans tous les talus argileux du Bas-Rhin.

pour 20 mètres cubes. Aux corrois du canal du Rhône au Rhin, on a, d'après M. Legrom (*Annales*, 1845, p. 243), employé de $0^{mc}{,}25$ à $0^{mc}{,}30$ de chaux pour 20 mètres cubes de terre.

§ 3. — Étanchements à l'eau trouble.

Les étanchements à l'eau trouble se font en jetant du sable sur les talus ou dans le plafond, suivant le cas, et en troublant ensuite l'eau: on approche le sable au bateau pour le verser aux endroits déterminés, et pour troubler l'eau on emploie le procédé suivant. On fait traîner sur le talus ou dans le plafond une herse indiquée par la fig. 28, pl. F. Quand on herse le plafond, un cheval est attelé à la corde BC et marche sur la levée d'un côté du canal, tandis que deux hommes, marchant sur la levée du côté opposé, tirent la corde AD, de manière à maintenir la herse dans la direction qu'on veut lui donner; quand on herse les talus, l'homme qui dirige marche sur la même levée que le cheval; la herse porte d'ailleurs une tringle verticale au bout de laquelle on met un petit signal sortant de l'eau, qui indique toujours où elle se trouve quand elle marche dans le plafond; cette précaution devient assez inutile lorsque l'atelier est exercé au travail. La herse a des dents recourbées, afin de ne pas s'enfoncer trop dans le terrain. Quand les talus sont gazonnés, il faut une herse pour les entamer et permettre au sable d'entrer dans les petits vides que présentent les terrassements; quand les talus ne sont pas gazonnés, on substitue à la herse un châssis de même forme sur lequel, au lieu de dents, on assujettit avec du fil de fer de petits fagots d'épines qui forment hérisson et suffisent à préparer les talus. La herse se charge d'ailleurs avec des pierres qu'on attache sur son châssis, de manière à produire l'effet qu'on en attend et suivant la nature du terrain.

Quand le terrain est préparé par la herse, on y répand le sable et ensuite on se sert d'un châssis semblable à celui de la herse et manœuvré de même; seulement ses traverses sont garnies de bandes de fer au lieu de dents; il sert de râteau et referme les petits sillons creusés par la herse, il y ramène le sable et les étanche. Après un premier hersage, on se sert souvent pour le second de châssis à fagots. Ce procédé est surtout bon lorsqu'il ne s'agit plus que de troubler l'eau pour parvenir à étancher. On recommence ces opérations jusqu'à ce qu'on voie que les filtrations diminuent. Il arrive souvent que les résultats sont immédiats, mais l'ennemi ne se retire pas toujours sans quelques retours offensifs. Aussi arrive-t-il quelquefois que l'on est obligé d'employer les procédés d'étanchement à l'eau trouble pendant plusieurs mois pour les voir complétement réussir. Voici les effets généraux que l'on observe sur les fuites apparentes. Les eaux commencent par sortir troubles des petits orifices par lesquels on les voit arriver sur les talus extérieurs; mais à mesure que l'étanchement avance, elles sortent plus claires, ce qui est un bon moyen de juger si le procédé doit être continué. Si, après un certain temps, les eaux continuent à sortir troubles, il est évident en effet qu'elles ne laissent pas dans le corps des terrassements toutes les matières qu'elles tiennent en suspension, et dès lors on doit présumer que les vides sont trop considérables pour être fermés par ce procédé. Il faut alors commencer par réparer les renards et revenir au procédé après cette réparation. Quand après quelques jours d'opération on voit les eaux de filtration se clarifier, on peut être certain du succès, pour peu que l'on continue l'emploi des procédés de hersage.

Quand les pertes ont lieu par les talus et sur des points déterminés de ces talus, on se sert de rabots semblables à ceux que les cantonniers ont sur les routes pour racler la boue, mais un peu plus grands; ils ont des manches de $3^m,50$ et 4 mètres de longueur; le rabot est manœuvré par un homme placé sur la banquette : il commence par lancer le rabot le plus loin que le manche le permet, le retire petit à petit sur le talus, où l'on a jeté du sable, jusqu'à ce qu'étant arrivé à peu près aux deux tiers de la hauteur du talus, il imprime un mouvement vif à l'outil, qui le communique à son tour au fluide environnant. Ce rabot, par le poids qu'on lui donne en le chargeant d'une pierre attachée sur la palette et par la pression que produit l'effort de l'ouvrier lorsqu'il le relève, remue en montant le sable qu'on a répandu sur le talus, et finit par distribuer sur toute la surface les molécules qui doivent être entraînées dans les vides et produire l'étanchement. On fait travailler par ateliers composés de six à huit hommes placés les uns à côté des autres et ayant chacun un rabot. On ne peut indiquer d'une manière générale la quantité de sable qu'il faut par mètre courant de canal pour étancher; cela varie avec l'importance des pertes surtout, et ensuite avec la nature du terrain. Pour les biefs qui ont été étanchés par ce procédé, dans la troisième subdivision, on a employé, suivant les cas, de $0^{mc},20$ à 1 mètre cube de sable par mètre courant de canal, et la main-d'œuvre d'emploi en a été comprise, entre les deux limites extrêmes, de 0^{fr},30 et 1^{fr},10 par mètre courant. Le sable coûtant en moyenne 2^{fr},50, la dépense en sable était donc de 0^{fr},50 à 2^{fr},50 par mètre courant, ce qui portait la dépense totale, par mètre courant, de 0^{fr},80 à 3^{fr},60. En y ajoutant les outils et quelques autres faux frais, on peut dire que la dépense par mètre courant n'a pas été au-dessous de 0^{fr},90, ni au-dessus de 3^{fr},70, et le prix moyen par mètre courant de tous les étanchements au sable exécutés dans la troisième subdivision, tant au bief de partage que sur le versant du Rhin, a été de 2^{fr},14.

Les corrois par remaniement coûtaient en moyenne 10^{fr},68 par mètre courant, quand ils étaient faits sur la section entière; ceux en béton coûtaient en moyenne 53^{fr},27 par mètre courant. Aussi ne les a-t-on employés que comme dernière ressource; c'est le procédé d'étanchement à l'eau trouble qui a été le plus généralement employé, et il a donné de très-bons résultats. Le choix du sable n'est pas indifférent: quand le sable est maigre, il ne trouble pas l'eau; quand il est trop gras, il colle et n'entre pas dans les vides. Le choix du sable est donc une affaire de tact et d'expérience; mais, *en général, les sables quartzeux paraissent convenir le mieux lorsqu'il y a d'assez grands vides à boucher, et les sables fins légèrement argileux lorsqu'il ne s'agit que de troubler l'eau.* Souvent on parvient à étancher par les procédés à l'eau trouble sans jeter de sable, et en remuant tout simplement les terres du plafond et des talus. Ce procédé, le plus économique de tous, ne réussit pas en général dans les terres fortes, mais il donne très-souvent des résultats complets dans les terres légères. La grosseur des grains de sable n'est pas non plus une chose indifférente; quand les pores par lesquels se font les filtrations sont très-ouverts et que les fuites se font par des renards, on doit commencer par y jeter du gravier jusqu'à ce que la fuite diminue, ensuite du gros sable grenu qui se loge entre les vides des graviers, et enfin troubler l'eau avec du sable fin légèrement argileux, qui se loge à son tour dans les vides du gros sable, et s'étanche lui-même définitivement par les troubles qui viennent se déposer sur ses grains. Lorsque les filtrations sont faibles, le sable fin paraît le meilleur à employer tout d'abord; c'est donc celui dont on aura le plus besoin en général, mais il est toujours bon d'avoir sur un atelier d'étanchement au sable un peu de gravier et des sables de diverses grosseurs, lorsqu'on peut se les procurer sans augmenter sensiblement la dépense.

Quand le sable est difficile à trouver et par conséquent d'un prix très-élevé, on devra rechercher les terres qui, par leur nature, s'éloignent le moins des conditions du sable fin légèrement argileux.

§ 4. — Choix du procédé d'étanchement suivant les circonstances locales.

Le choix du procédé d'étanchement est fort délicat, et l'on ne peut à cet égard tracer de règles générales. On peut dire cependant que les étanchements à l'eau trouble réussissent presque toujours quand les pertes sont générales, mais peu importantes ; quand les pertes sont fortes, mais isolées, les étanchements par corrois de terre paraissent devoir être préférés au béton, qui, étant plus cher, ne doit être employé qu'après qu'on a essayé vainement des procédés moins coûteux. Le bétonnage est le seul remède lorsque les pertes sont fortes et générales, et surtout lorsqu'on voit qu'elles tiennent à la nature du sol et non aux défectuosités d'exécution des terrassements : ainsi quand des parties de déblai perdent beaucoup, il est à présumer qu'elles ne s'étancheront pas complétement par l'emploi d'un autre procédé ; cela arrive surtout dans les déblais pierreux. Il est encore des cas où l'emploi immédiat du béton est une véritable économie ; c'est lorsqu'on est obligé de payer cher les eaux d'alimentation, soit qu'on les prenne à l'industrie, soit qu'on se les procure au moyen de réservoirs coûteux, ou bien encore lorsque l'on traverse un pays de riche culture où les filtrations causent des dommages importants. C'est ce qui nous est arrivé entre Hochfelden et Strasbourg, où l'on a bétonné moins pour réduire les pertes en elles-mêmes que pour couper court aux dommages qui, dans l'année 1853, après la mise en eau de 1852, s'élevèrent à la somme de 47,600 francs. Ce fait décida les bétonnages de 1854. On peut sans doute par des drainages finir par assécher les propriétés riveraines, et c'est ce que nous avons fait lorsque ces opérations n'étaient pas trop importantes ; mais dès qu'il faut les faire sur une grande échelle, il y a avantage à bétonner ; car en définitive le drainage n'a aucune utilité directe pour le canal, tandis que le béton, tout en coupant court aux dommages de suite, améliore en même temps d'une manière remarquable le système d'alimentation. Il est d'ailleurs un cas où l'emploi immédiat du béton ne peut faire question à notre avis et doit être prévu dans le projet même du canal, c'est quand on n'a à sa disposition pour faire les remblais que des déblais de terre légère mêlés de pierraille ; ces remblais sont ceux qui tassent le moins en général et sont très-propres à recevoir le béton ; comme d'ailleurs ils perdent énormément, il nous paraît évident qu'il n'y a pas à balancer. Quand les remblais sont de nature à tasser beaucoup, il faut renoncer à bétonner immédiatement. Le plus court parti est alors de faire un étanchement provisoire et de se résigner à perdre de l'eau jusqu'à ce que le tassement principal s'étant fait, on n'ait plus à craindre que des mouvements très-petits et que l'on puisse dès lors bétonner sans s'exposer à faire un travail imparfait. Les bétonnages que nous avons fait exécuter sur les plus grands remblais argileux calcaires du bief de partage des Vosges ont très-bien tenu ; ces remblais étaient faits depuis une dizaine d'années quand on les a bétonnés. Quand on peut mettre un remblai de suite en eau avec un étanchement provisoire, son tassement se fait beaucoup plus vite que lorsqu'il est abandonné à lui-même. Il ne faudrait donc pas conclure de là qu'on dût attendre dix ans avant de bétonner sur remblai ; cela est, bien entendu, tout à fait relatif.

Avant de terminer cet article, il est bon d'établir un fait qui a de l'importance, quant à l'estimation des dépenses d'étanchement que les ingénieurs ont à faire lorsqu'ils présentent le projet d'un canal : ce fait est que *les terrains argileux sont les plus difficiles à étancher, tandis que les terrains sablonneux et même les graviers un peu argileux s'étanchent à peu de frais et souvent d'eux-mêmes.* Nous en avons de nombreux exemples dans notre service. Lorsque les terrassements calcaires ou argileux sont mal pilonnés, ce qui arrive très-souvent, ou qu'on les a exécutés pendant l'hiver avec des mottes gelées, les remblais conservent leurs vides quand le canal est en eau ; dans les terres légères qui cèdent et suivent les eaux, ces vides, s'il y en a, se ferment pour ainsi dire d'eux-mêmes. Il se fait très-peu d'entonnoirs dans ces sortes de terrassements ; on en voit très-souvent dans les remblais argileux. Ces faits sont sans doute bien connus des ingénieurs qui ont quelque pratique des canaux ; mais il est bon d'insister sur leur importance au point de vue des dépenses d'étanchement à prévoir, lorsqu'on rédige l'avant-projet d'un canal.

Enfin il nous reste une remarque à faire, c'est que l'emploi du sable comme moyen d'étanchement est connu depuis longtemps ; seulement il se faisait avec moins d'économie, quand on ne se servait pas dans cet emploi des procédés usités aujourd'hui pour troubler l'eau. Ainsi l'on trouve dans le mémoire de M. Legrom sur les étanchements du canal du Rhône au Rhin (*Annales*, 1845, page 249) que, pour compléter par l'emploi du sable les étanchements en corrois des talus, on les couvrait d'une couche de sable de 0^m,20 à 0^m,40 d'épaisseur, et pour étancher le plafond on mettait de 0^m,30 à 0^m,50 d'épaisseur. Ces dispositions ne donneraient pas moins de 3^{mc},50 à 8^{mc},00 de sable par mètre courant de canal et feraient revenir le mètre courant d'un étanchement imparfait presque au prix des bétonnages : or, avec les procédés d'emploi qui sont en usage sur le canal de la Marne au Rhin, nous n'avons dépensé en sable que de 0^{mc},20 à 1^{mc},00 par mètre courant, c'est-à-dire qu'au lieu de répandre une couche de sable de 0^m,20 à 0^m,50 d'épaisseur, cette couche n'a eu qu'une épaisseur variable, suivant les circonstances, de 0^m,01 à 0^m,06. Cette remarque montre le progrès réalisé depuis 1845 dans le mode d'emploi du sable.

Ce mode d'emploi ressemble beaucoup à celui qui a été décrit par M. le chevalier de Pechmann dans les *Annales* de 1841, seulement cet ingénieur recommande l'emploi de l'argile comme moyen de troubler l'eau ; ce procédé lui a réussi dans des terrains de sable pur ; mais il nous paraît avoir tiré de ses expériences une conséquence trop absolue en assurant qu'il n'est pas de canal qu'on ne parviendrait à étancher ainsi. Nous avons aussi réussi quelquefois en troublant l'eau au moyen de terres argileuses, mais toujours mieux et plus sûrement avec le sable fin légèrement argileux, ce qui se comprend du reste aisément si l'on remarque que les grains se précipitent avant les troubles légers tenus en suspension dans l'eau, et forment ainsi un premier lit d'étanchement sur lequel l'effet du dépôt des troubles se fait dans les meilleures conditions.

Pour les terrains de sable pur comme ceux à qui M. de Pechmann avait affaire, la terre argileuse devait sans doute réussir, mais il ne faudrait pas en conclure avec lui qu'elle dût réussir partout et dans toutes les espèces de terrain. L'emploi des sables fins légèrement argileux réussira d'une manière plus générale à notre avis ; c'est du moins ce qui résulte très-clairement de nos expériences.

CHAPITRE VII.

MISE EN EAU DU CANAL.

Les essais de mise en eau et les travaux de réparation et d'étan-chements qui en sont la conséquence sont sans contredit la partie la plus délicate de la construction des canaux. Travaux de détail obscurs, sans résultats apparents pour le public, inquiétudes de chaque instant pour l'ingénieur qui prend à cœur la mission qu'il a à remplir, besogne lente et ingrate qui doit finir par triompher des difficultés, sans que personne puisse en apprécier l'importance, si ce n'est ceux qui ont la responsabilité du service : telle est l'histoire abrégée de ces sortes de travaux. Comme nous avons eu à exécuter la mise en eau d'un versant où se trouvaient des parties d'une difficulté exceptionnelle, nous pourrons entrer dans quelques détails intéressants pour les ingénieurs que leur étoile appellerait à pareille fête. L'engouement des chemins de fer a laissé peu de chances jusqu'à présent à l'établissement de nouveaux canaux ; mais leur tour reviendra sans aucun doute, et il commence à se faire aujourd'hui une salutaire réaction en faveur de la navigation. Il était impossible qu'il n'en fût pas ainsi après le premier accès de la fièvre des chemins de fer. Nous croyons donc présenter un travail utile en faisant l'historique complet des essais de mise en eau de la partie du canal de la Marne au Rhin, qui constituait notre dernier service d'ingénieur ordinaire, en indiquant les travaux qui ont été la conséquence de ces essais, ainsi que les diverses phases par lesquelles a passé le canal depuis les premiers essais jusqu'au moment où la navigation y a été définitivement établie. Ce compte rendu sera d'ailleurs toujours intéressant pour les ingénieurs qui ont à s'occuper de travaux hydrauliques en général; il a été ajouté à cet écrit, sur le conseil que nous en a donné M. l'inspecteur général Schwilgué.

§ 1er. — Essais de 1848, 1849 et 1850. — Faits pratiques qui en résultent.

Les premiers essais furent faits au printemps de 1848 dans notre ancien service du canal, arrondissement de Saverne. A cette époque les portes d'écluses n'étaient pas construites ; nous fîmes fermer, au moyen de poutrelles glissées dans les coulisses d'amont et calfatées avec de la mousse, les écluses n⁰ˢ 25, 26, 27, 28, 29, et nous fîmes entrer dans le canal deux petits affluents de la Zorn. Cette opération se fit par de simples aqueducs de $0^m,40$ d'ouverture sous le marchepied (chemin de halage secondaire du côté gauche du canal ; le chemin principal est ici du côté droit). Les eaux entraient dans le canal au niveau de la banquette à fleur d'eau établie dans le profil en travers ; ces deux aqueducs existent encore aujourd'hui et continuent à apporter leur faible tribut à l'alimentation générale ; nous avions, au-dessus des poutrelles, pratiqué à chaque écluse un petit déversoir pour alimenter les biefs inférieurs par le trop plein des biefs supérieurs.

Le printemps de 1848 ayant été pluvieux, nous parvînmes à remplir complétement vers la fin d'avril les biefs n⁰ˢ 25, 26 et 27. Au bout d'une quinzaine de jours on aperçut quelques filtrations à travers la digue du halage, du côté de la Zorn, mais elles disparurent la plupart d'elles-mêmes ou au moyen de quelques menues réparations. Des faits plus graves se produisirent aux abords des ouvrages d'art : aux écluses n⁰ˢ 25, 26 et 27 les eaux d'amont se mirent en communication avec celles d'aval en passant du côté gauche derrière les bajoyers, entre les maçonneries et les terrassements. Voici ce qui avait lieu : les eaux, après avoir contourné le mur en retour d'amont de l'écluse, passaient dans le remblai abd (pl. D, fig. 23) qui existe entre le bajoyer et l'ancien terrain naturel du coteau, contre lequel sont adossées les trois écluses. Le passage avait d'ailleurs lieu non pas dans le corps du remblai, mais d'une part contre les parements des bajoyers, entre le remblai et la maçonnerie, de l'autre à la ligne séparative ab du remblai avec le terrain naturel. Les eaux, après avoir longé le bajoyer, ressortaient en aval de l'écluse dans le bief inférieur où on les voyait bouillonner dans les perrés ; du côté droit, où la plate-forme est tout entière en remblai, cet effet n'a été remarqué dans aucune écluse. Il avait d'ailleurs été reconnu que les eaux ne passaient pas sous les radiers des écluses, et, dès lors, il devenait évident que, pour arrêter la communication, il suffirait de prolonger le mur en retour d'amont jusque dans le terrain du coteau. Comme à l'époque où ces essais furent faits nous n'avions à notre disposition que des crédits insignifiants d'entretien, nous dûmes employer un moyen économique qui consista à faire un corroi en béton reliant l'extrémité du mur en re-

tour avec le terrain naturel ; les corrois avaient en général 0^m,30 d'é-
paisseur ; nous parvînmes par ce moyen à arrêter les communications.
Dans un autre cas, nous fîmes simplement faire un fossé de 0^m,50 de
profondeur dans le terrain naturel, au droit du mur en retour, et remanier les terres en les pilonnant dans ce fossé et les reliant aux remblais par redans et par couches minces arrosées de lait de chaux.
Ces moyens sont économiques, mais souvent insuffisants, et le meilleur de tous est de bétonner toute la section du canal suivant les dispositions expliquées au § 1er du chap. VI des *Étanchements*, sur 5 ou
6 mètres en amont des écluses : on amorce le béton contre la maçonnerie de l'écluse par du mortier qui provoque l'adhérence, et on
termine, à l'amont, le revêtement par un bourrelet de 0^m,30 d'épaisseur, qui se place dans un parafouille de même profondeur et qui
coupe le passage des eaux ; il est bien entendu d'ailleurs que l'on suppose les talus étanches, car autrement rien n'arrêterait les eaux qu'un
bétonnage continu poussé jusqu'au point où cette étanchéité peut être
obtenue dans les terrassements.

On remarqua que tous les aqueducs perdaient dans leurs chambres
d'amont et d'aval : les eaux passaient à travers les joints des dalles
de recouvrement sur lesquelles on n'avait pas fait de chapes ; on découvrit les maçonneries, on mit des chapes en béton de 0^m,10 sur les
dalles, et l'on profita de l'occasion pour fouetter un bon crépissage
sur toute la carcasse extérieure de l'aqueduc, qui fut ainsi entouré
d'une chape continue. Ces ouvrages sont depuis restés dans un parfait état ; dans tous ceux que nous avons fait construire après, nous
avons fait mettre les chapes continues immédiatement, et ils se sont
très-bien maintenus pendant et depuis la mise en eau. *Il est donc essentiel d'entourer complétement d'une enveloppe en bon mortier tous les
aqueducs des canaux ;* cette précaution peu coûteuse les préserve de
toute dégradation et prévient des réparations qui deviennent bien plus
chères plus tard, parce qu'il faut alors découvrir les maçonneries pour
les visiter, et, par conséquent, remuer de la terre en pure perte.

Les biefs n°s 28 et 29 furent mis en eau aussi en avril 1848 ; mais
la digue du bief n° 28 creva en un point, ce qui mit fin aux essais
pour la partie en aval de la brèche. Cette rupture eut lieu dans un
endroit où pendant l'exécution des travaux on avait laissé une brèche
dans la digue pour faciliter l'écoulement des eaux ; le nouveau remblai ne s'était pas complétement relié avec l'ancien : la brèche occa-

sionnée par la rupture de la digue avait environ 5 mètres de largeur au fond et 8 à 10 mètres par le haut ; pour la refermer, nous fîmes disposer les remblais des deux côtés par redans, et nous élargîmes la brèche de l'extérieur à l'intérieur du canal : on y pilonna par couches de l'épaisseur des redans et en les arrosant avec du lait de chaux de nouvelles terres choisies : elles devaient former ainsi dans l'ancien remblai un noyau en double queue d'aronde, vers l'intérieur du canal et vers le haut de la brèche, qui devait se serrer davantage à mesure qu'il tasserait verticalement et qu'il serait poussé latéralement par les eaux du dedans au dehors, et empêcher ainsi toute fuite entre les soudures de l'ancien remblai et du nouveau. La rupture ne causa d'ailleurs aucun dommage aux propriétés, le bief s'étant vidé dans la Zorn qu'il longe.

Pendant l'été de 1848 les eaux des petits affluents qui nous servaient à faire nos essais devinrent trop basses pour maintenir dans les biefs essayés une hauteur d'eau de 1^m,60, et petit à petit ils se mirent à sec ; mais, dans l'automne de 1848, nous recommençâmes les essais et nous parvînmes à remplir de nouveau les biefs n°s 25, 26, 27, qui restèrent en eau à 1^m,60, pendant six mois, sans aucune avarie, et de plus les biefs n°s 28 et 29, qui se comportèrent bien aussi, ne donnant lieu qu'à des réparations tout à fait insignifiantes. Nous constations d'ailleurs en avril 1849 que ces cinq biefs perdaient, par filtrations, évaporations et imbibitions, 0^m,45 par mètre courant et par vingt-quatre heures. Ce chiffre n'étant pas beaucoup plus élevé que celui de 0^m,35 que M. l'inspecteur général Comoy donnait pour les terrains sablonneux du canal du Centre, comparables aux terrains auxquels nous avions affaire ici, nous pensâmes être arrivé à un résultat très-satisfaisant pour un premier essai, et nous nous reposâmes sur nos lauriers, à quelques menues réparations près, qui furent faites pendant la campagne de 1849.

La partie du canal dont il est question ci-dessus a été constamment en eau depuis 1849, excepté pendant la pose des portes d'écluses et les chômages généraux du canal, et elle s'est maintenue en très-bon état. Les menus travaux qui y ont été exécutés sur les fonds d'entretien pendant les années 1848, 1849, 1850, se montèrent à 4,142 fr., ce qui, sur une longueur de 4,600 mètres où ils ont été exécutés, ne fait pas ressortir les frais d'étanchements à plus de 90 centimes par mètre courant.

En 1850, nous parvînmes à remplir le bief n° 36 et une partie du bief n° 37 ; ce dernier perdait beaucoup, et comme il est contigu au chemin de fer et placé, ainsi que le montre le profil n° 12 (pl. B, fig. 16), dans une position assez dangereuse pour ce dernier, il était évident qu'il faudrait l'étancher par le bétonnage ; le bief n° 36 au contraire donna immédiatement d'excellents résultats : ce bief est ouvert dans un terrain de sable graveleux un peu argileux, et ses remblais, assez élevés vers l'écluse n° 36, sont en gravier quartzeux mêlé d'argile ; il ne s'y produisit aucune fuite visible et il se maintint en eau avec une alimentation insignifiante jusqu'à la campagne de 1851, où il fallut le mettre à sec pour poser les portes d'écluses et achever quelques perrés qui restaient à y faire. A partir de cette époque les essais de mise en eau furent un peu négligés, tout notre temps étant absorbé par les travaux du chemin de fer de Paris à Strasbourg, qui étaient en retard dans l'arrondissement de Saverne ; on devait livrer pour le mois de mai 1851 à la Compagnie de Bâle à Strasbourg, qui devait l'exploiter, le tronçon de Sarrebourg à Strasbourg en attendant l'achèvement de la ligne entière. C'est au mois de mai 1851, après l'achèvement de ces travaux, que l'administration nous chargea du service de la troisième subdivision du canal sous les ordres de M. l'ingénieur en chef Collignon. Les essais de mise en eau furent repris avec vigueur, et avec d'autant plus de suite que nous n'avions plus qu'un seul but à atteindre, celui de l'achèvement du canal, de sa mise en eau et de l'ouverture de la navigation dans le moindre délai possible.

§ 2. — Essais de 1851 et travaux de 1852.

En automne 1851, nous mîmes en eau au moyen des petits affluents de la Zorn, les biefs n° 21, 22, 23 et 24 ; cette mise en eau montra que les terrassements étaient exactement dans les mêmes conditions que ceux des biefs n° 25, 26, 27, 28, 29, essayés en 1848 et 1849. Des fuites un peu importantes avaient lieu dans les biefs n° 21, 22, mais elles furent annulées par quelques étanchements à l'eau trouble. Dans cette partie du canal les écluses ne sont pas adossées contre la montagne comme les écluses n° 25, 26, 27 ; aussi n'y a-t-il pas eu la communication d'eau d'amont à l'aval que nous avions remarquée derrière ces trois dernières écluses, lors des premiers essais de mise en eau.

Nous essayâmes aussi les biefs n° 30 et 32, mais les eaux s'y perdaient en deux points, pour le bief n° 30, vis-à-vis le moulin Ramspacher, pour le bief n° 32 entre l'écluse n° 31 et le port de Saverne.
Ces essais démontrèrent qu'il était indispensable de bétonner les parties où se perdaient les eaux. Pendant la campagne de 1851, nous
poussâmes vigoureusement les travaux qui restaient à exécuter entre
le viaduc de Hoffmühl et la limite du Bas-Rhin, ainsi que ceux de la
descente d'Arschwiller, qui étaient fort en retard, et nous rédigeâmes
le projet général d'alimentation du bief de partage et du versant du
Rhin, et les projets de détail des prises d'eau. Tous ces travaux mar-
chèrent très-vivement en 1852 : on posa les portes des écluses terminées, on construisit les prises d'eau de la Zorn, dites de Hoffmühl,
du Mungelbaëchel et de la Munchmühl, on bétonna les parties de
biefs suivantes :

BIEF N° 30. — Le plafond seulement, sur une longueur de 59 mètres.

MÊME BIEF. — Le plafond et les talus, sur une longueur de
366 mètres, vis-à-vis le moulin Ramspacher.

BIEF N° 32. — Entre l'écluse n° 31 et le port de Saverne, le plafond entre murs, sur une longueur de 310 mètres.

BIEF N° 37. — A partir de 735 mètres en aval de l'écluse n° 36, le
talus intérieur du chemin de halage, côté du chemin de fer, et une
partie du plafond, sur 1,506 mètres.

BIEF N° 51. — Ce bief est dans le gravier quartzeux de la plaine
du Rhin ; il avait été regardé toujours comme devant être en partie
bétonné. En 1852, on bétonna le plafond dans la partie comprise
entre la tête d'aval du pont de Hoenheim et la tête d'aval du pont
de Bischeim, sur une longueur de 770 mètres.

Entre ce dernier point et l'écluse n° 51, on bétonna sur toute la
section, 320 mètres.

Et la gare de Schiltigheim, 150 mètres.

§ 3. — Mise en eau de 1852. — Premiers résultats obtenus.

Au mois de novembre 1852, les trois prises d'eau indiquées ci-
dessus étaient terminées, et l'on put mettre les eaux dans la partie
du canal comprise entre l'écluse n° 18 et Strasbourg. C'est le 20 novembre 1852 que le premier bateau arriva de Strasbourg dans la gare
de Saverne ; une navigation d'essai fut autorisée, et elle prit si bien,

qu'elle devint définitive et que le tronçon de Saverne à Strasbourg resta en eau jusqu'au chômage général du 1er juin 1853.

La partie comprise entre les prises d'eau de Hoffmühl et du Mungelbaëchel fut mise en chômage au mois d'avril 1853, par une raison particulière : les grands terrassements du chemin de fer et du canal avaient développé dans le village de Lutzelbourg des fièvres pernicieuses qui décimaient sa population; cette maladie commença à céder dès que le canal fut mis en eau. Il fallait donc éviter à tout prix un chômage d'été dans cette partie du canal, et c'est pour cela qu'on fit le chômage au mois d'avril, afin de mettre l'eau pour l'été; on la remit en effet au mois de juin, lorsque le chômage commença pour le reste de la partie navigable.

Dans ce premier essai important de 1852, nous parvînmes successivement à avoir les tenues d'eau suivantes : 1m,40 à la fin de novembre 1852, 1m,50 à la fin de décembre 1852, et 1m,60, c'est-à-dire la tenue d'eau normale, vers le mois d'avril 1853; mais on n'arriva à ce résultat qu'avec une assez grande dépense d'eau, qu'on pouvait se permettre dans une saison où la Zorn donnait beaucoup plus qu'il ne fallait pour l'alimentation de ses usines. En été il eût été difficile d'obtenir ce tirant d'eau sans leur faire un tort considérable.

Quatre ruptures de digues eurent lieu au mois de novembre 1852, après la mise en eau: une un peu en amont de l'écluse n° 38, deux dans le quarante-huitième bief, et une dans le quarante-neuvième. Les terrassements de ces parties du canal étaient fort anciens, et les taupes les avaient percés de galeries nombreuses. Chacune de ces ruptures interrompit la navigation pendant trois ou quatre jours; et les dommages occasionnés par les eaux ne se sont pas élevés, pour les quatre ensemble, à plus de 1,000 francs, ni les dépenses de rétablissement à plus de 2,500 francs. Ces sortes d'accidents n'ont pas, comme on le voit, de conséquences graves dans les parties où les remblais sont peu élevés; ils deviennent, au contraire, de véritables désastres dans les grands terrassements. Les ouvrages d'art n'éprouvèrent aucune avarie et se maintinrent en bon état; seulement on reconnut la nécessité d'entourer de chapes générales tous les aqueducs des biefs 38 à 50, pour lesquels cette précaution n'avait pas été prise lors de leur construction. Cette opération fut faite dans le chômage de 1853.

Il nous reste à indiquer l'importance des pertes après la mise en eau de 1852, et pour cela nous reproduisons ci-après les résultats d'une expérience faite, le 25 janvier 1853, sur la partie de la branche du Rhin mise en eau en novembre 1852; cette expérience a été faite avec 1m,50 de tenue d'eau. Pour la faire, on a fermé toutes les ventelles des prises d'eau, d'abord pour isoler le canal, puis toutes celles des écluses, à une heure déterminée. On a laissé le canal ainsi abandonné à lui-même pendant vingt-quatre heures, et constaté ensuite aux échelles les abaissements de hauteur des eaux dans chaque bief; au moyen de cet élément, du profil en travers et de la longueur des biefs, on a calculé la part de chaque bief et par là les pertes moyennes entre deux prises d'eau successives.

Il est résulté de cette expérience que les parties du canal mises en eau sur le versant du Rhin à la fin de 1852 présentaient, avant le chômage de 1853, c'est-à-dire environ sept mois après, les résultats moyens suivants, quant aux pertes : entre les prises d'eau de Hoffmühl et du Mungelbaëchel sur une longueur de 7,074 mètres, le canal perdait (évaporation, imbibition, filtrations de toute nature et pertes des portes d'écluses) 0mc,98 par mètre courant et par vingt-quatre heures.

Entre les prises d'eau du Mungelbaëchel et de Lupstein, sur 18,399 mètres de longueur, la perte moyenne par mètre courant et par vingt-quatre heures était de 1mc,00.

Entre les prises d'eau de Lupstein et de la Munchmühl, sur 12,630 mètres de longueur, cette perte moyenne était de 1mc,12.

Enfin, entre la prise d'eau de la Munchmühl et l'entrée du chenal du Vacken, elle était de 2mc,15.

Voyons maintenant les travaux exécutés pendant le chômage de 1853, et nous donnerons ensuite les nouveaux résultats obtenus par l'exécution de ces travaux pour l'amélioration du canal.

§ 4. — Travaux du chômage de 1853.

Le chômage de 1853 commença le 1er juin et finit, pour la partie du canal ouverte en 1852, entre l'écluse n° 18 et Strasbourg, le 1er août 1853. Voici les travaux principaux d'étanchement qui ont été exécutés pendant ce chômage et d'après ce qu'avait appris la mise en eau de 1852. Le crédit de 230,000 francs alloué pour les étanchements du Bas-Rhin par une décision en date du 18 février 1852, avait déjà été reconnu insuffisant. Une seconde décision, en date du 7 mai 1853, accorda 51,000 francs pour étanchements dans le quarante-neuviéme bief de Vendenheim ; une troisième, en date du 5 septembre 1853, accordait encore 28,800 francs de plus pour de nouveaux étanchements en béton dans les biefs nᵒˢ 49 et 50, et 20,000 francs pour les étanchements à l'eau trouble restant à faire dans le Bas-Rhin, ce qui portait le crédit total alloué jusque-là à 330,000 francs.

Tous ces travaux d'étanchements furent faits pendant le chômage de 1853, et les étanchements à l'eau trouble furent repris immédiatement après la mise en eau.

Dans le quarante-neuvième bief, on bétonna sur toute la longueur de 202 mètres entre le pont du chemin de fer et la gare de Vendenheim 202ᵐ

Toute la gare de Vendenheim 126ᵐ

En aval de la gare 112ᵐ

Dans le cinquante et unième bief, on fit les talus de la partie de 770 mètres de longueur dont on n'avait bétonné que le plafond en 1852.

Dans ce même bief, on prolongea les bétonnages à section entière sur 959 mètres en amont du pont de Vendenheim. 959ᵐ

et l'on bétonna toute la gare de Bischein, sur 100ᵐ

Pendant le chômage de 1853 on établit aussi des déversoirs dans les biefs nᵒˢ 30, 37, 42, 47. Il n'avait été construit aucun déversoir dans le Bas-Rhin lors de l'exécution du canal ; en le vidant pour le chômage de 1853, on vit combien il était incommode de vider par l'aval toute une branche du canal, et l'on établit immédiatement des déversoirs de fond sur les aqueducs indiqués au profil en long comme les plus convenablement situés à cet effet.

Voici maintenant l'indication des corrois en terre qui furent faits pendant le chômage de 1853 :

INDICATION des BIEFS.	LONGUEURS TRAITÉES par remaniement de terres.		OBSERVATIONS.
	m. court.		Ces corrois ont consisté à remanier les talus sur $0^m,80$ d'épaisseur, à pilonner les terres par petites couches et à les arroser de lait de chaux dans les parties où les talus perdaient sur toute leur hauteur. Dans les autres parties où les pertes étaient moins générales, on a fait des fossés dans les talus au niveau des filtrations pour les couper, et dans ces fossés on a replacé les terres pilonnées par couches arrosées au lait de chaux. Enfin, on a aussi fait des fossés dans les digues par des tranchées analogues à celles du drainage; mais ces travaux ont été faits pendant que le canal était en eau.
Bief n° 30	200	»	
— n° 41	55	»	
— n° 42	613	»	
— n° 43	385	»	
— n° 44	286	»	
— n° 45	225	»	
— n° 46	90	»	
— n° 47	484	»	
— n° 49	1,500	»	
— n° 50	300	»	
— n° 51	350	»	
Total...	4,488	»	

On exécutait d'ailleurs pendant le même chômage la prise d'eau de Lupstein, dont la nécessité avait été reconnue par l'expérience de 1852. Cette nouvelle prise d'eau devait rendre l'alimentation beaucoup plus facile.

§ 5. — Mise en eau définitive de 1853.

La partie comprise entre les prises d'eau de Hoffmühl et du Mungelbaëchel fut remise en eau dès le 16 mai 1853 ; la partie comprise entre la prise d'eau du Mungelbaëchel et Strasbourg fut remise en eau le 15 août 1853, le remplissage ayant commencé le 7 du même mois, et pour le 1er septembre nous avions partout la tenue d'eau normale de $1^m,60$, qui n'a plus varié depuis dans cette partie du canal. La descente d'Arschwiller était mise en eau pour la première fois le 2 septembre ; nous ferons de cette mise en eau un chapitre particulier, attendu qu'elle a présenté des difficultés toutes spéciales qu'il est rare de rencontrer. Divers travaux de réparation retardèrent l'ouverture de cette partie du canal, et c'est le 22 septembre 1854 que le premier bateau franchissait cette descente. Ce bateau, parti de Paris dans les premiers jours de septembre, arriva à Strasbourg le 26. Aujourd'hui les bateaux accélérés ne mettent pas plus de douze jours à faire ce trajet.

§ 6. — Mise en eau de la descente d'Arschwiller (automne de 1853).

ARTICLE 1er. — GÉNÉRALITÉS.

Nous avons déjà donné à l'article : *Tracés* (chap. Ier, § 3), les profils en travers de divers biefs de la descente d'Arschwiller. Dans la campagne de 1853, on acheva l'écluse n° 12, la seule qui restât à finir à cette époque ; on termina les terrassements, environ 800 mètres courants de mur de cuvette qui restaient à monter du côté gauche, le mur du côté droit dans le quatorzième bief ; on bétonna le plafond des biefs entre murs n°s 5, 6, 7, 8, 10, 11, 12, 14 ; le plafond et le talus du côté droit dans les biefs à murs du seul côté gauche n°s 9, 13, 15, 16, 17. Le projet d'étanchement en béton, approuvé le 15 juin 1853, montant à 134,144 fr. 40 c., supposait d'ailleurs que le béton aurait $0^m,18$ d'épaisseur, la chape $0^m,02$, et que ce revêtement serait recouvert d'une épaisseur de terre de $0^m,30$; contre les murs, le béton devait se raccorder par des bourrelets, ainsi que l'indique le profil de détail de la fig. 20, pl. B ; ces dispositions ont été exactement suivies dans l'exécution des travaux. Quant aux parties à talus, on a suivi les dispositions adoptées dans le reste du canal pour ces sortes d'ouvrages, dispositions indiquées par la fig. 21, pl. F.

Les travaux de bétonnage étaient à peine terminés, que l'on dut mettre l'eau dans le canal, circonstance peu favorable dans un aussi mauvais terrain que celui de la descente d'Arschwiller.

Les eaux ont été introduites, comme nous l'avons déjà dit, pour la première fois, dans la descente d'Arschwiller, le 7 septembre 1853 au matin ; vers le soir, les douze premiers biefs étaient en eau, et nous constations que dans le neuvième bief un mouvement s'était opéré dans la digue du halage ; les terrassements étaient crevassés autour du déversoir de ce bief (voir pour la position de ce déversoir la fig. 1, pl. F), et des fuites avaient lieu à l'extérieur. Nous dûmes dès lors mettre le bief à sec, l'examiner, et nous passâmes la nuit bivouaquant sur le plancher de la maison éclusière n° 8, par le temps le plus affreux que nous ayons jamais vu, en compagnie de MM. Bertrand (1) et Marchal, conducteurs des ponts et chaussées, qui ont partagé tous nos travaux dans cette partie du canal avec un zèle et une intelligence à laquelle nous nous plaisons à rendre justice. Nous faisions dans ce moment-là d'assez tristes réflexions sur l'ingrate mission d'une mise en eau de canal, et nous perdions plus d'une illusion. Mais revenons à notre sujet : on établit dans le neuvième bief un bourrelet qui permit de faire passer du côté du mur de gauche les eaux qui devaient compléter le remplissage des biefs inférieurs, et, le 8 septembre, nous remplissions le reste de la descente jusqu'à l'écluse n° 18. On sait d'ailleurs que, depuis l'écluse n° 18 jusqu'à Strasbourg, le canal était déjà en eau.

Dans la journée du 8, nous examinâmes tous les biefs et nous reconnûmes que le treizième ne tenait pas l'eau; enfin quelques légers mouvements avaient eu lieu dans la digue du dix-huitième bief; du reste, tous les biefs, excepté le neuvième et le treizième, étaient parfaitement étanches, et l'on ne voyait aucun suintement extérieur. Ce premier essai de mise en eau, sur des travaux à peine achevés, indiquait donc qu'il y avait des réparations à faire aux neuvième et treizième biefs, mais quant aux autres on ne voyait jusqu'alors aucun indice de dégradations.

M. l'ingénieur en chef Jaquiné, sur l'avis que nous lui donnâmes de ces résultats, vint visiter la descente, le 13 septembre, avec M. l'inspecteur général Schwilgué, qui faisait ce jour-là sa tournée d'inspection dans notre service : on arrêta sur place les mesures à prendre immédiatement pour la réparation des neuvième et treizième biefs. Nous dirons d'ailleurs une fois pour toutes et il est bien entendu que, dans tout ce qui va suivre, les travaux dont il sera question ont été concertés, et toujours sur place, entre l'ingénieur en chef et l'ingénieur ordinaire. Nous nous rappellerons tous deux ces épreuves; mais si nous avons eu quelques mauvais jours, les compensations sont

(1) M. Bertrand, décoré pour les travaux des souterrains d'Arschwiller, qu'il avait dirigés sous les ordres de MM. Jaquiné et Molard, fut, immédiatement après l'achèvement des travaux de mise en eau de la descente d'Arschwiller, appelé à faire fonctions d'ingénieur dans le service ordinaire de l'arrondissement de Saverne, devenu vacant à cette époque. Il est aujourd'hui attaché à la Compagnie des chemins de fer russes.

arrivées une fois la navigation ouverte et assurée dans la descente d'Arschwiller.

ARTICLE 2. — RÉPARATION DU NEUVIÈME BIEF.

En examinant le neuvième bief, après avoir fait enlever, les terres qui recouvraient le béton, on reconnut une rupture contre les maçonneries du déversoir et une lézarde générale sur le béton du talus intérieur du chemin de halage allant depuis le déversoir jusque vers la tête amont de la neuvième écluse. Le profil en travers n° 3 (fig. 3, pl. B) montre que sous la pression de l'eau, le talus a dû légèrement tasser, et, le béton une fois fendu, les eaux sont entrées dans le remblai.

Le terrain de la descente d'Arschwiller, employé en remblai, se compose, d'une part, de pierres et roc; de l'autre, d'une terre sablonneuse extrêmement fine qui, dès qu'elle est en contact avec l'eau, coule comme une lave. Avec un pareil terrain, il faut un étanchement complet pour qu'il résiste, et au moindre tassement, le béton se fend; or comment empêcher des tassements dans des terrassements dont une partie venait d'être achevée? Nous vîmes dès lors que nous aurions une tâche de patience à remplir pour arriver à fixer définitivement une partie de canal ouverte dans de telles conditions. En déblai, la position n'était pas non plus des meilleures : en effet, le roc y est partout crevassé de failles profondes qui descendent jusqu'au fond du vallon du Teigelbach, dans lequel le canal est ouvert à mi-côte à des hauteurs de 8 à 10 mètres au-dessus du thalweg. Une rupture du béton sur ces failles peut établir des communications de bief à bief et produire de graves accidents. Toutes les failles avaient bien été remplies avec de la pierre avant la pose du béton; mais comme ce béton était encore frais, le moindre tassement pouvait le faire rompre. La dureté du massif une fois complète, ces accidents n'étaient plus à craindre, car un béton de $0^m,18$ d'épaisseur formant dalle sur des crevasses dont le maximum d'ouverture est $0^m,20$ à $0^m,30$, résisterait, quand même toute la crevasse serait vide. Nous n'avions donc à craindre dans les parties en déblai que ces premiers tassements.

Maintenant que nous avons fait faire à nos lecteurs la connaissance du terrain de la descente d'Arschwiller, revenons au neuvième bief.

On commença par découvrir la carcasse du déversoir (voir la fig. 1, pl. F, pour sa position), qu'on empâta tout entier dans un massif de glaise corroyée avec du sable et pilonné par couches minces arrosées au lait de chaux et se reliant des deux côtés avec le remblai de la digue. Cette glaise, d'une excellente qualité, était prise au bief de partage dans les dépôts des cavaliers de Niderviller et de Schneckenbusch ; elle arrivait en bateau jusqu'au neuvième bief, après avoir parcouru une distance de 7 à 8 kilomètres et traversé les souterrains d'Arschwiller.

On répara au ciment de Vassy la cassure du béton du talus, et on la revêtit d'une couche de glaise arrêtée par le pied au moyen d'un petit perré ; la glaise fut recouverte d'une couche de terre pour la préserver des coups de gaffe pendant que le canal serait en eau et des gerçures pendant qu'il serait à sec ; et par-dessus la couche de terre on posa un gazonnage. Le profil n° 1 (fig. 2, pl. F) indique ces dispositions.

ARTICLE 3. — RÉPARATION DU TREIZIÈME BIEF.

On n'avait dans ce bief bétonné que la partie limitée sur le plan (fig. 3, pl. F) entre l'écluse n° 12, le mur de soutènement du côté gauche qui contourne le bief et la ligne ponctuée. Le reste, qui avait été exécuté en régie en 1849 par un atelier spécial avec des soins minutieux de pilonnage et des terres choisies, avait paru assez bon pour pouvoir se passer d'un revêtement en béton. L'expérience venait de prouver que cette économie avait été mal entendue, et il n'y avait rien de mieux à faire que de bétonner maintenant ce qu'on avait laissé ; seulement, comme on voulait livrer passage aux bateaux qui commençaient à se rassembler dans la descente, on prit le parti de boucher les renards qui s'étaient faits dans le plafond et les talus avec des terres nouvelles et de remettre immédiatement les eaux.

Cette mesure permettait de laisser passer les bateaux tout en procurant un tassement aux terrassements ; le passage eut lieu le 22 septembre. On laissa encore le treizième bief en eau jusqu'au 26, et l'on vit alors que malgré les réparations des renards il baissait encore de 0^m,84 en vingt-quatre heures ; on le mit à sec et on l'examina : de nouveaux renards s'étaient produits dans le plafond. Bétonner sur un pareil terrain et remettre immédiatement l'eau sur un béton n'ayant pas encore fait prise, était évidemment trop chanceux ; il fallait tâcher de trouver à établir pour y asseoir le béton un terrain factice moins perméable; on adopta à cet effet le mode de réparations indiqué par le profil nº 2 (fig. 4, pl. F). On commença par réparer avec soin tous les renards en remaniant les terres dans leur voisinage; on étendit ensuite sur toute la partie du plafond à bétonner une couche de glaise de $0^m,20$ employée en deux fois par couches de $0^m,10$ d'épaisseur bien corroyées, arrosées au lait de chaux et pilonnées; on établissait ainsi un terrain factice plus propre à recevoir le béton; le nouveau bétonnage fut d'ailleurs raccordé avec celui qui existait déjà dans une partie du plafond du bief, suivant le système indiqué par le profil nº 1 (fig. 1, pl. F); on ne mit pas de chape sur le béton, excepté à la soudure. On voulait remettre l'eau de suite et la saison était déjà avancée; on se contenta de savater le béton un peu mou, afin de bien faire refluer à sa surface une nappe de mortier; on couvrit d'une couche de sable et l'on remit la terre par-dessus.

Pendant le travail on avait, au moyen d'un petit bourrelet, fait passer sur l'ancienne partie bétonnée les eaux venant du bief nº 12 pour l'alimentation des biefs inférieurs, qu'on tenait à maintenir à l'essai; ces eaux étaient en petite quantité, et il était facile de les diriger par des bourrelets, de manière à ne pas gêner l'atelier. Commencées le 26 septembre, ces réparations étaient terminées le 13 octobre 1853, et la navigation était rouverte; depuis cette époque le treizième bief est demeuré complétement étanche et sans aucune espèce de filtrations.

Du 26 septembre au 13 octobre 1853, pendant qu'on réparait le treizième bief, on examina les autres biefs de la descente.

ARTICLE 4. — Première visite générale des biefs.

On avait vu dans les biefs nºˢ 10 et 11 quelques légers suintements au pied des talus; comme l'expérience des biefs nºˢ 9 et 13 avait donné la mesure de la qualité du terrain de la descente, le moindre suintement était à craindre. On mit ces deux biefs à sec, et l'on trouva contre le mur du côté droit une lézarde entre le béton et la maçonnerie, qui commençait à 30 mètres environ en amont de chacune des écluses nºˢ 10 et 11, et qui s'étendait jusqu'aux têtes d'amont de ces écluses; le béton s'étant séparé du mur, quoiqu'on eût eu la précaution de l'amorcer par une couche de mortier contre la maçonnerie lors de la pose. La lézarde était due à un tassement peu sensible du terrain; elle n'avait que $0^m,002$ à $0^m,003$ d'ouverture, mais vers la tête d'amont de l'écluse n° 10 elle avait une ouverture de $0^m,007$, et le béton s'était affaissé de $0^m,04$ à $0^m,05$ par suite du tassement du terrain inférieur. Autour de cet affaissement, on remarquait quelques légères cassures de l'épaisseur d'un cheveu ; on examina le béton et l'on put déjà constater que, quoique coulé depuis deux mois à peine, il avait acquis une consistance assez grande pour s'entamer difficilement, ce qui était rassurant pour son avenir ; on ouvrit les fissures à la tranche sur $0^m,04$ de profondeur environ, $0^m,02$ de largeur au fond et $0^m,03$ de hauteur, de manière à pouvoir les réparer au ciment de Vassy ; on remit l'eau et les filtrations disparurent complétement.

En même temps qu'on examinait les deux biefs n°ˢ 10 et 11, on ne négligeait pas les biefs inférieurs au bief n° 13 : on faisait une petite réparation aux perrés en aval de l'écluse n° 14 ; on gazonnait les talus intérieurs des biefs n°ˢ 16 et 17 pour empêcher les terres de glisser sur le béton et de descendre dans le canal ; on consolidait les talus du dix-huitième bief où des crevasses avaient été observées dans le chemin de halage, lors de la première mise en eau, et, pour empêcher ces talus fraîchement terminés de glisser dans le canal, on les recouvrait de perrés en pierre sèche dont le pied fut consolidé par de forts embranchements dans toutes les parties en remblai où l'on n'avait pas remblayé le plafond à sa cote normale et où il existait par conséquent des bas-fonds.

Tous les matériaux nécessaires à ces opérations avaient d'ailleurs été amenés en bateaux et approvisionnés en temps utile.

ARTICLE 5. — RUPTURE DU DIXIÈME BIEF.

La navigation était rouverte depuis le 30 octobre ; rien ne présageait qu'elle dût être interrompue de nouveau. Aucune filtration ne se remarquait à l'extérieur, lorsque, dans la nuit du 18 au 19 octobre et sans que rien eût pu faire prévoir cet accident, la digue du chemin de halage du dixième bief creva subitement tout près de la tête d'amont de l'écluse n° 10 : les eaux affouillèrent le mur de soutènement du côté droit qui soutient les terres du chemin de halage, en délayant le terrain dans lequel était fondé ce mur ; elles passèrent dessous cette fondation, qui avait *cinq mètres de profondeur* en contre-bas du plafond du canal, entraînèrent tous les quartiers de roc roulants qui formaient le terrain naturel dans lequel était enraciné le mur et labourèrent profondément le sol. La rupture avait lieu précisément à l'endroit où un mois auparavant on avait constaté et réparé une fissure dans le béton contre le mur.

Pour expliquer cet accident, il faut admettre que le terrain sous le béton ait commencé à tasser par suite de nouvelles filtrations à travers la fissure qui s'était un peu rouverte depuis sa réparation ; ce tassement se faisant, le béton, qui avait déjà une grande dureté, résistait comme une dalle au-dessus du vide qui se faisait incessamment par-dessous ; cette dalle avait dû finir par crever sous la pression de l'eau et la catastrophe arriver instantanément ; c'est, du reste, ce qui eut lieu, à en juger par la hauteur à laquelle les eaux se sont élevées dans le vallon du Teigelbach près du bief nᵒ 11, et par les quartiers de roc énormes qu'elles ont charriés à 25 et 30 mètres de distance.

Le choc a d'ailleurs été tellement violent que la digue de halage a été lézardée à plus de 25 mètres de chaque côté de la brèche et que le bajoyer du côté droit de l'écluse nᵒ 10 en a été ébranlé : il s'est en effet produit vers la tête d'amont de cette écluse une lézarde dans le radier contre le bajoyer, qui en a été violemment séparé par le choc sans se rompre d'ailleurs, aucune trace de lézarde n'ayant paru sur le parement de ce bajoyer. Les dessins donneront mieux que toute description une idée de l'état des choses après la rupture. (Voir les fig. 6, 7, 8, pl. F.)

Comme dommage pour les propriétés riveraines cet accident n'avait aucune importance ; il n'en était pas de même quant aux réparations à faire ; il fallait en effet trouver un système qui évitât tous les tassements nouveaux ; or, le seul qui pût avoir de la chance de réussir sous ce rapport parut être celui d'une maçonnerie continue de revêtement sur toute l'excavation et appuyée sur le roc ; ce système admis en principe par M. l'ingénieur en chef Jaquiné, on détermina les dispositions de détail sur place, et quant à l'exécution, nous laisserons parler M. Bertrand, et nous en empruntons textuellement la description au journal que nous l'avions chargé de tenir sur les travaux :

« Il fallait immédiatement se pourvoir de chaux, de sable, de » moellons, de glaise, et organiser en double le service de jour et de » nuit, rassembler les ouvriers, le matériel, trouver les lieux d'em- » prunt, et, pendant que nous nous organisions ainsi, étayer sous le

» mur à reprendre en sous-œuvre ; mais avant d'étayer sous ce mur,
» nous devions, tout d'abord, faire tomber tout le massif en maçon-
» nerie M (fig. 7, pl. F) suspendu au-dessus de la brèche et détaché
» entièrement des fondations.

» Toute cette portion de maçonnerie est tombée en une seule masse
» après quelques pressions exercées dans la lézarde avec un levier, et
» la maçonnerie était tellement solide que cette chute n'a pu parta-
» ger la masse qu'en deux énormes blocs qu'on a eu toute la peine
» à diviser.

» Aussitôt cette masse tombée, nous nous sommes appuyés sur elle
» pour étayer provisoirement le mur, et à mesure que nous la divi-
» sions et que le dessous de la brèche se déblayait, nous remplaçions
» les étais enlevés par des étais plus grands, jusqu'à ce que nous
» eussions rencontré un terrain assez solide et trouvé que nous
» avions assez de place pour monter un premier massif dans le mi-
» lieu de la brèche. Nous avons ensuite continué nos fouilles sous le
» mur et terminé cette reprise en sous-œuvre, en nous ménageant
» sur le côté une ouverture pour desservir les divers travaux à
» exécuter dans l'excavation à l'intérieur du bief. (Voir la fig. 10,
» pl. F.)

» Pendant qu'on montait la maçonnerie de cette reprise, on net-
» toyait jusqu'au vif l'excavation intérieure en la déblayant par l'ou-
» verture ménagée sous le mur ; on montait par derrière un fort
» éperon de 2^m,60 de largeur (fig. 9, pl. F) ayant le rocher pour
» base, on relevait la partie inférieure de la digue avec les terres
» étendues au fond de la vallée, et on faisait dans le bief, près de
» l'excavation, un approvisionnement de glaise.

» Le 25 octobre au soir, l'excavation intérieure étant parfaitement
» déblayée jusqu'au vif, nous avons commencé à en garnir le fond
» et les parties intérieures d'un revêtement en maçonnerie à plein
» mortier d'au moins 0^m,80 d'épaisseur, que nous avons ensuite re-
» couvert d'un enduit en mortier ; puis nous avons fermé le passage
» laissé sous le mur. Pour que cet enduit résiste et tienne mieux
» l'étanchement, nous avons monté les assises du parement par gra-
» dins successifs jusqu'en haut.

» Cette excavation ainsi maçonnée intérieurement (fig. 11, pl. F),
» nous avons achevé de la remplir avec de la glaise bien damée par
» couches minces, et pour que les eaux ne pussent pas s'introduire

» par derrière ces revêtements, nous avons couvert l'assise supérieure
» sur tout son contour d'une forte couche en béton bien soudée
» avec l'ancien béton.

» Nous nous hâtions en même temps de compléter la digue derrière
» l'éperon, au moyen de deux emprunts ouverts en même temps de
» chaque côté de la brèche, l'un dans le flanc gauche de la dépres-
» sion du neuvième bief et l'autre derrière la maison éclusière n° 10,
» en ayant soin de bien damer les terres et de les arroser au lait de
» chaux.

» Nous n'omettions pas non plus de fermer au ciment de Vassy les
» lézardes dans le mur de droite et dans le radier de l'écluse n° 10,
» après avoir eu soin de dégrader les joints d'au moins 0^m,10, et
» d'injecter du mortier partout où cela était possible; nous avons même,
» pour plus de garantie, jointoyé au ciment toute la chambre des
» portes d'amont.

» L'ouverture de la lézarde du radier qui était de 6 millimètres
» sur la plate-bande du mur de chute, se réduisait à 3 millimètres
» dans la chambre des portes, et à 1 millimètre à l'origine du sas;
» elle disparaissait complétement à 3 mètres de là. Cette lézarde di-
» visait le mur de la chute d'amont sur toute sa hauteur, et elle
» était encore légèrement perceptible à la surface du béton des fon-
» dations du mur de chute. Nous avons traité cette lézarde avec le
» plus grand soin et enlevé provisoirement le heurtoir, afin de pou-
» voir la cimenter jusqu'au bout sans discontinuité. »

ARTICLE 6. — Deuxième visite générale des biefs.

Nous profitâmes de l'interruption obligée de la navigation par la
rupture du dixième bief pour examiner de nouveau tous les autres.
Voici ce qu'on remarqua dans cette nouvelle visite :

Dans le douzième bief une source très-forte au pied du talus, mais
aucune séparation entre le béton et la maçonnerie des murs; le bief
resta à sec pendant quatre jours sans que la source en question di-
minuât. Il en résultait que ces eaux venaient du coteau et passaient
par-dessous le canal dans les fentes de rocher; en effet, le douzième
bief remis en eau, et isolé par les portes des écluses n°s 11 et 12 de
toute alimentation se maintenait sans abaissement aucun de ses eaux.
Depuis, nous avons remarqué que la source en question suivait dans

ses variations les mouvements périodiques de toutes les autres sources des environs, sur lesquelles le canal ne peut avoir d'influence.

Dans le onzième bief on retrouva la petite réparation de la lézarde au ciment, faite lors de la première visite, intacte; seulement, dans ce bief, comme dans tous ceux qu'on examina depuis, on enleva les terres du plafond tout le long du mur du côté droit, pour ne pas avoir à les remuer à chaque visite, et on mit contre le mur et sur sa jonction avec le béton un petit bourrelet de glaise corroyé et lissé; il avait pour but de protéger les réparations nouvellement faites; il était d'ailleurs facile à enlever lors de chaque visite.

En visitant les bief n°s 5, 6, 7, 8, on trouva des lézardes analogues à celles qu'on avait observées dans les autres, toujours du côté droit, c'est-à-dire contre le mur de soutènement de la digue en remblai du halage et vers les écluses. Contre le mur du côté gauche, il y avait bien quelques fissures grosses comme un cheveu, mais elles n'ont jamais ni augmenté ni donné passage à l'eau.

En visitant le huitième bief on s'aperçut, d'abord à la percussion et ensuite au moyen de trous de sonde faits de 5 mètres en 5 mètres dans le béton, qu'il y avait du creux sur une longueur d'environ 15 mètres et toujours contre le mur du côté droit. Le béton était d'ailleurs déjà tellement dur, qu'il fallait faire les trous de sonde à la barre à mine; on disposa dans ces trous, qui avaient 0m,08 à 0m,10 de diamètre, des tuyaux en fer-blanc qu'on y scella par le pied au ciment de Vassy et qui servirent à injecter les vides de mortier qu'on introduisait dans le tube du haut du chemin de halage. Les vides remplis, on enlevait les tubes, on fermait les trous de sonde avec du ciment de Vassy et de petit cailloux siliceux bien lavés qu'on y frappait au marteau, on cimentait la petite lézarde en l'ouvrant au besoin pour y faire un bon joint au ciment de Vassy, on recouvrait le joint d'un bourrelet de glaise et l'on remettait l'eau. Ce mode de réparation a été suivi depuis pour tous les biefs de la descente, lorsque les visites y faisaient découvrir quelques fissures nouvelles ou un dérangement dans celles qui avaient déjà été réparées antérieurement.

ARTICLE 7. — RUPTURE DU NEUVIÈME BIEF.

La navigation avait repris le 1er novembre 1853 après la réparation de la rupture du dixième bief (pendant laquelle on avait visité les autres biefs). Le 9 novembre, une seconde rupture eut lieu; une brèche se déclara dans le neuvième bief contre la tête d'amont de l'écluse n° 9. Cette rupture, que rien n'avait pu faire présager, attendu que le jour même ce bief avait été examiné et se trouvait en parfait état, était à peu près de même importance que celle du dixième bief. Seulement, comme ici il n'y avait pas de mur du côté droit, les eaux n'avaient pas éprouvé la même résistance, et les remblais avaient été entraînés sans que l'écluse n° 9 eût rien souffert. Sa fondation d'amont avait seulement été mise à sec par le torrent; mais la maçonnerie était restée intacte et d'un seul bloc : les fig. 12, 13, 14, pl. F, indiquent l'état des lieux après cette seconde catastrophe. Voici comment la rupture a eu lieu : les eaux, par suite de tassements, et par conséquent de rupture du béton, ont pénétré dans les remblais, et dès lors tout était perdu ; le tassement qui s'en est suivi a rompu le béton, l'eau a passé en grande quantité, et les terres du remblai s'imbibant, celui-ci s'est affaissé en coulant. Dans un remblai en terre argileuse, un pareil effet n'eût jamais été à craindre ; mais ce qui là ne provoquerait même pas un tassement notable suffit ici à faire *étaler* tout le remblai.

Pour la réparation de cette nouvelle brèche, on ne pouvait pas songer à rétablir un remblai avec cette nature de terres ; on ne serait jamais parvenu à le faire tenir avec ses tassements nouveaux ; il fallait donc faire un mur sur toute la longueur de la brèche et déterminer son alignement de manière à trouver partout le roc pour l'asseoir. Ce résultat fut obtenu au moyen des dispositions du plan (fig. 15, pl. F), et les profils en travers (fig. 16, 17, 18, 19, pl. F) indiquent les dispositions des maçonneries du mur. On établissait ainsi devant le nouveau remblai un massif qui ne pouvait tasser ni par conséquent provoquer de nouveaux mouvements dans la partie du remblai restée intacte. Ce système de réparation, dont le principe était de ne pas s'exposer à de nouveaux tassements, bien compris, laissons parler M. Bertrand dont nous reprenons le journal :

« Notre premier travail dans la matinée du 10 fut d'ouvrir un » nouveau lit au ruisseau à travers les déblais amoncelés en forme » de barrage sur toute la largeur de la vallée. Nous nous occupions » ensuite à remblayer le côté extérieur de la brèche au moyen des » terres relevées dans le fond de la vallée en dehors des digues, à » nettoyer jusqu'au vif la cavité formée dans le plafond, afin de » pouvoir remplir en maçonnerie toute cette cavité, et à déblayer toute

» la partie ébranlée de la digue de part et d'autre de la brèche. Pen-
» dant ce temps, on se pourvoyait de chaux, de sable, de moellons,
» de glaise, etc., et on organisait les ateliers.

» On devait remplacer par un mur toute la digue qui avait été
» emportée, en donnant à ce mur un profil et un alignement tels
» qu'on pût le prolonger plus tard, si on en reconnaissait l'utilité. Le
» point difficile de la question était la soudure de ce mur avec la
» partie conservée de l'ancienne digue.

» En effet, après avoir déblayé à la partie ébranlée de l'ancienne
» digue, il fallait forcément la couper en talus vers l'écluse jusqu'aux
» fondations du mur de soutènement à construire, afin de prévenir
» toute nouvelle lézarde dans cette digue, ce qui aurait eu lieu en la
» coupant verticalement.

» Raccorder le nouveau mur de soutènement avec l'ancienne digue
» en remblai, en venant appuyer l'extrémité du mur sur cette rampe,
» eût été imprudent ; car cette digue en remblai, étant très-élevée et
» n'ayant que quatre années de durée, pouvait tasser longtemps en-
» core. Arrêter brusquement le mur une fois arrivé au pied du talus
» de la coupure de la digue, et lui faire un retour de 45° avec fruit,
» de manière à donner en tous sens la forme d'un coin à la
» coupe du vide restant à combler entre le talus de la coupure et le
» mur en retour, et remplir ce vide avec de la glaise bien damée,
» parut le parti le plus convenable. Cette masse de glaise ayant la
» forme d'un coin devait, en tassant, se serrer de plus en plus contre
» les parois qui la renfermeraient; seulement, il résulterait de ce tas-
» sement une cassure du nouveau béton à sa soudure avec l'ancien
» (fig. 18, pl. F). Il est vrai qu'on pouvait, en enlevant un peu d'an-
» cien béton sur tout le contour de la reprise à faire, reporter la
» soudure sur un terrain ancien, et n'avoir plus de rupture à crain-
» dre dans le nouveau béton qu'au-dessous de l'argile, ce qui ne pré-
» sentait plus d'inconvénient. C'est à ce dernier parti qu'on s'arrêta, et
» le rocher que nous avons rencontré au niveau du plafond sous notre
» angle en retour nous a parfaitement secondé dans cette circonstance.

» Depuis l'écluse jusqu'au profil n° 2 (fig. 17, pl. F), le nouveau
» mur est fondé sur la roche tendre; au profil 2 la roche surgit tout
» à coup, comme l'indique le profil 3 (fig. 18), et nous a obligé, à
» cause de sa pente trop abrupte, à faire dans le mur de soutène-
» ment ce renflement qu'on aperçoit sur le plan (fig. 15).

» Les maçonneries du mur de soutènement terminées, nous avons
» recouvert d'une forte couche de béton les maçonneries de remplis-
» sage de l'excavation, en ayant soin de bien traiter la reprise, que
» nous renforcions d'un bourrelet de béton. Nous avons ensuite
» remblayé avec de la glaise tout le pourtour de la fouille qui avait
» été faite pour monter le retour en maçonnerie ; puis nous avons
» bétonné sur le talus intérieur de cette glaise en appuyant notre
» reprise dans le fond sur la roche même, et dans le talus sur les
» terrains anciens. (Les fig. 16, 17, 18, 19, pl. F, donneront une
» idée du travail exécuté.)

» Le béton posé dans le plafond et sur le talus, nous avons pro-
» longé, suivant l'ancien profil, les maçonneries de revêtement sur
» le béton du talus intérieur de la digue, que nous avons terminé par
» un quart de cône à l'angle du mur en retour ; traitant ensuite cette
» portion de digue, comme lors de la première réparation du bief
» n° 9, nous avons recouvert ce nouveau talus en béton d'une
» couche de $0^m,30$ de glaise bien corroyée et protégée par une cou-
» che de terre de $0^m,10$ d'épaisseur, et en outre par un gazonnement
» à plat.

» Avant de glaiser sur ce nouveau talus de raccordement, nous
» avions eu soin de découvrir sur une certaine longueur le béton du
» talus intérieur de l'ancienne digue, afin de nous assurer qu'il
» n'existait aucune nouvelle fissure dans ce béton et de la recouvrir
» ensuite avec les mêmes soins. »

La réparation du neuvième bief, commencée le 10 novembre 1853,
fut terminée le 26 du même mois. Ce fut la dernière de nos grandes
tribulations ; mais les soins qu'il fallait avoir n'en diminuèrent pas
pour cela. On organisa un service spécial pour l'examen des biefs ;
mais avant d'en parler, voyons les résultats de l'examen de ces biefs,
qui avait été fait pendant l'interruption de la navigation à la rupture
du neuvième bief.

ARTICLE 8. — TROISIÈME VISITE DES BIEFS.

La troisième visite des biefs ne signala rien de nouveau, si ce n'est
dans les biefs n°ˢ 10 et 11. On remarqua au pied du talus, dans le
onzième bief, et près de la tête d'amont de l'écluse n° 11, une forte
fuite ; on mit le bief à sec : rien n'y était dérangé ; on examina le
dixième, et l'on reconnut qu'un renard peu important s'était déclaré

dans le plafond, à l'amont de la dixième écluse, à côté de la grande réparation faite lors de la rupture de ce bief. Ce renard était à la soudure de l'ancien béton avec celui qu'on avait placé sur les maçonneries de cette réparation; on élargit le trou, qui avait environ 0^m,20 de diamètre, et l'on vit qu'il communiquait avec une faille très-profonde. On remit ce bief en eau; il se vida, comme on devait s'y attendre; les eaux s'écoulèrent lentement par la faille en question, pour venir sortir au pied du talus, à l'amont de la onzième écluse, précisément à l'emplacement de la source remarquée au pied du talus extérieur de la digue du chemin de halage dans ce bief. On remplit ensuite le onzième bief et l'on vida complétement le dixième; la fuite disparut et le onzième resta plein. Il suivait clairement de là que la filtration observée au onzième bief provenait du dixième, et que les eaux passaient sous le canal et suivaient les failles, pour ressortir au bout du bief suivant aux pieds des talus extérieurs. Nous ne citons ce fait que pour donner une idée bien exacte du terrain auquel nous avions affaire, car il n'avait pas une grande gravité en lui-même. Le renard du dixième bief fut rempli en maçonnerie et toute filtration cessa.

La visite du bief n° 1 (bief de partage, partie comprise entre le souterrain d'Arschwiller et l'écluse n° 1 du Bas-Rhin) montra d'ailleurs une filtration à l'extérieur du bajoyer, du côté droit de l'écluse n° 1. Ce bajoyer, qui sert en cet endroit de chemin de halage, a 3 mètres d'épaisseur; il n'y avait donc aucune chance de rupture, d'autant que cette écluse était une des plus anciennes de la descente, et que ses maçonneries avaient la dureté du roc. On examina son radier et l'on y trouva une lézarde le long du bajoyer; on la referma, mais la filtration n'en continua pas moins, et il fallut ajourner une réparation plus importante au chômage de 1854.

Cet accident sans gravité fit penser au désastre qui résulterait d'une rupture du bief n° 1 : un bief de partage, de 30 kilomètres de longueur, contenant de 600,000 à 700,000 mètres cubes d'eau, se précipitant dans une vallée étroite où se trouvent côte à côte un canal et un chemin de fer en pleine exploitation ! Nous fîmes à l'instant même poser les poutrelles dans les coulisses de la tête d'aval du souterrain d'Arschwiller, et donnâmes l'ordre de ne les lever que le jour, quand on pourrait bien surveiller le bief, et de les remettre tous les soirs, pour éviter dans la nuit toutes les mauvaises chances. Il fut immédiatement décidé en principe par M. l'ingénieur en chef Jaquiné que la navigation de nuit serait provisoirement supprimée ; qu'on établirait à la tête de sortie du souterrain une porte semblable à celle des écluses, qui s'ouvrirait au passage de chaque bateau et se refermerait après ; busquée vers l'intérieur du souterrain, il est clair que cette porte à deux vantaux, qui, du reste, avait été prévue dans le projet approuvé des souterrains et tranchées d'Arschwiller, s'opposerait au mouvement des eaux d'amont en cas d'une rupture en aval. Son exécution fut d'ailleurs ajournée au chômage de 1854 ; en attendant, on se servit des poutrelles. Comme la partie du bief de partage comprise entre le souterrain d'Arschwiller et l'écluse n° 1 du versant du Rhin avait déjà été en eau à plusieurs reprises depuis cinq ans, ces précautions paraîtront peut-être surabondantes ; mais il valait mieux les prendre que de vivre avec le cauchemar du bief de partage se ruant dans la vallée d'Arschwiller et emportant chemin de fer et canal.

ARTICLE 9. — SERVICE ORGANISÉ POUR L'EXAMEN DES BIEFS.

Nous terminerons cette partie de notre travail en indiquant l'ordre de service approuvé par M. l'ingénieur en chef Jaquiné, que nous donnâmes le 24 novembre 1853, aux agents qui furent, à partir de cette époque, chargés spécialement du service de la navigation et de la visite des biefs dans la descente d'Arschwiller :

« 1° Il est défendu aux éclusiers, sous quelque prétexte que ce » soit, de tenir leurs sas pleins ; le sas doit être vide et ne se remplir » que pour le passage des bateaux. L'ingénieur punira sévèrement » toute contravention à cet ordre. Le sas ne devra rester plein que » quand il y aura un bateau venant d'amont qui pourra passer im- » médiatement après le passage d'un bateau venant d'aval.

» 2° Après le prochain passage des bateaux, on remettra les poutrelles » à la tête d'aval du grand souterrain et on les y laissera ; on » les replacera d'ailleurs ensuite tous les soirs. Il en sera ainsi jus- » qu'à nouvel ordre. Le piqueur se rendra compte tous les soirs par » lui-même si les poutrelles sont placées pour la nuit. Si le passage » des bateaux actuellement en route était commencé le 25, on met- » trait les poutrelles pour la nuit, et on les enlèverait le 26 au matin ; » en un mot, tous les soirs les poutrelles devront être mises.

» 3° Il y aura toutes les nuits une ronde faite alternativement, et » jusqu'à nouvel ordre, par la garde et les éclusiers dans la descente,

» pour constater si les biefs sont convenablement tenus, examiner
» s'il n'y a pas d'accidents à craindre et prendre les mesures néces-
» saires pour les empêcher.

» 4° Le maximum de tenue d'eau des biefs est fixé à 1^m,60, excepté
» pour le quatrième bief, où la tenue d'eau est fixée à 1^m,30 par l'ordre
» de M. l'ingénieur en chef en date du 22 du courant, jusqu'à ce que
» l'exhaussement ordonné de 0^m,40 de la digue de ce bief soit terminé;
» on enlèvera complétement des chantiers les poutrelles des déver-
» soirs qui excéderaient ces hauteurs.

» 5° Le piqueur de service tiendra attachement chaque jour des
» largeurs entre les bajoyers des écluses n°s 1 et 10, aux points
» qui lui seront indiqués, au moyen des règles graduées qui lui seront
» remises à cet effet (1); ces attachements seront envoyés à l'ingénieur
» ordinaire tous les huit jours avec les états de tenue d'eau des biefs.
» Ces deux écluses seront tous les jours visitées avec soin, et s'il
» devait s'y montrer de nouveaux mouvements, on mettrait de suite
» à sec, pour l'écluse n° 1, la partie du bief de partage comprise
» entre la tête d'aval du souterrain et cette écluse, ainsi que le bief
» n° 2; pour l'écluse n° 10, on mettrait à sec immédiatement les biefs
» n°s 10 et 11, et l'on avertirait de suite l'ingénieur.

» Tous les biefs, depuis le cinquième jusqu'au douzième inclusive-
» ment, seront visités de manière à laisser naviguer de deux jours l'un.

» La visite d'un bief consistera à le mettre à sec, à examiner d'a-
» bord le bourrelet en glaise. Si l'on n'y voit aucune trace de cas-
» sure, la visite sera terminée et l'on remettra l'eau; s'il y a trace
» de cassure, on découvrira le béton, on fera quelques trous de son-
» dage; s'il n'y a pas de vide au-dessous, on se contentera de passer
» une petite soudure de ciment de Vassy sur la fente et l'on re-
» mettra la glaise avec soin; s'il y a des vides, on les remplira par
» des injections de mortier, on soudera la cassure et l'on refermera
» les trous au ciment, puis l'on remettra la glaise. Lorsque les vides
» seront considérables et surtout près des écluses, on avertira de
» suite l'ingénieur et on laissera le bief à sec jusqu'à ce qu'une déci-
» sion soit prise sur la nature de la réparation à faire.

» Quand, lors de la visite d'un bief, on reconnaîtra que les injec-

---

(1) Cette opération a prouvé qu'il n'y avait aucun mouvement des bajoyers qui sont
restés parfaitement à leur place. La lézarde du radier de l'écluse n° 1 a été réparée au
chômage de 1854, ainsi que celle de l'écluse n° 10.

» tions et autres travaux à faire devront durer plus de vingt-quatre
» heures, on pourra interrompre la navigation pendant deux jours et
» même trois, si cela est nécessaire, pour réparer complétement; sauf
» à laisser ensuite un intervalle de deux ou trois jours entre la fin
» de cette visite et le commencement de la suivante.

» On commencera par visiter le bief n° 12, ensuite les biefs n°s 5,
» 7 , et pour les autres on suivra leur ordre naturel, à moins de cas
» particuliers, qui sont laissés à l'appréciation de M. Marchal (1), conduc-
» teur chargé dorénavant du service de la navigation dans cette par-
» tie du canal. Les biefs qui, à la deuxième visite, seront reconnus
» n'avoir subi aucune espèce d'avarie pourront ensuite être visités
» moins souvent, et l'on pourra laisser à la navigation deux jours sur
» trois, mais ce ne sera que sur l'ordre de l'ingénieur, après qu'il
» lui aura été rendu compte des résultats. Les observations faites lors
» de chaque visite feront l'objet d'un petit rapport sommaire du
» piqueur ou du conducteur, qui fera connaître les faits qui se seront
» présentés et les réparations exécutées ; ce rapport indiquera toujours
» à quelle distance de la tête d'amont de l'écluse les réparations au-
» ront été faites, l'importance du vide qui aura été trouvé dans le
» béton, enfin toutes les circonstances qui peuvent intéresser la ques-
» tion. Ce rapport sera adressé à l'ingénieur immédiatement après
» chaque visite. »

§ 7. — Effets de l'hiver de 1853 à 1854 sur les travaux de la descente d'Arschwiller.

A partir de la fin de novembre 1853, aucun fait nouveau de quelque importance ne fut signalé ; la gelée survint, et, au commencement
de janvier 1854, les glaces arrivèrent à une épaisseur de $0^m,20$ dans
toute la descente. On maintint les biefs en eau, et aucune filtration ne
fut aperçue le long des talus extérieurs du chemin de halage jusqu'au moment du premier dégel, qui eut lieu au commencement
de février ; quelques pertes apparurent alors au pied des talus dans
les biefs n°s 6, 9 et 11 : comme dans le onzième bief, la perte était
précisément au point où on l'avait déjà observée dans l'automne de.

---

(1) M. Marchal, qui a remplacé M. Bertrand dans le service de la descente d'Arschwiller, a pleinement justifié la confiance que ses chefs avaient en lui, et a rempli parfaitement sa mission.

de 1853 ; on présumait qu'elle devait de nouveau venir du dixième bief, et comme, en définitive, la navigation était impossible à cause des glaces, nous fîmes baisser les eaux de ces biefs, qui furent tenues à 0m,50 environ. La gelée reprit immédiatement avec une grande intensité, et il fallut remettre l'examen des avaries à un temps plus favorable.

Le dégel définitif arriva dans les premiers jours de mars 1854. Outre les trois biefs qui avaient déjà commencé à perdre lors du premier dégel, on vit au dégel définitif quelques suintements au pied du talus extérieur du chemin de halage du douzième bief. Lorsque les glaces, qui avaient pris jusqu'à 0m,30 d'épaisseur, commencèrent à fondre sérieusement, on les cassa et l'on s'en débarrassa ; on mit ensuite les biefs n° 6, 9, 10, 12 à sec, et on les examina.

Dans le sixième bief, on vit une assez forte séparation entre le béton et le mur de droite, vers le milieu du bief, où le chemin de halage fait une forte courbe concave du côté du canal. Cette séparation, qui avait 0m,015 d'ouverture, donnait passage aux eaux et occasionnait les filtrations qui avaient été aperçues.

Dans le neuvième bief, on découvrit des cassures du béton sur le talus et au pied du talus intérieur du chemin de halage, entre le déversoir et le mur, construit dans la rupture de novembre 1853 ; ces mouvements étaient la suite du tassement du remblai au dégel ; ils n'offraient pas la gravité qu'on aurait pu leur supposer d'abord.

Dans le dixième bief, on ne trouva rien de dérangé, si ce n'est la lézarde du radier de l'écluse n° 10, qui s'était ouverte de 0m,001 à 0m,002 et un petit détachement du béton contre la plate-bande de tête du radier d'amont ; ces petits mouvements étaient faciles à réparer au ciment de Vassy.

Dans le douzième bief, on trouva le même effet que dans le sixième : le béton était séparé du mur de droite, dans la partie concave, vers l'intérieur du canal, de la courbe qu'affecte le chemin de halage dans ce bief. On laissa ces biefs à sec pendant trois ou quatre jours pour les examiner une seconde fois de plus près, et en attendant on examina les autres, dans lesquels on ne trouva rien, si ce n'est dans le troisième, qui perdait un peu par le pied du talus extérieur du chemin de halage. Comme la navigation venait d'être suspendue deux mois par les glaces d'un hiver exceptionnel, il fallait ne pas la retarder davantage et faire le plus pressé : on laissa donc pour le moment la réparation du troisième bief, et l'on se borna à réparer les biefs nᵒˢ 6, 9, 10, 12.

Lorsqu'on retourna au sixième bief, on s'aperçut, non sans quelque surprise, que la cassure de $0^m,015$ d'ouverture, remarquée quelques jours auparavant, s'était *entièrement refermée*, et l'on ne voyait plus qu'une trace de l'épaisseur d'un cheveu. Le même phénomène se reproduisait dans le douzième bief; on fit des trous de sonde et l'on constata qu'il n'existait nulle part aucun vide sous le béton. Que conclure de là ? Il devenait évident pour nous que c'était la poussée des glaces qui avait légèrement écarté les murs du côté droit dans les parties concaves des courbes, c'est-à-dire là où cette poussée avait son maximum d'effet du dedans au dehors, et que ces murs, une fois débarrassés de la poussée, avaient repris leur position par leur élasticité. Ce fait est des plus positifs (1), et il en résulte immédiatement un enseignement important pour l'entretien, *c'est qu'il faut, dans les parties où un canal est entre murs avec parement à fruit, casser constamment les glaces en hiver le long des murs lorsqu'elles commencent à prendre une certaine épaisseur; cette précaution est d'ailleurs évidemment plus importante encore pour les ponts-canaux (2).*

Quant à la réparation des biefs nᵒˢ 6 et 12, elle se réduisit à ouvrir un peu la trace de cassure et à la cimenter au ciment de Vassy. On répara de même les petites cassures observées contre l'écluse nᵒ 10 et dans le radier de cette écluse.

Pour le neuvième bief, la réparation eut un peu plus d'importance; les sondages montrèrent quelques vides dans le béton, sur les talus. On les suivit en brisant quelques parties de béton; celui-ci était déjà tellement dur qu'il était difficile de l'entamer; on remplit de menue maçonnerie les trous que l'on trouva sous le béton dans le remblai. On referma les fentes au ciment de Vassy frappé de petits cailloux siliceux proprement lavés, on remit la glaise sur le béton et l'on replaça le gazonnage. Enfin, le 15 mars, la navigation fût rouverte, et

(1) Les massifs de maçonnerie les plus solides ont une certaine élasticité qui leur permet de se prêter à ces petits mouvements sans rompre. Les personnes qui auraient du doute à cet égard n'ont qu'à charger jusqu'à rupture une dalle de $0^m,05$ d'épaisseur et de 1 mètre de portée. Ils la verront très-clairement prendre une flèche de $0^m,005$ à $0^m,01$ avant de rompre.

(2) Lorsque cette influence des glaces doit durer longtemps, c'est-à-dire dans les hivers rigoureux, ce qu'on peut faire de mieux, c'est de mettre à sec les parties de canal qui pourraient en souffrir, ou du moins d'y laisser très-peu d'eau.

depuis elle n'a plus été interrompue que par des visites de biefs de peu d'importance, dont les intervalles ont été en s'éloignant de jour en jour.

§ 8. — Travaux confortatifs des talus extérieurs du chemin de halage.

Dès l'automne de 1853, on avait reconnu qu'il était impossible de laisser aux remblais du chemin de halage de la descente le profil en travers suivant lequel ils avaient été projetés et exécutés; les talus extérieurs avaient 1 1/2 de base sur 1 de hauteur. Il suffit d'examiner les profils n°s 2 et 3 (fig. 2 et 3, pl. B) pour voir qu'avec cette disposition le remblai était assis par sa base sur une pointe ; et si l'on ajoute à cela que, par leur nature, les terres qui le composent s'étalent dès que les eaux y pénètrent, on verra qu'il fallait trouver une combinaison qui permît d'établir une meilleure assiette. Le projet fut étudié pendant les mois de janvier et février 1854, et approuvé par l'administration supérieure le 16 mars 1854.

Les profils en travers montrent à leur seule inspection (fig. 2 et 3, pl. B) tout le danger que présente le remblai du chemin de halage et la nécessité de l'empêcher de glisser sur la pente du versant. Les dispositions adoptées pour s'opposer à ces glissements ont consisté à établir sur le talus extérieur un nouveau remblai arrêté par le pied au moyen d'un fort enrochement en pierre sèche. Ce nouveau remblai est d'ailleurs disposé comme l'indiquent les parties hachées sur les profils (fig. 2 et 3, pl. B). Une première retraite est établie au niveau du plafond; elle sépare le talus à 1 1/2 de base pour 1 de hauteur des remblais actuels d'un talus à 2 de base pour 1 de hauteur, et celui-ci est séparé lui-même par une retraite du talus inférieur incliné à 3 de base pour 1 de hauteur.

Le talus que prennent les terres imbibées d'eau dans cette partie du canal est moyennement de 3 à 3 1/2 de base pour 1 de hauteur. Prenons le profil n° 2 (fig. 2, pl. B) par exemple : on suppose que si le remblai s'affaissait, la ligne moyenne du talus serait la ligne *ab* : c'est donc suivant cette inclinaison qu'il aurait fallu renforcer le talus; mais la vallée du Teigelbach est fort étroite, et cette disposition, qui se présente comme la plus naturelle, aurait eu l'inconvénient de rétrécir le passage des crues, tout en forçant à des acquisitions de terrain considérables. C'est pour éviter cet inconvénient et pour ajouter encore à la solidité que l'on a établi un enrochement au pied du talus.

Cet enrochement a 1 mètre d'épaisseur en crête, il est terminé à 45° du côté extérieur, et son talus intérieur est disposé à peu près perpendiculairement à la ligne *ab* inclinée à 3 de base sur 1 de hauteur que prendraient les terres en s'éboulant; cette disposition donne à l'enrochement la plus grande résistance possible contre la poussée du remblai. Dans le huitième bief, il a d'ailleurs été nécessaire, à cause de la pente rapide du terrain naturel, d'établir à l'extérieur de l'enrochement un enracinement dans le sol. Cette disposition a paru superflue dans les autres biefs. Ajoutons que les deux retraites adoptées dans le talus extérieur ont été plantées d'acacias qui ont poussé rapidement dans ce terrain et achevé de consolider complétement les talus.

Les remblais nouveaux ont d'ailleurs été exécutés autant que possible en pierrailles, et l'enrochement en pierres, sans mélange de terre, condition essentielle pour obtenir une stabilité immédiate et complète.

Au moyen de ces dispositions, on a mis fin aux glissements des remblais, et ce n'est qu'en arrêtant ces glissements, que rien ne pouvait empêcher auparavant, que l'on est parvenu à régulariser complétement la navigation dans la descente d'Arschwiller. Nous ferons remarquer d'ailleurs que ces travaux extérieurs à la cuvette ont été exécutés sans mettre le canal à sec.

§ 9. — Retour à la visite des biefs de la descente.

Les travaux supplémentaires qui viennent d'être décrits étaient commencés d'urgence, avant l'approbation du projet, pour le bief n° 9, et immédiatement après l'approbation, on les exécuta aux biefs n°s 5, 6, 7, 8, 9, 10; on n'exécuta pas de travaux confortatifs dans l'étendue des plates-formes des écluses; là il n'y avait en effet rien à risquer; les bajoyers, par leur grande épaisseur, devaient résister autrement que de simples murs de revêtement, et d'ailleurs les plates-formes avaient une grande largeur de remblai. On arrêta donc vis-à-vis de la tête d'amont et au droit des rampes d'aval de chaque écluse le nouveau profil en travers contre l'ancien, par des quarts de cône conservant le nouveau profil en travers. On économisait ainsi 3,000 fr.

par écluse, soit 18,000 fr. sur les six qui étaient comprises au projet, sans nuire pour cela au succès de ce projet.

Tout en exécutant ces travaux confortatifs, on examina encore l'intérieur des biefs; mais comme les visites successives y faisaient reconnaître des dégradations de moins en moins graves, on se borna à ne plus les visiter que lorsqu'une perte paraissait au pied du talus extérieur, et bientôt on ne les visita plus, ce qui veut dire qu'ils ne perdaient plus rien. Nous arrivâmes à ce résultat dans le courant de mai 1854, et ce ne fut pas une des moindres jouissances de notre carrière d'ingénieur ordinaire.

Le tirant d'eau de 1ᵐ,60 avait pu être définitivement établi dans la descente dès les premiers jours de mai 1854, et de mars à mai on avait tenu 1ᵐ,60, excepté pour les biefs nᵒˢ 6, 9, 10 et 12, qui avaient été tenus dans cet intervalle à 1ᵐ,30 le jour et 0ᵐ,80 la nuit. La navigation de nuit avait d'ailleurs été interdite dans ces biefs, mais elle fut reprise dans le mois de mai sur toute la descente. Dans le mois de juin on porta la tenue d'eau à [1ᵐ,80 dans tous les biefs; enfin, le 20 juillet, après l'achèvement des travaux confortatifs des remblais dans les biefs nᵒˢ 5, 6, 7, 8, 9, 10, on porta partout la tenue d'eau à son maximum de 2 mètres] et rien ne bougea. Comme aucune perte ne se manifesta aux pieds des talus extérieurs depuis le 15 juin 1854, on ne visita plus aucun bief depuis cette époque jusqu'au 1ᵉʳ septembre, époque fixée pour l'ouverture du chômage de 1854.

§ 10. — État général du canal et résultats obtenus au moment de l'ouverture du chômage de 1854 dans la troisième subdivision.

Il nous reste maintenant à donner une récapitulation, une idée générale et précise en même temps des travaux exécutés et des résultats obtenus jusqu'au chômage de 1854, et à indiquer ensuite les travaux exécutés pendant ce chômage, qui a été le dernier grand chômage du canal de la Marne au Rhin (1). Nous croyons qu'à l'avenir les chômages sur ce canal pourront, sinon être supprimés complétement, du moins être réduits à fort peu de chose (2).

Pour résumer les résultats obtenus jusqu'au chômage de 1854, nous

(1) Ce chômage a duré du 1ᵉʳ septembre au 30 octobre 1854.

(2) En 1855 déjà il n'y a pas eu de chômage sur la branche du Rhin du canal de la Marne au Rhin.

ne pouvons mieux faire que de les extraire d'une note qui nous a été demandée sur ce sujet, le 13 juillet 1854, par M. l'ingénieur en chef Jaquiné, pour être remise à M. l'inspecteur général Schwilgué, alors en tournée, note que nous lui adressâmes le 19 juillet 1854. Le bief de partage des Vosges figure dans ce résumé; nous l'y laissons, quoiqu'il ne concerne pas directement notre sujet, parce qu'on en déduit d'utiles renseignements pratiques.

RÉSUMÉ DES DÉPENSES D'EAU PENDANT LE MOIS DE JUIN 1854.

INDICATION des SECTIONS DE CANAL.	Longueurs en mètres.	INDICATION des PRISES D'EAU alimentant les longueurs de la colonne 2.	VOLUME d'eau entré dans le canal et fourni par les prises d'eau.	Remplissage du canal corresp. aux longueurs de la colonne 2.	RESTE pour l'alimentation.	DÉPENSES dues au passage des bateaux — à déduire de la colonne 6	à ajouter à la colonne 6	RESTES pour les pertes du canal par filtrations imbibit., évaporation, fausses manœuv. et pertes des portes	Nombre de jours pendant lesquels les prises d'eau ont fonct.	ALIMENTATION moyenne par 24 heures et par mètre courant déduite des colonnes 2, 6 et 10	PERTES moyennes totales par filtrations, imbibition, évaporation, pertes des portes, fausses manœuvres par 24 h. et par m. c., déduites des col. 2, 9 et 10	OBSERVATIONS.
1	2	3	4	5	6	7	8	9	10	11	12	13
	m.		m. c.		m. c.	m. c.	m. c.	m. c.		m. c.	m. c.	
		Étang de Gondrexange	1,583,816									Les dépenses dues au passage des bateaux (colonnes 7 et 8) ont été calculées par les différences des nombres d'éclusées aux écluses placées immédiatement en amont des prises d'eau. Ces différences sont positives ou négatives, suivant que le nombre d'éclusées d'aval est plus grand ou plus petit que le nombre d'éclusées d'amont.
		Rigole de la Sarre et autres prises d'eau..	425,114									Chaque éclusée est comptée moyennement pour 500 métr. cubes, à l'exception de l'écluse n° 51, dont l'éclusée n'est moyennement que de 250 m. c.
		Total.....	2,008,930									
1° Bief de partage compris entre la tête d'amont de l'écluse n° 1 du versant de la Meurthe et la tête d'aval de l'écluse n° 1 du versant du Rhin	29,479	A déduire les prises d'eau faites par les écluses extrêmes du bief de partage et les volumes d'eau qui ont passé par les déchargeoirs du même bief / Reste.....	1,712,504 / 296,426	»	296,426	161,500 *(a)*	»	184,926	30	» 34	» 15	
2° De la tête d'aval de l'écluse n° 1 du versant du Rhin et la tête d'aval de l'écluse n° 18..	3,932	Prise d'eau du bief de partage............	27,302	»	24,406	24,000	»	3,302	30	» 23	» 03	(a) Somme des éclusées aux écluses extrêmes du bief de partage.
3° De la tête d'aval de l'écluse n° 18 à la tête d'aval de l'écluse n° 26..................	7,074	Prise d'eau de Hoffmühl dans la Zorn..	70,102	»	70,102	»	6,000	76,102	30	» 33	» 36	
4° De la tête d'aval de l'écluse n° 26 à la tête d'aval de l'écluse n° 40	18,399	Prise d'eau de Mungelbaëchel dans la Zorn.	379,693	»	579,693	81,000	»	498,693	30	1 05	» 90	
5° De la tête d'aval de l'écluse n° 40 à la tête d'aval de l'écluse n° 46...............	12,630	Prise d'eau de Lupstein dans la Zorn........	634,427	»	634,427	»	22,000	656,427	30	1 67	1 73	
6° De la tête d'aval de l'écluse n° 46 à la tête d'aval de l'écluse n° 51, — entrée du chenal du Wacken....................	16,524	Prise d'eau de Münchmühl dans la Zorn. .	752,339	»	752,339	»	46,500	798,839	30	1 52	1 61	

Il est bon de faire remarquer d'ailleurs que les chiffres de la dernière colonne du tableau précédent proviennent de la différence des cubes résultant des jaugeages de l'alimentation prise à ses sources, et de ceux qui ressortent des attachements directs de la consommation d'eau faite pour les besoins de la navigation ; il s'ensuit que les pertes qu'ils représentent comprennent l'évaporation, l'imbibition, les filtrations, les pertes par les portes d'écluses et par les fausses manœuvres, ces dernières étant très-peu de chose du reste dans une partie de canal où les portes sont neuves, très-étanches, et les prises d'eau convenablement échelonnées sur le versant.

Nous avons, à la fin de juillet et à la fin d'août 1854, fait de nouvelles expériences directes sur les pertes du canal dans notre service, et, pour en apprécier les résultats, il suffira de jeter les yeux sur le tableau ci-après, donnant les dépenses d'eau d'après le jaugeage des prises d'eau avant l'ouverture du chômage de 1854, qui a eu lieu le 1er septembre.

RÉSUMÉ DES DÉPENSES D'EAU PENDANT LA SEMAINE DU 21 AU 28 AOUT 1854.

INDICATION des PARTIES DE CANAL dans la 3e subdivision.	Longueurs en mètres.	INDICATION des PRISES D'EAU alimentant les longueurs précédentes.	VOLUME d'eau entré dans le canal et fourni par les prises d'eau.	Remplissage du canal correspondant aux long. de la col. 2	RESTE pour l'alimentation.	DÉPENSES dues au passage des bateaux — à déduire de la colonne 6	à ajouter à la colonne 6	RESTES ou TOTAUX pour les pertes du canal énumérées dans la colonne 12	Nombre de jours pendant lesquels les prises d'eau ont fonct.	ALIMENTATION moyenne par 24 heures et par mètre courant déduite des colonnes 2, 6 et 10	PERTES moyennes par filtrations, imbibition, évaporation, fausses manœuvres et pertes des portes, par 24 h. et par m. c', déduites des col. 2, 9 et 10	OBSERVATIONS.
1	2	3	4	5	6	7	8	9	10	11	12	13
	m.		m. c.		m. c.	m. c.	m. c.	m. c.		m. c.	m. c.	
1° Bief de partage compris entre la tête d'amont de l'écluse n° 1 du versant de la Meurthe et la tête d'aval de l'écluse n° 1 du versant du Rhin........	29,479	Étang de Gondrexange Rigole de la Sarre.... Wesbach, Unterzess et Arschwiller........ Total..... A déduire les prises d'eau faites par les écluses extrêmes du bief de partage et les volumes d'eau qui ont passé par les déchargeoirs du même bief Reste.....	458,934 21,777 1,225 481,936 980,486 101,450	»	101,450	(a) 43,000	»	58,450	7	» 49	» 28	Les dépenses dues au passage des bateaux (colonnes 7 et 8) ont été calculées par les différences des nombres d'éclusées aux écluses placées immédiatement en amont des prises d'eau. Les différences sont positives ou négatives, suivant que le nombre d'éclusées d'aval est plus grand ou plus petit que le nombre d'éclusées d'amont. Chaque éclusée est comptée moyennement pour 500 métr. cubes, à l'exception de l'écluse n° 51, dont l'éclusée n'est moyennement que de 250 m. c. (a) Somme des éclusées aux écluses extrêmes du bief de partage.
2° De la tête d'aval de l'écluse n° 1 du versant du Rhin et la tête d'aval de l'écluse n° 18..	3,932	Étang de Gondrexange et la rigolo de la Sarre	1,463	»	1,463	500	»	963	7	» 05	» 03	
3° De la tête d'aval de l'écluse n° 18 à la tête d'aval de l'écluse n° 26........	7,074	Hoffmühl	19,831	»	19,831	2,500	»	17,231	7	» 40	» 35	
4° De la tête d'aval de l'écluse n° 26 à la tête d'aval de l'écluse n° 40........	18,399	Mungelbaëchel	127,834	»	127,834	1,500	»	126,334	7	» 99	» 98	
5° De la tête d'aval de l'écluse n° 40 à la tête d'aval de l'écluse n° 46........	12,630	Lupstein............	116,256	»	116,256	3,500	»	112,750	7	1 31	1 28	
6° De la tête d'aval de l'écluse n° 46 à la tête d'aval de l'écluse n° 51, près de l'embouchure du canal dans l'Ill........	16,524	Münchmühl..........	135,821	»	135,821	»	12,000	147,821	7	1 17	1 28	
7° Chenal de Wacken en rivière.	964											
Total.....	89,002											

En rapprochant les résultats de ce tableau de ceux de la note du 19 juillet 1854 citée plus haut, on établit l'état comparatif suivant :

INDICATION des SECTIONS DE CANAL.	PERTES PAR MÈTRE COURANT et par 24 heures		OBSERVATIONS.
	pendant la semaine du 21 au 29 août 1854	pendant le mois de juin 1854 Rappel de la note du 19 juill. 1854	
	m. c.	m. c.	
1° Bief de partage des Vosges..........	» 28	» 15	
2° Section comprise entre l'écluse n° 1 du versant du Rhin et la prise d'eau de Hoffmühl (descente d'Arschwiller)..	» 03	» 03	
3° Section comprise entre les prises d'eau de Hoffmühl et du Mungelbaëchel.....	» 35	» 36	
4° Section comprise entre les pièces d'eau du Mungelbaëchel et Lupstein........	» 98	» 90	
5° Section comprise entre les prises d'eau de Lupstein et la Münchmühl........	1 28	1 73	
6° Section comprise entre la prise d'eau de la Münchmühl et le chenal dit du Wacken......................	1 28	1 61	
7° Chenal du Wacken, ou partie alimentée par l'Arr et l'Ill...................	»	»	Cette partie est comme en rivière ; on n'y a pas fait d'expérience.

Si l'on compare les chiffres du mois d'août avec ceux de juin, on voit clairement établi le fait de la variation des pertes du bief de partage avec les saisons dont il sera parlé plus loin. Pour les autres parties du canal, les chiffres de juin s'accordent parfaitement avec ceux de la fin d'août, excepté pour les parties n°s 5 et 6 du tableau précédent, qui présentent une amélioration sensible par suite des étanchements à l'eau trouble qui y ont été faits dans les parties où l'on ne devait pas bétonner pendant le chômage de 1854.

Le tableau qui précède établissant l'état du canal à l'ouverture du chômage de 1854, il nous reste à indiquer sommairement les travaux d'amélioration exécutés pendant ce chômage.

§ 11. — Indication sommaire des travaux d'étanchements exécutés pendant le chômage de 1854.

Pendant le chômage de 1854, on bétonna sur la branche du Rhin les parties suivantes :

Dans le bief n° 30, le profil entier sur. . . .	43ᵐ de longueur.	
Dans le même bief, le plafond et le talus du côté droit, sur	360	id.
Dans le même bief	190	id.
Dans le même bief, le talus du côté droit seulement, sur	95	id.
Longueur totale de bétonnage partiel du bief n° 30	688ᵐ	

Dans le bief n° 37, aux abords du pont-canal de la Mosselbach, on bétonna en pleine section entière.	15	id.
Dans le bief n° 42, en section entière	1,390	id.
Dans le bief n° 49, id.	395	id.
Dans le bief n° 49, id.	607	id.
Dans le bief n° 51, id.	750	id.
Longueur totale en section entière.	3,247	
Les 688 mètres de longueur de bétonnages partiels du bief n° 30 à la section entière donnent une longueur de (1)	430	
D'où résulte pour les travaux de 1854 une longueur totale de bétonnage réduite à la section entière normale de.	3,677	

(1) Ces longueurs se calculent proportionnellement aux cubes de béton employés ; ainsi c représentant le cube de béton qui entre par mètre courant dans la section entière, c' celui qui entre par mètre courant dans la section partielle sur laquelle on opère ; si l' est la longueur de la partie du canal où l'on adopte cette section partielle, le cube employé sera $c'l'$; si l est la longueur en section entière donnant le même cube on a $cl = c'l'$, d'où $l = \frac{l'c'}{c}$, et la valeur de l ainsi calculée donne la longueur de section entière qui équivaut à la longueur de section partielle donnée.

Des étanchements par remaniement de terres furent faits dans les biefs suivants :

Bief n° 45. . . . . 800^m courants.

Bief n° 47. . . . . 250 id.

Bief n° 49. . . . . 200 id.

Bief n° 50. . . . . 75 id.

Longueur totale des parties remaniées en 1854 sur le versant du Rhin 1,325

On a d'ailleurs pendant l'année 1854 fait des étanchements au sable sur quelques points pour compléter les effets de ceux qu'on avait déjà entrepris antérieurement (1).

§ 12. — Résumé des travaux d'étanchements exécutés dans la troisième subdivision et résultats définitifs obtenus.

Pour résumer les améliorations successives qui ont été apportées dans l'état du canal par les divers travaux d'étanchements exécutés depuis 1852, que nous venons d'indiquer en détail dans ce qui précède, nous réunissons dans le tableau n° 1 ci-après tous les résultats des expériences sur les pertes dont nous avons, à mesure qu'elles se sont faites, rendu compte à MM. les ingénieurs en chef Collignon et Jaquiné, et dont il a déjà été question dans le cours de cet écrit, et nous plaçons en regard de chaque bief l'indication des longueurs de chaque nature d'étanchement exécuté.

(1) Le chômage de 1854 a été le dernier chômage important. En 1855 la branche du Rhin n'a pas été mise en chômage, et elle ne le sera à l'avenir que pour les menues réparations propres à l'entretien de tous les canaux.

ARTICLE PREMIER. — RÉSULTATS OBTENUS PAR RAPPORT A LA CONSOMMATION D'EAU.

TABLEAU N° 1.

DÉTAIL DES PERTES ET DES LONGUEURS ÉTANCHÉES BIEF PAR BIEF.

FORMATIONS géologiques	NUMÉROS DES BIEFS	PERTES TOTALES PAR MÈTRE COURANT et par 24 heures — au 23 janv. 1853	au 13 mai 1853 avant le chômage	au 25 sept. 1853 après le chômage	au 17 juin 1854	au 31 août 1854 avant le chômage	au 16 janv. 1855 après le chômage 1854	LONGUEURS DES BIEFS	LONGUEURS ÉTANCHÉES en 1852, 1853, 1854 — En béton	En corrois de terre	A l'eau trouble	Par réparations diverses	OBSERVATIONS
(1)	(2)	(3)	(4)	(5)	(6)	(7)	(8)	(9)	(10)	(11)	(12)	(13)	
		m. c.	m. c.	m.	m. c.	m. c.	m. c.	m.	m.	m.	m.	m.	
MUSCHELKALK, MARNE IRISÉE, GRÈS BIGARRÉ	1	»	1.17	0.12	0.15	0.28	0.21	25,479.00	3,459.00	2,840	20,000.00	1,000	Bief de partage des Vosges, alimenté par l'étang de Gondrexange, une rigole dérivée de la Sorre, la fontaine de Wesbach, le ruisseau d'Unterrees et le ruisseau d'Arschwiller dit Teigelbach.
GRÈS VOSGIEN. — ROC.	2	»	»	0.13	0.10	»	0.15	306.40	90.00	»	»	»	Les expériences du 4e bief n'ont jamais pu se faire très-exactement à cause du ruisseau qui y déverse; on a admis qu'il perd 0m,20 comme le bief non bétonné n° 18 de la descente d'Arschwiller.
	3	»	»	0.15	0.10	»	0.05	93.05	93.05	»	»	»	
	4	»	»	0.13	0.10	»	0.30	122.85	»	»	»	»	La série des expériences des colonnes 5 et 6 pour la descente d'Arschwiller n'a pu être faite exactement le 25 septembre 1853, et le 17 juin 1854 les portes d'écluses n'ayant pas été définitivement réglées, cette opération n'a été faite qu'après le chômage de 1854 d'une manière tout à fait exacte.
	5	»	»	0.10	0.05	»	0.04	243.70	243.70	»	»	»	
	6	»	»	0.15	0.01	—	0.05	243.60	243.60	»	»	»	
	7	»	»	0.15	0.04	»	0.04	226.80	220.00	»	»	»	
	8	»	»	0.15	0.04	»	0.04	138.00	138.00	»	»	»	
	9	»	»	0.13	0.01	»	0.06	188.80	188.00	»	»	»	
	10	»	»	0.14	0.01	»	0.04	489.50	489.50	»	»	»	
	11	»	»	0.14	0.01	»	0.04	278.10	278.10	»	»	»	
	12	»	»	0.14	0.02	»	0.05	208.90	208.90	»	»	»	a. Une partie du plafond du bief avait paru bonne, aussi ne l'avait-on pas bétonnée. L'expérience a démontré que cette économie était mal entendue, et l'on a complété le bétonnage immédiatement.
	13	»	(a) 20.04	0.01	»	»	0.06	224.60	224.60	»	»	»	
	14	»	»	0.1	0.02	»	0.03	274.50	274.50	»	»	»	
	15	»	»	0.1	0.01	»	0.03	263.50	263.50	»	»	»	
	16	»	»	0.11	0.02	»	0.03	281.60	281.60	»	»	»	
	17	»	»	0.10	0.01	»	0.03	281.46	281.40	»	»	»	
	18	»	»	0.30	0.44	»	0.30	358.50	»	390	»	»	Prise d'eau de Hoffmühl. 1re prise d'eau de la Zorn.
GRÈS VOSGIEN, TERRES SABLONNEUSES.	19	0.20	0.30	0.30	0.90	0.44	0.30	767.43	»	»	»	»	
	20	2.02	1.31	1.31	0.80	0.80	0.30	814.65	»	»	300.00	»	
	21	1.17	0.30	0.30	0.30	0.44	0.30	1,023.75	»	»	700.00	»	
	22	1.17	0.59	0.73	0.44	0.50	0.30	577.10	»	»	377.10	»	
	23	0.44	0.30	0.44	0.30	0.30	0.30	1,444.35	»	»	»	»	
	24	0.44	0.30	0.30	0.30	0.30	0.30	814.60	»	»	»	60	La limite des départements de la Meurthe et du Bas-Rhin se trouve dans ce bief. Prise d'eau du Mungelbaechel. — 2e prise d'eau de la Zorn.
	25	0.30	0.30	0.30	0.20	0.44	0.30	1,421.40	»	»	»	»	
	26	0.30	0.30	0.30	0.30	0.30	0.30	784.50	»	»	»	80	
	27	0.30	0.30	0.30	0.30	0.30	0.30	1,281.42	»	»	»	50	
	28	0.44	0.44	0.44	0.30	0.44	0.44	648.03	»	»	»	100	
	29	0.44	0.30	0.30	0.30	0.44	0.44	1,237.85	823.00	200	2,000.00	»	On n'a bétonné les 823m qu'après avoir essayé vainement les étanchements au sable. Écluse n° 31 accolée à l'écluse n° 30. Traversée de Saverne. Le bétonnage a été fait pour assainir les caves voisines du canal.
	30	1.17	1.31	1.31	1.90	2.29	0.44	3,435.20	»	»	»	»	
MUSCHELKALK.	31	0.00	0.00	0.00	0.00	0.06	0.90	47.20	212.60	»	»	»	
	32	0.39	0.30	0.30	0.30	0.30	0.90	1,450.97	»	»	»	100	
ALLUVION, TERRI LÉGERS.	33	0.30	0.30	0.38	0.40	0.59	0.44	891.55	»	»	540.00	90	
	34	1.17	0.44	0.73	0.73	0.88	0.39	1,207.10	»	»	4,000.00	80	
	35	1.73	1.30	1.3	0.90	0.86	0.88	521.45	»	»	900.00	100	
	36	0.44	0.44	0.4	0.44	0.59	0.30	1,154.69	»	»	»	200	Bétonnage de sûreté à cause de la position particulière de ce bief, qui est adossé au chemin de fer et en contre-haut des rails.
	37	0.73	0.73	0.55	0.73	0.88	0.59	3,884.81	930.00	»	380.00	»	
	38	2.04	0.44	1.3	4.20	4.02	0.59	4,843.23	»	»	1,300.00	50	
	39	1.02	1.02	0.73	0.73	0.59	0.44	872.80	»	»	600.00	100	Prise d'eau de Lupstein. — 3e prise d'eau de la Zorn.
LIAS.	40	2.34	2.37	2.21	1.40	1.02	0.88	1,628.75	»	»	1,400.00	»	
	41	2.45	1.73	2.45	1.80	1.02	0.88	2,454.57	»	55	3,400.00	»	On n'a bétonné les 1,980m qu'après avoir vainement essayé les étanchements au sable.
	42	0.59	0.68	2.45	2.45	2.45	0.59	4,470.70	4,390.00	613	4,000.00	60	
	43	2.02	0.73	2.0	2.45	1.45	0.88	4,028.90	»	885	600.00	100	
	44	0.30	0.73	1.45	0.30	0.59	0.59	1,923.70	»	286	»	»	
	45	1.45	1.17	1.73	1.00	0.88	0.88	1,413.80	»	1,025	890.00	190	Prise d'eau de la Münchmühl. — 4e prise d'eau de la Zorn. On n'a bétonné les 697m qu'après avoir vainement essayé les étanchements au sable.
ALLUVION. — LEHM.	46	0.30	0.88	1.1	0.30	0.44	0.44	1,936.10	»	99	»	»	
	47	0.30	0.73	1.1	1.17	1.31	0.88	6,401.40	697.00	734	6,000.00	»	Même observation que pour le 47e bief.
	48	0.73	0.73	1.3	0.73	0.73	0.73	1,422.40	»	»	1,100.00	150	
ALLUVION. — LEHM.	49	1.17	0.59	1.1	1.00	1.02	0.88	3,947.40	635.00	1,700	3,540.00	200	
	50	2.02	2.02	1.73	1.73	1.59	0.88	4,314.30	»	373	1,900.00	»	Il n'est resté dans ce bief, en définitive, que 500m,40 non bétonnés.
	51	5.45	3.45	1.45	1.73	1.73	0.44	3,639.40	3,049.00	330	1,000.00	»	
	52	»	»	»	»	»	»	964.00	»	»	»	»	
TOTAUX								89,092.00	14,612.25	8,953	29,457.10	2,680	

Le tableau qui précède montre par la comparaison des chiffres des colonnes 3, 4, 5, 6, 7, 8, les améliorations successives réalisées aux diverses époques où les expériences sur les pertes ont été faites. Ces expériences ont consisté à isoler pendant douze heures le canal de ses prises d'eau, à fermer les ventelles de toutes les écluses, et à constater au moyen des échelles l'abaissement du niveau des biefs. On en a conclu les abaissements en vingt-quatre heures en doublant les abaissements observés, et ensuite on a calculé les cubes par mètre courant, au moyen de ces abaissements et des données du profil en travers. Ce sont ces cubes vérifiés dans leurs totaux par les débits des prises d'eau qui figurent dans les colonnes 3, 4, 5, 6, 7, 8.

Le bief de partage des Vosges renferme dans ses tranchées un assez grand nombre de sources qui sortent entre le plafond et le niveau des chemins de halage, et dont le débit maximum peut être évalué à 7,000 mètres cubes par vingt-quatre heures, d'après des jaugeages faits avant la mise en eau du canal. En été, elles diminuent dans les grandes chaleurs, et l'on ne peut évaluer leur débit à plus de 1,500 mètres cubes par vingt-quatre heures, soit, sur la longueur de 29,479 mètres du bief de partage, $0^{mc},05$ par vingt-quatre heures et par mètre courant. L'expérience sur les pertes par l'abaissement du niveau doit donc constater pour ce bief des variations dépendant du jeu de ces sources cachées sous les eaux, c'est-à-dire que si l'on expérimente en automne, où les sources sont abondantes, on doit trouver un abaissement beaucoup moindre qu'en été où elles tarissent. C'est en effet ce qui a été constaté d'une manière complète par l'expérience.

Les pertes en tant qu'il s'agit de leur constatation par l'abaissement du niveau ou par la consommation de l'eau débitée par les prises d'eau du canal, varient d'une saison à l'autre, suivant le jeu des sources cachées du bief de partage, et cela d'une manière très-notable.

On voit, par la comparaison des colonnes 4 et 5, que le bief de partage perdait moyennement $1^{mc},17$ par mètre courant et par vingt-quatre heures, avant le commencement des travaux d'étanchements de la campagne de 1853, et qu'au 25 septembre 1853, après l'exécution de ces travaux, il ne perdait plus que $0^{mc},10$. Au mois de juin 1854, il perdait $0^{mc},15$ (colonne 6), au 31 août 1854, il perdait $0^{mc},28$ (colonne 7) ; enfin, au 16 janvier 1855, il ne perdait que $0^{mc},21$. On voit là très-clairement le fait que nous avons indiqué plus haut. Or, nous ajouterons à cela qu'une expérience faite en octobre 1853 ne donna aucun abaissement, et indiqua par conséquent une perte apparente nulle, ce qui fait supposer qu'alors les sources avaient acquis leur maximum absolu de débit. On conclura de là que les pertes apparentes du bief de partage, c'est-à-dire en tant qu'il s'agit de leur constatation par l'abaissement du niveau, ou par le débit des prises d'eau, variaient, avant le chômage de 1854, *entre les limites de zéro et de $0^{mc},28$ par mètre courant et par vingt-quatre heures, suivant les saisons.* Les étanchements exécutés dans le chômage de 1854 ont encore réduit les pertes de $0^{mc},07$ à $0^{mc},08$ par mètre courant, de sorte qu'en définitive nous pensons *que la perte apparente par mètre courant et par vingt-quatre heures de ce bief, de près de 30 kilomètres de longueur, pourra, suivant les saisons, varier entre les limites de zéro et de $0^{mc},20$ par mètre courant et par vingt-quatre heures.* Dans le premier cas, les sources débitent leur maximum de 7,000 mètres cubes, ce qui fait sur la longueur de 29,479 mètres du bief, $0^{mc},24$ par mètre courant et par vingt-quatre heures. Dans le second cas, elles débitent, comme on l'a vu plus haut, $0^{mc},05$. *La perte moyenne absolue du bief de partage variera donc entre $0^{mc},24$ et $0^{mc},25$ par mètre courant et par vingt-quatre heures, sans que son maximum puisse dépasser $0^{mc},30$, pendant que sa perte apparente, en tant qu'il s'agit de sa relation avec l'abaissement du niveau ou la consommation des prises d'eau, variera entre zéro et $0^{mc},20$ par mètre courant et par vingt-quatre heures* (1).

Il n'y a certainement pas en France un bief de partage qui soit dans d'aussi belles conditions que celui-là, et il réalise aujourd'hui l'idée qu'en avait M. l'inspecteur général Schwilgué, c'est qu'il aurait plus d'eau qu'il ne lui en fallait. Le résultat a d'ailleurs été obtenu à peu de frais comparativement à son importance, puisqu'en défini-

---

(1) Le maximum de pente constaté par abaissement du niveau a été avant le chômage de 1854.. $0^{mc},28$
A déduire la réduction due aux travaux d'étanchement de ce chômage.... $0^{uc},07$
Reste...................... $0^{mc},21$
A ajouter le minimum de débit des sources correspondant à ce maximum de perte.. $0^{mc},05$
D'où résulte un maximum absolu de perte de .... $0^{mc},26$
Qu'on porte en nombres ronds, à.. $0^{mc},30$

tive, sur la longueur totale de 29,479 mètres qu'a le bief de partage des Vosges, on n'a bétonné que 3,450 mètres courant (voir les colonnes 9 et 10 du tableau n° 1), remanié 2,840 mètres courants, et réparé 1,000 mètres par travaux partiels divers. Les procédés d'étanchements à l'eau trouble ont été seuls employés sur le reste du bief de partage, et ce sont, comme on le sait, les moins coûteux.

La descente d'Arschwiller, c'est-à-dire la partie comprise entre les écluses n° 1 et 18 du versant du Rhin, a été bétonnée à peu près en entier (comme le montre la comparaison des colonnes 9 et 10), de sorte que son excellente tenue d'eau, constatée par les colonnes 5, 6, 8, n'offre rien de surprenant au premier abord. Les personnes qui connaissent en détail les difficultés qui se sont présentées dans cette partie du canal, pourront seules regarder ce résultat comme s'élevant au-dessus de l'ordinaire ; *car il n'est pas rare de voir des parties bétonnées ne perdre que $0^{mc},05$ à $0^{mc},08$ par mètre courant et par vingt-quatre heures ; elles ne perdent à peu de chose près que ce qui s'évapore, et n'ont pas de pertes par imbibition.*

L'inspection du tableau n° 1 montre que, pour la partie du canal comprise entre l'écluse n° 18 et le bief n° 30, les améliorations n'ont presque rien coûté et ont été d'une rapidité extrême. La plupart des biefs 18 à 30 ne perdent plus aujourd'hui que $0^{mc},30$ par mètre courant et par vingt-quatre heures, et les biefs n°s 20, 21 et 22, qui perdaient en janvier 1853 $2^{mc},02$, $1^{mc},17$ et $4^{mc},17$, et ne perdent plus aujourd'hui que $0^{mc},30$, sont l'exemple le plus remarquable que nous ayons à donner de la réussite des procédés d'étanchements à l'eau trouble. Le terrain léger et sablonneux des terrassements de cette partie du canal s'est prêté à merveille à l'emploi de ce procédé.

Le bief n° 30, qui, avant le chômage de 1854 (colonne 7), perdait $2^{mc},29$ par mètre courant, ne perd plus que $0^{mc},44$ par suite des bétonnages partiels qui ont été faits pendant le chômage sur 430 mètres de longueur.

Du bief n° 30 au bief n° 42, où rien n'a été bétonné en 1854, on voit que l'amélioration par suite de la continuation des procédés d'étanchements à l'eau trouble, après le chômage de 1854, a eu un succès à peu près complet. En effet, la colonne n° 7 montre qu'avant le chômage plusieurs de ces biefs perdaient plus de $1^{mc},00$ par mètre courant et par vingt-quatre heures, et qu'aujourd'hui le maximum de perte est de $0^{mc},88$; encore cela n'arrive-t-il que pour les biefs n°s 35, 40, 41, et tous les autres perdent-ils moins de 0^{mc},60 et la plupart moins de 0^{mc},50 par mètre courant et par vingt-quatre heures.

La partie comprise entre l'écluse n° 41 et Strasbourg a été, de toute la troisième division, celle qui a coûté le plus d'étanchements. Le tableau n° 1 montre les variations successives des pertes des divers biefs qui composent cette partie du canal. Les bétonnages exécutés pendant le chômage de 1854 dans les biefs 42, 47, 49, 51, ont donné des résultats très-satisfaisants, si l'on se rappelle que ces biefs ne sont point bétonnés en entier, comme l'indique la comparaison des colonnes 9, 10. On voit, par la comparaison des colonnes 7 et 8, que ces quatre biefs qui, avant le chômage de 1854, perdaient encore les cubes de 2^{mc},15, 1^{mc},02, 1^{mc},31, et 1^{mc},73, ne perdaient plus après ce chômage que 0^{mc},59, 0^{mc},88, 0^{mc},08, et 0^{mc},44. Si d'ailleurs on s'est décidé à bétonner dans ces biefs, ç'a été beaucoup moins pour réduire les pertes que pour couper court aux dommages énormes que les filtrations causaient aux propriétés riveraines.

En somme, le tableau n° 1 montre qu'après le chômage de 1854 il n'y avait plus un seul bief dans la troisième subdivision qui perdît 1^{mc},00 par vingt-quatre heures, et sur les cinquante-deux biefs composant ce service, il y en avait (colonne 8) seize qui perdaient moins de 0^{mc},20 par mètre courant et par vingt-quatre heures, treize qui ne perdaient pas plus de 0^{mc},30, sept qui ne perdaient pas plus de 0^{mc},44, cinq qui ne perdaient pas plus de 0^{mc},59, un qui ne perdait pas plus de 0^{mc},73, et huit qui perdaient 0^{mc},88, qui est le maximum. Il y a un bief qui ne perdait rien, c'est le trente et unième, qui est formé par l'écluse n° 31, accolée à l'écluse n° 30, et le bief n° 52 étant en rivière, n'est compté que pour mémoire.

Comparons maintenant ces résultats à ceux d'un canal connu et en bon état. M. l'inspecteur général Comoy donne dans ses mémoires sur le canal du Centre, pour les terrains sablonneux, une perte par filtration, imbibition, évaporation, de 0^{mc},35 (*Annales*, 1841). Dans la partie sablonneuse de la troisième subdivision, c'est-à-dire entre les écluses n°s 2 et 29, il n'y a que deux biefs, les n°s 28 et 29, qui soient un peu en dessus de cette limite, puisqu'ils donnent 0^{mc},44; tous les autres sont un peu en dessous; nous ne parlons d'ailleurs pas des biefs bétonnés, qui consomment beaucoup moins encore, comme cela doit être.

Pour les terrains argileux, M. Comoy évalue les pertes à 0^{mc},49 par mètre courant et par vingt-quatre heures. Entre (1) les biefs n° 30 et 35, où règne la formation du muschelkalk, et par conséquent le terrain argileux par excellence, il n'y a que deux biefs sur les six qui perdent plus de 0^{mc},49, ce sont les n°s 34 et 35 ; tous les autres perdent moins.

A partir du bief n° 35, nous entrons dans le lias, le lehm, et les terres de diluvium ; ces terres, les meilleures terres de culture de tout le département du Bas-Rhin, perdent plus encore que les terrains argileux du muschelkalk. M. Comoy n'a pas fixé de chiffre pour ces sortes de terrains. La perte maxima que nous ayons entre le bief n° 35 et l'écluse n° 51 (colonne 8), est de 0^{mc},88 par mètre courant, et la moyenne serait assez près du chiffre de 0^{mc},75, que Brisson avait admis dans son projet du canal comme perte normale.

Nous venons de montrer en détail les améliorations apportées successivement à l'état du canal par les travaux de chômage de 1853 et 1854. Il nous reste à résumer la question, et pour cela nous ne procéderons plus bief par bief, mais nous subdiviserons la longueur totale d'après les prises d'eau, et nous n'examinerons plus que les sections comprises entre ces diverses prises d'eau. En opérant ainsi, nous pourrons, au moyen des jaugeages journaliers, calculer exactement la perte totale entre deux prises d'eau successives et par conséquent la perte moyenne de chaque section. Ce procédé donne plus d'exactitude que toutes les expériences directes que l'on peut faire au moyen des échelles. Du reste, en faisant les calculs de détail sur les expériences à l'échelle, c'est-à-dire en multipliant les longueurs des biefs par les cubes par mètre courant déterminés d'après ces expériences, et en ajoutant ces cubes par section entre deux prises d'eau, on trouve à très-peu de chose près le même résultat que celui que l'on obtient par le calcul exact des jaugeages directs des prises d'eau pour les époques d'observation adoptées dans les expériences (2) ; de sorte que nous pouvons compter que nos expériences directes sur les

---

(1) Le passage du grès au muschelkalk a lieu dans le trentième bief, un peu en amont de la tranchée de Salerne.

(2) Les résultats de ces calculs donnent en général des moyennes un peu plus fortes que les expériences directes, parce qu'ils comprennent les pertes par fausses manœuvres, qui n'existent pas dans les expériences directes, où l'on arrête la navigation pour opérer.

pertes des biefs sont aussi exactes qu'on puisse l'exiger du procédé d'expérimentation employé.

Afin de simplifier autant que possible, nous n'examinerons les résultats des jaugeages que pour deux époques chaque fois, l'une avant, l'autre après chaque chômage, en conservant d'ailleurs les époques indiquées en tête des premières colonnes du tableau de détail. Seulement, pour avoir plus d'exactitude encore, nous avons pris les moyennes des jaugeages de toute la semaine (1) où se sont faites les expériences directes par l'abaissement du niveau de l'eau, et pour la deuxième expérience, celle du 16 janvier 1855, nous prendrons même les moyennes des trois premières semaines de janvier, afin que les résultats soient bien exactement constatés. Ces résultats sont résumés dans le tableau suivant.

(1) Pendant l'expérience directe on n'alimente pas, mais après il faut restituer ce qui s'est perdu pendant l'expérience, de sorte que le cube total débité par la prise d'eau pendant la semaine qui correspond au jour de l'expérience reste toujours le même.

TABLEAU N° 2.

INDICATION DES PERTES PAR SECTION COMPRISE ENTRE DEUX PRISES D'EAU, CALCULÉES AU MOYEN DES JAUGEAGES DES PRISES D'EAU, DÉDUCTION FAITE DES DÉPENSES DE LA NAVIGATION.

INDICATION des SECTIONS DE CANAL.	LONGUEURS en mètres.	PERTES TOTALES MOYENNES par 24 heures et par mètre courant, calculées d'après les jaugeages des prises d'eau, déduction faite de la consommation due à la navigation propre au versant du Rhin.				PERTES TOTALES par 24 heures, pour chaque section, ou produit des chiffres des colonnes 3, 4, 5, 6, par les longueurs des sections, col. n° 2.				OBSERVATIONS.
		Après le premier essai de mise en eau, 25 janvier 1852.	Avant le chômage de 1853, semaine comprenant le 12 mai 1852, colonne 4 du tableau n° 1	Avant le chômage du 1854, semaine comprenant le 31 août 1854, colonne 7 du tableau n° 1	Après le chômage de 1854, les 3 premières semaines de janvier, comprenant le 16 janv. 1855, colonne 8 du tableau n° 6	Après le premier essai de mise en eau, ou 25 janv. 1853.	Avant le chômage de 1853, semaine comprenant le 12 mai 1853.	Avant le chômage de 1854, semaine comprenant le 31 août 1854	Après le chômage de 1854, les 3 premières semaines de janvier, comprenant le 16 janv. 1855	Les semaines de jaugeages sont toujours du lundi au lundi et comprennent sept jours.
1	2	3	4	5	6	7	8	9	10	
	m.	m. c.	m. c.	m. c.	m. c.	m. c.	m. c.	m. c.	m. c.	
1° Bief de partage des Vosges	29,479 »	1 17	1 15	» 28	» 21	34,490 43	33,900 85	8,254 12	6,190 59	Le chômage de 1853 a commencé le 1ᵉʳ juin et fini le 1ᵉʳ septembre. Le chômage de 1854 a commencé le 1ᵉʳ septembre et fini le 1ᵉʳ novembre.
2° Section comprise entre la tête d'aval de l'écluse n° 1 et la tête d'aval de l'écluse n° 18, alimentée par le bief de partage (descente d'Arschwiller)	5,932 »	(a) »	(a) »	(b) » 08	(c) » 05	»	»	(b) 117 96	(c) 196 60	(a) Au 25 janvier et au 13 mai 1852, la descente d'Arschwiller n'était pas achevée. (b) On ne peut pas compter tout à fait sur ce chiffre qui paraît bien faible, quel que soit le bon état de la descente d'Arschwiller. Il a peut-être passé des eaux non jaugées sur les déversoirs du Forrellenbach, dont une partie a pu rester dans le canal.
3° Section comprise entre les têtes d'aval des écluses nᵒˢ 18 et 26, alimentée par la première prise d'eau de la Zorn, dite de Hoffmühl.	7,074 »	» 98	» 50	» 23	» 30	6,932 52	3,537 »	2,475 90	2,122 20	
4° Section comprise entre les têtes d'aval des écluses nᵒˢ 26 et 40, alimentée par la deuxième prise d'eau de la Zorn, dite du Mungelbæchel.	18,399 »	1 »	» 99	» 98	» 35	18,399 »	18,215 04	16,031 02	19,119 43	(c) On peut compter sur ce chiffre qui résulte d'opérations faites avec la plus grande exactitude. Les jaugeages présentent de la difficulté dans la descente d'Arschwiller, à cause des petits affluents qu'on reçoit dans le canal et qui sortent en partie par les déversoirs. Dans le reste du canal ce cas particulier n'existe pas; aussi les chiffres résultant des jaugeages contrôlent-ils partout exactement ceux qui résultent des expériences directes sur les pertes.
5° Section comprise entre les têtes d'aval des écluses nᵒˢ 40 et 46, alimentée par la troisième prise d'eau de la Zorn, dite de Lupstein.	12,630 »	1 12	1 50	1 28	» 72	14,145 60	18,543 »	16,166 46	9,093 60	
6° Section comprise entre les têtes d'aval des écluses nᵒˢ 46 et 51, alimentée par la quatrième prise d'eau de la Zorn, dite de la Münchmühl.	16,524 »	2 03	1 90	1 28	» 87	33,543 72	31,395 60	31,159 72	14,376 88	
7° Section comprise entre la tête d'aval de l'écluse n° 51 et l'entrée de l'Ill à Strasbourg, dite chenal du Wacken.	964 »	»	»	»	»	»	»	»	»	Cette dernière section est alimentée par l'Arr, bras de l'Ill, sur lequel est établi un barrage qui fait rentrer ses eaux dans le canal. Cette section du canal peut être considérée comme étant un lit de rivière.
Totaux	89,002 »					107,511 27	103,993 46	66,496 12	42,398 32	
Bief de partage	29,479 »					34,490 43	33,900 83	8,254 12	6,190 59	
Versant du Rhin	58,523 »					73,020 84	73,092 64	57,942 »	36,907 73	
Totaux parcils	89,002 »					107,511 27	103,993 46	66,196 12	43,098 32	

Le tableau qui précède permet d'établir d'une manière très-précise l'ensemble des améliorations apportées au canal par les travaux d'étanchements exécutés pendant les chômages de 1853 et 1854.

Pour le bief de partage, on voit que la perte totale avant le commencement des travaux d'étanchements était de 34,490^{mc},43 par vingt-quatre heures, que les étanchements du chômage de 1853 ont réduit les pertes par vingt-quatre heures à 8,254^{mc},12, et que le complément d'étanchements de 1854 les a réduites à 6,190^{mc},59 ; de sorte qu'en définitive les étanchements exécutés ont diminué de 34,490^{mc},43 — 6,190^{mc},59, ou de 28,299^{mc},84, la consommation d'eau du bief de partage, et sa consommation par vingt-quatre heures et par mètre courant était de 0^{mc},21 après le chômage de 1854.

La deuxième section comprise entre les écluses n°s 1 et 18, qui constitue la descente d'Arschwiller, ne perd presque rien, puisqu'en tout elle ne donne pour ses pertes que 117^{mc},96 à 196^{mc},60.

La troisième section comprise entre les écluses n°s 18 et 26, alimentée par la première prise d'eau de la Zorn, s'est améliorée très-rapidement, comme le montrent sans commentaires les chiffres du tableau ci-dessus. Cette section, qui consommait avant l'exécution des travaux d'étanchements 6,932^{mc},52 par vingt-quatre heures pour ses pertes, ne consommait plus que 2,122^{mc},20 après le chômage de 1854.

La quatrième section, comprise entre les écluses n°s 26 et 40, alimentée par la deuxième prise d'eau de la Zorn, s'est améliorée surtout par les bétonnages partiels exécutés au trentième bief pendant le chômage de 1854, et par les étanchements à l'eau trouble continués après ce chômage. Cette section, qui perdait avant l'exécution des travaux d'étanchements 18,399 mètres cubes par vingt-quatre heures, ne perdait plus que 10,119^{mc},45 après le chômage de 1854.

La cinquième section comprise entre les écluses 40 et 46, alimentée par la troisième prise d'eau de la Zorn, dite de Lupstein, est la seule qui n'ait pas été en s'améliorant après le commencement des travaux d'étanchements : ainsi elle consommait plus d'eau au 12 mai qu'au 25 janvier 1853, tandis que toutes les autres sections en consommaient déjà moins, par suite de l'application des procédés d'étanchements à l'eau trouble. Le peu de succès de ces opérations dans cette partie du canal s'explique par une circonstance toute particulière : au chômage de 1853, lorsque le canal fut vide, on trouva les terrassements criblés de trous de taupes. Ces travaux avaient été les premiers terminés du canal et étaient restés plus de dix ans avant d'être mis en eau. On ferma avec soin tous les trous, mais le résultat ne fut pas encore complet. Au chômage de 1854 on eut encore à en fermer une grande quantité, mais immédiatement après l'amélioration a été très-sensible et comme subite. Dans d'autres circonstances les jets de sable étanchent parfaitement les trous de taupes; mais ici ce n'étaient plus des trous ordinaires, mais des galeries innombrables qui sillonnaient les digues en tous sens. Cette section, qui perdait avant l'exécution des travaux d'étanchements 14,145^{mc},60 par vingt-quatre heures, ne perdait plus que 9,093^{mc},60 après le chômage de 1854.

Une observation analogue s'applique à la sixième section comprise entre les écluses n°s 46 et 51 et alimentée par la quatrième et dernière prise d'eau de la Zorn, dite de la Münchmühl. L'amélioration a été progressive, mais lente jusqu'après le chômage de 1854, époque à partir de laquelle elle est devenue très-remarquable, presque tous les trous de taupes qui restaient encore ayant été bouchés pendant ce chômage.

Les taupes ont été, pour les deux dernières sections, une des causes des pertes; il faut y ajouter que, dans deux biefs, les 49e et 51e, on rencontre la couche de gravier quartzeux de la plaine du Bas-Rhin, et que les eaux se perdaient dans ces parties du canal, comme à travers un crible. Cette section, qui consommait pour ses pertes, avant l'exécution des travaux d'étanchements, 33,543^{mc},72, n'en consommait plus que 12,375^{mc},88 après le chômage de 1854.

Les travaux d'étanchements exécutés pendant les chômages de 1853 et 1854, ont réduit la perte totale, par vingt-quatre heures, du versant du Rhin, de 73,020^{mc},84 à 35,907^{mc},73, c'est-à-dire qu'ils ont diminué de 37,113^{mc},11 la consommation d'eau totale diurne de cette branche du canal. La consommation moyenne par mètre courant et par vingt-quatre heures était de $\frac{35,907\ 73}{54,523\ »}$, ou 0^{mc},60 après le chômage de 1854.

Enfin et en résumé, la consommation diurne totale des pertes de la troisième subdivision était, avant le commencement des travaux d'étanchements, de 107,511^{mc},27, et en deux ans (du 25 janvier 1853 au 16 janvier 1855) elle a été réduite à 42,098^{mc},32. C'est donc une économie de 65^{mc},412^m,95 d'eau qu'on aurait été obligé de prendre journellement aux usines de la Sarre et de la Zorn. La consommation d'eau moyenne des pertes par mètre courant et par vingt-quatre heures, pour toute la troisième subdivision, était d'ailleurs, après le chômage de 1854, de $\frac{42,098\ 32}{86,002\ »}$, ou 0^{mc},47, et elle était, avant l'exécution des étanchements, de $\frac{107,511\ 27}{89,002\ »}$, ou de 1^m,21.

ARTICLE 2. — DÉPENSES DES TRAVAUX D'ÉTANCHEMENTS EXÉCUTÉS DANS LA TROISIÈME SUBDIVISION, ET CONCLUSION.

Notre travail serait incomplet si, à côté des résultats obtenus, nous ne donnions pas les dépenses qui ont été faites pour les obtenir. Le tableau ci-après en donne le résumé pour les diverses sections dans lesquelles nous avons subdivisé le canal au tableau n° 2 :

TABLEAU N° 3.

RÉSUMÉ DES DÉPENSES D'ÉTANCHEMENTS DE LA TROISIÈME SUBDIVISION.

INDICATION des SECTIONS DE CANAL. (1)	LONGUEURS des sections de canal. (2)	LONGUEURS DES PARTIES TRAITÉES. En béton. (3)	En corrois de terre. (4)	Au sable et à l'eau trouble. (5)	par réparations diverses partielles. (6)	Longueurs totales traitées. (7)	En bétonnages. (8)
	m.	m.	m.	m.	m.	m.	fr. c.
1° Bief de portage des Vosges	29,479	3,450.00	2,840	20,000.00	1,000	27,290.00	241,300 00
2° Section comprise entre les têtes d'aval des écluses nos 1 et 18 (descente d'Arschwiller).	3,982	3,204.25	300	»	»	3,504.00	428,543 00
3° Section comprise entre les têtes d'aval des écluses nos 18 et 26	7,074	»	»	1,777.10	»	1,777.10	»
4° Section comprise entre les têtes d'aval des écluses nos 26 et 40	48,399	1,987.00	200	7,570.00	980	10,737.00	103,200 01
5° Section comprise entre les têtes d'aval des écluses nos 40 et 46	12,630	1,390.00	2,454	7,500.00	350	11,694.00	69,500 00
6° Section comprise entre les têtes d'aval des écluses nos 46 et 51	16,524	4,581.00	3,159	12,610.00	350	20,700.00	235,874 95
7° Section comprise entre la tête d'aval de l'écluse n° 52 et l'entrée de l'Ill à Strasbourg	964	»	»	»	»	»	»
TOTAUX	89,002	14,612.25	8,953	49,457.10	2,680	75,702.33	778,417 97
Récapitulation. 1° Bief de partage	29,479	3,450.00	2,840	20,000.00	1,000	27,290.00	241,300 00
Récapitulation. 2° Branche du Rhin	59,523	11,162.25	6,113	29,457.10	1,680	48,412.33	537,117 97
TOTAUX pareils aux totaux ci-dessus	89,002	14,612.25	8,953	49,457.10	2,680	75,702.33	778,417 97

INDICATION des SECTIONS DE CANAL.	DÉPENSES. En corrois de terre. (9)	Au sable et à l'eau trouble. (10)	En réparations partielles diverses. (11)	TOTALES. (12)	DÉPENSES PAR MÈTRE COURANT. En bétonnages. (13)	En corrois de terre. (14)	Au sable et à l'eau trouble. (15)	En réparations partielles diverses. (16)	TOTALES. (17)	OBSERVATIONS.
	fr. c.	fr. c.	fr. c.	fr. c.	fr. c.	fr. c.	fr. c.	fr. c.	fr. c.	Les chiffres des colonnes 13, 14, 15, 16, 17, se déduisent des chiffres des colonnes 8, 9, 10, 11, 12 divisés par les chiffres correspondants sur la même ligne des colonnes 3, 4, 5, 6, 7.
1° Bief de portage des Vosges	35,199 00	40,000 00	3,504 00	320,000 00	69 94	12 39	2 00	3 50	11 73	Terrain argileux.
2° Section	3,000 00	»	»	131,543 00	40 12	10 00	»	»	37 54	Terrain de grès vosgien, roc.
3° Section	»	2,601 40	»	2,601 40	»	»	1 46	»	1 46	Terre sablonneuse
4° Section	2,600 00	19,002 50	4,451 94	129,254 45	51 94	13 00	2 31	4 54	12 04	Terre sablonneuse jusqu'au bief n° 30, et argil. de là à l'écluse n° 40.
5° Section	23,240 15	15,525 00	4,179 23	111,444 38	50 00	10 29	2 07	3 37	9 53	Terre argileuse.
6° Section	29,370 45	28,900 10	953 66	295,301 42	51 49	9 36	2 29	2 73	14 27	Terre argileuse, excepté le bief n° 47 qui est dans le sable sur une partie de sa longueur.
7° Section	»	»	»	»	»	»	»	»	»	Le prix moyen du mètre courant de bétonnage dans le Bas-Rhin, 4e, 5e et 6e sections, est de : $\frac{103,200.01 + 69,500 + 235,874.96}{1,987.00 + 1,390.00 + 4,581.00} = 51.34$
TOTAUX	95,609 60	106,029 00	10,087 83	990,144 40	53 27	10 68	2 14	3 76	13 08	Prix moyen par mètre courant sur les totaux.
Récapitulation. 1° Bief de partage	35,199 00	40,000 00	3,504 00	320,000 00	69 94	12 39	2 00	3 50	11 73	
Récapitulation. 2° Branche du Rhin	60,410 00	66,029 00	6,385 83	670,444 40	48 12	9 88	2 24	3 92	13 84	
TOTAUX pareils aux totaux ci-dessus	95,609 60	106,029 00	10,087 83	990,144 40	52 97	10 69	2 14	3 76	13 08	Le total général de 990,144 fr. 40 des dépenses est égal exactement à la somme des montants des ... l'administration supérieure pour les étanchements de la troisième subdivision.

On voit par ce tableau (colonnes 13, 14, 15, 16) : 1° que les prix du mètre courant de bétonnages en section entière ont varié dans le Bas-Rhin entre 50 fr. et 51 fr. 94 c. par mètre courant; qu'au bief de partage le prix a été de 69 fr. 94 c. (1); que le prix du mètre courant de plafond bétonné entre murs (descente d'Arschwiller) a été de 40 fr. 12 c., et que le prix moyen total est de 53 fr. 27 c.; 2° que les prix du mètre courant de canal remanié ou des étanchements par corrois de terre (colonne 14) ont varié entre 9 fr. 36 c. et 13 fr., et que le prix moyen est de 10 fr. 68 c.; 3° que les prix du mètre courant d'étanchements à l'eau trouble ont varié entre 1 fr. 46 c. et

(1) Au bief de partage, les matériaux étaient beaucoup plus chers que dans le Bas-Rhin.

2 fr. 29 c., et que le prix moyen est de 2 fr. 14 c. (colonne 15);
4° que les prix des réparations partielles ont varié entre 2 fr. 76 c. et
4 fr. 54 c., et que le prix moyen a été de 3 fr. 76 c. (colonne 16).
Voici d'ailleurs les faits les plus généraux qui résultent du tableau
qui précède.

Sur la longueur totale de 89,002 mètres qu'offre le canal dans le
service de la troisième subdivision, 75,702^m,25 (total de la colonne 7
du tableau) ont été traités par étanchements en général, sur lesquels
14,612^m,25 par bétonnages, 8,953 mètres par corrois de terre, 49,457^m,10
par étanchements à l'eau trouble, et 2,680 mètres par réparations partielles, c'est-à-dire qu'on a étanché, par des procédés plus ou moins
énergiques, 0^m,85 de longueur par mètre courant de canal, et que ces
0^m,85 se subdivisent en 0^m,26 courants d'étanchements en béton, 0^m,10
courants d'étanchements en corrois de terre, 0^m,56 d'étanchements par
les procédés à l'eau trouble, et 0^m,03 courants par réparations partielles
diverses. On a dépensé, pour étancher 75,702^m,25, une somme totale
de 990,144 fr. 40 c. Le prix moyen de tous ces étanchements divers,
dont les prix de détail ont été donnés ci-dessus, chacun à leur place,
est donc $\frac{990,144\ 40}{75,702\ 25}$, ou de 13 fr. 08 c. par mètre courant. Si l'on veut
se rendre compte de ce qu'il faudrait compter par mètre courant de
canal, ce chiffre serait $\frac{990,144\ 40}{89,002\ \text{»}}$, ou de 11 fr. 13 c. Ainsi il faudrait
compter, dans l'avant-projet d'un canal qui se trouverait dans les cir-
constances de la partie qui nous occupe, 11 fr. 13 c. par mètre
courant, pour les étanchements à faire, une fois qu'on voudrait le
mettre en eau.

Il ne nous reste plus maintenant qu'à rapprocher les dépenses des
résultats obtenus, et la conclusion définitive de tout ce travail est la
suivante :

Une dépense totale de 990,144 fr. 40 c. a réduit à 42,098^{mc},32
(total de la colonne 10 du tableau n° 2) par vingt-quatre heures la
consommation totale d'eau par vingt-quatre heures, relative aux pertes de 107,511^{mc},27 (total de la colonne 7 du tableau n° 2), qu'il
fallait pour alimenter le canal avant l'exécution des travaux d'étanchements.

Cette dépense de 990,144 fr. 40 c. a donc fait gagner 65,412^{mc},95
par vingt-quatre heures qu'il eût fallu prendre aux importantes usines
de la Sarre et de la Zorn, et cela en pure perte, puisque ce volume
aurait passé tout entier à compenser des filtrations et sans utilité par

conséquent pour la navigation elle-même. On a, de plus, annulé complétement les dommages considérables que causaient les fuites du canal, principalement entre Hohfelden et Strasbourg, c'est-à-dire dans le pays le plus riche de l'Alsace. Il en est résulté déjà qu'en 1854 on n'a causé à l'industrie que des chômages peu importants, et que le chiffre total des indemnités à payer aux usines sera remarquablement réduit.

Quant à la navigation elle-même, elle y a gagné une amélioration notable. Deux ans après le premier essai important de mise en eau et un an après l'ouverture de la navigation sur tout le canal, on tenait partout aisément 1^m,60 d'eau, c'est-à-dire la tenue d'eau normale.

Nous ne pouvons que nous estimer heureux qu'il nous ait été donné de rester assez longtemps au service du canal de la Marne au Rhin, pour avoir été aussi directement associé à ce résultat final que nous l'avions été aux premiers travaux de cette importante voie navigable.

CHAPITRE VIII.

ALIMENTATION.

§ 1er. Considérations générales.

Le bief de partage des Vosges a, comme nous l'avons déjà dit plus haut, une longueur totale de 29,479m,30, et la branche du Rhin qui s'y rattache à l'aval, une longueur totale de 59,522m,30. La branche de la Moselle qui se rattache à l'amont du bief de partage a une longueur totale de 56,000 mètres. Les deux branches du canal alimentées par ce bief sont donc à peu près de même longueur, et leur longueur totale est à peu près quadruple de celle du bief de partage.

Brisson, dans son avant-projet du canal de la Marne au Rhin, avait déjà pressenti la nécessité d'établir des prises d'eau assez rapprochées sur les versants, mais il était porté d'une manière plus particulière à concentrer, suivant les idées de son temps, les principales ressources d'alimentation aux biefs de partage. Ainsi, dans toute la partie du canal tracée dans la vallée du Sânon (versant de la Moselle) qui devait avoir 40 kilomètres, il supposait que l'alimentation se ferait au moyen du bief de partage des Vosges (1), car il ne parle que très-subsidiairement d'une prise d'eau dans le Sânon. Pour la branche du Rhin, il admettait que la première prise d'eau serait faite dans la Zorn, en amont de Lützelbourg, à 4 kilomètres environ du bief de partage; la deuxième, dans le Rohrbaechel, près de Hohfelden, c'est-à-dire à 35 kilomètres du bief de partage, et la troisième dans un des bras de la Zorn, près de Brumath, soit à une distance de 47 kilomètres du bief de partage; ce qui mettait sur la branche du Rhin les prises d'eau à des distances les unes des autres de 4, de 31 et de 16 kilomètres.

Depuis l'ouverture des travaux du canal en 1839 jusqu'en 1847, on ne s'occupa que très-secondairement de la question d'alimentation

(1) Les personnes qui désireraient connaître le détail des ressources de ce bief de partage, le trouveront dans notre mémoire sur l'étang de Gondrexange, inséré aux *Annales des ponts et chaussées* (année 1856).

du versant du Rhin. Un projet de prise d'eau dans la Mosselbach, affluent de la Zorn, près de Dettwiller, fut présenté dans notre ancien service du canal en 1847; mais l'administration supérieure, usant d'une sage réserve, refusa d'approuver aucun projet isolé avant qu'un projet d'ensemble d'alimentation de la branche du Rhin n'eût été étudié. Par décision de M. le ministre des travaux publics, en date du 8 mars 1848, il fut procédé à cette étude. M. Jaquiné, qui était alors ingénieur en chef du canal, admit en principe qu'à moins d'avantages notables, sous le rapport des dépenses, il fallait abandonner les prises d'eau des affluents et établir sur la Zorn même toutes celles qui devaient être reconnues nécessaires ; qu'il valait d'ailleurs mieux faire un plus grand nombre de prises d'eau et leur demander moins. Ce système est celui qui fait le moins de tort aux usines situées sur le cours d'eau (1), tout en étant, comme l'a démontré M. Comoy, le plus commode et le meilleur pour l'alimentation du canal.

Les études furent faites par M. Molard, par M. Guerre et par nous, dans les services respectifs d'ingénieurs ordinaires que nous avions tous trois en 1848, et il en résulta que l'on pourrait établir cinq prises d'eau dans la Zorn sur le versant du Rhin ; la première au moulin de Hoffmühl, la seconde près du ruisseau Mungelbaëchel, entre Lützelbourg et Saverne, la troisième dans le canal dérivé de la Zorn à l'usine de la Rondelle, entre Saverne et Steinbourg, la quatrième près du moulin de Lupstein, la cinquième près du moulin de la Münchmuhl, vis-à-vis de Brumath. (Voir le plan général, fig. 1, planche A.) Outre ces prises d'eau, on en pouvait faire d'ailleurs dans la Mosselbach et le Rohrbaechel. Ces études terminées, à la fin de 1848, n'eurent pas de suite, les crédits du canal ayant été tellement réduits par les événements politiques, qu'on ne devait pas espérer d'y mettre l'eau de sitôt. Lorsque nous fûmes chargé en 1851, sous la direction de M. l'inspecteur général Collignon, du service de la troisième subdivision, comprenant le bief de partage des Vosges et la branche du Rhin, notre première étude devait être le projet d'alimentation complet de cette partie du canal. Nous eûmes donc à revoir la question de plus près. Indiquons les résultats de ces études en ce qui concerne le versant du Rhin.

____

(1) Cela sera démontré clairement plus loin.

§. 2.— **Prises d'eau de la Zorn sur le versant du Rhin.** — **Principes d'après lesquels on les a établies.** — **Détails divers.** — **Dépenses d'eau.**

ARTICLE Ier. — CONSIDÉRATIONS GÉNÉRALES.

La Zorn jaugée en amont du moulin de Hoffmühl (voir la carte, fig. 1, pl. A), ne donne pas moins de 46,000 mètres cubes par vingt-quatre heures en étiage, et 120,000 mètres cubes dans les eaux moyennes; son débit va d'ailleurs en augmentant rapidement à mesure qu'elle s'éloigne de ses sources; elle reçoit un peu en aval de Steinbourg un affluent très-considérable, la Zintzel. A Brumath, la Zorn jauge près de 200,000 mètres cubes par vingt-quatre heures en étiage, et ne donne pas moins de 400,000 mètres cubes dans les eaux moyennes; on voit quelle ressource on trouve là pour l'alimentation.

Les études définitives montrèrent que l'on pouvait établir des rigoles à peu de frais, de sorte que rien n'empêchait de rapprocher assez les prises d'eau pour rendre l'alimentation aussi facile et aussi régulière qu'on pouvait le désirer. Nous avons dit plus haut que ce système des prises d'eau rapprochées était non-seulement avantageux sous le rapport de l'alimentation du canal, mais aussi sous le rapport des dommages causés aux usines de la rivière sur laquelle se font les prises d'eau. C'est ce qu'il est facile de démontrer.

Supposons qu'une certaine longueur de canal donnée puisse être alimentée par une prise d'eau fournissant un cube moyen A d'eau par vingt-quatre heures; soit p la dépense d'établissement de cette prise d'eau, toutes les usines situées en aval de cette prise d'eau subiront la perte de ce même volume d'eau, et si D désigne en argent le dommage moyen résultant de ce fait pour chaque usine, m désignant d'ailleurs le nombre de ces usines, le dommage total sera m D.

Supposons maintenant qu'au lieu d'une prise d'eau, on en fasse deux débitant ensemble le même cube moyen A par vingt-quatre heures supposé tout à l'heure débité dans l'hypothèse d'une seule prise d'eau: supposons en outre qu'entre ces deux prises d'eau, il y ait n usines, et que le dommage moyen éprouvé par chacune de ces n usines soit d; le dommage total pour les n usines sera évidemment $n\ d$, et les m-n usines situées en aval de la deuxième prise d'eau supporteront seules chacune le dommage moyen D. Désignons d'ailleurs par P la dépense d'établissement des deux prises d'eau. Pour qu'il y ait égalité de dépense entre les deux systèmes, celui d'une prise d'eau et celui de deux, il faut évidemment écrire la condition suivante entre ces diverses quantités :

$$p + m \, D = P + nd + (m\text{-}n) \, D, \text{ d'où } P\text{-}p = n \, (D\text{-}d).$$

Quand P-p sera plus grand que n (D-d), il y aura avantage sous le rapport de la dépense à ne faire qu'une prise d'eau pour alimenter la longueur de canal donnée. Quand P-p sera plus petit que n (D-d), il y aura au contraire avantage à alimenter cette même longueur avec deux prises d'eau. Comme l'alimentation est d'autant plus facile et plus régulière qu'il y a plus de prises d'eau, il s'ensuit qu'on devra toujours admettre le second système, quand il n'entraînera pas à des dépenses notablement plus considérables que le premier. Faisons remarquer d'ailleurs que plus les usines sont importantes et rapprochées, plus il y a de chances pour que le système des prises d'eau multipliées, prenant peu d'eau chacune, soit le plus avantageux; car ces prises d'eau, ayant alors des rigoles très-courtes et peu larges, ne coûtent pas cher, et l'on fait aux usines le minimum de dommages en somme ; *tandis que si l'on prenait en tête et d'un seul coup toutes les eaux que ces prises d'eau ne prennent que successivement, et pour ainsi dire en détail, toutes les usines supporteraient le maximum de dommage.* Comme, d'un autre côté, il est à peu près impossible de prévoir d'avance d'une manière exacte le chiffre des indemnités à payer aux usines, et que le règlement en est soumis à la chance des expertises, nous en concluons qu'il est toujours plus sûr et plus économique sous tous les rapports, l'alimentation du canal ne pouvant qu'y gagner en même temps que l'industrie, d'établir des prises d'eau rapprochées lorsqu'on a un cours d'eau important à sa disposition.

C'est d'après ces principes qu'ont été disposées les prises d'eau du versant du Rhin, et la décision du 17 juin 1852, relative à l'alimentation du bief de partage des Vosges et du versant du Rhin, admettait définitivement, suivant les propositions du projet d'alimentation que nous avions dressé le 12 novembre 1851, que l'on établirait sur ce versant cinq prises d'eau sur la Zorn : la première, près du moulin de Hoffmühl, devait déboucher dans le dix-neuvième bief (voir la carte, fig. 1, pl. A); la seconde, établie vis-à-vis du ruisseau du Mun-

14

gelbaëchel entre Lützelbourg et Saverne, entrerait dans le vingt-septième bief; la troisième prendrait les eaux dans le canal de l'usine de la Rondelle, dérivé de la Zorn entre Saverne et Steinbourg, et entrerait dans le trente-sixième bief; les quatrième et cinquième prises d'eau devaient se faire sur la Zorn dans les biefs des moulins de Lupstein et de la Münchmühl, près Brumath, et déboucher dans les biefs nᵒˢ 41 et 47.

Les projets de détail de ces prises d'eau furent rédigés et immédiatement exécutés. Toutefois on ajourna la prise d'eau de la Rondelle, de sorte que jusqu'ici il n'y a que quatre prises d'eau sur la branche du Rhin. L'exécution de la prise d'eau de la Rondelle ne paraît pas devenir nécessaire d'après l'expérience acquise par l'alimentation depuis le mois de novembre 1852.

Le tableau ci-après indique la position des prises d'eau du versant du Rhin par rapport au bief de partage, et nous y ajoutons pour le compléter celles de ce bief lui-même, telles qu'elles existent aujourd'hui, avec leurs distances respectives. Ce tableau récapitule toutes les prises d'eau construites dans le service de la troisième subdivision depuis que nous en avons été chargé.

INDICATION DES PRISES D'EAU ET POINTS DU CANAL.	ABSCISSES des prises d'eau ou des points du canal par rapport à l'origine du bief de partage. Nombres ronds.	DISTANCES entre les prises d'eau ou points du canal. Nombres ronds.	OBSERVATIONS.
Origine du bief de partage..	m.	m.	
1º Prise d'eau de l'étang de Gondrexange.	1,420 m	1,420,00	
2º Prise d'eau de l'étang de Gondrexange.	7,110	2,690,00	Ces trois prises d'eau sont les grandes prises d'eau du bief de partage des Vosges.
Prise d'eau de la rigole de la Sarre.	17,930	10,820,00	
Prise d'eau du ruisseau de Wesbach..	19,574	1,644,00	
Prise d'eau du ruisseau d'Unterzess en amont du souterrain d'Arschwiller.	26,191	6,617,00	Ces trois prises d'eau n'ont pas une très-grande importance dans le bief de partage; mais elles n'ont presque rien coûté, les ruisseaux étant facilement dérivés pour tomber directement dans le canal, et elles rendent encore des services : elles peuvent débiter 1,500 m. c. à 2,000 m. c. par 24 heures pour l'étiage et de 5 à 6,000 m. c. dans les eaux moyennes.
Prise d'eau du Teigelbach à la sortie du souterrain d'Arschwiller.	29,187	2,996,00	
Fin du bief de partage . . .		292,00	
Tête d'aval de l'écluse nº 1.	29,479		
Prise d'eau de Hoffmühl dans la Zorn.	33,411	3,932,00	Débouche dans le 19ᵉ bief immédiatement en aval de la rampe de l'écluse nº 16, l'abscisse est comptée jusqu'à la tête d'aval de l'écluse où commence l'alimentation par la prise d'eau.
Prise d'eau du Mungelbaëchel dans la Zorn. . . .	40,485	7,074,00	Débouche immédiatement en aval des rampes de l'écluse nº 26, l'abscisse est comptée jusqu'à la tête d'aval de l'écluse.
Prise d'eau de Lupstein dans la Zorn.	58,884	18,399,00	Débouche immédiatement en aval des rampes de l'écluse nº 40, l'abscisse est comptée jusqu'à la tête d'aval de l'écluse.
Prise d'eau de la Münchmühl dans la Zorn.	71,514	12,630,00	Débouche immédiatement en aval des rampes de l'écluse nº 46, l'abscisse est comptée jusqu'à la tête d'aval de l'écluse.
Tête d'aval de l'écluse nº 51.	88,038	16,524,00	
Embouchure du canal dans l'Ill..	89,002	964,00	Chenal du Wacken en rivière.
LONGUEUR TOTALE. . . .		89,002,00	

On voit que la plus grande distance entre deux prises d'eau suc-cessives est de 18,399 mètres, soit 18 kilomètres, et que le bief de partage n'a à alimenter sur la branche du Rhin que 3,932 mètres de longueur. Les conditions d'alimentation de cette branche du canal sont donc très-bonnes sous tous les rapports. Aussi est-elle arrivée presque dès le début à avoir partout sa tenue d'eau normale de $1^m,60$.

ARTICLE 2. — DÉTAILS SUR LES PRISES D'EAU. — PERTES. — DÉPENSES D'EAU.

Il nous reste maintenant à donner sur les prises d'eau du versant du Rhin quelques détails spéciaux. Nous n'avons pas à discuter ici leurs tracés, qui ont été déterminés par les études de détail des projets, mais nous devons donner les renseignements qui peuvent être utiles pour d'autres constructions analogues; nous les réunissons dans le tableau ci-après; on verra d'ailleurs sur la carte (fig. 1, pl. A) les tracés des diverses rigoles.

DÉSIGNATION DES PRISES D'EAU.	PROFIL EN LONG.		PROFIL EN TRAVERS			COTES PRINCIPALES RAPPORTÉES AU NIVEAU DE LA MER.				OUVRAGES D'ART DES PRISES D'EAU.
	PÈNTES PAR MÈTRE du plafond.	LONGUEURS.	Largeur au plafond	Inclinaison des talus.	Largeur des digues.	Seuil de la prise d'eau de tête.	Retenue à la prise d'eau.	Seuil de l'entrée dans le canal.	Ligne d'eau du canal.	
1re prise d'eau de Hoffmühl débouchant dans le 19e bief en aval de l'écluse n° 18.....	0m,000674,24	660m,00	2m,00	2 de base sur 1 de haut'	1m,50	217m,645	218m,645	217m,20	218m,20	1 barrage à poutrelles sur la Zorn à deux pertuis de 2m,50 d'ouverture chacun. 1 prise d'eau de tête à l'entrée de la rigole de 2m d'ouverture. 1 pont sur la rigole. 1 aqueduc d'entrée en canal avec 1 déversoir, 2 ventelles de prises d'eau ayant chacune 0m,75 d'ouverture.
2e prise d'eau du Mungelbaëchel débouchant dans le 27e bief en aval des rampes de l'écluse n° 26.	»		»	»	»	195,91	198,19	196,81	197,51	1 barrage sur la Zorn et 1 autre de prise d'eau avec une ventelle de 1m d'ouverture contre le barrage (le dessin de cet ouvrage est donné pl. D., fig. 33 à 37). Cette prise d'eau n'a pas de rigole; elle se fait directement dans la Zorn, qui est contiguë au canal.
3e prise d'eau de Lupstein débouchant dans le 41e bief immédiatement en aval des rampes de l'écluse n° 40.......	Niveau 0,000,33 Niveau 0,000,27 Niveau 0,000,264 Niveau Longueur totale.	25,40 91,78 9,63 148,64 3,20 113,80 5,65 397,60	7,50	3 de base sur 2 de haut'.	1,00	160,01	161,09	159,81	160,11	Prise d'eau de tête dans le canal du moulin du Lupstein. Aqueduc-siphon sur un canal de décharge, sur lequel aqueduc est établie la vanne de prise d'eau de 1m,20 d'ouverture; un aqueduc au passage d'un chemin. Un ponceau sur la rigole. Un aqueduc d'entrée en canal sur le chemin de halage de 1m,50 d'ouverture.
4° prise d'eau de la Münchmühl débouchant dans le 47e bief immédiatement en aval des rampes de l'écluse n° 46.....	0,001,174 0,000,417 Longueur totale.	204,40 460,20 664,60	7,80	3 de base sur 2 de haut'.	1,00	144,10	145,54	143,91	144,31	Prise d'eau de tête dans le canal du moulin dit de la Münchmühl au moyen d'une grande vanne de 1m,50 d'ouverture, 1 déversoir sur le ruisseau de Wingersheim. 1 ponceau sur la rigole, 1 aqueduc au passage d'un chemin, 1 aqueduc d'entrée dans le canal sous le chemin de halage de 1m,50 d'ouverture. Aucune des rigoles de la Zorn n'est flottable, le cours d'eau ne l'étant pas. La rigole de la Sarre au bief de partage est flottable; elle a 3m de largeur au plafond et de 0m,50 à 0m,60 de tirant d'eau, et une pente longitudinale variant de 0m,10 à 0m,20 par kilomètre.

Toutes ces prises d'eau ont été construites pour débiter beaucoup plus qu'il ne faut pour l'alimentation des sections de canal qui leur correspondent. Elles sont disposées de manière que, si toutes les prises d'eau inférieures manquaient à la fois par suite d'accidents ou de réparations, chaque prise d'eau pût alimenter toute la partie du canal comprise entre cette prise d'eau et la fin de la branche du Rhin, et, de plus, de manière qu'en faisant fonctionner toutes les prises d'eau à la fois le remplissage de toute la branche du Rhin (à $22^{mc},00$ par mètre courant) pût se faire en trois jours après un chômage (1) où l'on supposerait le canal vide tout entier. Nous ne donnerons pas ici les calculs de détails d'établissement des prises d'eau, chaque ingénieur les fera sans être embarrassé. Le point de départ pour le maximum de débit d'une prise d'eau est le cube total qu'il faut pour remplir la partie du canal qu'elle doit alimenter et le temps minimum qu'on veut mettre à ce remplissage. C'est là ordinairement ce qui détermine le débit maximum et par conséquent les dimensions des prises d'eau. Ainsi une prise d'eau qui devrait alimenter une partie de canal de 20 kilomètres où il faut, à raison de 22 mètres cubes par mètre courant pour le remplissage, un cube total de 440,000 mètres cubes, devra pouvoir débiter, si l'on fixe *à priori* le temps du remplissage à trois jours, $\frac{440,000}{3}$ ou $73,333^{mc},33$. Comme le remplissage exige 22 mètres cubes par mètre courant et que les plus grandes pertes par mètre courant et par jour que l'on puisse rencontrer dans les canaux ne paraissent pas devoir être supérieures à 3 ou 4 mètres cubes (car il est évident que, passé cette limite, il ne peut être question d'alimenter sans des dépenses énormes, et qu'il est alors toujours plus économique de commencer par bétonner pour réduire la dépense d'eau), comme d'ailleurs les dépenses ordinaires d'alimentation pour les pertes ne peuvent guère dépasser 1 mètre cube dans un canal à l'état normal, il s'ensuit qu'en établissant le débit maximum des prises d'eau d'après les conditions que nous venons d'indiquer, ces prises d'eau suffiront toujours largement à l'alimentation. Le cube de remplissage étant de 22 mètres cubes par mètre courant, il faut pour

____

(1) Il est bien entendu que c'est dans le cas où la rivière fournirait assez pour cela, c'est-à-dire dans les eaux moyennes, car en étiage elle ne serait pas suffisante pour faire le remplissage en trois jours, et il en faudrait au moins cinq ou six.

remplir en trois jours que la prise d'eau débite par mètre courant et par jour $\frac{22}{3}$ ou $7^{mc},33$. Cette prise d'eau ne serait donc insuffisante à l'alimentation ordinaire que si celle-ci devait dépasser $7^{mc},33$ par mètre courant et par vingt-quatre heures.

Si l'on avait affaire à un pareil canal, il est évident qu'il faudrait prendre d'autres dispositions pour régler le débit maximum des prises d'eau, mais nous plaindrions les ingénieurs qui auraient à l'alimenter. Il est bon sans doute d'établir les prises d'eau de manière à être largement au-dessus des besoins de l'alimentation, mais il ne faudrait pas non plus exagérer ce principe outre mesure; car il en résulterait des augmentations de dépenses peu motivées dans l'établissement des ouvrages de ces prises d'eau.

Outre la condition que nous venons d'indiquer, nous pensons qu'il est bon que chaque prise d'eau puisse alimenter au moins la longueur du canal alimentée par la prise d'eau suivante, afin de pouvoir se passer d'une prise d'eau en cas d'accidents ou de réparations. Sur le versant du Rhin, comme la longueur totale depuis la première prise d'eau jusqu'au chenal de Wacken n'est que de 58,559 mètres, on a de plus satisfait à la condition que chaque prise d'eau pût alimenter toute la partie du canal en aval de cette prise d'eau. Si la branche avait été plus longue et les prises d'eau plus éloignées, on eût été obligé de renoncer à cette condition si complète sous tous les rapports.

Fixons les idées par des chiffres :

Soient : $P_1\ P_2\dots P_n$, les N prises d'eau d'un versant.

P_m une des prises d'eau comprises entre la prise d'eau P_1 et la prise d'eau P_n.

$L_1\ L_2\dots L_m\dots L_n$ les longueurs de canal alimentées par chacune de ces prises d'eau.

$C_1\ C_2\dots C_m\dots C_n$ les cubes d'eau consommés par mètre courant et par jour de vingt-quatre heures pour l'alimentation totale de la partie du canal à alimenter pour chaque prise d'eau, cette alimentation comprenant tant les pertes de toute nature que la consommation d'eau relative à la navigation.

$d_1\ d_2\dots d_m\dots d_n$ les débits par jour des prises d'eau pour subvenir à cette alimentation.

V le volume d'eau qu'il faut par mètre courant de canal pour le remplissage après un chômage où le canal est supposé avoir été mis entièrement à sec.

K le nombre de jours maximum que l'on veut consacrer au remplissage après un chômage.

$D_1 \ D_2 ... D_m ... D_n$ les débits par jour que doivent donner les prises d'eau pour effectuer ce remplissage.

On aura évidemment les relatives suivantes entre ces diverses quantités :

$$d_1 = c_1 \, l_1 \ldots\ldots d_2 = c_2 \, l_2 \ldots\ldots d_m = c_m \, l_n \ldots\ldots d_n = c_n \, l_n \quad (1)$$

$$D_1 = \frac{V}{K} l_1 \ D_2 = \frac{V}{K} l_2 \ldots\ldots D_m = \frac{V}{K} l_m \ldots\ldots D_n = \frac{V}{K} l_n \quad (2)$$

Il faut d'abord que chaque prise d'eau satisfasse aux conditions de débit indiquées par les équations 2. Il faut aussi qu'elle satisfasse à celle d'alimenter en cas de besoin, outre sa section d'alimentation normale, celle d'une ou plusieurs prises d'eau suivantes. Si une prise d'eau p_m doit alimenter jusqu'à une autre prise d'eau p_m', ces deux prises d'eau étant, bien entendu, comprises entre les prises d'eau p_1 et p_n, cette condition se traduit pour son débit par l'équation générale suivante : si Δ_m désigne le débit déterminé d'après cette condition.

$$\Delta_m = d_m + d_{m+1} \ldots\ldots + d_{m'-1}$$

Ou en ayant égard aux équations 1 :

$$\Delta_m = c_m \, l_m + c_{m+1} \, l_{m+1} + \ldots\ldots + c_{m'-1} \, l_{m'-1} \quad (3)$$

Le débit relatif au remplissage pour cette même prise d'eau est d'ailleurs d'après les relations 2 :

$$D_m = \frac{V}{K} l_m \quad (4)$$

On prendra pour le débit maximum sur lequel une prise d'eau doit être établie la plus grande des deux valeurs Δ_m et D_m calculées par les deux équations 3 et 4 ; supposons, par exemple, qu'une prise d'eau p_1 doive alimenter en cas de besoin outre sa section d'alimentation celles des deux prises d'eau suivantes, c'est-à-dire jusqu'à la prise d'eau p_4, il faudra faire dans les deux équations 3 4 $m = 1$ $m^1 = 4$.

Et elles deviendront :

$$\Delta_1 = c_1 \, l_1 + c_2 \, l_2 + c_3 \, l_3 \quad (5)$$

$$D_1 = \frac{V}{K} l_1 \quad (6)$$

Supposons maintenant les valeurs numériques suivantes :

$$c_1 = 2^{mc},00 \ c_2 = 1^{mc},50 \ c_3 = 1^{mc},80 \ l_1 = 10,000 \ l_2 = 15,000 \ l_3 = $$
$$16,000 \text{ mètres } V = 22^{mc},00 \ K = 3 \text{ jours.}$$

D'où en substituant dans les deux équations $\underbrace{5}$ $\underbrace{6}$:

$$\Delta_1 = 71{,}300.00$$
$$D_1 = 73{,}300.00$$

En construisant la prise d'eau p_1 de manière à lui faire débiter 73,300 mètres cubes, c'est-à-dire ce qu'il faut pour lui faire satisfaire à la condition de remplissage, elle satisfera à plus forte raison à l'autre condition. Si au lieu des valeurs numériques ci-dessus de c_1. c_2. c_3, on adoptait les suivantes, $c_1 = 2^{mc}{,}00$, $c_2 = 2^{mc}{,}00$, $c_3 = 2^{mc}{,}00$, les autres quantités conservant les mêmes valeurs numériques que dans l'exemple précédent, on aurait :

$$\Delta_1 = 102{,}000 \text{ mètres cubes}$$
$$D_1 = 73{,}300 \text{ mètres cubes.}$$

Il faudrait donc, pour continuer de satisfaire à la condition d'alimentation accidentelle des sections d'alimentation des prises d'eau p_1. p_2. p_3, par la prise d'eau p_1, construire cette prise d'eau p_1 de manière qu'elle pût débiter 102,000 mètres cubes par vingt-quatre heures. Il est clair d'ailleurs que nous ne donnons que des exemples de calcul, et que nous ne nous préoccupons pas ici de la relation du débit de la prise d'eau avec celui de la rivière où l'on prend les eaux. Cette question-là s'étudie évidemment sur chaque cours d'eau et d'après l'importance des usines qu'il alimente.

Donnons maintenant quelques détails sur la manière de déterminer en pratique les quantités V. K c_1. c_2. c_3, etc.

Le cube V de remplissage par mètre courant varie avec la section du canal ; pour le profil en travers du canal de la Marne au Rhin (fig. 19, pl. B), il est de 22 mètres cubes. Le nombre K de jours qu'on voudra consacrer au remplisssage dépend des besoins de la navigation ; il importe en général qu'il soit le plus court possible ; mais à moins d'établir des courants préjudiciables aux talus intérieurs du canal, on ne peut pas non plus l'abaisser au-dessous de certaines limites. Dans notre projet d'alimentation du 12 novembre 1851 nous l'avions fixé pour nos calculs à trois jours ; c'est à peu près ce qu'il a été depuis dans la pratique, lorsqu'après les chômages de 1853 et 1854 on a rempli le canal.

Les cubes c_1. c_2. c_3 de la consommation par mètre courant et par vingt-quatre heures pour l'alimentation totale des diverses parties du canal sont ce qu'il y a de plus difficile à déterminer à *priori*. Les pertes par mètre courant ne peuvent s'évaluer que d'après l'expérience, mais lorsqu'on dresse le projet d'un canal, on ne peut que faire à leur égard des hypothèses, suivant la nature du terrain et par analogie avec ce qu'ont donné des terrains de même nature sur d'autres canaux.

Brisson a supposé que le canal perdrait en moyenne 0^{mc},75 par mètre courant ; plus tard on avait admis 1^{mc},00 dans les premières études faites pour l'alimentation du bief de partage des Vosges ; mais l'expérience a démontré que les étanchements principaux une fois exécutés, et c'est dans cette hypothèse qu'il faut raisonner si l'on ne veut pas arriver à des dépenses d'eau énormes, ce chiffre était exagéré. Les pertes ont été, après les travaux du chômage de 1854 dans notre service (ainsi qu'on l'a vu chap. VII, § 12, tableau nº 1), de 0^{mc},30 en général pour les terrains sablonneux, et ont varié entre 0^{mc},44 et 0^{mc},88 pour les terrains argileux par mètre courant et par vingt-quatre heures. Au canal du Centre, M. Comoy admet

	m. c.
pour les terrains sablonneux (*Annales*, 1841).	0,35
Pour les terrains argileux.	0,49

Au canal du Midi le cube moyen est pour tous les terrains argileux. 0,52

Et c'est aussi à peu près la moyenne des pertes du versant du Rhin dans ce terrain.

Dans une partie argileuse du canal du Rhône au Rhin ce cube a été de. 0,46

En prenant la moyenne des trois dernières quantités, on arrive à un cube de. 0,49

Pour les terrains sablonneux nous prendrons la moyenne de nos résultats et de ceux qu'admet M. Comoy, ce qui donne. 0,33

Ajoutons à ces chiffres avec M. Comoy 0^{mc},04 pour fausses manœuvres et autres causes de pertes indépendantes des pertes par évaporation, imbibition et filtrations de toute nature qu'ils représentent, on arrive pour les terrains sablonneux à. . 0,37

Et pour les terrains argileux à. 0,53

Que l'on peut porter en nombres ronds et au maximum à 0^{mc},40 et 0^{mc},60.

Quant aux parties bétonnées on peut compter pour leurs pertes de 0^{mc},05 à 0^{mc},08, et, en y ajoutant les 0^{mc},04 pour fausses manœuvres et autres pertes accidentelles, de $0^{mc},09$ à $0^{mc},12$, soit en nombres ronds et au maximum de $0^{mc},10$ à $0^{mo},15$.

C'est là l'état normal auquel devra parvenir en peu d'années un canal convenablement étanché, mais jusque-là il faut fournir plus d'eau, et nous pensons qu'en adoptant dans l'évaluation d'un avant-projet le chiffre de consommation moyen de $1^{mc},00$ par mètre courant et par vingt-quatre heures, on sera en général dans le vrai quant à ces premiers besoins, et l'on aura par conséquent plus de ressources qu'il n'en faudra plus tard pour l'alimentation normale. A ces chiffres de dépenses d'eau qui représenteront la perte moyenne par mètre courant due aux pertes de toute nature, il faudrait ajouter les dépenses d'eau par mètre courant résultant du mouvement spécial des ports situés sur les versants, de la différence de capacité des écluses et de l'affluence des bateaux dans les biefs courts. Les éléments des calculs à faire pour établir ces dépenses ont été donnés par M. Comoy ; ces calculs renfermeront toujours quelque chose d'hypothétique quant à la première et à la troisième de ces causes de dépenses d'eau, mais ils établiront cependant d'une manière assez approximative la dépense totale d'eau par jour due à la navigation pour chaque section comprise entre deux prises d'eau, et en la divisant par la longueur on aura la dépense par mètre courant qui devra s'ajouter aux chiffres que nous venons d'indiquer pour les dépenses dues aux pertes de toute nature. La somme de ces deux quantités donnera les quantités $c_1.$ $c_2.$ $c_3...$, et l'on aura ainsi tous les éléments nécessaires pour calculer les débits maximum des prises d'eau de versants, et par conséquent pour déterminer le profil en travers et la pente des rigoles, ainsi que les débouchés des ventelles de prise d'eau. Tout cela présente un enchaînement de calculs fort compliqués en apparence, mais qui n'offrent en définitive aucune difficulté dans leurs détails. Dans un avant-projet il est impossible de déterminer les quantités $c_1.$ $c_2...$ exactement, puisqu'on n'a encore que des données hypothétiques sur les dépenses d'eau dues à la navigation proprement dite ; *mais nous pensons qu'en adoptant de $1^{mc},20$ à $1^{mc},50$ par mètre courant et par vingt-quatre heures pour la consommation totale, en tant qu'il ne s'agit que des versants et non du bief de partage, on ne risquera jamais de se tromper.* Pour les biefs de partage il est toujours prudent dans un avant-projet de calculer tout au maximum, les pertes et la dépense due au passage des bateaux. Si n désigne le nombre maximum de bateaux que l'on supposera devoir franchir le bief de partage, e le cube d'une éclusée, L la longueur du bief de partage, le cube d'eau consommé par la navigation par mètre courant sera $\frac{2\,e\,n}{L}$, et si c désigne le cube admis par mètre courant pour les pertes de toute nature du bief de partage, *on aura pour la valeur du cube total C consommé par mètre courant de bief de partage* $C = c + \frac{2\,e\,n}{L}$.

Si nous admettons $c = 1^{mc},00$ comme maximum, ce qui paraît tout à fait suffisant en général pour les premiers besoins d'un canal dont on a étanché les plus mauvaises parties avant de le mettre en eau, si d'ailleurs nous nous mettons dans le cas des écluses du canal de la Marne au Rhin, dont l'éclusée est moyennement de 500 mètres cubes, on aurait $C = 1^{mc},00 + \frac{1000\,n}{L}$.

On adoptera, en général, pour n le nombre maximum de bateaux qui puissent passer dans une écluse par jour de douze heures, plus une partie à passer pendant la nuit. Dans notre projet d'alimentation du 12 novembre 1851, nous avions admis quarante-cinq bateaux par vingt-quatre heures. Pour terminer cet article, nous résumerons dans le tableau ci-après tout ce qui peut intéresser, quant à l'alimentation, pour les prises d'eau du versant du Rhin.

INDICATION des PRISES D'EAU.	LONGUEURS alimentées par chaque PRISE D'EAU.	DÉBITS PAR 24 HEURES ET PAR PRISE D'EAU, d'après le projet d'alimentation du 12 novembre 1851.		DÉBITS MOYENS POUR L'ALIMENTATION totale par 24 heures et par prise d'eau, résultant de la pratique du canal.		OBSERVATIONS.
		Calculés sur le remplissage en 3 jours à $7^m,33$ par jour et par m. courant, ou maximum de débit des prises d'eau.	Pour l'alimentation normale totale entre deux prises d'eau.	Du 5 septemb. 1853 au 4 sept. 1854. Avant le chômage de 1854.	Du 6 novemb. 1854 au 12 mars 1855. Après le chômage de 1854.	
1.	2.	3.	4.	5.	6.	7.
Prise d'eau de Hoffmühl.........	$l_1 = 7,074.00$ m.	$D_1 = 51,832.00$ m. c. (a)	$d_1 = 6,191.00$ m. c.	$d_1 = 3,934.00$ m. c.	$d_1 = 1,600.00$ m. c.	(a) La prise d'eau de Hoffmühl ayant été établie la première pour les essais, a été construite pour débiter environ $120,000^m$ par 24 heures, de sorte que chacune des prises d'eau pourrait au besoin alimenter toute la partie du versant qui se trouve en aval de cette prise d'eau.
Prise d'eau du Mungelbaéchel....	$l_2 = 18,399.00$	$D_2 = 735,365.00$	$d_2 = 19,896.00$	$d_2 = 18,686.00$	$d_2 = 10,370.00$	Les cubes des deux dernières colonnes sont les moyennes résultant des attachements et des calculs de jaugeages journaliers de diverses prises d'eau.
Prise d'eau de Lupstein.........	$l_3 = 12,680.00$	$D_3 = 92,578.00$	$d_3 = 10,752.00$	$d_3 = 21,664.00$	$d_3 = 8,646.00$	Le chômage de 1854 a commencé pour ces parties du canal le 4 septembre, et a fini le 1er octobre 1854. Le remplissage a été terminé le 5 novembre, et l'alimentation normale a commencé le 6 novembre. Ce sont les moyennes des dix-huit semaines écoulées du 6 novembre 1854 au 12 mars 1855, jour où a été terminé cet écrit, qui figurent dans la colonne 6. Ces moyennes diminueront encore successivement un peu par les améliorations de l'entretien.
Prise d'eau de la Münchmühl....	$l_4 = 16,524.00$	$D_4 = 121,121.00$	$d_4 = 16,052.00$	$d_4 = 27,277\ 00$	$d_4 = 73,344.00$	
TOTAUX...........	54,627.00	401,416.00	52,894 00	71,564.00	33,960.00	

Ce tableau montre par la comparaison des valeurs de d_1, d_2, d_3, sur la même ligne des trois colonnes 4, 5, 6, qu'en ce qui concerne l'alimentation courante nous avions, dans notre projet d'alimentation de 1851, admis des bases assez larges, que la pratique n'a pas atteintes. Pour toutes les prises d'eau du versant du Rhin les débits moyens après le chômage de 1854 sont, en effet, tous inférieurs à ceux que nous avions calculés dans notre projet d'alimentation.

On voit que, de la fin du chômage de 1853 au commencement de celui de 1854, les quatre prises d'eau n'ont jamais débité ensemble, pour l'alimentation totale (pertes et navigation propre au versant), plus de 71,561 mètres cubes par vingt-quatre heures, et comme la longueur totale alimentée par ces prises d'eau est de 54,627 mètres, on voit que le maximum de l'alimentation totale moyenne, par vingt-quatre heures et par mètre courant n'a pas dépassé, sur le versant du Rhin, $\frac{71,561\ 00}{54,627\ 00}$, soit $1^{mc},31$, et qu'après le chômage de 1854 cette consommation moyenne a été de $\frac{33,960}{54,627}$, soit de $0^{mc},62$ par mètre courant et par jour et ce résultat était obtenu un an après l'ouverture définitive de la navigation sur le canal (1). *Nous nous croyons donc fondé à dire qu'en admettant dans un avant-projet, comme nous l'avons conseillé plus haut, le chiffre de $1^{mc},20$ à $1^{mc},50$ par mètre courant, pour la consommation totale maxima par vingt-quatre heures (sur les versants, y compris la dépense due à la navigation propre aux ports du versant), on ne risque jamais de se trouver en déficit lorsque les ressources auront été calculées sur ce chiffre.*

Plusieurs canaux en France laissent encore beaucoup à désirer sous le rapport de leur alimentation. Il faut attribuer en grande partie ce résultat à l'idée si malheureuse du temps où ils ont été construits, qui était d'accumuler presque toutes les ressources aux biefs de partage, faute qui est très-difficile à réparer, et ensuite à une évaluation trop basse des pertes. Aujourd'hui les idées inverses dominent : elles sont plus exactes très-certainement, mais il ne faut pas non plus les pousser trop loin, sous peine d'entraîner l'administration à des dépenses hors de proportion avec les résultats à atteindre. *Il est donc*

---

(1) Les débits admis dans l'avant-projet (colonne 4 du tableau ci-dessus), donnent un cube total de 52,891 mètres cubes qui, divisé par la longueur de 54,627, donne un cube par mètre courant de $0^{m},97$, qui est encore, comme on le voit, de beaucoup au-dessus du cube réel actuel.

une juste limite à tenir, et nous pensons que l'on sera en général dans le vrai en admettant dans un projet de canal pour la limite inférieure de distance entre deux prises d'eau successives celle de 20 à 25 kilomètres, et pour la consommation totale d'eau des versants (chap. VIII, § 2, art. 2), dans les premiers essais après la mise en eau et y compris les dépenses dues au mouvement local des ports, le chiffre de $1^{mc},20$ à $1^{mc},50$ par mètre courant et par vingt-quatre heures; pour la consommation due aux pertes, le chiffre de $0^{mc},80$ à 1 mètre cube dans les premiers mois de mise en eau, et de $0^{mc},40$ à $0^{mc},60$ le canal arrivé à peu près à son état normal, et, enfin, pour la consommation d'un bief de partage, par mètre courant et par vingt-quatre heures, le chiffre de 1 mètre cube $+ \dfrac{2\,e\,n}{L}$ à $0^{mc},50 + \dfrac{2\,e\,n}{L}$, suivant l'état d'étanchement de ce bief, n désignant le nombre maximum de bateaux que l'on suppose devoir y passer par jour, L sa longueur, e le cube d'une éclusée, soit le volume d'eau que contient le sas du type d'écluse adopté pour le canal que l'on a à projeter (1).

Nous pensons qu'en établissant la balance des dépenses d'eau et des ressources d'alimentation sur ces bases, on ne s'exposera pas à des mécomptes ultérieurs, et si l'on avait affaire à une partie de canal entièrement bétonnée, nous pensons qu'on pourrait sans inconvénient admettre de 40 à 45 kilomètres pour l'espacement des prises d'eau, une dépense d'eau totale de $0^{mc},40$ à $0^{mc},60$ par mètre courant de versant y compris la navigation locale, de $0^{m},10$ à $0^{m},15$ pour les pertes seules, non compris la navigation, et pour un bief de partage bétonné une dépense égale à $0^{mc},20 + \dfrac{2\,e\,n}{L}$ par mètre courant et par vingt-quatre heures, non compris, bien entendu, l'alimentation des parties de versant qui tirent du bief de partage les eaux destinées à remplacer leurs pertes.

ARTICLE 3. — INDICATION DES PRINCIPAUX CALCULS RELATIFS AU SERVICE DE L'ALIMENTATION.

Lorsqu'on connaît, d'un côté, le cube d'eau débité journellement par les prises d'eau, de l'autre le cube d'eau dépensé par la navigation locale d'un versant, il est facile d'en déduire la dépense moyenne

______

(1) Il est évident d'ailleurs que cette consommation ne comprend pas l'alimentation des parties de versant qui se relient au bief de partage. La consommation de ces parties doit être ajoutée si l'on veut avoir la consommation totale du bief de partage.

journalière due aux pertes de toute nature dans la section alimentée par chaque prise d'eau. Dans un bief de partage cela est plus simple encore, car il suffit de déduire du volume total entré par les prise d'eau dans le bief pendant les vingt-quatre heures le nombre d'éclusées qui ont été tirées de ce bief par les deux extrémités, et il est on ne peut plus facile de tenir attachement de la dépense due à la navigation en comptant tout simplement le nombre de fois que l'on écluse. Pour les versants, on arrive, en tenant les mêmes attachements à toutes les écluses d'amont des biefs de prises d'eau, à pouvoir calculer exactement ce que la navigation prend et restitue aux sections correspondant à chaque prise d'eau. Le type de ce calcul a déjà été donné dans l'article 1er du § 10 du chapitre VII.

Pour former le tableau qui résume les débits des prises d'eau, il suffit de faire les calculs de jaugeage qui résultent des attachements quotidiens de ces prises d'eau. Ces jaugeages doivent être réglés par une instruction de détail, afin que les agents puissent les faire et les adresser chaque semaine tout faits à l'ingénieur ordinaire, qui n'a plus qu'à les faire vérifier. Dans un service où il y a beaucoup de prises d'eau, il est impossible de faire autrement si l'on veut tenir son service au courant. Les formules à employer doivent donc être indiquées pour chaque espèce d'écoulement avec des types de calcul, afin qu'on puisse les faire sans être mathématicien.

Nous donnons ci-après le modèle de l'état récapitulatif que nous faisions dresser chaque trimestre pour nous rendre compte du mouvement des eaux du bief de partage des Vosges. Cet état indique d'un côté les cubes totaux fournis par les prises d'eau pendant les trois mois, et de l'autre les cubes dépensés par le canal, de sorte que la balance doit à très-peu près s'établir entre les deux totaux définitifs de ces deux séries de débits. Nous disons d'ailleurs à très-peu près, car il est impossible d'exiger que les deux séries d'opérations donnent des résultats tout à fait identiques. Voici un de ces états récapitulatifs dont la forme pourra être utile aux personnes qui auront des calculs d'alimentation à faire :

DES PRISES D'EAU DU BIEF DE PARTAGE ET DE LA RÉPARTITION DES EAUX ENTRE LE BIEF DE PARTAGE ET SES DEUX VERSANTS, DU LUNDI 2 JUILLET AU LUNDI 2 OCTOBRE 1854 (SOIT POUR LE TROISIÈME TRIMESTRE 1854).

INDICATION des SEMAINES.	PRISES D'EAU.				RÉPARTITION DES EAUX.				OBSERVATIONS.
	Étang de Gondrexange	Rigole de la Sarre.	Wesbach, Unterzess, Arschwiller	TOTAL.	Versant de la Moselle.	Versant du Rhin.	Pertes du bief de partage et de la rig. de la Sarre par filtrat. et imbibitions.	TOTAL.	
	m. c.	m. c.	m. c.	m. c.	m. c.	m. c.	m. c.	m. c.	Les pertes du bief de partage, qui a 20,479 mètres de longueur, peuvent être calculées à raison de 7,000 m. c. à très-peu près par jour pour ce trimestre, non compris l'évaporation (saison d'été et avant les étanchements exécutés pendant le chômage de 1854).
Du 3 au 10 juillet......	352,163	92,694	25,393	470,253	207,979	»	56,000	263,979	
Du 10 au 17 juillet......	391,391	149,734	48,993	590,135	169,785	9,656	56,000	235,441	
Du 17 au 24 juillet......	282,926	211,099	32,641	526,666	233,725	14,751	56,000	304,476	
Du 24 au 31 juillet......	323,638	199,248	48,860	574,746	206,639	6,380	56,000	269,019	
Du 31 juillet au 7 août..	663,726	»	»	663,726	117,031	20,633	49,000	186,664	Les pertes de la rigole de la Sarre, qui a 7,600 m. de longueur, peuvent être évaluées à 15,000 m. c. par jour, non compris l'évaporation. Ces pertes disparaîtront à peu près complétement après quelques remaniements de talus.
Du 7 au 14 août........	876,806	19,033	»	895,839	69,613	8,470	56,000	134,083	
Du 14 au 21 août.......	562,368	23,891	»	686,259	113,568	5,411	56,000	174,979	
Du 21 au 28 août.......	458,934	21,777	1,225	481,936	180,334	1,463	56,000	237,797	
Du 28 août au 4 septemb.	209,139	31,948	2,995	244,083	99,286	»	32,000	131,286	
Du 4 au 11 septembre..	»	»	»	»	»	»	»	»	Chômage du canal depuis le 1er septembre.
Du 11 au 18 septembre..	»	»	»	»	»	»	»	»	
Du 18 au 25 septembre..	»	»	»	»	»	»	»	»	
Du 25 sept. au 2 octobre	»	»	»	»	(a) 157,000	(a) 133,500	»	292,500	(a) Dépenses dues au passage des bateaux aux écluses extrêmes du bief de partage.
	4,221,091	749,441	160,113	5,130,643	1,554,960	202,264	473,000	2,230,224	(b) Débits des déchargeoirs du bief de partage.
			(c) 40,596					(b) 2,922,766	(c) D'après les attachements tenus à Héning, la hauteur de l'eau évaporée, du 2 juillet au 1er septembre, a été de. 0.140 et celle de la pluie tombée de..... 0.238
									D'où il résulte une différence de. 0.089 qu'il faut appliquer à la somme des surfaces du plan d'eau du bief de partage de la rigole de la Sarre, m.q. qui est de........................ 456.130
								5,152,990	Savoir : pour le bief de partage... 418.320 pour la rigole de la Sarre 37.810 Total pareil..... 456.130
								(d) 25,929	(d) Volume à déduire, correspondant à l'abaissement du plan d'eau du bief de partage de la cote 1.59 du 2 juillet à celle de 1.53 du 1er septembre, jour de l'ouverture du chômage.
TOTAUX sensiblement pareils.....				3,171,289				5,127,064	

§ 3. — **Usines. — Indemnités. — Leur relation avec les étanchements.**

On peut causer aux usines d'un cours d'eau où s'alimente un canal deux espèces de dommages : l'un, temporaire, qui résulte d'une alimentation d'essai à laquelle on applique le cours d'eau avant que toutes les ressources d'alimentation ne soient créées; l'autre, permanent, qui résulte de l'application normale perpétuelle à l'alimentation du canal d'une partie du débit du cours d'eau. Ainsi les dommages causés en 1853 et 1854 aux usines de la Sarre par les prises d'eau exceptionnelles faites dans cette rivière avant l'achèvement des travaux du réservoir de Gondrexange au bief de partage, du réservoir de Réchicourt et de la prise d'eau de Dombasle sur le versant de la Moselle, constituaient un état essentiellement transitoire et temporaire, et si les eaux de la Sarre ne doivent, en définitive, être prises à l'avenir que dans les crues, c'est-à-dire dans un moment où elles sont assez abondantes pour l'alimentation simultanée du canal et des usines, il est clair que ce régime définitif une fois établi l'industrie n'aura plus à en souffrir. Elle supportera donc jusque-là un dommage purement temporaire. Sur le versant du Rhin, au contraire, où les prises d'eau de la Zorn serviront toujours et en tout temps de l'année à l'alimentation du canal, il est clair qu'il en résultera pour les usines de ce cours d'eau une dépréciation essentiellement permanente.

Pour les dommages de la première catégorie, des décisions récentes fixent la matière. Des prises d'eau avaient été faites dans la Marmande pour l'alimentation du canal du Berry; il avait été déclaré par l'administration *que le régime de l'alimentation du canal n'était pas encore définitivement arrêté et que les travaux à l'étude auraient pour effet de réduire les dommages.* Sur conflit élevé dans cette affaire, il a été décidé le 7 juillet 1850 (1), par le tribunal des conflits, que *la réduction du volume des eaux motrices d'une usine par suite de prises d'eau effectuées au moyen d'ouvrages dont l'administration déclare que l'ensemble n'est pas encore définitivement arrêté, constituait un dommage variable donnant lieu à un règlement d'indemnité spécial à chaque chômage et non à une indemnité de dépréciation permanente.* Une décision du conseil d'État, du 22 novembre 1851, admet exactement le même principe, de sorte que la jurisprudence est fixée sur la matière.

---

(1) Sieur et dame de Mortemart, *Annales des ponts et chaussées*, novembre 1850, page 827.

Maintenant peut-on étendre ce principe aux prises d'eau définitivement établies en tant qu'il s'agit d'essais de mise en eau d'un canal? Nous le pensons sans hésiter, attendu que les travaux d'étanchements que l'administration fait exécuter immédiatement après ces essais peuvent réduire considérablement les dommages, et que ceux-ci en définitive n'arrivent à l'état constant et permanent que lorsque le régime du canal lui-même est arrivé à son état normal. L'administration a donc le droit incontestable, lorsque les prises d'eau doivent occasionner une dépréciation permanente, de commencer par régler les dommages tels qu'ils se produisent pendant les premiers essais de navigation, sauf à entamer la question du règlement de la dépréciation définitive lorsque le canal est arrivé à un état qui ne s'éloigne plus trop de l'état normal.

Supposons maintenant que par suite d'estimations approximatives, on soit arrivé à trouver que, pour fournir à une partie du canal un cube total U d'eau par jour, il faille payer une dépréciation permanente totale D aux usines. Si par suite d'étanchements à faire on peut réduire ce volume d'alimentation à un cube u plus petit que U et la dépréciation définitive à une somme d plus petite que D ; si E est la dépense des étanchements à faire pour arriver à ce résultat, si δ désigne d'ailleurs le dommage moyen temporaire annuel que l'on fera aux usines pendant les n années sur les crédits desquelles devront se faire les étanchements, la somme à payer définitivement aux usines, si l'on ne faisait pas d'étanchements, étant D, la somme totale qu'on leur paiera si l'on fait les étanchements sera $n\delta + d$, d'où suit qu'il y aura égalité d'avantages pécuniairement parlant entre les deux systèmes si l'on a la relation $E + d + n\delta = D$ d'où $E = D - (d + n\delta)$. Quand on aura $E < D - (d + n\delta)$ il y aura toujours avantage à étancher pour réduire le volume d'alimentation à son minimum ; enfin quand on aura $E > D - (d + n\delta)$, sans qu'il y ait une très-grande différence entre ces deux quantités, il y aura encore le plus souvent avantage à le faire ; car, outre l'incertitude où l'on est toujours du chiffre qu'atteindront des indemnités aussi difficiles et aussi délicates à régler que celles dont il est question ici, ce sera évidemment une mesure de bonne administration que d'enlever le moins de force motrice possible à l'industrie, et ce principe sera d'autant plus vrai qu'il s'agira de cours d'eau plus importants. Nous croyons donc qu'on *peut poser aujourd'hui en principe général que les ingénieurs qui auront à faire de nouveaux canaux ne devront pas hésiter à proposer de suite tous les étanchements qui devront en peu de temps amener le canal à son état normal et comprendre ces dépenses dans leur projet comme dépenses de premier établissement, afin de ne pas exposer l'administration supérieure aux mécomptes d'augmentation de dépenses ou d'alimentation coûteuse et incomplète qu'elle a éprouvés dans la plupart des canaux construits jusqu'à présent,* circonstances qui n'ont pas le moins contribué à mettre ces voies de communication dans le discrédit où elles sont malheureusement tombées depuis que la question des chemins de fer a pris son élan. Remarquons d'ailleurs qu'il pourra se présenter des cas où l'emploi immédiat des procédés d'étanchements au béton sera une véritable économie, quoique la dépense qui en résulte ne soit pas moyennement inférieure à 50 fr. par mètre courant. Si l'on se rappelle que le mètre courant de canal dans le terrain argileux perd $0^{mc},53$ (§ 2, art. 2, chap. VIII) quand il est à l'état normal, et que le mètre courant de canal bétonné ne perd que $0^{mc},08$ au maximum, on verra que l'emploi des bétonnages fait dans ce cas gagner $0^{mc},45$ par mètre courant et par vingt-quatre heures. Lorsque ce cube devra être fourni par des réservoirs coûteux, il pourra devenir très-avantageux d'exécuter un bétonnage général pour éviter ces constructions dispendieuses, et il en serait de même si l'indemnité à payer aux usines, dans le cas de l'alimentation par un cours d'eau, devait dépasser la somme qu'on dépenserait en bétonnage pour gagner ces $0^{m},45$ par mètre courant.

§ 4. — Règlements d'indemnités. — Principes.

En ce qui concerne le règlement des indemnités, qu'elles s'appliquent à un dommage temporaire ou à une dépréciation permanente, il est de principe que ce règlement ne peut se faire que sur *l'importance légale* de l'usine et non sur *son importance réelle*, dans le cas où elle aurait indûment et sans autorisation préalable modifié son régime légal. Ce principe découle formellement de l'article 48 de la loi du 16 septembre 1807 et a toujours été invariablement maintenu par la jurisprudence du conseil d'Etat.

La question préalable à tout règlement d'indemnité sera donc celle de l'établissement de l'existence légale de l'usine.

Sur les cours d'eau navigables et flottables, une usine n'a d'existence légale et par conséquent droit à l'indemnité que dans deux cas:

1º Si, conformément à ce qui est admis par l'ordonnance de 1669, qui règle la matière, cette usine est antérieure à 1566, époque où le principe de l'inaliénabilité du domaine public a commencé à être posé (1) ;

2º. Si étant postérieure à 1566, elle a été régulièrement autorisée par le pouvoir souverain. La jurisprudence du conseil d'État permet d'ailleurs d'ajouter que le droit à indemnité existe encore pour une usine de concession féodale, quand même elle ne pourrait pas prouver qu'elle est antérieure à 1566, dans le cas où cette usine aurait été vendue par vente nationale avec affectation spéciale d'une *force motrice déterminée.*

Il est même permis de conclure d'un arrêt du conseil d'État du 15 juillet 1853 (*Annales,* 1854, janvier et février, page 78), que toutes les modifications qu'on peut démontrer avoir été faites à l'usine antérieurement à la vente nationale, doivent être admises comme fondées en droit, et que la vente a suffi pour leur donner un caractère légal (28 mai 1852, *Annales des ponts et chaussées,* 1852, juillet, août, page 292).

Les principes développés ci-dessus sur le droit à indemnité pour les cours d'eau navigables et flottables ne peuvent pas plus être contestés aujourd'hui que la compétence des tribunaux administratifs ne peut l'être en ce qui concerne le règlement de ces indemnités. *Ces principes et cette compétence reposent sur l'ordonnance de 1669, qui est le point de départ de la législation sur les cours d'eau navigables en France, sur la déclaration du roi d'avril 1683, l'arrêt du 24 juin 1777, les lois des 22 novembre, 1er décembre 1790, 28 septembre, 6 octobre 1791, 28 août 1792 ; les décrets des 6 et 30 juillet 1793, l'arrêté du Directoire exécutif du 19 ventôse an VI, la loi du 28 pluviôse an VIII, la loi du 16 septembre 1807 et l'article 538 du Code Napoléon.*

Pour les cours d'eau non navigables ni flottables, il est en général admis aujourd'hui que la question de domaine public doit être écartée, et que l'État n'intervient que pour régler la pente et l'usage des eaux dans un intérêt d'ordre. Il ne suit pas de là que les cours d'eau non navigables ni flottables soient la propriété des riverains ; ils rentrent

---

(1) L'édit de Moulins, rendu par Charles IX le 12 février 1566, est le premier ; après lui arriva l'ordonnance de Blois rendue par Henri III en 1579 ; puis parurent successivement les édits de Louis XIV de 1668, 1669, 1683, sous formes d'ordonnances ou de déclarations du roi.

essentiellement dans la catégorie des choses communes, non susceptibles de propriété privée et sur lesquelles le droit de règlement est
établi par l'article 714 du Code civil.

*Les cours d'eau non navigables ni flottables sont régis par les lois
des 12-20 août 1790, 28 septembre et 16 octobre 1791, les arrêts des
9 et 19 ventôse an VI, et l'article 48 de la loi du 16 septembre 1807
leur est applicable aussi bien qu'aux cours d'eau navigables et flottables.* Le pouvoir souverain peut seul autoriser l'établissement d'usines
sur ces cours d'eau, comme sur les cours d'eau navigables, et ce pouvoir a été délégué aux préfets par le décret de décentralisation du
25 mars 1852. L'avis du comité de l'intérieur en date du 31 octobre
1817 (1) établit clairement ce principe qui, du reste, a été sanctionné
depuis par la jurisprudence du conseil d'État (2).

*Un arrêt du 22 novembre 1851 (Annales, 1852, page 13) établit
qu'une usine construite sur un cours d'eau non navigable ni flottable
en vertu de l'autorisation émanée du seigneur du lieu, a une existence
légale à laquelle les lois rendues pour l'abolition de la féodalité ne peuvent porter atteinte.* De nombreux arrêts, parmi lesquels il nous suffit
de citer ceux du 11 juillet 1844 (*Annales*, 1844, page 41); du 25 juin
1845 (*Annales*, 1845, page 491), établissent en outre qu'une vente nationale confère à l'usine l'existence légale, et par conséquent le droit
à indemnité en cas de chômage, *à moins de stipulation contraire dans
la vente;* mais que si l'usine a augmenté sans autorisation sa force
motrice depuis la vente, il n'y a pas lieu dans le règlement de l'indemnité de lui tenir compte de ce surcroît de force motrice. Un arrêt
du 18 août 1849 établit également qu'il n'est dû d'indemnité que pour
la force motrice garantie par la vente.

Pour les cours d'eau navigables et flottables, la législation de 1669
pose clairement la question d'inaliénabilité du domaine public,
dont ces cours d'eau font partie; la législation de 1790 pose non
moins clairement le droit de réglementation dans un intérêt d'ordre
public sur les cours d'eau non navigables ni flottables qui, sans être
domaine privé ni domaine public, rentrent essentiellement dans le domaine commun.

(1) *Ravinet*, tome II, page 78.

(2) Arrêts des 1er mars 1826 et 21 août 1828. (*Tarbé*, pages 342 et 343; 15 mars
1844; — *Annales*, 1844, page 239, etc.)

Il nous reste maintenant une question à examiner, qui résulte de l'article 48 de la loi du 16 septembre 1807; cet article est ainsi conçu :

« Lorsque, pour exécuter un desséchement, l'ouverture d'une nou-
» velle navigation, un pont, il sera question de supprimer un moulin
» ou autre usine, de les déplacer, modifier ou de réduire l'élévation
» de leurs eaux, la nécessité en sera constatée par les ingénieurs des
» ponts et chaussées; il sera d'abord examiné si l'établissement des
» moulins ou usines est légal, ou si le titre d'établissement ne soumet
» pas les propriétaires à voir démolir leurs établissements sans indem-
» nité, si l'utilité publique le requiert. »

La question qui ressort de la fin de cet article est celle-ci :

Le pouvoir souverain qui, sur les cours d'eau navigables et flottables faisant partie du domaine public, a le droit incontestable d'insérer, dans les autorisations qu'il donne d'établir des usines sur ces cours d'eau, la clause qu'aucune indemnité ne sera due, en cas de suppression de la force motrice, par suite de l'application des eaux à un service d'utilité publique (1), a-t-il le même droit sur les cours d'eau non navigables ni flottables ? La question a été controversée par les meilleurs esprits, mais elle est résolue de fait par la pratique, et il paraîtrait difficile de soutenir aujourd'hui que le gouvernement, qui a le droit incontestable d'accorder les autorisations d'établir des usines sur les cours d'eau non navigables ni flottables, n'ait pas celui d'insérer dans l'acte d'autorisation la condition qu'aucune indemnité ne sera due dans le cas où les eaux seraient utilisées pour un service public. La prépondérance des intérêts publics sur les intérêts privés est d'ailleurs trop clairement indiquée aujourd'hui par la marche et le développement des grands travaux, pour que l'on puisse douter plus longtemps, à notre avis, du droit du pouvoir dans cette question.

*Il résulte en résumé de ce qui précède que toutes les usines anté-
rieures à 1566 sur les cours d'eau navigables et flottables, et antérieures
à 1790 sur les cours d'eau non navigables ni flottables, pourvu pour
ces derniers cours d'eau qu'elles aient été autorisées par le seigneur
du lieu, sont fondées en titre et ont droit à indemnité en cas de chômages occasionnés par suite d'un service public; que toutes celles qui
sont postérieures à ces époques n'ont droit à indemnité qu'autant qu'elles*

(1) L'arrêté du gouvernement du 19 ventôse an VI et l'instruction ministérielle du 19 thermidor an VI ont introduit cette clause dans toutes les autorisations relatives aux cours d'eau navigables et flottables.

peuvent exciper d'un acte d'autorisation de l'autorité souveraine; que les usines sur cours d'eau navigables et flottables postérieures à 1566, mais antérieures à 1790, non munies de cette autorisation souveraine, ou les usines sur cours d'eau non navigables ni flottables antérieures à 1790, non munies de l'autorisation seigneuriale, que ces deux catégories d'usines, disons-nous, ont droit à indemnité dès qu'elles ont été vendues nationalement et peuvent justifier que lors de la vente elles avaient une force motrice déterminée, à moins toutefois que la vente ne porte stipulation contraire. Enfin, sur tous les cours d'eau, qu'ils soient ou non navigables ou flottables, l'État ne doit aucune indemnité, lorsque les actes d'autorisation portent la condition qu'il n'y a pas lieu à indemnité dans le cas où les eaux seraient appliquées à un service d'utilité publique.

Tels sont les principes qui résolvent, si nous ne nous trompons, la question de l'existence légale et du droit à indemnité. Cette question résolue, il reste à voir d'après quels principes doit être réglée l'indemnité elle-même. Nous avons déjà montré plus haut que tant que les travaux du système d'alimentation n'étaient pas définitivement achevés, les chômages des usines ne donnaient droit qu'à des indemnités temporaires à régler pour chaque chômage et non à une indemnité pour dépréciation permanente. Cette dernière n'est due qu'à partir du moment où le système d'alimentation du canal est complétement établi; *quelle que soit d'ailleurs la nature de l'indemnité, qu'elle soit temporaire ou définitive, cette indemnité ne doit jamais être réglée que sur l'importance légale de l'usine, c'est-à-dire sur la force motrice qui résulte pour cette usine de son titre d'existence légale et non sur son importance réelle, dans le cas où le propriétaire aurait depuis lors fait sans autorisation des modifications à cette usine.* La jurisprudence du conseil d'État est si constante sur ce point, que de nouvelles citations deviendraient inutiles; ce principe ressort d'ailleurs clairement de l'esprit de l'article 48 de la loi du 16 septembre 1807, que nous avons déjà cité plus haut.

Sur les cours d'eau navigables et flottables, aucune espèce de modification ne peut être faite à une usine sans autorisation (1). Sur les cours d'eau non navigables ni flottables, l'administration ne paraît pas avoir le droit de s'immiscer dans les modifications qu'un propriétaire peut apporter à son usine, pourvu que ces modifications ne touchent

____

(1) Ordonnance du 30 mai 1841.

pas à ce qui constitue la réglementation, c'est-à-dire les prescriptions que l'administration est en droit d'imposer pour régler la pente et assurer l'écoulement dès eaux, en un mot, la hauteur de la retenue et les dimensions des barrages et des vannes de décharge. Sur le cours d'eau navigable, le souverain, qui veille à l'inaliénabilité du domaine public, concède le volume d'eau et la force motrice qu'il juge à propos de concéder; sur un cours d'eau non navigable ni flottable, il ne peut concéder ce qu'il n'a pas, il ne peut qu'exercer le droit de réglementer, écrit dans l'article 714 du Code civil, et distribuer les eaux de manière à garantir les droits et intérêts généraux de l'agriculture et de l'industrie. Il ne ressort assurément pas de là que l'usinier ait le droit d'augmenter comme il l'entendra le débit de ses vannes de travail, et de faire par conséquent sur le débit du cours d'eau toutes les anticipations que bon lui semblera; *mais il paraît avoir le droit incontestable d'améliorer l'emploi de sa force motrice par les moyens que l'état légal de son usine met à sa disposition, et à plus forte raison celui de modifier toutes les dispositions intérieures de son établissement* (1).

Enfin, il est un dernier principe à faire ressortir, c'est celui qui découle de l'article 49 de la loi du 16 septembre 1807. Il résulte de l'esprit de cet article que l'indemnité ne peut en aucun cas être réglée sur une valeur supérieure à celle *qu'avait l'usine lors de l'exécution des travaux de navigation qui devaient la priver de tout ou de partie de ses eaux.* Ainsi, toute amélioration faite à une usine, après que l'administration aura fait connaître régulièrement ses projets, devra être regardée comme nulle et non avenue dans le règlement de l'indemnité; une ordonnance du 18 mars 1843 ne laisse aucun doute sur la jurisprudence du conseil d'État à cet égard.

Il serait d'ailleurs superflu d'ajouter qu'en matière de dommages causés à des usines sur les cours d'eau non navigables ni flottables ce sont les conseils de préfecture qui seuls sont compétents pour les régler. Les lois du 28 pluviôse an VIII et du 16 septembre 1807 sont ici applicables aussi bien que s'il s'agissait de cours d'eau dépendant du domaine public. Il y a des décisions nombreuses qui établissent clairement la jurisprudence, et pour n'en citer que de récentes, nous

---

(1) Il est d'ailleurs entendu qu'il n'est pas question ici de modifications contraires aux lois, comme par exemple de changer un moulin en usine, qui tomberait dans la catégorie des établissements incommodes ou insalubres régis par une législation particulière.

renvoyons à un arrêt du conseil d'État du 17 décembre 1847 et à un arrêt de la Cour de cassation du 16 juillet 1844. (*Annales des ponts et chaussées*, 1844, page 453.)

§ 5. — **Détermination pratique de l'importance de l'usine au moyen de son débit par rapport au cours d'eau.**

La force motrice théorique d'une usine est le produit de sa chute par le poids du volume d'eau que débitent par seconde ses vannes de travail. C'est cette force, en tant qu'elle reste dans les limites de la concession et du règlement d'eau, qui doit servir de base à l'indemnité et non la force transmise par les moteurs dont le degré de perfection dépend tout à fait de l'état d'avancement de l'art et de la sagacité de celui qui les emploie. Malheureusement, dans les affaires d'indemnité c'est presque toujours dans le sens inverse que se produit la question. Ainsi, pour les anciennes usines, leur état légal est ordinairement constaté par le nombre de tournants ou de paires de meules. Il faut dès lors partir de là pour déterminer le volume d'eau auquel elles ont droit. Voici donc la première question pratique à résoudre, lorsque l'état légal de l'usine est vérifié : *Connaissant la nature du moteur tel qu'il était dans cet état légal, déterminer le volume d'eau auquel a droit l'usine.* La solution de cette question est fort difficile et dépendra de chaque cas particulier. On peut cependant l'indiquer en général.

Désignons par :

D le débit par seconde des vannes de travail de l'usine ;

P le poids de ce volume d'eau ;

H la chute ;

F la force en chevaux-vapeur de 75 kil., élevés à $1^m,00$ par seconde résultant de ces données, ou la force motrice dépensée ;

f la force motrice produite par le moteur, exprimée aussi en chevaux-vapeur ;

m le rapport pratique de la force produite à la force dépensée pour l'espèce de moteur que l'on a à considérer.

On aura d'abord :

$$\frac{f}{F} = m \quad \text{d'où} \quad F = \frac{f}{m} \qquad \underline{1}$$

L'expression théorique de la force du cours d'eau dans son application légale à l'usine est :

$$P. H \text{ kilogrammètres,}$$

et comme le kilogrammètre transformé en chevaux-vapeur est exprimé par le nombre $\frac{1}{75}$ ou 0.0133 , il s'ensuit que cette force théorique exprimée en chevaux-vapeur est :

$$F = 0.0133 \ P \ H$$

ou puisque $P = 1000$ D kilogrammes

$$F = 13.33 \ D \ H.$$

Substituons cette valeur de F dans la relation 1, celle-ci devient :

$$f = 13.33 \ m \ D \ H \ (2).$$

La quantité H étant toujours connue, ainsi que le rapport m, dont la valeur pratique est déterminée pour chaque espèce de moteur par l'expérience, l'équation 2 déterminera f et D en fonction l'un de l'autre, et permettra par conséquent de déterminer D, si par la nature de la question, comme cela se présentera le plus souvent, c'est f qui est connu.

La valeur de D est la suivante :

$$D = \frac{f}{13.33 \ m \ H} \ (3)$$

Donnons un exemple : nous supposerons un moulin, dont le titre ancien ait prouvé que l'importance légale était un tournant, soit une paire de meules ; la chute de ce moulin est de 1^m,50.

On ne sait pas quelle était la nature du moteur, mais dans les anciens moulins on ne connaissait guère que les roues à palettes, dites roues en dessous. Or, ces roues ne rendent point au delà de 30 0/0 de l'effet théorique, et en moyenne leur rendement est de 20 0/0 ; on pourra donc admettre ici : $m = 0.20$.

On sait d'ailleurs que pour faire marcher dans des conditions normales une paire de meules, il faut de 2 à 3 chevaux-vapeur, suivant l'importance des meules ; admettons ici 3 chevaux.

$$\text{On a donc : } m = 0.20$$
$$F = 3$$
$$H = 1.50$$

D'où l'on déduira par la formule (3)

$$D = 0^{\text{mc}},72$$

La consistance légale de l'usine lui donne donc droit à un débit de 0^{mc},72 par seconde ;

Soit $86{,}400^m \times 0.72$, ou de 62,208 mètres cubes par jour de vingt-quatre heures.

Si au lieu d'avoir affaire à une roue en dessous, comme celle qu'on vient de supposer, il s'agissait avec les mêmes données d'une roue de côté, on aurait :

$$m = 0.70, \text{ et la formule (3) donnerait}$$
$$D = 0^m,25.$$

Soit un débit de 21,600 mètres cubes par vingt-quatre heures. On voit, en comparant ce débit à celui de 62,208 trouvé tout à l'heure, à quelles erreurs on peut être conduit lorsqu'on manque de moyens de constater la nature des moteurs dont on se servait dans une ancienne usine dont l'état légal n'est établi que par le nombre de tournants ; on sera donc bien plus heureux, lorsqu'on aura affaire à des établissements de création moderne, car alors ce sera le volume d'eau à consommer qui sera défini *à priori* par l'état même de l'usine. Quoi qu'il en soit, nous supposons maintenant ce débit légal déterminé et nous allons faire un pas de plus dans la question.

L'ingénieur qui aura à s'occuper du règlement des indemnités, pourra établir un état général des usines, dans lequel l'importance légale de chacune sera déterminée par le volume d'eau auquel elle a droit par jour. Les jaugeages lui donneront d'un autre côté pour chaque jour de l'année le débit total de la rivière entre tous les affluents principaux ; ils lui donneront aussi les débits des prises d'eau. Il pourra donc tenir aussi exactement que possible un registre donnant jour par jour la quantité d'eau fournie par le cours d'eau, la quantité qui lui est prise pour l'alimentation, et par conséquent celle qui reste pour les usines. Si pour le groupe d'usines que l'on considère, cette dernière quantité est plus petite que le débit légal par jour, déterminé pour chaque usine, il est clair que les prises d'eau du canal ne modifieront pas cet état légal et que dès lors il ne sera pas dû d'indemnité. Le contraire arrivera pour une usine quelconque du groupe, si la différence entre le débit de la rivière et celui de la prise d'eau est plus petite que le débit légal de l'usine.

Lorsqu'on aura tenu pendant quelque temps un semblable registre, on constatera bientôt que les dommages n'ont lieu que pendant un temps déterminé qui correspond à un certain étiage du cours d'eau, de sorte que la question sera ramenée à quelques mois de l'année, et s'il s'agit d'estimer les dommages permanents lorsqu'on aura tenu ces attachements pendant quatre ou cinq ans, on aura tout ce qu'il faut pour faire apprécier en définitive la réduction de force motrice de chaque usine par suite des prises d'eau du canal. Nous ferons d'ailleurs remarquer qu'il arrive très-souvent que dans l'étiage, le cours d'eau ne débite pas ce qu'il faut pour faire marcher normalement l'usine ramenée même à sa consistance légale. Il est clair que dans ce cas la prise d'eau du canal ne fait plus qu'un dommage de second ordre par rapport au premier dommage imposé déjà à l'usine par la force des choses. C'est la différence de ces deux dommages qui est la chose du monde la plus difficile à apprécier en pratique. Il y a là un élément commercial, celui de la clientèle de l'usine, qui complique singulièrement la question, et les formules deviennent puissantes à la résoudre. Mais dans tous les cas les résultats des jaugeages seront toujours de très-utiles renseignements pour éclairer les experts qui seront, conformément aux dispositions de la loi du 16 septembre 1807, chargés du règlement des indemnités, et pour permettre aux ingénieurs de contrôler et de discuter les résultats de ces expertises. Ce sont des jalons qui, s'ils ne déterminent pas tout à fait exactement la route, empêchent toujours de s'égarer dans le dédale que présenterait la question privée de ces points de repère.

§ 6. — Fixation de l'indemnité.

L'ordonnance de 1669 (art. 45), fixe à 40 sous par vingt-quatre heures de chômage l'indemnité à payer à chaque usine pour le service du flottage sur les cours d'eau navigables et flottables. Une ordonnance de décembre 1672, spéciale aux rivières du bassin de la Seine, admet cette même base fixe de 2 francs par vingt-quatre heures de chômage. La loi du 28 juillet 1824 a doublé ce prix et l'a porté à 4 francs par vingt-quatre heures, quel que soit d'ailleurs le nombre de tournants d'une usine. Ces chômages sont provoqués dans l'intérêt de la navigation et du flottage. Mais un canal n'offre-t-il pas au même degré le caractère d'utilité publique, et n'est-on pas tenté de regretter qu'une mesure aussi radicale n'ait pas été étendue aux chômages résultant de l'alimentation des canaux, qui continuent à être réglés par la loi du 16 septembre 1807 ? Ce règlement offre toujours des difficultés sans nombre, et comme il se fait en définitive sur la valeur de l'usine, il s'ensuit que l'État, qui est en quelque sorte propriétaire de la rivière en tant que domaine public, n'en paie pas moins des indemnités considérables lorsqu'il veut employer ses eaux pour un service d'utilité publique. C'est là, à notre avis, une lacune bien regrettable dans la législation sur la matière.

Quant aux cours d'eau non navigables ni flottables, il n'y a que des règlements locaux pour ceux qui sont flottables à bûches perdues. Ainsi nous trouvons, dans un règlement relatif au flottage sur les cours d'eau du département de la Meurthe, approuvé par le ministre de l'intérieur le 10 août 1834, les bases suivantes du règlement des indemnités de chômages dues par les flotteurs aux usiniers ; ce règlement s'applique d'ailleurs aussi au flottage à bûches perdues sur la Sarre, quoique cette rivière soit flottable en trains. Le flottage à bûches perdues ne confère pas le caractère de flottabilité à un cours d'eau, ainsi que l'a décidé l'avis du conseil d'État du 21 février 1822 ; ce caractère n'appartient qu'au flottage par trains ou radeaux. Le flottage à bûches perdues ne doit donc pas non plus jouir sur les cours d'eau navigables ou flottables des avantages que l'ordonnance de 1669, et après elle la loi du 28 juillet 1824, ont faits au flottage proprement dit. Voici les prix fixés par le règlement local que nous avons cité plus haut :

Pour une usine de 1 à 2 tournants, 0 fr. 75 par heure, soit par 24 heures ou par jour, 18 fr.

—	3 à 4	—	1	»	—	24 fr.
—	5 à 6	—	1	50	—	36 fr.
—	7 et au-dessus, 2	»			—	48 fr.

On voit, en comparant ces prix à celui de 4 francs par jour fixé, quel que soit le nombre de tournants, pour les usines des rivières navigables ou flottables, l'avantage que donne à ces dernières leur caractère de domaine public.

Dans une expertise relative à un chômage d'usine par suite de l'application des eaux à l'alimentation d'un canal, la question se présentera toujours sous le même point de vue. Il faudra toujours, en définitive, arriver à fixer la valeur de l'indemnité pour un temps déterminé, soit par jour de vingt-quatre heures. Tous les calculs des ingénieurs n'empêcheront jamais au moins l'un des deux experts (car il y en aura toujours un des deux qui sera usinier) de faire le raisonnement suivant : Je vais voir d'abord ce que rapporte l'usine (supposée légale), c'est-à-dire faire son bilan annuel ; voir quelles sont, d'un côté, ses recettes brutes, d'un autre, ses dépenses et ses charges; la différence me donnera le revenu établi par *doit* et *avoir*, selon les usages du commerce; je le diviserai par 365 jours et j'aurai le revenu par jour, soit le *minimum* de l'indemnité à allouer par jour de chômage. Tout ce que vous pourrez faire comprendre à cet expert, ce sera que l'indemnité par jour étant fixée, l'on en déduise s'il y a lieu la part qui revient à l'agrandissement illégal de l'usine et au chômage forcé pendant l'étiage, indépendamment de l'alimentation du canal.

Nous allons essayer une solution pratique de cette question, qui ne s'éloigne pas trop des raisonnements que nous venons de citer. Si ces raisonnements ne sont pas d'ailleurs de la logique pure, on nous les pardonnera parce que nous raisonnons en expert.

Reprenons l'expression $2 f = 13.33\, m\, D\, H$; elle montre que m et H restant les mêmes, c'est-à-dire pour une même usine, la force produite est proportionnelle au volume d'eau débitée D, c'est donc par les rapports des débits que l'on établira celui des forces produites. Appliquons un exemple : Supposons un moulin à deux tournants et admettons que, par des considérations entièrement en dehors de tout raisonnement sur les forces et les débits, on arrive à établir que le revenu net annuel de ce moulin est de 5,840 fr.; en divisant ce nombre par 365, nombre de jours de l'année, on arrive à un revenu net moyen de 16 fr. par jour de vingt-quatre heures pour deux tournants, soit 8 fr. par tournant et par jour. Supposons maintenant 1° que le moulin en question consomme, pour faire marcher ses deux tournants, un volume d'eau de 80,000 mètres cubes par jour (1); 2° que les attachements des jaugeages des prises d'eau du canal d'un côté, du cours d'eau de l'autre, aient constaté que pendant neuf mois de l'année le débit total du cours d'eau est plus grand que la somme des débits de l'usine et de la prise d'eau du canal qui l'affecte, mais que pendant les trois autres mois de l'année il est inférieur à cette somme, de sorte qu'il en résulte un dommage réel pour l'usine; que pendant ces trois mois, le débit moyen par jour du cours d'eau, soit de 75,000 mètres cubes, et celui de la prise d'eau du canal, de 10,000 mètres cubes, débits moyens qui se déterminent facilement par les registres résumés des jaugeages tenus chez l'ingénieur ordinaire, suivant les indications que nous avons données plus haut.

(1) Il est entendu d'ailleurs que le moulin est supposé légal, cet état légal étant établi conformément aux principes que nous avons développés plus haut.

L'expert fera, ce nous semble, tout d'abord le raisonnement suivant:

Il faut à l'usine 80,000 mètres cubes d'eau par jour pour son roulement normal et pour produire 8 fr. par tournant, soit 16 fr. pour les deux tournants dont elle se compose ; quand le débit de la rivière est réduit par l'étiage à 75,000 mètres cubes, son revenu sera réduit dans la proportion du volume d'eau et ne sera, par conséquent, plus que $\frac{16 \times 75,000}{80,000}$, soit 16 fr. 10. Si maintenant, outre la réduction de débit du cours d'eau, le canal prend encore 10,000 mètres cubes, c'est-à-dire si l'usine n'a plus à sa disposition que 75,000 — 10,000, soit 65,000 mètres cubes, son revenu par jour se réduira à $\frac{16 \times 65,000}{80,000}$ soit à 13 fr. Le canal lui fait donc réellement un tort de 16 fr. 10 — 13 fr., soit 3 fr. 10 par jour au moins, soit pour les trois mois ou les 92 jours que donne cet état de choses pendant l'année un tort de 3 fr. 10 $\times$ 92, soit 285 fr. 20. Tout le monde voit par où pêche ce raisonnement ; mais son résultat ne s'éloigne pas en définitive beaucoup de la vérité, et ce résultat sera d'ailleurs toujours arrondi par l'expertise ; portons-le donc à 300 fr., qui représenteront la perte annuelle éprouvée par l'usine. S'il s'agit de prises d'eau normales et permanentes, il suffira de capitaliser cette somme a 5 0/0, et le capital de 6,000 fr. ainsi obtenu représentera l'indemnité définitive à payer au propriétaire de l'usine.

Dans notre service de la troisième subdivision, afin de contrôler les opérations des jaugeages et de constater pratiquement les chômages éprouvés par les usines, on tenait d'ailleurs attachement de la durée des chômages dès que l'alimentation du canal commençait à nuire à l'industrie ; mais comme il est impossible de faire *à priori* la part des dommages provenant du canal et de ceux qui proviennent de l'étiage même du cours d'eau, on constatait contradictoirement la durée des chômages totaux. Il restait donc, lors des expertises, à faire la part de chacune des deux causes de dommages, ce qui ne peut avoir lieu que par la comparaison des jaugeages de la rivière et des prises d'eau.

Les questions de règlement d'indemnités de chômage d'usines sont en général tellement compliquées, que les ingénieurs ne peuvent s'entourer de trop de renseignements pour éclairer les experts et contrôler ensuite les résultats des expertises. Nous nous regarderons comme très-heureux si les détails dans lesquels nous venons d'entrer à ce sujet peuvent leur être de quelque utilité, en jetant un peu de jour sur la marche générale à suivre.

DEUXIÈME PARTIE.

ÉVALUATION ANALYTIQUE ET DÉTAILLÉE

DES DÉPENSES FAITES.

PARTI QUE L'ON PEUT TIRER DE CETTE ANALYSE POUR ÉTABLIR EXACTEMENT LES ÉVALUATIONS DES AVANT-PROJETS.

CHAPITRE IX.

CONSIDÉRATIONS GÉNÉRALES, MODE DE CLASSEMENT DES DÉPENSES (1).

Pour récapituler les dépenses faites depuis que l'on a commencé les études jusqu'au complet achèvement des travaux, et les classer suivant un ordre méthodique, il fallait dépouiller en détail tous les décomptes des entreprises et des dépenses faites en régie, les classer ensuite et les grouper suivant cet ordre. C'était un immense travail (2), que nous n'eussions jamais pu entreprendre sans les loisirs que nous a laissés pendant ces deux dernières années notre service d'ingénieur ordinaire. Nous nous sommes donc mis avec ardeur à cette utile mais très-aride besogne, et nous avons été puissamment secondé dans les

---

(1) Le chapitre VIII est le dernier de la première partie, le chapitre IX le premier de la deuxième partie.

(2) Il a fallu dépouiller, tant pour le chemin de fer que pour le canal, cent quarante-trois entreprises de toute espèce pour en grouper ensuite les détails suivant la classification que nous avions adoptée.

recherches laborieuses qu'a coûtées ce travail par MM. les conducteurs Van Rompa et Perreault (1); nous leur exprimons ici toute notre reconnaissance pour le concours qu'ils nous ont prêté en dehors de leur service dans ces recherches, et les calculs de détail qu'a exigés le mode de classement que nous avons adopté pour l'analyse des dépenses.

Nous avons pour le classement suivi autant que possible l'ordre d'après lequel les travaux ont été classés dans la description qui en a été donnée dans la première partie de ce travail concernant les détails techniques.

Voici l'ordre général de classement des dépenses par nature de travaux que nous avons adopté :

CHAPITRE X. — *Terrassements et ouvrages accessoires aux terrassements.*

CHAPITRE XI. — *Ouvrages d'art et divers.*

CHAPITRE XII. — *Souterrains.*

CHAPITRE XIII. — *Stations, barrières, passages à niveau, maisons de gardes et d'éclusiers, empierrements.*

CHAPITRE XIV. — *Indemnités de terrains et de dommages, frais d'administration et d'études, dépenses diverses.*

CHAPITRE XV. — *Travaux de la voie.*

Ce chapitre XV comprendra pour le canal les dépenses d'étanchements, d'assainissement et de dommages relatifs à la mise en eau, et pour le chemin de fer les dépenses relatives à la voie.

Enfin, dans un seizième chapitre, nous comparerons sous certains points de vue les chemins de fer et les canaux.

Afin de faciliter la comparaison des éléments de dépense du chemin de fer et du canal, nous avons donné les mêmes numéros aux états de détail qui se rapportent à des travaux de même nature dans les deux voies de communication ; voici un tableau synoptique du classement général qui fera ressortir clairement l'ordre suivi dans ce classement.

(1) M. Perreault fait aujourd'hui fonction d'ingénieur dans l'arrondissement de Roanne, département de la Loire.

CANAL.

NUMÉROS d'ordre des ÉTATS.	INDICATION DES OUVRAGES résumés DANS CHAQUE ÉTAT.	NUMÉROS DES CHAPITRES indiqués ci-dessus.
	1° TRAVAUX DU CORPS DU CANAL EXÉCUTÉS PAR L'ÉTAT.	
1	Terrassements..................	**CHAPITRE X** intitulé :
2	Ouvrages accessoires aux terrassements..................	*Terrassements et ouvrages accessoires*
2 *bis*	Murs de quai..................	
3	Ponts, ponceaux, aqueducs..........	
3 *bis*	Dimensions principales et dépenses de chaque pont, ponceau, aqueduc..	**CHAPITRE XI** intitulé :
4	Ouvrages divers..................	
5	Écluses..................	*Ouvrages d'art.*
5 *bis*	Portes d'écluses et accessoires......	
6	Barrages et travaux de prises d'eau, déversoirs et aqueducs régulateurs.	
7	Emplerrements des chemins de halage.	**CHAPITRE XIII** intitulé :
8	Maisons d'éclusiers et de pontiers...	*Stations, barrières, passages à niveau, empierrements.*
9	Indemnités de terrain..................	**CHAPITRE XIV** intitulé :
10	Indemnités de dommages..........	
11	Frais d'études et d'administration.—Dépenses diverses..................	*Indemnités et dépenses diverses.*
	2° TRAVAUX RELATIFS A LA MISE EN EAU EXÉCUTÉS PAR L'ÉTAT.	
12	Etanchements..................	**CHAPITRE XV** intitulé :
13	Dommages causés par la mise en eau.	
14	Travaux d'assainissement et frais divers relatifs à la mise en eau....	*Travaux de la voie.*

CHEMIN DE FER.

NUMÉROS d'ordre des ÉTATS.	INDICATION DES OUVRAGES résumés DANS CHAQUE ÉTAT.	NUMÉROS DES CHAPITRES indiqués ci-dessus.
	1° TRAVAUX DU CORPS DU CHEMIN DE FER EXÉCUTÉS PAR L'ÉTAT.	
1	Terrassements..................	**CHAPITRE X** intitulé :
2	Ouvrages accessoires aux terrassements..................	*Terrassements et ouvrages accessoires.*
3	Ponts, ponceaux, aqueducs..........	
3 *bis*	Dimensions principales et dépenses de chaque pont, ponceau, aqueduc.	**CHAPITRE XI** intitulé :
4	Ouvrages divers..................	*Ouvrages-d'art.*
5	Souterrains..................	**CHAPITRE XII** intitulé : *Souterrain.*
6	Stations..................	**CHAPITRE XIII** intitulé :
7	Passages à niveau..................	
8	Maisons de gardes..................	*Stations, barrières, etc.*
9	Indemnités de terrain..................	
10	Indemnités de dommages..........	**CHAPITRE XIV** intitulé :
11	Frais d'études et d'administration.—Dépenses diverses..................	*Indemnités et dépenses diverses.*
12	Divers travaux d'achèvement.........	
	2° TRAVAUX RELATIFS A LA VOIE EXÉCUTÉS PAR LA COMPAGNIE.	
13	Travaux du service de la voie proprement dite..................	**CHAPITRE XV** intitulé : *Travaux de la voie.*

Nous subdivisons d'ailleurs le versant du Rhin en trois parties ou sections. La première section, où les difficultés, et par conséquent les dépenses, ont été les plus grandes, partira de l'origine du versant à peu près à la sortie des souterrains par lesquels le canal et le chemin de fer traversent la chaîne des Vosges, et aboutira à la limite des départements de la Meurthe et du Bas-Rhin.

La deuxième section ira de la limite de la Meurthe et du Bas-Rhin à Saverne. Ces travaux sont moins compliqués que ceux de la première section pour le canal ; pour le chemin de fer ils sont dans les mêmes conditions que ceux de la première section.

Enfin la troisième section ira de Saverne à Strasbourg et s'appliquera aux travaux les plus simples : le dernier contre-fort important de la chaîne des Vosges touché par les travaux finissant à Saverne.

Les travaux des deux premières sections peuvent s'appeler travaux de montagne, et ceux de la troisième travaux de plaine (1).

Cette classification par section est indispensable pour arriver à subdiviser les moyennes plus exactement suivant l'importance des travaux. Ces trois sections se reproduisent toujours dans chacun des états d'évaluation indiqués ci-dessus. Si d'ailleurs les sections correspondantes n'ont pas exactement les mêmes longueurs pour le canal et le chemin de fer, cela tient à la différence des tracés et aussi à ce qu'on a établi les limites de manière à ne pas scinder d'entreprise en deux, ce qui aurait encore compliqué les recherches. Tous les états de détail numérotés, ainsi qu'il est dit ci-dessus, forment la note G pour le canal et la note H pour le chemin de fer. C'est donc dans ces notes qu'il faudra rechercher les états de détail en question chaque fois que nous y renverrons dans ce que nous allons avoir à dire.

(1) Nous renvoyons d'ailleurs ici à l'avant-propos pour ce qui est des limites de service des divers ingénieurs qui ont dirigé les travaux. Pour le canal, tous les renseignements sont tirés des archives de notre service de la troisième subdivision. Pour le chemin de fer, les détails de la première section sont tirés du décompte de cette section, dans le règlement duquel nous étions expert de l'administration. Les détails de la deuxième section résultent des décomptes de notre même service du chemin de fer. Dans la troisième section, ces détails résultent en partie de ces mêmes décomptes et en partie de ceux qu'a bien voulu nous communiquer M. Guerre, dont le service d'ingénieur ordinaire commençait à Wilwisheim.

CHAPITRE X.

DÉPENSES DES TERRASSEMENTS.

§ 1er. — Analyse des états n° 1.

ARTICLE 1er. — ÉVALUATION DES TERRASSEMENTS DANS LES AVANT-PROJETS. — MÉTHODE A SUIVRE.

Nous avons dans les états n° 1 du canal et du chemin de fer (notes G et H) rassemblé tout ce qui peut intéresser quant aux terrassements ; ces états donnent les dépenses totales et les cubes totaux par section, d'où l'on tire le prix du mètre cube, et, en tenant compte des longueurs des sections, le cube et la dépense des terrassements par mètre courant ; ils donnent aussi la proportion du roc et de la terre sur le mètre cube de déblai : on a donc là tous les éléments de dépense des terrassements très-exactement déterminés. Les prix qui s'en déduisent se rapprochent beaucoup des prix analogues sur d'autres chemins de fer, et nous croyons que l'on peut dire en général que les prix moyens des terrassements ne varient que très-peu d'un chemin de fer ou d'un canal à l'autre, à moins de circonstances tout à fait exceptionnelles.

On éprouve presque toujours de grands mécomptes sur les terrassements, quelque soin que l'on ait mis à les bien calculer dans les projets, et l'on ne saurait trop conseiller de se méfier des inclinaisons visant à l'économie. Il faut adopter un talus moyen de déblai, tel que le cube qui en résulte ne reste pas notablement en dessous du cube réel qu'atteindront les terrassements exécutés. Nous pensons que dans le cas où l'on devra rencontrer le roc, l'inclinaison moyenne des talus de déblai à adopter dans le profil en travers ne doit pas être inférieure à 2 de base sur 3 de hauteur. Ce talus moyen adopté dans les projets de la deuxième section, a reproduit à très-peu près les cubes effectifs, lors de l'exécution des travaux. Si l'on ne doit pas rencontrer de roc, nous conseillons le talus moyen de 3 de base pour 2 de hauteur, les talus à 45° étant une exception dans les déblais qui doivent se soutenir d'eux-mêmes, à moins d'y mettre des gazonnages très-soignés, ce qui en augmente la dépense. *Enfin le calcul de terrassements de l'avant-projet étant fait, il est toujours prudent d'augmenter le cube total trouvé par ce calcul de 15 à 20 0/0, si l'on veut qu'il ait un rapport exact avec les cubes réels, lors de l'exécution des travaux ;* c'est ce que l'expérience de tous nos travaux nous a démontré. Il est d'ailleurs évident qu'il ne s'agit pas ici de ces travaux simples où tout peut se prévoir d'avance, et où le calcul de terrassements est alors tout à fait exact.

Les résultats généraux des états n° 1 du canal et du chemin de fer peuvent se résumer dans le tableau ci-après :

ARTICLE 2. — CONSÉQUENCES ET SOUS-DÉTAILS A DÉDUIRE DES ÉTATS N° 1.

INDICATION DES VOIES de COMMUNICATION.	1re SECTION.			2e SECTION.			3e SECTION.			ENSEMBLE DES SECTIONS.		
	Cubes par m. courant.	Prix du mètre cube.	Dépense par m. courant.	Cubes par m. courant.	Prix du mètre cube.	Dépense par m. courant.	Cubes par m. courant.	Prix du mètre cube.	Dépense par m. courant.	Cubes par m. courant.	Prix du mètre cube.	Dépense par m. courant.
	m. c.	fr.	fr.	m. c.	fr.	fr.	m. c.	fr.	fr.	m. c.	fr.	fr.
Canal de la Marne au Rhin......	61,240	1 24	75,978	50,873	0,90	45,779	29,462	0,782	23,037	37,745	0,926	34,989
Chemin de fer de Paris à Strasb^g.	54,823	1 303	74,459	58,211	1 475	85,882	18,896	1 011	19,105	28,593	1,209	34,586

OBSERVATIONS. — Les dépenses par mètre courant résultent des états n° 1 par division, elles résulteront aussi des éléments du présent tableau par multiplication, et si les résultats des opérations diffèrent un peu, cela ne tient qu'au degré d'approximation des divisions de l'état n° 1.

On voit que pour le canal comme pour le chemin de fer, *le prix du mètre cube augmente avec le cube par mètre courant;* l'augmentation des prix n'est pas dans le rapport exact de celle des cubes d'une section à l'autre, mais il n'en est pas moins vrai *que c'est le cube par mètre courant qui détermine sous tous les rapports le degré d'importance des terrassements.* Pour le canal, la première section donne 61^{mc},24 par mètre courant et 75 fr. 978 de dépense, tandis que la troisième ne donne que 29^{mc},462 et 23 fr. 03 de dépense. Pour le chemin de fer, la deuxième section donne 58^{mc},211 et 85 fr. 881 de dépense par mètre courant ; la troisième, 18^{mc},896 et 19 fr. 104 de dépense. On voit donc quelle marge il y a ici entre les deux limites du maximum et du minimum, et quelles grossières erreurs on ferait dans un avant-projet si l'on appliquait à la ligne entière une de ces moyennes par section. L'évaluation au mètre courant ne serait exacte que si, à la longueur totale, on appliquait les résultats de l'ensemble des trois sections, savoir : 37^{mc},745 et 34 fr. 988 de dépense par mètre courant pour le canal, et 28^{mc},593 et 34 fr. 585 de dépense pour le chemin de fer.

Le tableau ci-dessus met encore en évidence quelques faits intéressants : le cube de terrassements par mètre courant est plus grand pour un canal que pour un chemin de fer : c'est ce que montre la comparaison des cubes correspondants des mêmes sections ; on ne trouve d'exception que pour la deuxième section où le cube par mètre courant des terrassements du chemin de fer est un peu plus considérable que celui du canal, et cela tient ici à une circonstance toute particulière : le canal était déjà construit depuis longtemps dans cette partie de son tracé, lorsqu'on y a commencé les études du chemin de fer, ce qui a en général rejeté celui-ci un peu plus avant dans les promontoires des contre-forts secondaires de la vallée, que si l'on avait projeté et construit les deux lignes en même temps, comme cela a pu être fait dans la première section ; mais la différence des cubes par mètre courant se tranche surtout dans la troisième section, c'est-à-dire dans les travaux les moins accidentés. Il suffit, du reste, de comparer les profils en travers du canal et du chemin de fer (fig. 19, 20 et fig. 18, pl. B), pour s'expliquer *à priori* cette différence des cubes de terrassements par mètre courant d'une ligne à l'autre.

Le tableau ci-dessus montre que dans les trois sections les prix du mètre cube sont notablement plus faibles pour le canal que pour le chemin de fer, ce qui s'explique aisément par la nature même des choses : en effet, le canal est tracé en général à mi-côte, ainsi que nous l'avons expliqué au chapitre Ier de la première partie de cet écrit ; le chemin de fer coupe à cause de la question des rayons tous les contre-forts secondaires, et ne marche que par grands mouvements de déblais et remblais sur l'axe, et non par petits mouvements, la plupart dans le profil en travers comme le canal. Cette circonstance explique parfaitement le résultat final qui ressort de l'ensemble des trois sections dans le tableau précédent ; ce résultat est que les terrassements du canal donnant 37^{mc},745 par mètre courant en moyenne sur les trois sections, ne coûtent guère plus que ceux du chemin de fer, qui ne comportent que 28^{mc},593 par mètre courant ; les terrassements du canal reviennent en effet à 34 fr. 95 c., et ceux du chemin de fer à 34 fr. 59 c. par mètre courant, sur l'ensemble des trois sections, et ces deux chiffres ne diffèrent pas beaucoup l'un de l'autre eu égard à leur importance.

On peut donc déduire de là, que *les terrassements proprement dits d'un chemin de fer à grande vitesse et ceux d'un canal à grande section,* qui se trouvent dans les mêmes circonstances, comme cela a lieu ici, reviennent à peu près au même prix, quoique les profils en travers les deux voies soient très-différents. Ce résultat tout à fait positif, puisqu'ici les deux voies sont exactement dans les mêmes conditions, est des plus remarquables. Quant au prix du mètre cube de terrassements de canal, il est évidemment inférieur au prix du mètre cube de terrassements de chemin de fer, puisque, sur l'ensemble des trois sections, le premier de ces prix est de 0 fr. 926, et le second de 1 fr. 209.

Afin d'analyser les prix du mètre de terrassements, qui résultent des dépenses faites dans les trois sections, nous allons donner les sous-détails de ces divers prix. Les déblais de terre ont coûté, en général, 0 fr. 25 pour la fouille et la charge par mètre cube dans les trois sections. L'extraction du roc, y compris le débitage et la charge, a coûté 1 fr. 25 dans les deux premières sections par mètre cube ; dans la troisième section, où l'on n'a rencontré que du calcaire, le prix de l'extraction, du débitage et de la charge du mètre cube de roc, s'est élevé à 2 fr.; ces prix de roc comprennent d'ailleurs aussi la dépense de la poudre. D'autres éléments doivent encore entrer dans les sous-détails des prix du mètre cube de terrassements des diverses sections : ce sont les règlements et semis des talus, le régalage des terres, leur nettoyage au râteau pour le canal, le pilonnage des terres et l'arrangement des pierres, les dépenses de parachèvement et d'entretien des terrassements pendant les délais de garantie, les fausses manœuvres, les jets de pelle supplémentaires dans les grandes tranchées, les reprises de terres que l'on est obligé de mettre en dépôt avant de les employer, comme cela arrive quelquefois par suite de la disposition des travaux, enfin tous les menus frais qui concernent l'exécution des terrassements proprement dits. Cela posé, établissons maintenant les sous-détails des prix déterminés par les états nº 1 :

Sous-détail du prix de 1 fr. 25 c. du mètre cube de déblai pour la première section du canal.

Le mètre cube de déblai général se compose, d'après les résultats donnés dans la colonne d'observations de l'état nº 1 du canal :

de 0^{mc},17 de roc,
et 0^{mc},83 de terre.

Pour les déblais du canal, on peut admettre que sur 1 mètre cube, 0^{mc},50 ont été transportés en brouette et 0^{mc},50 au tombereau.

Le sous-détail s'établit ainsi qu'il suit :

Sous-détail du prix de 1 fr. 303 du mètre cube de déblai pour la première section du chemin de fer.

Le mètre cube de déblai général se compose, d'après les résultats donnés dans la colonne d'observations de l'état nº 1 du chemin de fer.

de 0,25 de roc,
et 0,75 de terre.

Pour les déblais du chemin de fer, le cube transporté en brouette est environ de 0^{mc},10 par mètre cube, et par conséquent, le cube transporté au tombereau, est, en wagon, de 0,90.

Le sous-détail s'établit ainsi qu'il suit :

1° *Fouille et charge.*

0,17 de roc, à 1 fr. 25 le mètre, extraction et charge............. 0,21

0,83 de terre, à 0 fr. 25 le mètre, fouille et charge................. 0,21

Total pour fouille et charge.... 0,42   0,42

2° *Transports évalués par les formules ci-contre :*

Brouette $x = 0,003$ D (x prix du transport à la distance D).

Tombereau $x = 0,22 + 0,00067$ D

0,25 transportés en brouette à 50 mètres de distance réduite.... 0,04

0,75 transportés au tombereau à 450 mètres de distance réduite... 0,39

Total du transport........ 0,43   0,43

3° *Opérations diverses.*

Régalage des terres et nettoyage au râteau........................... 0,07

Pilonnage des terres ou arrangement des pierres.................. 0,05

Essartage sous remblai............ 0,03

Règlement et semis des talus...... 0,01

Parachèvement et entretien pendant le délai de garantie............ 0,02

Fausses manœuvres résultant de la disposition des travaux. Reprises de terres, jets de pelle supplémentaires, frais divers... 0,05

Total des opérations diverses relatives aux terrassements......... 0,23   0,23

TOTAL GÉNÉRAL...... 1,

Faux frais et bénéfices des entreprises, 15 0/0................. 0,16

PRIX....... 1,24

Sous-détail du prix de 0 fr. 90 c. du mètre cube de déblai pour la deuxième section du canal.

Le mètre cube de déblai général se compose, d'après les résultats donnés dans la colonne d'observations de l'état n° 1 du canal :

de 0^{mc},13 de roc,
et 0^{mc},87 de terre.

Quant aux transports, on peut admettre ici en moyenne sur 1 mètre cube :

0,60 transportés à la brouette à 40 mètres en moyenne ;

0,40 transportés en tombereau à 400 mètres de distance réduite.

Le sous-détail s'établit ainsi qu'il suit :

1° *Fouille et charge.*

0,13 de roc, à 1 fr. 25 le mètre, extraction et charge............. 0,16

0,87 de terre, à 0 fr. 25 le mètre, fouille et charge................. 0,22

Total pour fouille et charge.... 0,38   0,38

2° *Transports.*

0,60 transportés en brouette à 40 mètres de distance réduite.... 0,07

0,40 transportés au tombereau à 550 mètres de distance réduite... 0,18

Total du transport.......... 0,25   0,25

1° *Fouille et charge.*

0,25 de roc, à 1 fr. 25 le mètre, extraction et charge............. 0,31

0,75 de terre, à 0 fr. 25 le mètre, fouille et charge................. 0,19

0,50   0.50

2° *Transports.*

0,10 transportés en brouette à 50 mètres...................... 0,015

0,90 transportés en wagons à 600 mètres de distance réduite sur rails provisoires................... » »

Ce transport en long est estimé à.. 0,418

Total du transport......... 0,433   0,433

3° *Opérations diverses.*

Régalage des terres............... 0,05

Pilonnage des terres ou arrangement des pierres.................. 0,05

Essartage........................ » »

Règlement et semis des talus...... 0,03

Parachèvement et entretien........ 0,02

Fausses manœuvres. reprises de terres, jets de pelle supplémentaires dans les tranchées et autres frais divers................... 0,05

Total des opérations diverses relatives aux terrassements......... 0,20   0,20

TOTAL GÉNÉRAL...... 1,133

Faux frais et bénéfices des entreprises...............15 1/2 0/0. 0,17

PRIX...... 1,303

Sous-détail du prix de 1 fr. 475 du mètre cube de déblai pour la deuxième section du chemin de fer.

Le mètre cube de déblai général se compose, d'après les résultats donnés dans la colonne d'observations de l'état n° 1 du chemin de fer :

de 0^{mc},49 de roc,
et 0^{mc},51 de terre.

C'est cette section qui a donné la plus forte proportion de roc, par la raison que le canal était déjà construit lorsqu'on a fait le chemin de fer, et celui-ci a dû être rejeté davantage dans la montagne.

Quant aux transports, ils se répartiront ainsi qu'il suit sur un mètre cube :

0,10 à la brouette à 50 mètres ;

0,90 au tombereau et au wagon à 500 mètres.

Le sous-détail s'établit ainsi qu'il suit :

1° *Fouille et charge.*

0,49 de roc, à 1 fr. 25 le mètre, extraction et charge............. 0,610

0,51 de terre, à 0 fr. 25 le mètre, fouille et charge 0,13

Total pour fouille et charge 0,74   0,74

2° *Transports.*

0,10 à la brouette à 50 mètres..... 0,015

0,90 au tombereau ou au wagon, à 500 mètres de distance sur rails définitifs, estimés à 0,345

Total des transports......... 0,36   0,36

3° Opérations diverses.

Régalage des terres et nettoyage au râteau 0,07
Pilonnage des terres et arrangement des pierres..................... 0,05
Essartage sous remblai 0,04
Règlements et semis des talus..... 0,025
Parachèvement et entretien pendant le délai de garantie 0.015
Fausses manœuvres, reprises de terres et autres opérations diverses.................... 0,02

Total des opérations diverses... 0,18 — 0,18

TOTAL GÉNÉRAL...... 0,81

Faux frais et bénéfices entre 11 et 12 0/0..................... 0,09

PRIX........ 0,90

Sous-détail du prix de 0 fr. 782 du mètre cube de déblai pour la troisième section du canal.

Le mètre cube de déblai général se compose, d'après les observations de l'état n° 1 du canal :

de 0mc,03 de roc,
et 0mc,97 de terre.

Quant aux transports, ils seront répartis ainsi qu'il suit sur 1 mètre cube de déblai :

0.62 transportés à la brouette à 40 mètres de distance réduite ;

0,38 transportés au tombereau à 450 mètres.

Le sous-détail s'établit ainsi qu'il suit :

1° Fouille et charge.

0,03 de roc, à 2 fr. le mètre, extraction et charge.................... 3,06
0,97 de terre, à 0 fr. 25 le mètre, fouille et charge 0,24

Total pour fouille et charge.... 0,30 — 0,30

2° Transports.

0,62 transportés à la brouette à 40 mètres...................... 0,07
0,38 transportés au tombereau à 350 mètres...................... 0,17

Total des transports........ 0,24 — 0,24

3° Opérations diverses.

Régalage des terres et nettoyage au rateau..................... 0,06
Pilonnage des terres ou arrangement des pierres..................... 0,05
Essartage sans remblai............. 0,04
Règlement et semis des talus...... 0,02
Parachèvement et entretien pendant le délai de garantie...... 0,04
Fausses manœuvres, reprises de terre, etc..................... 0,04

Total des opérations diverses .. 1,16 — 0,16

TOTAL GÉNÉRAL...... 0,70

Faux frais et bénéfices entre 11 et 12 0/0 0,082

PRIX........ 0,782

3° Opérations diverses.

Régalage des terres............... 0,05
Pilonnage des terres et arrangement des pierres 0,05
Essartage .... » »
Règlement et semis des talus...... 0,025
Parachèvement et entretien........ 0,015
Fausses manœuvres, reprises de terres, etc..................... 0,05

Total des opérations diverses.... 0,19 — 0,19

TOTAL GÉNÉRAL...... 1,29

Faux frais et bénéfices entre 14 et 15 0/0..................... 0,185

PRIX........ 1,475

Sous-détail du prix de 1 fr. 011 c. de mètre cube de déblai pour la troisième section du chemin de fer.

Le mètre cube de déblai général se compose, d'après les observations de l'état n° 1 du chemin de fer :

de 0mc,005 de roc,
et 0mc,995 de terre.

Quant aux transports, ils seront répartis ainsi qu'il suit sur 1 mètre cube de déblai :

0,15 à la brouette à 70 mètres de distance réduite ;

0,85 au tombereau et au wagon, à 600 mètres (1).

Le sous-détail s'établit ainsi qu'il suit :

1° Fouille et charge.

0,005 de roc, à 2 fr. le mètre, extraction et charge.............. 0,01
0,995 de terre, à 0 fr. 25 le mètre, fouille et charge................ 0,25

Total pour fouille et charge...... 0,26 — 0,26

2° Transports.

0,15 à la brouette à 70 mètres.... 0,04
0,85 au tombereau et au wagon, estimés à...................... 0,48

Total des transports........ 0,52

3° Opérations diverses.

Régalage des terres............... 0,05
Arrangement des pierres............ 0,05
Essartage...................... » »
Règlement et semis des talus...... 0,01
Parachèvement et entretien........ 0,01
Fausses manœuvres, reprises de terre, etc..................... 0,01

Total des opérations diverses.... 0,13 — 0,13

TOTAL GÉNÉRAL 0,91

Faux frais et bénéfices entre 11 et 12 0/0..................... 0,104

PRIX........ 1,011

(1) On a fait, dans cette partie du chemin de fer qui est presque entièrement en levée, de grands emprunts à d'assez fortes distances du tracé, surtout près de Dettwiller.

Les sous-détails qui précèdent, résultant de l'expérience des travaux, pourront servir à établir les prix analogues pour d'autres canaux ou chemins de fer en adoptant les éléments de dépense de la fouille et du transport qui s'appliqueront à la nature et à la configuration du terrain : ainsi, le prix de 0 fr. 25 pour fouille et charge de la terre ne s'appliquerait plus dans les terres fortement argileuses et les marnes, où il peut aller jusqu'à 0 fr. 50 ; le prix de l'extraction, du débitage et de la charge du roc, qui est de 1 fr. 25 pour le grès, de 2 fr. pour le calcaire (muschelkalk), peut s'élever beaucoup plus haut pour des roches plus dures. Le cadre des sous-détails précédents sera toujours utile aux ingénieurs qui auront à s'occuper d'avant-projets ; il suffira d'y introduire les éléments de dépense adaptés à la localité où l'on opérera.

§ 2. — Analyse des états n° 2. — Leur application aux avant-projets.

Les états n° 2 du canal et du chemin de fer donnent, par section, les dépenses accessoires aux terrassements, telles que pierrées, enrochements, empierrements, gazonnages, plantations, murs de soutènement, revêtements en maçonnerie et à pierre sèche et travaux divers. Nous avons ajouté dans les colonnes d'observations de ces états des renseignements utiles, quant au rapport de ces dépenses accessoires aux dépenses des terrassements proprement dits. Une colonne des états indique le prix de revient des ouvrages accessoires par mètre cube de terrassements ; ce n'est qu'en les évaluant ainsi dans un avant-projet qu'on peut espérer quelque exactitude dans les évaluations ; car ces ouvrages ne peuvent jamais se prévoir complétement et ne s'exécutent que lorsque l'état d'avancement des travaux a mis à jour la nature et les nécessités du sol. On fera donc sagement de les évaluer au mètre cube de terrassements, en s'appuyant sur l'expérience des travaux analogues, et les résumés que nous donnons ici pourront, sous ce rapport, être très-utiles. Ordinairement, dans un avant-projet, on se contente d'évaluer les terrassements par le calcul, ce qui est déjà, comme nous l'avons montré plus haut, une assez grande erreur, lorsqu'on n'a pas soin de rectifier les résultats de ce calcul par les données de l'expérience, et quant aux ouvrages accessoires, on suppose qu'ils s'exécuteront, au moins pour la plus grande partie, sur la somme à valoir, qu'on admet généralement devoir être un dixième du montant des travaux. Pour voir dans quelles grossières erreurs on peut tomber avec un semblable mode d'évaluation, il suffit de jeter les yeux sur le tableau suivant, qui résume les rapports des dépenses des ouvrages accessoires à celles des terrassements proprement dits, par chacune des trois sections que nous avons adoptées pour la subdivision de nos dépenses :

INDICATION DES SECTIONS.	RAPPORTS Entre les dépenses accessoires aux terrassements et les dépenses des terrassements proprement dits.		OBSERVATIONS.
	CANAL DE LA MARNE AU RHIN.	CHEMIN DE FER DE PARIS A STRASBOURG	
1re section	0.480	0.244	Voir les colonnes d'observations des états n° 2 du canal et du chemin de fer. (Notes G et H).
2e section.	0.274	0.280	
3e section.	0.079	0.143	
Sur l'ensemble des trois sections.	0.259	0.210	

On voit que le rapport a varié entre 0,079 et 0,48 pour le canal et entre 0,143 et 0,28 pour le chemin de fer, et que le rapport moyen sur l'ensemble des trois sections est 0,259 pour le canal et 0,21 pour le chemin de fer; *ainsi les ouvrages accessoires se sont élevés en moyenne de 21 à 26 0/0 des dépenses de terrassements proprement dits.* Si donc on eût supposé que ces ouvrages dussent se faire sur les sommes à valoir, évaluées à 10 0/0 de la dépense de ces terrassements, on se serait trompé du simple au double environ.

Le mode le plus sûr d'évaluation des ouvrages accessoires aux terrassements nous paraît être de les compter au mètre cube de terrassements, en s'appuyant, pour établir ce nouvel élément de dépense, sur l'expérience de travaux déjà exécutés analogues à ceux qu'on a à projeter. Voici la dépense des ouvrages accessoires résumée par mètre cube de terrassements, d'après les états n° 2 du canal et du chemin de fer :

INDICATION DES SECTIONS.	DÉPENSES DES OUVRAGES ACCESSOIRES POUR UN MÈTRE CUBE DE TERRASSEMENTS.	
	Canal.	Chemin de fer.
1re section	0.595	0.292
2e id.	0.247	0.412
3e id.	0.061	0.144
Sur l'ensemble des trois sections.	0.240	0.254

Il faudra donc, pour chaque section, augmenter, de ces nouveaux éléments de dépenses les sous-détails donnés au § 1er, art. 2, pour les prix du mètre cube de terrassements par section, et l'on forme ainsi les sous-détails complets qui suivent :

INICATION des OUVRAGES.	PRIX.						OBSERVATIONS.
	1re SECTION.		2e SECTION.		3e SECTION.		
	Canal.	Chemin de fer.	Canal.	Chemin de fer.	Canal.	Chemin de fer.	
	fr. c.	fr. c.	fr. c.	fr. c.	fr. c.	fr. c.	
1° Fouille et charge..	0 42	0 50	0 38	0 74	0 30	0 26	Voir, pour la fouille et charge, les transports et les travaux divers, les détails de ces prix aux sous-détails donnés § 1er, art. 2, et pour les travaux accessoires le tableau ci-dessus.
2° Transport	0 43	0 433	0 25	0 36	0 24	0 52	
3° Opérations diverses	0 23	0 20	0 18	0 19	0 16	0 13	
Totaux. . .	1 08	1 133	0 81	1 29	0 70	0 91	
4° Faux frais et bénéfices des entrepreneurs	0 16	0 170	0 09	0 185	0 082	0 101	
Prix total d'un mètre cube de terrassements proprement dits. . . .	1 24	1 303	0 90	1 475	0 782	1 011	
5° Ouvrages accessoires aux terrassements, y compris faux frais et bénéfices	0 595	0 292	0 247	0 442	0 061	0 144	
Prix total du mètre cube de terrassements, y compris les ouvrages accessoires..	1 835	1 595	1 147	1 887	0 843	1 155	

Les éléments de ces sous-détails seront, nous l'espérons, utiles aux ingénieurs qui auront des avant-projets à faire, surtout lorsqu'il s'agira de travaux à forfait, système qui est souvent suivi aujourd'hui dans les compagnies de chemins de fer.

Les états n°s 1 et 2 se résument d'ailleurs, pour les trois sections, par les prix d'ensemble suivants du mètre cube de terrassements :

INDICATION DES DÉPENSES.	CANAL.	CHEMINS DE FER.
Prix du mètre cube de terrassements sur l'ensemble des trois sections	0.926	1.209
Prix des ouvrages accessoires par mètre cube de terrassements sur l'ensemble des trois sections. . .	0.240	0.254
Prix du mètre cube de terrassements y compris les ouvrages accessoires sur l'ensemble des trois sections.	1.86	1.463

On voit encore ici, comme nous avons déjà eu occasion de le faire remarquer plus haut, *que le prix du mètre cube de terrassements est notablement plus élevé pour un chemin de fer que pour un canal.* Quant aux ouvrages accessoires qui entrent dans la composition de ce prix, ils reviennent à peu de chose près au même pour les deux voies de communication (0,240 pour le canal, 0,254 pour le chemin de fer), quoique l'avantage reste encore au canal sous le rapport de l'économie.

§ 3. — Analyse de l'état n° 2 *bis.* — Murs de quai.

L'état n° 2 *bis* comprend des ouvrages particuliers au canal : ce sont les murs du quai exécutés dans les parties où l'on n'a pas adopté le profil normal donné par la fig. 19, pl. B; ces parties sont la descente d'Arschwiller, dont le type est donné par la fig. 20, pl. B, et la traversée de Saverne, dont le type est donné par la fig. 15, pl. B.

Nous avons réuni dans l'état no 2 *bis*, note G, tout ce qui peut intéresser quant au prix de revient de ces murs et à leur système de construction.

Les prix moyens du mètre courant de murs de quai sont pour la descente d'Arschwiller et pour la traversée de Saverne 73 fr. 64. c. et 83 fr. 63 c. Les prix moyens du mètre cube de maçonnerie de ces

murs sont pour la descente 14 fr. 03 et pour Saverne 15 fr. 42 c.
Les prix de la maçonnerie de remplissage sont pour la première de
ces deux parties 12 fr. 89 c. et pour la seconde 10 fr. 73 c.; les prix
du mètre cube de maçonnerie générale sont donc, aux prix du mètre
cube de maçonnerie de remplissage, dans le rapport de 14 fr. 03 c. à
12 fr. 89 c., soit 1,88 pour la descente d'Arschwiller, et dans le
rapport de 15 fr. 42 c. à 10 fr. 73 c., soit 1,437 pour la traversée
de Saverne. Ce dernier rapport est plus fort que le premier, parce
qu'il n'y a pas dans la descente de parapets comme dans la traversée
de Saverne, où ils augmentent évidemment le prix moyen.

CHAPITRE XI.

DÉPENSES DES OUVRAGES D'ART.

§ 1er. — Dispositions communes aux ouvrages d'art, leur mode de construction. — Quelques mots sur les matériaux employés.

Les ouvrages d'art ont été classés dans la première partie de ce travail (chap. IV); nous suivrons ici un classement analogue. Nous résumons tous les ponts et aqueducs quant à leur dépense dans les états n° 3 du canal et du chemin de fer (notes G et H), et dans les états n° 3 *bis* nous donnons les dimensions principales de chaque pont ou type de pont avec l'indication de la dépense et de son cube de maçonnerie générale. Dans les états n° 4 (note G et H), nous donnons les travaux divers non classés dans les autres catégories. Les états n°s 5 et 5 *bis* (note G) donnent les écluses et les portes d'écluses; les états n° 6, les barrages et autres ouvrages de prise d'eau.

Tous les ouvrages d'art du canal et du chemin de fer ont été exécutés sans aucune exception avec parements vus en moellon piqué, chaînes angulaires principales, cordons, parapets, archivoltes en pierre de taille, voûtes en libages ou moellon piqué d'appareil, fondations en béton ou maçonnerie ordinaire. Le moellon de parement et la pierre de taille ont été tirés pour tout le versant du Rhin des carrières de grès d'Arschwiller, de Saverne et de Phalsbourg; la chaux hydraulique du lias a été fournie par les fours de Hochfelden et de Zenacker (1). Quant aux moellons ordinaires pour la maçonnerie de remplissage, on s'est servi du grès jusque vers Dettwiller, et, à partir de là, on a employé le calcaire du lias, qui coûte beaucoup moins étant sur place. Il faut dire cependant qu'il donne de la maçonnerie bien inférieure à celle du grès, ses surfaces étant trop lisses pour bien happer le mortier. On s'en est servi aussi pour le béton, là où la Zorn ne fournissait pas assez de gravier. Il résulte de là que le prix moyen du mètre cube de maçonnerie ordinaire n'a pas varié

(1) M. l'inspecteur général Schwilgué a introduit, sur notre proposition, cette chaux dans les travaux; elle est au moins égale en qualité à celle de Hochfelden, qui avait eu antérieurement le monopole, ce qui a fait baisser les prix d'une manière notable.

beaucoup d'une section à l'autre; quant aux prix des maçonneries exclusivement en grès, les prix du mètre cube vont en augmentant à mesure qu'on se rapproche de Strasbourg et qu'on s'éloigne par conséquent des carrières, qui sont, comme nous l'avons indiqué ci-dessus, dans le voisinage de Saverne.

Ces remarques générales étant faites une fois pour toutes, passons à la discussion des états.

§ 2. — Analyse des états n°s 3 et 3 *bis*.

ARTICLE Ier. — PONTS ET AQUEDUCS.

Les ponts et aqueducs du canal sont, quant à leur dépense d'ensemble, récapitulés dans l'état n° 3 du canal (note G); cet état donne dans la colonne d'observations les rapports des dépenses sur la somme à valoir aux dépenses par entreprises, rapports qui ont été de 0.078, 0.070 et 0.032 pour les trois sections, et 0.044 en moyenne sur l'ensemble de ces trois sections.

Pour le chemin de fer, ces mêmes rapports sont, d'après l'état n° 3 du chemin de fer (note H), 0.058, 0.100, 0.071 et 0.073.

L'état n° 3 *bis* du canal donne les dimensions principales de chaque pont ou type de pont, avec l'évaluation de sa dépense et son cube de maçonnerie; une colonne donne les dépenses des fers, fonte, charpente, de sorte qu'il est facile de séparer ces dépenses de la dépense totale. La longueur des garde-corps en fer ou fonte est indiquée pour chaque pont avec leur dépense, de sorte qu'on peut en déduire le prix du mètre courant de ces garde-corps pour chaque ouvrage. On déduit aussi de l'état pour chaque ouvrage le prix du mètre cube de maçonnerie générale, puisqu'on en connaît le cube et la dépense. Une récapitulation à la fin de chaque section permet d'ailleurs d'établir ces renseignements en moyenne par section. Les prix des types, lorsqu'il y a plusieurs ouvrages de même espèce, sont donnés dans la colonne d'observations, de sorte qu'en définitive l'état n° 3 *bis* donne la dépense de chaque ouvrage, et, par les cotes données dans les différentes colonnes, le moyen de rétablir la carcasse du dessin de l'ouvrage, c'est-à-dire tout ce qu'il faut pour s'en faire une idée complète. Ces détails ne seront pas inutiles aux ingénieurs qui auront des avant-projets à faire; ils donnent le moyen d'évaluer, par des ouvrages exécutés, d'autres ouvrages qui s'en rapprochent par leurs dispositions.

Les prix eux-mêmes qu'on en déduit seront utiles pour en établir d'analogues dans d'autres contrées et pour avoir ainsi des bases d'évaluations d'autant plus sûres, qu'elles reposeront sur des faits accomplis et non sur des hypothèses.

Tous les ponts du canal appartiennent à la classe des ponts par-dessus, excepté les ponts-canaux et les aqueducs. L'inverse a lieu pour les ponts de chemin de fer, donnés aux états nᵒˢ 3 et 3 *bis* (note H) du chemin de fer, états dressés d'après les mêmes dispositions que celles qui viennent d'être indiquées pour les états nᵒˢ 3 et 3 *bis* du canal (note G). Il n'y a qu'un pont par-dessus le chemin de fer, c'est celui du chemin de Niderhausbergen à Souffelweyersheim, près de Strasbourg, dans la troisième section; tous les autres ponts et aqueducs sont par-dessous. Pour résumer, quant aux prix des maçonneries, les états nᵒˢ 3 *bis* par section, nous formons le tableau suivant, dans lequel nous donnons d'ailleurs aussi les rapports entre les prix moyens du mètre cube de maçonnerie générale, résultant des récapitulations de section des états nᵒˢ 3 *bis*, et les prix moyens du mètre cube de maçonnerie ordinaire. Ces prix ont été établis par le calcul d'après les ouvrages exécutés, et sont des moyennes tout à fait exactes. Comme les prix ne diffèrent d'ailleurs que très-peu du chemin de fer au canal, on a adopté un seul prix moyen par section qui s'applique au chemin de fer et au canal; c'est à ces prix que se compareront ceux de la maçonnerie générale résultant du tableau suivant :

INDICATION des SECTIONS.	PRIX — Ponts en maçonnerie. Canal.	Ponts en maçonnerie. Chemin de fer.	Aqueducs. Canal. Aqueducs ordinaires.	Aqueducs. Canal. Aqueducs siphons.	Aqueducs. Chemin de fer.	Ponts-canaux.	Ponts suspendus.	Ponts tournants.	PRIX moyen du mètre cube de maçonnerie ordinaire.	RAPPORTS — Ponts en maçonnerie. Canal.	Ponts en maçonnerie. Chemin de fer.	Aqueducs. Canal. Aqueducs ordinaires.	Aqueducs. Canal. Aqueducs siphons.	Aqueducs. Chemin de fer.	Ponts-canaux.	Ponts suspendus.	Ponts tournants.
	fr. c.	fr. c.	fr. c.	fr. c.	fr. c.	fr. c.	fr. c.	fr. c.	fr. c.	fr. c.	fr. c.	fr. c.	fr. c.	fr. c.	fr. c.	fr. c.	fr. c.
Première section	»	16 47	22 24	20 40	»	»	»	»	12 60	»	1 31	1 76	1 62	»	»	»	»
Deuxième section	19 11	18 63	18 30	19 69	15 27	22 03	»	»	10 70	1 78	1 74	1 72	1 83	1 43	2 06	»	»
Troisième section	24 80	26 98	24 17	19 41	22 97	17 22	22 39	23 33	12 80	1 94	2 11	1 88	1 52	1 80	1 34	1 75	1 82

En prenant les moyennes des rapports par section pour les mêmes ouvrages, on établit les rapports et prix moyens suivants :

SECTIONS.	PRIX moyen du mètre cube de maçonnerie ordinaire.	Ponts en maçonnerie.	Aqueducs.	Ponts-canaux.	Ponts suspendus.	Ponts tournants.
Première section	12 60	1 31	1 69	»	»	»
Deuxième section	10 70	1 76	1 66	2 06	»	»
Troisième section	12 80	2 03	1 73	1 34	1 75	1 82
D'où résultent les rapports moyens pour les trois sections		1 70	1 69	1 70	1 75	1 82

Le tableau qui précède met en évidence les rapports qui existent dans chaque section entre les prix du mètre cube de maçonnerie générale et du mètre cube de maçonnerie ordinaire.

Comparons les ouvrages de même espèce dans une même section; prenons, par exemple, les ponts. Dans la première section, il n'y a pas de ponts en maçonnerie sur le canal; le rapport des prix du mètre cube de maçonnerie générale et du mètre cube de maçonnerie ordinaire est 1.31 pour les ponts du chemin de fer. Dans la deuxième section, ce rapport est 1.78 pour les ponts du canal, 1.74 pour ceux du chemin de fer. Dans la troisième section, ces rapports sont 1.94 et 2.11. On voit, en comparant ces chiffres, combien peu les rapports diffèrent dans une même section des ponts du canal à ceux du chemin de fer. Or les ponts du canal, tous à une seule arche, ne ressemblent en rien à ceux du chemin de fer, qui pour la plupart en ont plusieurs. On voit donc que *la forme du pont influe en général très-peu sur le rapport entre le prix du mètre cube de maçonnerie générale et celui du mètre cube de maçonnerie de remplissage, ou, si l'on veut, le prix du mètre cube de maçonnerie générale ne varie pas sensiblement dans une même localité avec les dimensions des ponts, et un même prix moyen peut s'appliquer par conséquent sans erreur sensible à tous ces ouvrages* (1). Une seconde observation à faire, c'est que ces rapports ne diffèrent pas beaucoup d'une section à l'autre, excepté la première section, où le rapport doit être plus petit que dans les autres, parce que les ponts de cette section étant plus élevés, comportent une masse plus grande de maçonnerie ordinaire par rapport aux maçonneries de sujétion; par la même raison, les rapports en question sont un peu plus petits aussi dans la deuxième section que dans la troisième.

Pour les aqueducs, on ferait des observations analogues. Il y a pour ces ouvrages plus de variations dans les rapports que pour les ponts, à cause de la grande diversité qui existe dans les dispositions des puisards des aqueducs du canal.

Pour les ponts-canaux, il y a une grande différence entre les deux sections où l'on a construit de ces ponts. Le pont de la Mosselbach, qui est dans la troisième section, a des fondations très-profondes et un radier général très-épais en maçonnerie ordinaire (voir pour ces dimensions l'état n° 3 *bis*, note G), ce qui abaisse beaucoup le prix

____

(1) Il est bien entendu qu'il ne s'agit d'ailleurs ici que des ouvrages courants et non des ponts d'ouverture et de fondations exceptionnelles.

moyen du mètre cube de sa maçonnerie générale par rapport au pont-canal de la Walck, construit dans la deuxième section, qui n'offre pas cette disposition particulière. (Son dessin est donné pl. D, comme on l'a déjà vu.)

Si maintenant nous prenons pour chaque nature d'ouvrage les moyennes de tous les rapports sur les trois sections, on voit que la moyenne du rapport entre le prix du mètre cube de maçonnerie générale et celui du mètre cube de maçonnerie ordinaire a été, sur l'ensemble des trois sections :

    1° Pour les ponts . . . . 1,70.
    2° Pour les aqueducs . . . . 1,69.
    3° Pour les ponts-canaux. . . . . 1,70.
    4° Pour les ponts suspendus . . . . 1,75.
    5° Pour les ponts tournants . . . . 1,82.

En comparant ces rapports moyens, on voit qu'ils sont un peu plus forts pour les ponts tournants et suspendus que pour les ponts en maçonnerie, ce qui semble une anomalie au premier abord; mais si l'on y fait réflexion, on voit que les choses doivent être ainsi : en effet les culées des ponts tournants ont peu de hauteur, et la plate-forme sur laquelle roule le chariot est presque entièrement recouverte de pierre de taille, ce qui élève évidemment beaucoup le rapport en question. Pour les ponts suspendus le prix ne doit guère différer de celui des ponts voûtés, parce que ces ponts ont des voûtes appareillées dans leurs culées (voir la pl. D, fig. 15); on voit d'ailleurs combien peu ces rapports moyens diffèrent d'une espèce de pont à une autre, et si l'on prenait leur moyenne, qui est de 1,73, on pourrait hardiment l'appliquer à l'ensemble des ouvrages des trois sections, sans risquer de se tromper sensiblement dans les évaluations qui en résulteraient. *Ainsi connaissant le prix moyen* p' *du mètre cube de maçonnerie ordinaire sur le versant du Rhin, on ne se serait pas trompé dans un avant-projet en adoptant, pour le prix* p *du mètre cube de maçonnerie générale, la valeur*

$$p = 1{,}73\, p',$$

et appliquant, pour tous les ouvrages sans distinction d'espèce, le prix p *à la maçonnerie générale dont le cube eût été calculé pour chaque ouvrage d'après le dessin type de cet ouvrage.*

Ce rapport, qui est ici de 1,73, pourrait être différent pour d'autres pays, mais on pourra toujours le déterminer d'avance d'une manière assez approchée au moyen d'ouvrages qui existent et dont on connaît les dépenses et le cube des maçonneries générales; on déduit de là le prix moyen du mètre cube de maçonnerie générale de ces ouvrages, et, comme on connaît aussi celui du mètre cube de maçonnerie ordinaire, le rapport s'ensuit et on l'applique aux ponts à projeter.

Pour compléter les renseignements statistiques relatifs aux maçonneries, donnons les rapports entre les prix du mètre cube de maçonnerie ordinaire et des autres espèces de maçonnerie.

INDICATION des sections.	PRIX du mètre cube de maçonnerie ordinaire.	PRIX DU MÈTRE CUBE DE MAÇONNERIE.				RAPPORTS DE CES PRIX A CELUI DE LA MAÇONNERIE ORDINAIRE.			
		de pierre de taille.	de libages pour voûtes.	de moell^e piqués pour parements.	Béton.	Pierres de taille.	libages pour voûtes.	Moell^s piqués pour parements.	Béton.
	fr. c.	fr. c.	fr. c.	fr. c.	fr. c.	fr. c.	fr. c.	fr. c.	fr. c.
1re section	12 60	32 50	30 50	15 62	17 60	2 50	2 43	1 23	1 40
2e section	10 70	37 97	34 61	15 30	13 52	3 55	3 23	1 43	1 26
3e section	12 80	46 03	42 49	24 33	12 83	3 60	3 S2	1 90	1 »
Prix et rapports moy. sur les trois sections..	11 70	38 83	35 89	18 41	14 65	3 32	3 07	1 57	1 25

ARTICLE 2. — APPLICATION AUX PROJETS.

Dans un avant-projet l'évaluation de tous les ouvrages d'art de même espèce se fait au moyen d'un dessin type; on évalue les diverses espèces de maçonnerie aux prix du pays, l'on fait un métré et un détail estimatif en règle de l'ouvrage, et l'on répète la dépense autant de fois qu'il y a d'ouvrages semblables; pour les ouvrages qui ne peuvent se classer par types, on fait l'évaluation de chacun d'eux. Ce système est fort bon sans doute lorsqu'on a beaucoup de temps à employer à la rédaction de l'avant-projet, qui devient alors un véritable projet définitif; mais le plus souvent l'ingénieur est appelé à donner une évaluation rapide, et n'a par conséquent pas le temps de faire des métrés et des dessins complets; ainsi, quand une compagnie veut se faire une première idée de la dépense d'une ligne de chemin de fer, pour voir si cette dépense comparée aux revenus probables de la ligne lui assure des avantages pour l'avenir, et si par conséquent le tracé mérite une étude définitive, il faut bien alors que l'ingénieur fasse ses évaluations sans perdre son temps aux détails. Il arrive d'ailleurs souvent dans tous les services qu'un ingénieur ait à se faire une première idée rapide des dépenses de plusieurs directions de tracé, pour les comparer entre elles; il est donc bon qu'il ait à sa disposition des moyens d'évaluation rapides et en même temps suffisamment exacts.

Nous avons déjà indiqué (chap. X, §§ 1 et 2), comment on pouvait évaluer des terrassements; nous allons maintenant montrer ce qu'on peut tirer de ce que nous venons de dire dans le paragraphe précédent pour l'évaluation des ouvrages d'art.

Appelons V le volume de la maçonnerie générale d'un pont sans distinction d'espèces de maçonneries, L la largeur entre têtes, S la surface de la section verticale du pont faite suivant l'axe du tracé de la ligne, ou si l'on aime mieux la surface de la coupe longitudinale du pont; V' le volume total des maçonneries générales des murs en aile ou des murs en prolongement des têtes, suivant que l'on adoptera l'une ou l'autre de ces dispositions; on aura évidemment entre ces diverses quantités la relation

$$V = LS + V' \quad (1)$$

On voit déjà que pour avoir le volume de la maçonnerie générale d'un ouvrage, il suffit de dessiner sa coupe en long. En effet L est toujours connu d'avance; la coupe en long permet de calculer très-rapidement la valeur de S, et quant à celle de V', elle se détermine aussi très-simplement et presque sans calcul avec une approximation tout à fait suffisante : soit h la hauteur totale des murs; supposons d'abord que l'on veuille faire des murs en prolongement des têtes, les remblais se raccordant par des quarts de cône; si e désigne l'épaisseur des murs, l leur longueur à partir du parement de la culée du côté des terres, auquel finit la coupe en long qui donne la surface S, on aura :

$$V' = 4ehl \quad (2)$$

Dans le cas des murs en aile on aurait, en désignant par l' la longueur ou la base du mur:

$$V' = 2ehl'$$

et si l'on désigne par α l'angle que fait avec l'horizon le talus du mur en aile on aura

$$l = \frac{h}{\text{tang. } \alpha}$$

$$\text{d'où } V' = \frac{2h^2e}{\text{tang. } \alpha} \quad (3)$$

si d'ailleurs on remarque maintenant que l'épaisseur est toujours une fonction de h de la forme.

$$c = mh,$$

m étant le rapport de l'épaisseur à la hauteur déterminée par la pratique pour des murs déjà construits (on a donné chap. III, § 2, diverses valeurs de ce rapport pour les murs construits sur le versant du Rhin), l'expression (2) deviendra

$$V' = 4\ mh^2 l \qquad (4)$$

et l'expression (3) deviendra:

$$V' = \frac{2\,mh^3}{\text{tang. }\alpha}$$

Dans l'expression (4) la valeur de l est aussi une fonction de h; on aura, si ε représente l'épaisseur de la culée donnée par la coupe en long :

$$l = \frac{h}{\text{tang. }\alpha} - \varepsilon$$

d'où $V' = \dfrac{4\ mh^3}{\text{tang. }d} - 4\ mh^2\varepsilon \qquad (6)$

Substituant les valeurs (5) et (6) dans l'équation $\smile$, celle-ci devient pour le cas des murs en prolongement des têtes :

$$V = LS + 4\ mh^2\left(\frac{h}{\text{tang. }\alpha} - \varepsilon\right) \quad (7)$$

et pour le cas des murs en aile :

$$V = LS + \frac{2\,mh^3}{\text{tang. }\alpha} \quad (8)$$

Si d'ailleurs on remarque maintenant qu'en général on adopte pour les remblais des talus inclinés à 3 de base pour 2 hauteur, on aura dans ce cas tang. $\alpha = 2/3$, ce qui donne les formules suivantes :

$$V = LS + 2mh^2\ (3h - 2\varepsilon) \qquad (9)$$

pour le cas des murs en prolongement des têtes, et

$$V = LS + 3mh^3 \qquad (10)$$

pour les murs en aile.

Le rapport m variera d'ailleurs en général entre 0,25 et 0,40, suivant les cas. (Voir le § 2, chap. III.)

Ces formules sont de la dernière simplicité et permettent, une fois la coupe en long du pont arrêtée, et cela sans aucun détail de nature de maçonnerie, de calculer le volume total V de la maçonnerie générale avec une approximation tout à fait suffisante.

Or si p désigne le prix du mètre cube de maçonnerie générale, D la dépense des maçonneries du pont que l'on projette, on aura :

$$D = p\,V,$$

le prix p étant d'ailleurs défini comme nous l'avons fait dans les états n° 3 *bis*, c'est-à-dire comprenant la dépense de toutes les maçonneries.

En ajoutant à cette dépense D une somme à valoir D' convenablement déterminée, la dépense totale des maçonneries du pont sera D+D'.

Il ne reste donc qu'à déterminer p et D. Pour déterminer p on prendra, parmi les constructions existantes dans le pays, celles qui se rapprocheront le plus par leurs dimensions du pont que l'on projette ; au moyen du décompte de la construction exécutée, on établira pour cette construction le prix p en divisant la dépense totale par le cube total des maçonneries, et on pourra sans erreur sensible appliquer ce prix p au cube V de la maçonnerie générale de la construction que l'on projette (1) ; nous pensons même qu'en opérant ainsi, l'on approchera en général plus de la vérité qu'en faisant un projet détaillé, parce que le prix p n'est pas fondé sur les hypothèses d'un projet, mais bien sur les faits mêmes d'une construction exécutée. Si d'ailleurs il n'existait pas dans le pays de construction ayant de l'analogie avec celles que l'on projette, on ferait le projet de détail d'un des types de la ligne dont on s'occupe, et l'on en déduirait le prix du mètre cube de maçonnerie générale en divisant sa dépense totale par le cube total des maçonneries ; on appliquerait ensuite ce prix à tous les autres ouvrages de même espèce pour lesquels il n'y aurait que des croquis à faire, et les simples calculs que nous venons d'indiquer. Nous avons montré en effet, au § 2 de ce chapitre, combien peu le prix moyen du mètre cube de maçonnerie générale variait dans une même localité avec la forme des ponts. La méthode d'évaluation que nous venons d'indiquer ne demande qu'un croquis de la coupe en long, des calculs de la dernière simplicité, et par conséquent peu de travail ; tandis que des dessins détaillés avec métré et détail estimatif exigent du temps sans qu'on puisse espérer d'arriver à un résultat plus exact.

L'analyse que nous avons donnée plus haut des rapports entre les prix de la maçonnerie générale et ceux de la maçonnerie ordinaire

---

(1) Lorsqu'il y a des garde-corps en métal, ils s'évaluent à part au mètre courant, et l'on ajoute alors leur dépense à celle de la maçonnerie.

pourra d'ailleurs servir à déterminer le prix du mètre cube de la maçonnerie générale, *à priori*, connaissant celui de la maçonnerie ordinaire, c'est-à-dire le prix le plus vulgairement connu dans tout le pays, lorsque les circonstances où l'on se trouvera offriront de l'analogie avec celles où l'on s'est trouvé pour les travaux qui font l'objet de cet écrit ; nous ne pensons même pas que ces rapports doivent beaucoup varier d'un pays à un autre. Quant à la valeur de la somme à valoir D', on ne peut lui assigner d'expression fixe. D'après l'état n° 3 du chemin de fer (note H) , sur le versant du Rhin, le rapport des dépenses sur somme à valoir aux dépenses par entreprise, a varié pour les ponts de cette ligne entre 0,058 et 0,105, et sa valeur moyenne a été 0,073. Au canal, ce même rapport a varié (état n° 3 du canal, note G) entre 0,032 et 0,078, la moyenne étant 0,044. La seule règle générale qu'on puisse donner, c'est que *la somme à valoir doit être d'autant plus grande que l'ingénieur peut avoir moins confiance dans ses évaluations ou qu'il a moins d'habitude des travaux.*

Ce que nous venons d'exposer est trop simple pour qu'il soit nécessaire d'en donner des applications numériques qui allongeraient inutilement notre texte et que chacun pourra faire aisément ; nous ne terminerons d'ailleurs pas sans montrer le parti que l'on peut tirer de la méthode que nous venons d'indiquer, quand il s'agit d'études définitives. Lorsqu'on a par exemple un pont considérable à construire , on ne sait jamais, *à priori*, quelles seront les dispositions les plus économiques ; ainsi, pour un débouché déterminé, il y a plusieurs ouvertures de voûte qui satisfont à la question : il suffit en effet que la somme des ouvertures soit égale à l'ouverture totale du débouché ; or, sous le rapport de la dépense, l'ouverture de voûte qui donne le minimum de dépense ne peut être déterminée que par des études comparatives. Quand on aura fait une première étude détaillée du pont, on peut faire toutes les autres par la méthode sommaire que nous avons indiquée ; en effet, le prix moyen du mètre cube de maçonnerie générale se déduira de l'étude détaillée d'une des dispositions du pont, et pour toutes les autres un croquis de coupe en long suffira pour calculer, au moyen des formules précédentes, le cube total de la maçonnerie générale, auquel on appliquera le prix résultant du détail de la première étude ; où s'arrêtera à celle de ces études qui donnera le minimum de dépense et l'on en fera le projet définitif.

Pour un grand viaduc, on pourra de même se rendre compte de l'avantage qu'il y aura à adopter telles ou telles dispositions, et déterminer par conséquent le nombre de ses étages et les ouvertures de voûte. On remarquera toutefois que des circonstances particulières peuvent faire modifier ces résultats de calcul ; ainsi, quand les fondations doivent être difficiles, il est en général plus avantageux d'admettre une plus grande ouverture de voûte et par conséquent moins d'arches.

Enfin souvent l'ingénieur se trouve dans le cas d'évaluer les ouvrages pour ainsi dire de toute pièce, et cela lui est surtout utile lorsqu'il voyage et qu'il veut comparer entre eux des travaux de même espèce exécutés sur différentes lignes. Dans ce cas il faut que sa mémoire renferme les chiffres des dépenses des ouvrages qu'il connaît, et il peut aisément leur comparer alors ceux qu'il voit ou qu'il veut évaluer sommairement ; nous pensons que l'on trouvera sous ce rapport, dans nos états n° 3 *bis* du chemin de fer et du canal, un certain nombre de types d'ouvrages qui peuvent déjà former un bon fonds de boutique. La faculté de se rendre compte à peu près de la valeur d'un ouvrage en le voyant est très-précieuse ; elle ne peut résulter que d'une grande pratique aidée d'une bonne mémoire.

§ 3. — **Ouvrages divers.**

Les états n° 4 du chemin de fer et du canal donnent les dépenses d'ouvrages divers non susceptibles d'être classés parmi les ouvrages déterminés ; il n'y a rien de particulier à dire sur ces ouvrages accessoires, qui ont été la conséquence de l'établissement des deux voies de communication par rapport à divers intérêts atteints par leur établissement.

§ 4. — **Écluses.**

L'état n° 5 du canal (note G) donne l'analyse des dépenses des cinquante et une écluses du versant du Rhin ; on y voit le prix de revient et le cube de maçonnerie générale de chaque type. Résumons ici ce qui concerne la dépense du type d'une écluse de $2^m,60$ de chute, qui est le type normal des écluses du canal de la Marne au Rhin :

Cette dépense a varié, en raison de la difficulté des fondations, entre les limites indiquées ci-après, qui sont extraites de l'état n° 5 et de sa récapitulation ;

INDICATION des TYPES D'ÉCLUSES.	PRIX MOYEN DE REVIENT D'UNE ÉCLUSE DE 2^m,60 DE CHUTE.								
	1re SECTION.			2e SECTION.			3e SECTION.		
	Travaux par adjudication.	Somme à valoir.	Total.	Travaux par adjudication.	Somme à valoir.	Total.	Travaux par adjudication.	Somme à valoir.	Total.
	fr. c.	fr. c.	fr. c.	fr. c.	fr. c.	fr. c.	fr. c.	fr. c.	fr. c.
Écluse de 2^m,60 de chute......	34,320 80	885 96	35,206 36	40,643 49	2,554 88	43,198 37	38,173 25	1,397 09	39,570 34
Écluse de 2^m,60 de chute, avec pont en charpente de 3^m,10 de largeur....	38,063 08	885 56	38,948 64	»	»	»	»	»	»
Écluse de 2^m,60 de chute, avec pont en maçonnerie de 3^m,80 et 4^m de larg.	....	....	....	42,033 99	2,554 88	44,588 87	43,131 70	1,397 09	44,548 79
Écluse de 3^m,60 de chute, avec pont en charpente de 3^m,80 de long......	....	....	....	....	....	....	38,084 95	1,397 09	39,482 04
Écluse de 2^m,60 de chute, avec pont en maçonnerie de 4^{m}50 de largeur....	....	....	....	....	....	....	42,267 89	1,397 09	43,664 98
Écluse de 2^m,60 de chute, avec pont en charpente de 5^m,10 de largeur....	39,529 55	885 56	40,415 11	»	»	»	»	»	»

On voit que c'est dans la deuxième section que les écluses ont coûté le plus cher; c'est, en effet, dans cette section que les difficultés de fondations ont été les plus grandes en général.

L'état n° 5 nous montre d'ailleurs que les prix de revient moyens d'une écluse sans distinction de type sont les suivants pour chaque section.

INDICATION des SECTIONS.	DÉPENSE MOYENNE D'UNE ÉCLUSE.			OBSERVATIONS.
	Travaux par adjudication	Sommes à valoir.	Total.	
	fr. c.	fr. c.	fr. c.	
1re section............	35,280 48	885 56	36,166 04	Cube total de la maçonn. = 1,900 m. c.
2e section............	38,101 10	2,554 88	40,655 98	Cube total de la maçonn. = 2,130 m. c.
3e section............	38,453 09	1,397 09	39,850 18	Cube total de la maçonn. = 1,959 m. c.
Ensemble des trois sections d'après la récapitulation de l'état n° 5............	36,911 78	1,315 28	38,227 06	Cube total de la maçonn. = 1,913 m. c.

La récapitulation de l'état n° 5 donne les résultats suivants quant aux prix moyens d'un mètre cube de maçonnerie d'écluse par section, et, en reprenant ici les prix moyens du mètre cube de maçonnerie ordinaire par section donnée au § 2 de ce chapitre, nous formons le tableau suivant:

INDICATION des SECTIONS.	PRIX DU MÈTRE CUBE		RAPPORT entre les prix du mètre cube de maçonnerie générale et de maçonnerie ordinaire.
	de maçonnerie générale.	de maçonnerie ordinaire.	
	fr. c.	fr. c.	
1re section............	18 69	12 60	1 48
2e section............	17 80	10 70	1 66
3e section............	19 04	12 80	1 49
Sur l'ensemble des trois sections............	18 69	12 03	1 55

On voit qu'ici les rapports sont moindres que pour les ponts, comme on devait s'y attendre. Une écluse offre, en effet, moins de maçonnerie de sujétion qu'un pont par rapport à la maçonnerie de remplissage. Le rapport moyen du prix du mètre cube de maçonnerie générale au prix du mètre cube de maçonnerie ordinaire est pour les ponts de toute espèce sur les trois sections (§ 2 de ce chapitre) 1,73, tandis que ce même rapport est pour les écluses 1,55. *Si l'on avait un avant-projet de canal à faire, dont les écluses fussent de 2m,60 de chute et où l'on se trouvât dans des circonstances locales analogues à celles-ci, on ne se tromperait pas sensiblement en prenant pour le type d'une écluse un cube moyen de maçonnerie générale de 1,940 mètres cu-*

bes, et en lui appliquant un prix moyen qui serait le prix du mètre cube de maçonnerie ordinaire (toujours parfaitement connu) multiplié par le rapport 1,55.

Les détails de l'état n° 5 serviront d'ailleurs à établir d'une manière analogue les prix de revient d'une écluse de tel ou tel type avec ou sans pont; tout cela est trop simple pour s'y arrêter, et l'on voit immédiatement le parti qu'on peut en tirer pour les avant-projets.

§ 5. — Portes d'écluses.

L'état n° 5 *bis*, note G, donne les détails relatifs aux portes d'écluses; les dépenses ont peu varié d'une section à l'autre, et la récapitulation de l'état n° 5 *bis* donne les dépenses par section, desquelles il résulte le tableau suivant:

INDICATION DES SECTIONS.	PRIX DE REVIENT des portes d'une écluse, y compris les poutrelles, les échelles et autres accessoires.	
	Non compris la somme à valoir.	Y compris la somme à valoir.
	fr. c.	fr. c.
1re section................................	5,632 96	6,258 92
2e section................................	6,264 81	6,770 53
3e section................................	6,551 39	7,059 16
Ensemble des trois sections......	6,085 68	6,642 96

On peut dire, sans risquer de se tromper, que les portes d'une écluse (2^m,60 de chute, type général) coûtent de 6,600 à 6,700 fr, y compris tous les accessoires, tels que poutrelles, champignons d'amarre et échelles pour marquer la tenue d'eau en amont et en aval de l'écluse.

§ 6. — Barrages, déversoirs, et ouvrages des prises d'eau.

Nous avons donné dans l'état n° 6 du canal (note G) tous les détails qui peuvent intéresser pour les divers ouvrages propres aux prises d'eau et les déversoirs; on ne peut rien indiquer de général quant à ces ouvrages, qui varient nécessairement beaucoup, suivant les circonstances locales. L'état n° 6 renferme néanmoins des types variés dont l'évaluation peut être utile pour évaluer par analogie des ouvrages semblables qu'on pourrait avoir à projeter.

CHAPITRE XII.

DÉPENSES DES SOUTERRAINS.

Il serait difficile de poser pour les souterrains des règles d'évaluation par analogie comme on peut le faire pour les terrassements et les ouvrages d'art. A mesure que les lignes des chemins de fer se multiplieront, l'évaluation par analogie des souterrains deviendra plus facile, parce qu'elle reposera sur un plus grand nombre de faits pratiques.

Au premier abord, il semble que les souterrains, toutes circonstances égales, doivent coûter d'autant plus cher par mètre courant qu'ils sont plus longs; cependant, il en est souvent tout autrement: ainsi, les cinq souterrains dont les évaluations sont données par l'état n° 5 du chemin de fer (note H) sont ouverts tous les cinq dans le grès vosgien; or, le souterrain de Hoffmühl, le plus court des cinq, est celui qui a coûté le plus cher, et la différence est même très-grande; en effet, ce souterrain, qui a 247^m,50 de longueur, a coûté 1,151 fr. 97 c. le mètre courant, tandis que le souterrain de Stuzmatt, qui a 399^m,70 de longueur, n'a coûté que 685 fr. 33 c. Le souterrain d'Hommarting, qui traverse le col d'Arschwiller (voir le profil en long, pl. A), qui a une longueur de 2,678^m,30, et qui est ouvert dans une formation tout à fait semblable, n'a coûté que 950 fr. environ le mètre courant, soit 200 fr. de moins que celui de Hoffmühl, qui n'a que 247^m,50 de longueur. Tout dépend donc ici des difficultés que l'on rencontre, et dans la même formation un souterrain peut rencontrer des bancs réguliers, un autre des bancs disloqués, dont la disposition exige une augmentation d'épaisseur dans les voûtes, et par conséquent une dépense plus grande.

Si l'on voulait comparer les dépenses des souterrains dans des formations différentes, ces divergences seraient plus grandes encore : ainsi les souterrains de Saltwood et de Blékingley, chemin de fer du Sud-Est, entre Londres et Douvres, ouverts le premier dans l'argile de Weald, le second en partie dans les couches supérieures aux sables du Gault, en partie dans ces sables, et ayant le premier 1,600 mètres, le second, 870 mètres de longueur, ont coûté en nombres ronds, le premier, 1,510 fr.; le second, 4,440 fr. par mètre courant. *Ces chiffres extraits des données de l'ouvrage de M. Simms sur ces deux souterrains, confirment mieux que tous les raisonnements l'opinion émise plus haut, qu'il est impossible d'établir pour l'évaluation des souterrains des règles d'analogie.*

Le prix moyen des souterrains exécutés sur le versant du Rhin est de 827 fr. 11 c., comme l'indique l'état nº 5 dans sa récapitulation, et il est à remarquer que dans aucun des cinq souterrains le rapport entre les dépenses sur sommes à valoir et les dépenses par entreprise n'a dépassé les limites qu'on lui trouve pour les autres travaux. Ainsi, ce rapport a été de 0.042 pour le souterrain de Hoffmühl, de 0.018 pour celui de Lutzelbourg, de 0.032 pour celui de Stutzmatt, de 0.026 pour celui du Mungelbaëchel, de 0,037 pour celui du Haut-Bar, et de 0.032 sur l'ensemble des cinq souterrains.

Le chapitre V (première partie de cet écrit) donnant tous les détails d'exécution des trois souterrains de notre ancien service du chemin de fer, nous ne voyons rien à y ajouter ici qui puisse particulièrement intéresser ou servir à établir quelque règle générale.

CHAPITRE XIII.

DÉPENSES DES STATIONS. — BARRIÈRES. — PASSAGES A NIVEAU. — MAISONS DE GARDES ET D'ÉCLUSIERS. — EMPIERREMENTS.

§ Iᵉʳ. — Stations.

Il y a sur le versant du Rhin neuf stations; elles sont placées dans l'état n° 6 du chemin de fer (note H) par rapport à l'ordre de succession du profil en long; nous avons d'ailleurs mis dans cet état tous les renseignements qui peuvent intéresser ou être utiles à la rédaction des avant-projets.

L'administration supérieure a adopté pour la partie du chemin de fer qui nous occupe ici trois ordres de stations, et pour chacun de ces ordres les types de tous les bâtiments sont exactement les mêmes; les types conservent d'ailleurs le même caractère d'un ordre à l'autre : ce sont les dimensions seules qui changent.

La gare de Saverne, chef-lieu d'arrondissement, est la seule gare du premier ordre du versant du Rhin; elle se compose :

1° D'un bâtiment pour les voyageurs d'un côté de la voie, et d'un abri de l'autre;

2° De deux pavillons de latrines;

3° D'une halle de marchandises couverte;

4° D'une remise pour dix wagons;

5° D'une remise pour deux locomotives;

6° D'un réservoir d'eau;

7° D'un quai découvert.

Les gares de second ordre sont celles de Hochfelden et de Brumath, chefs-lieux de cantons; elles se composent des mêmes constructions que les stations du premier ordre, seulement ces constructions y ont de moindres dimensions. Les gares du second ordre n'ont ni remises de locomotives, ni réservoirs d'eau; il n'y a d'exception que pour celle de Brumath, où l'on a mis, sur la demande de la Compagnie, un réservoir d'eau, dont l'expérience paraît du reste avoir démontré l'inutilité.

Les gares du troisième ordre ne se composent que d'un bâtiment

18

pour les voyageurs avec abri couvert de l'autre côté de la voie, et d'un pavillon de latrines; il n'y a pas de bâtiments pour le service des marchandises dans ces gares, excepté pour celle de Lutzelbourg, où il y a une petite halle et des quais découverts importants, à cause du grand commerce de bois qui se fait dans la contrée.

La gare du chef-lieu du département du Bas-Rhin sort des proportions ordinaires, et nous la classons parmi les gares exceptionnelles; pour cette gare les bâtiments n'ont plus aucune analogie avec les types des autres stations dont nous venons d'indiquer le classement. Nous donnons à l'état n° 6 le résumé des dépenses de la gare de Strasbourg, que nous devons tout entier aux obligeantes communications qu'a bien voulu nous faire M. Guerre.

Nous avons donné à l'état n° 6, dans la colonne d'observations, le prix de chaque espèce de bâtiments par mètre carré de section horizontale. Cette manière d'évaluer est bonne en tant qu'elle ne s'applique qu'à des bâtiments à peu près de mêmes dimensions; ainsi, le type des bâtiments d'un ordre des stations du Bas-Rhin peut s'appliquer à d'autres pays pour des stations du même ordre, et dès lors les évaluations que nous donnons au mètre carré pourront être utiles dans des évaluations de projets; elles font connaître et les dimensions des bâtiments appropriés à l'importance du service et leur dépense. Mettons maintenant tous ces éléments en regard, en les classant par ordre dans le tableau suivant.

INDICATIONS des CONSTRUCTIONS.	GARES EXCEPTIONNELL. STRASBOURG.		GARES DU 1er ORDRE. SAVERNE.		GARES DU 2e ORDRE. HOCHFELDEN.		DRUMATH.		GARES DU 3e ORDRE. LUTZELBOURG.		STEINBOURG.		DETTWILLER.		MOMMENHEIM.		VENDENHEIM.	
	Contenances.	Dépenses par mètre carré	Contenances.	Dépenses par mètre carré	Contenances.	Dépenses par mètre carré	Contenances.	Dépenses par mètre carré	Contenances.	Dépenses par mètre carré	Contenances.	Dépenses par mètre carré	Contenances	Dépenses par mètre carré	Contenances	Dépenses par mètre carré	Contenances	Dépenses par mètre carré
	m. q.	fr. c.	m. q.	fr. c.	m. q.	fr. c.	m. q.	fr. c.	m. q.	fr. c.	m. q.	fr. c.	m. q.	fr. c.	m. q.	fr. c.	m. q.	fr. c.
Embarcadère ou bâtiment pour le service des voyageurs....	2,268.16	334 86	337.59	119 40	191.52	187 80	191.32	151 93	143.64	290 88	143.64	154 27	143.64	157 10	143.64	151 64	143.64	170 44
Marquises......	»	»	108.90	65 20	68.40	32 05	68.40	31 89	»	»	51.30	32 31	51.30	31 95	51.30	31 84	51.30	31 00
Abris couverts.	»	»	48.38	127 61	26.40	233 86	26.40	233 86	26.40	122 00	24.60	159 34	24.60	159 34	24.60	159 34	24.60	159 34
Pavil. de latrines	283.50	49 52	52.44	153 86	9.92	218 59	26.22	148 13	8.32	189 21	9.92	212 48	9.92	213 37	9.92	213 21	9.92	215 31
Halle de marchandises....	3,040.00	34 43	577.50	33 59	412.50	38 72	412.50	43 24	56.70	97 92	»	»	»	»	»	»	»	»
Remises de wag.	1,134.00	33 45	331.47	29 83	125.99	53 91	125.99	69 13	»	»	»	»	»	»	»	»	»	»
Remises de loc.	744.33	39 12	156.00	41 50	»	»	»	»	»	»	»	»	»	»	»	»	»	»
Réservoirs d'eau	26.22	139 20	26.22	139 20	x	»	26.22	139 20	»	»	»	»	»	»	»	»	»	»
Quais découverts	2,500.00	11 29	640.00	5 27	394.00	7 57	384.00	5 08	2,000.00	2 84	»	»	»	»	»	»	»	»
Terrassements pour régler les plates-formes, empierrem^ts, etc., aqueducs, ouvrages div. (Surface totale de la gare :)	52,000.00	2 07	47,000.00	0 39	11,000.00	0 55	12,500.00	0 83	32,000.00	0 55	10,000.00	0 50	9,400.00	0 25	1,900.00	2 52	7,000.00	0 46
Bâtiments particuliers à la gare de Strasbourg : Ateliers de réparations......	177.28	59 61																
Hangars des messageries	300.88	34 40																
Id. des postes..	300.88	34 82																
Id. de la douane.	3,060.00	27 79																

En examinant les chiffres de ce tableau, on voit que pour les stations de même ordre les dépenses par mètre carré des divers bâtiments sont à très-peu près les mêmes pour les mêmes espèces ou types; on ne remarque de différence notable que dans le bâtiment des voyageurs de la station de Lutzelbourg, comparé aux autres bâtiments de même espèce des stations, du troisième ordre. Le prix élevé de ce bâtiment tient aux fondations exceptionnellement profondes qu'il a exigées. On voit aussi combien la dépense par mètre carré varie pour le même type d'un ordre à un autre.

Le prix par mètre carré est d'autant plus élevé pour le même type que les dimensions du bâtiment sont plus petites; ainsi les abris couverts, qui ont $48^{mq},38$ de contenance pour le premier ordre, coûtent 127 fr. 61 c. le mètre carré; pour le deuxième ordre, où ils ont $26^{mq},40$ de contenance, ils coûtent 233 fr. 86 c. le mètre carré; et si, pour le troisième ordre, où la contenance est de $24^{mq},60$, le prix par mètre carré n'est que de 159 fr. 34 c., cela tient à ce que les dispositions de ce dernier type ont été simplifiées par rapport à celles des deux autres.

Le tableau que nous venons de donner plus haut ne contient pas les clôtures des gares ni les travaux accessoires exécutés aux abords de la gare de Saverne, qui ne peuvent s'évaluer au mètre carré; les clôtures et barrières ont coûté de 4 fr. 30 c. à 7 fr. 50 c. par mètre courant; quant aux travaux exécutés aux abords de la station de Saverne, ils sont détaillés à l'état n° 3 *bis*, en ce qui concerne les ponts, et indiqués en bloc à l'état n° 6.

Les rapports des dépenses sur sommes à valoir aux dépenses par entreprises ont varié pour les stations, ainsi que le montrent les observations inscrites à l'état n° 6, entre 0,086 et 0,162, et leur moyenne a été de 0,125; ce rapport est plus grand pour les travaux des gares que nous ne l'avons trouvé jusqu'ici pour les terrassements, les ouvrages d'art et les souterrains.

§ 2. — **Barrières, passages à niveau.**

Nous n'avons pas donné de dessins des barrières de passages à niveau, elles sont en bois pour tous les passages du versant du Rhin; les portes se composent de châssis à lattes; elles sont trop simples pour mériter qu'on les indique autrement que par leur dépense. Aussi avons-nous réuni dans l'état n° 7 du chemin de fer (note H) toutes les dépenses des passages à niveau. Un passage a coûté en moyenne 688 fr. 45 c. dans le Bas-Rhin, non compris les contre-rails ou les cornières posés par la Compagnie et qui, évalués à 300 francs par passage, font revenir un passage à niveau à 988 fr. 45 c.

§ 3. — Empierrements.

L'état n° 7 du canal (note G) donne les dépenses faites pour les empierrements des chemins de halage et des terre-pleins des gares; le mètre courant d'empierrement du chemin de halage a coûté 1 fr. 06 c. sur l'ensemble des sections.

§ 4. — Maisons de gardes ou d'éclusiers.

L'état n° 8 du chemin de fer (note H) donne les dépenses des maisons de gardes-barrières, l'état n° 8 du canal (note G), celles des maisons d'éclusiers; au moyen de ces états on établit le tableau comparatif suivant :

INDICATION des SECTIONS.	MAISONS DE GARDES.		MAISON D'ÉCLUSIERS.	
	CONTENANCE d'une maison.	DÉPENSE d'une maison.	CONTENANCE d'une maison.	DÉPENSE d'une maison.
	m. q.	fr. c.	m. q.	fr. c.
1re section	36.96	3,500 00	45.00	5,332 56
2e section	44.80	3,838 54	60.00	4,651 95
2e section	44.80	3,838 54	60.00	4,921 64
Ensemble des trois sections		3,832 12		5,129 47

Si les maisons éclusières coûtent plus que les maisons de gardes, cela tient surtout à leurs fondations, qui sont beaucoup plus profondes à cause du relief des plates-formes des écluses sur lesquelles elles sont construites.

CHAPITRE XIV.

INDEMNITÉS DE TERRAIN ET DE DOMMAGES. — FRAIS D'ADMINISTRATION, DE SURVEILLANCE. — DÉPENSES ACCESSOIRES ET FRAIS DIVERS.

§ 1er. — Indemnités de terrain.

Les états n° 9 du canal et du chemin de fer (notes G et H) donnent tout ce qui peut intéresser par rapport aux indemnités de terrain pour les deux lignes. Au moyen de ces deux états, nous formons le tableau résumé et comparatif suivant :

INDICATION des SECTIONS.	CANAL de la Marne au Rhin.		CHEMIN DE FER de Paris à Strasbourg.	
	Largeur moyenne achetée ou surface par mètre courant.	Prix moyen de l'hectare.	Largeur moyenne achetée ou surface par mètre courant.	Prix moyen de l'hectare.
	m.	fr. c.	m.	fr. c.
1re section............	50,36	7,651 17	40,30	4,781 70
2e section............	39,84	15,350 89	42,17	15,967 48
3e section....	44,04	8,116 17	28,80	9,785 26
Ensemble des 3 sections.	44,47	8,939 41	32,02	10,225 20

Observations. — Dans la première section, la valeur de l'hectare est plus forte pour le canal que pour le chemin de fer, parce qu'il coupe plus de prés. — Dans la deuxième section, la valeur de l'hectare est à peu près la même d'une ligne à l'autre. — Pour la troisième section, la valeur de l'hectare est plus grande pour le chemin de fer que pour le canal, le chemin de fer s'approchant plus des villages et traversant des terrains plus chers.

Nous avons fait d'ailleurs pour le canal un travail statistique dont le résultat a de l'intérêt et qu'il est utile de faire connaître ici. La terre, en Alsace, est tellement morcelée que, si pour une commune on fait l'addition des contenances totales de toutes les parcelles touchées par le tracé du canal, et qu'on divise cette contenance par le nombre total des parcelles qui la composent, on trouve une contenance moyenne qui varie de 14 à 19 ares, et l'on peut dire que *le type moyen des propriétés touchées par le tracé est une parcelle dont la contenance est 16 ares.* On peut sans erreur sensible admettre le même résultat pour le chemin de fer ; n'ayant pas à notre disposition les états parcellaires de cette ligne, nous n'avons pu le vérifier, mais il n'y a aucune raison de douter que le résultat ne soit le même que pour le canal, les deux tracés traversant le même pays. Cette extrême division de la propriété doit entraîner pour conséquence l'acquisition par l'État d'un grand nombre de bouts de parcelles, qui, ayant par suite du morcellement moins que le quart de la contenance totale et ayant d'ailleurs une contenance moindre que 10 ares, doivent être achetés, si les propriétaires l'exigent, par application de l'article 50 de la loi du 3 mai 1841 sur l'expropriation pour cause d'utilité publique.

Nous avons fait pour le canal le relevé, commune par commune, des contenances ainsi occupées en dehors de celles qui étaient nécessaires pour l'établissement du canal proprement dit; or, leur rapport à ces dernières varie entre 10 et 30 0/0, suivant les communes, et la moyenne est de 18 0/0. Il n'y a aucune raison de croire que ce rapport soit différent pour le chemin de fer. Ainsi l désignant la largeur moyenne à occuper par mètre courant pour établir la ligne, L la largeur moyenne à acheter, ou la surface moyenne par mètre courant, on aurait entre ces deux quantités la relation :

$$1,18 \; l = L,$$

c'est-à-dire que la largeur totale à acquérir est de près d'un cinquième plus grande que la largeur à occuper. On voit par là quelles grossières erreurs on ferait dans un avant-projet où l'on ne compterait les surfaces de terrain que d'après les largeurs indiquées par les profils en travers; cette erreur serait d'autant plus grande que la propriété serait plus divisée dans le pays auquel l'ingénieur aurait affaire. Nous avons cru devoir faire cette remarque parce que c'est, en général, par l'évaluation des indemnités de terrain que les projets s'éloignent le plus de la réalité. Tout ce qui peut servir à rectifier ce défaut est donc utile.

Dans le tableau précédent, les largeurs achetées donnent les valeurs de L, et en déduisant celles de l par la formule ci-dessus, nous formons le tableau suivant, qui donne une idée des bévues que l'on ferait si, dans des circonstances semblables à celles des travaux qui nous occupent ici, on ne tenait pas un compte suffisant de cette influence de la division de la propriété.

INDICATION des SECTIONS.	CANAL de la Marne au Rhin.			CHEMIN DE FER de Paris à Strasbourg.		
	Valeur de L	Valeur de l.	Différence.	Valeur de L.	Valeur de l.	Différence.
	m.	m.	m.	m.	m.	m.
1re section............	50,36	42,70	7,66	40,30	34,15	6,15
2e section...........	39,81	33,70	6,11	42,17	35,73	6,44
3e section........ ...	44,04	37,32	6,64	28,80	24,41	4,40
Ensemble des trois sections.	44,47	37,70	6,77	32,02	27,13	4,89

Ainsi, pour le canal, la largeur moyenne acquise est de 6m,77 plus grande que la largeur occupée, et pour le chemin de fer de 4m,89.

Quant aux prix de l'unité de surface, ils augmentent par rapport à la valeur vénale en raison de l'expropriation même et en raison du sectionnement : ainsi, lorsqu'on force un propriétaire à vendre, il est clair qu'il faut l'indemniser pour ce trouble qui est apporté à sa propriété dans l'intérêt public, et de plus, si une propriété est coupée par le milieu, par exemple, et qu'il en reste deux morceaux que l'État ne prenne pas, parce qu'ils ne tombent pas sous l'application de l'article 50 de la loi du 3 mai 1841, il est encore clair que la surface occupée doit être payée plus cher que si la propriété n'était coupée que par un bout. Si une propriété retire de l'établissement d'une voie de communication qui exige l'expropriation d'une partie de cette propriété, un avantage résultant pour elle de ce voisinage, le principe de la plus-value écrit dans l'article 51 de la loi du 3 mai 1841, doit sans doute être appliqué ; mais il arrive rarement qu'il le soit par les jurys, si ce n'est à Paris, où les avantages des propriétés joignant les voies publiques sont tout à fait incontestables ; il est donc prudent de n'y pas compter dans un projet. Les circonstances que nous venons d'indiquer font que le prix de l'unité de surface est toujours environ de 25 à 30 0/0 plus élevé que le prix qui résulterait de la valeur vénale courante du pays : ainsi les terrains qui ont été payés en moyenne 8,939 fr. 41 c. et 10,225 fr. 20 c. l'hectare pour le canal et le chemin de fer, valent tout au plus en moyenne, comme valeur vénale, 7,000 fr. et 8,000 fr. l'hectare.

Pour résumer ce qui précède en tant qu'il s'agit d'application aux projets, nous pensons *qu'il sera toujours prudent, si l'on veut avoir des évaluations exactes, d'appliquer à la surface totale à occuper un prix supérieur de 30 0/0 à la valeur vénale pour tenir compte de toutes les causes d'augmentation dues à l'expropriation même et au sectionnement des propriétés à occuper, la surface totale à acquérir étant elle-même égale à la surface résultant du projet augmentée de 10 à 20 0/0 suivant le plus ou moins de division de la propriété dans le pays où l'on opère.*

§ 2. — Indemnités de dommages.

Tous les travaux publics causent à la propriété, outre le dommage provenant de l'expropriation, des dommages temporaires qui, n'entraînant pas l'aliénation du fonds, tombent sous l'application de la loi du 16 septembre 1807 et sont de la compétence des tribunaux administratifs; l'occupation de terrains pour y prendre ou y déposer des terres, des chômages momentanés d'usines et en général tous les dommages temporaires, sont de ce nombre. Les dépenses relatives à cette nature de dommages ne laissent pas d'atteindre un chiffre très-notable dans les grands travaux publics et, dès lors, il ne faut pas les négliger dans les évaluations des avant-projets; les états no 10 du chemin de fer et du canal (notes G et H) donnent ces dépenses pour les deux lignes.

Elles se sont élevées pour le chemin de fer en totalité, pour les trois sections, à ....Fr.   289,403 14
Et pour le canal à 85,112 95

Si à ces indemnités du canal, on ajoutait celles qui sont relatives à la mise en eau, et que nous avons données dans un état spécial (état no 13 du canal, note G), et qui ont monté à 70,659 60

On aurait pour le canal un total de .... Fr.   155,772 55

qui serait encore moindre que celui du chemin de fer, ce qui s'explique par cette circonstance que le chemin de fer a demandé beaucoup d'emprunts dans une partie de son tracé et que, passant très-près des endroits habités, il a causé nécessairement plus de dommage que le canal.

Les chiffres de 289,403 fr. 14 c, et 85,112 fr. 95 c. réduits au mètre courant, en les divisant par les longueurs totales de 57.808 et

59.815, donnent par mètre courant des dépenses de 5 fr. 01 c. et 1 fr. 42 c.

§ 3. — **Frais de surveillance d'administration, dépenses éventuelles et accessoires, travaux et frais divers.**

Les états n° 11 du canal et du chemin de fer (notes 6 et 4) donnent les sommes auxquelles se sont élevées lès frais de surveillance, d'études, d'administration, les dépenses accessoires et faits divers qui n'ont pu être classés que sous ce titre général.

Ces dépenses se sont élevées pour le canal (pour les trois sections) à. . . . . Fr.   364,989   »

Et pour le chemin de fer à.   390,000   »

Ces deux chiffres ne diffèrent pas beaucoup l'un de l'autre, et montrent que, dans un avant-projet, ces sortes de dépenses ne sont pas à oublier ; réduits au mètre courant, ils donnent $6^f,835$ pour le chemin de fer et $6^f,102$ pour le canal.

§ 4. — **Somme à valoir pour achèvement.**

Au point où en sont les travaux du canal complétement achevés aujourd'hui sur le versant du Rhin, il n'y a plus rien à évaluer en dehors de ce qui est fait. Pour le chemin de fer, M. Guerre a réservé encore une somme de 58,000 fr. que nous donnons à l'état n° 12 du chemin de fer (note H), pour éventualités relatives à l'achèvement complet, qui n'était pas terminé en 1855, époque où nous avons établi nos chiffres.

§ 5. — **Proportion des dépenses sur la somme à valoir et des dépenses par entreprise résultant de tous les travaux exécutés.**

Nous ne finirons pas ce chapitre sans résumer, au moyen des renseignements indiqués aux divers états de détail des notes G et H, les rapports qui se sont produits entre les dépenses faites sur les sommes à valoir et les dépenses par entreprise pour chaque nature d'ouvrage. Ce résumé est donné au tableau suivant pour les terrassements et ouvrages d'art de toute espèce :

INDICATION des OUVRAGES.	RAPPORTS ENTRE LES DÉPENSES SUR SOMMES A VALOIR ET LES DÉPENSES PAR ENTREPRISE.									
	NUMÉROS des états.	Canal de la Marne au Rhin.				NUMÉROS des états.	Chemin de fer de Paris à Strasbourg.			
		1re section	2e section	3e section	Ensemble des trois sections		1re section	2e section	3e section	Ensemble des trois sections
Terrassements et ouvrages accessoires aux terrassements. .	1 et 2	0,236	0,079	0,016	0,112	1 et 2	0,076	0,07	0,025	0,053
Ponts, ponceaux, aqueducs	3	0,078	0,070	0,032	0,044	3	0,058	0,105	0,071	0,073
Écluses.	5	0,025	0,067	0,036	0,035	»	»	»	»	»
Portes d'écluses. .	5 bis	0,109	0,081	0,078	0,091	»	»	»	»	»
Souterrains.	»	»	»	»	»	5	0,028	0,037	»	0,032
Barrages, déversoirs, prises d'eau.	6	0,087	0,315	0,13	0,118	»	»	»	»	»

La diversité des chiffres de ce tableau montre combien il serait difficile de donner de règle pour la fixation des sommes à valoir dont l'importance a varié ici suivant la difficulté des travaux entre 2 1/2 0/0
et 31 1/2 0/0. On voit cependant que sur l'ensemble des trois sections
les dépenses sur la somme à valoir ne se sont pas élevées à plus
de 11.8 0/0 et n'ont pas été inférieures à 3,20 0/0 des dépenses
par entreprise; *on peut donc dire qu'en général la proportion de 10
à 11 p. 0/0 que l'on admet le plus souvent, est une règle d'expérience
assez large qu'on ne doit dépasser que dans des cas exceptionnels.*

Pour les stations, les rapports entre les dépenses sur somme à valoir
et les dépenses par entreprise ont été les suivantes :

1er ordre	Station de Saverne	0,120.
	Abords de la station de Saverne. .	0,146.
2e ordre	Station de Hochfelden.	0,120.
	Station de Brumath.	0,105.
	Station de Lutzelbourg	0,086.
	Station de Steinbourg.	0,144.
3e ordre	Station de Dettwiller	0,161.
	Station de Mommenheim	0,119.
	Station de Vendenheim	0,124.
Station exceptionnelle	Station de Strasbourg.	0,077.

Ces rapports pour les stations sont en général plus forts que ceux
qui ont été indiqués ci-dessus pour les terrassements et ouvrages
d'art de toute espèce.

CHAPITRE XV.

DÉPENSES DES TRAVAUX DE LA VOIE ET DE MISE EN EAU.

Les travaux de la voie du chemin de fer de Paris à Strasbourg ont été exécutés par la Compagnie concessionnaire, à qui l'administration supérieure a fait remise des travaux de terrassements et ouvrages d'art exécutés au compte de l'État, ce chemin ayant été construit dans les conditions de la loi du 11 juin 1842. Nous ne pouvons traiter cette partie de la dépense aussi exactement que nous avons pu le faire pour ce qui concerne les travaux de l'État : pour ceux-ci nous avions à notre disposition tous les décomptes d'entreprises; pour les travaux de la Compagnie, il n'a pu en être de même. Nous ne donnons donc cette partie de notre travail qui est résumée à l'état n° 13 du chemin de fer (note H) que comme approximative, quoique nous ne pensions pas nous y être éloigné beaucoup de ce que valent réellement les choses. Les détails dans lesquels nous sommes entré pour la formation de cet état n° 13, nous dispensent de donner ici des explications qui se trouvent placées dans la note H entre les états n°ˢ 12 et 13.

Le canal offre aussi des travaux qui peuvent s'assimiler à ceux de la voie du chemin de fer; ce sont les étanchements et en général toutes les dépenses qui se rattachent aux travaux relatifs à la tenue d'eau : nous avons résumé les dépenses des étanchements dans l'état n° 12 du canal; nous n'avons plus à entrer dans aucun détail relativement à ces travaux, après ce qui en a été dit aux chapitres VI et VII.

L'état n° 13 (note G) donne les dépenses des dommages occasionnés par les filtrations et autres accidents de la mise en eau ; l'état n° 14, les dépenses d'assainissement et frais divers qu'a occasionnés cette opération ; enfin l'état n° 15 donne une idée approximative des indemnités à payer aux usines de la Zorn, pour le dommage que leur causent les prises d'eau que fait le canal dans cette rivière. Les évaluations de l'état n° 15 ne peuvent être données exactement, excepté les 73,112 fr. relatifs au moulin de Vacken, réglés par décision du conseil de préfecture du Bas-Rhin, en date du 19 mai 1855. Les autres dommages ne pourront être réglés qu'après plusieurs années d'expérience, et l'évaluation que nous en faisons ne peut être donnée comme tout à fait exacte; cependant nous ne pensons pas qu'elle puisse être dépassée.

CHAPITRE XVI.

COMPARAISON DES DÉPENSES DU CHEMIN DE FER ET DU CANAL. QUELQUES MOTS SUR LES CHEMINS DE FER ET LES CANAUX EN GÉNÉRAL.

Nous avons résumé tous les résultats des états de détail donnés aux notes G et H, dans un état récapitulatif et comparatif qui donne en regard les unes des autres, et en rappelant les numéros d'ordre des états de détail, les dépenses de chaque espèce de travaux, tant pour le canal que pour le chemin de fer ; cet état est donné dans la note I ; il donne pour chaque section les sous-détails du prix du mètre courant de canal et de chemin de fer, ou le prix du kilomètre en multipliant par 1,000 le prix du mètre courant. Résumons ces prix dans un tableau qui permette de les comparer facilement :

INDICATION des NATURES DE DÉPENSES.	PRIX DE REVIENT PAR KILOMÈTRE.							
	CHEMIN DE FER.				CANAL.			
	1re Section.	2e Section.	3e Section.	Ensemble des trois sections.	1re Section.	2e Section.	3e Section.	Ensemble des trois sections.
	fr.	fr.	fr.	fr.	fr.	fr.	fr.	fr.
1° Travaux du corps du chemin de fer et du canal..................	288,740	359,778	94,812	154,664	336,458	203,314	112,078	161,096
2° Travaux de la voie du chemin de fer ou de la mise en eau du canal...	120,318	130,999	112,913	116,332	19,322	18,165	17,834	18,140
Totaux.....	409,058	490,777	207,725	270,996	355,780	221,479	129,932	180,136
Et si l'on comprend dans les dépenses du chemin de fer la station de Strasbourg ..	409,058	490,777	296,890	337,045	355,780	221,479	129,932	180,136

Ce tableau montre de la manière la plus évidente combien les chemins de fer sont plus coûteux que les canaux.

Quelques personnes ont émis l'opinion que les canaux perfectionnés, tels qu'on les construirait aujourd'hui, coûteraient probablement à peu près autant que les chemins de fer. Nous pensons que le canal de la Marne au Rhin, le dernier des grands canaux construits en

France, et qui a pu, un an après son ouverture, réaliser à très-peu près sa tenue d'eau normale, peut passer avec raison pour un de ces canaux perfectionnés; or, il est comparé ici à un chemin de fer parallèle construit dans les mêmes circonstances et par les mêmes ingénieurs; on ne peut donc faire de comparaison plus concluante ; eh bien, en résumant les rapports que donnent les dépenses du tableau ci-dessus, entre le chemin de fer et le canal, ces rapports sont les suivants:

Pour la première section. 1,15
Pour la deuxième section. 2,21
Pour la troisième section. 2,30

Et sur l'ensemble des trois sections. 1,87

Ainsi, sur les trois parties, un canal à grande section, actuellement à l'état normal dans tous les rapports, n'a pas coûté à peu près autant qu'un chemin de fer à double voie, construit parallèlement et dans des circonstances identiquement les mêmes; mais il a coûté tellement moins que le prix du mètre courant de canal étant représenté par l'unité, celui du mètre courant de chemin de fer est représenté par 1,87; et, sans les difficultés tout à fait exceptionnelles rencontrées dans la descente d'Arschwiller, première section du canal, la différence serait plus grande encore, et le rapport serait au moins de 1 à 2. Après des chiffres aussi précis que ceux que nous venons de donner, nous espérons que personne ne pourra plus douter de l'avantage des canaux sur les chemins de fer en ce qui concerne *les frais d'établissement*. Nous n'avons pas raisonné, comme on l'avait fait jusqu'ici, sur des moyennes générales entre des canaux et des chemins de fer de contrées différentes, c'est-à-dire sur des éléments non comparables entre eux, et nous sommes heureux d'avoir pu, au moyen de cet exemple, unique peut-être en France, mettre hors de doute une vérité si souvent battue en brèche dans ces derniers temps. On nous dira peut-être que, dans nos évaluations du chemin de fer, la station de Strasbourg influe beaucoup sur le prix de revient dans la troisième section, et par conséquent sur celui de l'ensemble des trois sections; mais nous répondrons qu'aujourd'hui les dépenses des gares tendent à augmenter sur tous les chemins de fer, attendu qu'on cherche à amener ces voies dans le cœur même des villes, et qu'en comprenant la station de Strasbourg dans nos évaluations, nous ne devons pas être de beaucoup au-dessus de la limite qu'atteindrait la dépense normale par mètre courant. Si l'on faisait subir à cette dépense l'influence que doit avoir sur le prix de revient de toute la ligne la gare de Paris (1), ce prix augmenterait encore sensiblement. Du reste, nous sommes assez riche en supprimant même complétement la dépense de la gare de Strasbourg, ce qui est faire une belle part au chemin de fer; eh bien, on aurait dans cette hypothèse, pour la dépense moyenne par kilomètre sur les trois sections, pour le chemin de fer. 270,996

Et pour le canal. 180,136

Et le rapport entre la dépense du chemin de fer et celle du canal serait encore. 1,51

On peut donc toujours dire hardiment que la dépense d'un chemin de fer est à la dépense d'un canal construit dans les mêmes conditions dans le rapport de 3 à 2 au moins, ce qui est très-loin de l'égalité, comme on le voit.

Ce que nous venons de dire donne un des éléments de la comparaison des chemins de fer et des canaux, celui de la dépense d'établissement; il en reste d'autres à examiner: ce sont ceux du matériel d'exploitation et de l'entretien.

Quant aux dépenses du matériel, elles sont énormes sur les chemins de fer, minimes sur les canaux. Nous ne pouvons donner ici des chiffres aussi précis que ceux que nous avons donnés pour les dépenses d'établissement; mais si nous admettons ce qui existe aujourd'hui au chemin de fer de Paris à Strasbourg, d'après les rapports annuels faits aux assemblées des actionnaires, et d'après ce que nous donne le canal de la Marne au Rhin, on peut admettre que la dé-

---

(1) Les chiffres que M. l'inspecteur général Schwilgué avait bien voulu nous annoncer dans sa lettre du 19 novembre 1855, écrite si peu avant sa mort, auraient seuls pu trancher cette question d'une manière tout à fait précise. Mais il résulte des renseignements divers que nous avons pu nous procurer que la dépense par kilomètre du chemin de Paris à Strasbourg, non compris le matériel roulant, a été de 385,000 fr. au moins. Or, la dépense du canal, sur toute sa longueur, a été de 235,000 fr. par kilomètre. Le rapport serait donc $\frac{385,000}{235,000} = 1.60$ au moins.

pense du matériel et des frais d'exploitation d'un canal est à peine le dixième de la dépense correspondante d'un chemin de fer, ce qui se comprend aisément si l'on fait cette seule réflexion qu'un grand bateau de canal charge 180 tonnes, c'est-à-dire à peu près autant que vingt des plus grands wagons de marchandises d'un chemin de fer. Quant à ce qui concerne l'entretien, celui des canaux est moins cher que celui des chemins de fer, en tant qu'il ne s'agit que de la voie, et si l'on y comprend le matériel d'exploitation, il est incomparablement moindre.

Ainsi, en résumé, les canaux les plus perfectionnés coûtent moins à établir que les chemins de fer dans les proportions de 2 à 3 *au moins*; avec des frais d'exploitation et de matériel infiniment moindres, les canaux peuvent transporter des poids beaucoup plus considérables que les chemins de fer, tout en coûtant moins d'entretien.

Peut-on raisonnablement soutenir que dans de pareilles conditions un chemin de fer puisse lutter contre un canal pour le transport des grosses marchandises qui n'exigent pas de grandes vitesses? Si jusqu'ici la question est restée à l'état de controverse, et que les chemins de fer paraissent l'emporter dans l'opinion de bien des gens, cela ne peut tenir qu'à une cause étrangère à la qualité de canal ou de chemin de fer, et cette cause ne peut être que l'état d'imperfection des canaux. Si tous les canaux étaient bien alimentés, si l'on exécutait pour les grands canaux les embranchements que l'on exécute pour les grands chemins de fer, afin d'y attirer le mouvement et provoquer la production (1), la concurrence se ferait à armes égales,

(1) Pour montrer jusqu'où va cette production provoquée par l'ouverture de nouvelles voies de communication, citons un fait. Avant l'établissement du canal et du chemin de fer de Paris à Strasbourg, la route impériale n° 4, de Paris à Strasbourg, avait, si nos renseignements sont exacts, un tonnage (sur son parcours total) de 160,000 tonnes. Or, en 1854, le tonnage total du canal a été de 130,000 tonnes; celui du chemin de fer de 300,000 tonnes environ, et celui de la route d'environ 70,000 tonnes, soit un tonnage total général de 500,000 tonnes, entre Paris et Strasbourg, qui a remplacé le tonnage de 160,000 tonnes qui existait sur cette ligne avant l'ouverture du canal et du chemin de fer. De pareils chiffres parlent d'eux-mêmes. Ce chiffre total de 500,000 tonnes est exactement celui qu'avait prévu M. l'inspecteur général Schwilgué, et qu'il nous a plusieurs fois indiqué comme devant être atteint une fois le chemin de fer et le canal terminés. Ses prévisions se sont réalisées dès l'origine et seront probablement dépassées à l'avenir.

et son résultat ne serait pas longtemps douteux; elle se fait aujourd'hui dans des conditions si peu comparables qu'il est encore très-étonnant qu'à ces conditions elle puisse se soutenir comme elle le fait. Enfin, pour que les choses fussent parfaitement égales, il faudrait qu'on pût se servir sur les canaux de la même force motrice que sur les chemins de fer. Tant qu'on ne naviguera pas à la vapeur sur les canaux, ceux-ci n'auront pas dit leur dernier mot, et en les comparant dans l'état imparfait où ils sont aujourd'hui aux chemins de fer, sur lesquels aucun perfectionnement ne manque, on fera toujours une comparaison de laquelle ne pourra sortir de solution exacte. On ne peut pas plus raisonnablement comparer aujourd'hui aux chemins de fer en général les canaux français, dont la plupart laissent tant à désirer, que l'on ne peut comparer les deux ou trois pauvres bêtes qui remorquent lentement un bateau, à la puissante locomotive qui entraîne les wagons sur sa piste. Il faut donc attendre que les canaux soient perfectionnés pour les comparer complétement aux chemins de fer. L'engouement d'un si rapide moyen de transport a peut-être contribué à retarder l'ingrate besogne du perfectionnement des canaux; mais le temps de la navigation reviendra, nous en sommes convaincu, lorsque l'expérience des chemins de fer sera plus complète, et que les esprits sincèrement amis de la vérité auront pu s'édifier sur leur prétendu bon marché pour le transport des marchandises.

L'objection la mieux fondée que l'on puisse faire aux canaux est la longueur des chômages: un canal, vous dit-on, se met à sec un mois en été pour les réparations et gèle pendant deux ou trois mois l'hiver; que deviennent alors les marchandises, même les moins pressées d'arriver? Nous répondrons à cette objection que, lorsqu'on a affaire à des contrées où la gelée dure normalement trois mois, il faut renoncer à y faire des canaux; mais qu'en général, en France, les chômages d'hiver ne font pas un aussi grand tort au commerce, attendu qu'il est rare d'y voir les gelées durer d'une manière continue, de façon à interrompre la navigation plus d'un mois ou six semaines.

Le commerce peut, une fois qu'il connaît les époques d'un chômage, prendre ses mesures et échelonner ses approvisionnements de manière à ne pas souffrir dans sa régularité, ce qui est le point important. Quant aux chômages d'été, ils peuvent être réduits à très-peu de chose: les ingénieurs de canaux savent, au bout de quelque temps d'expérience, pour ainsi dire, le nombre d'heures qu'il faut

pour chaque espèce de réparation ; on organise ses ateliers en conséquence quant à leur personnel, et l'on travaille de nuit. Nous ne pensons pas qu'il faille plus de huit jours de chômage pour faire les réparations d'un canal qui peuvent nécessiter sa mise à sec, et quand un
canal sera bien aménagé, on ne mettra jamais à sec, pour chaque
chômage, qu'une partie d'autant plus petite que les ouvrages seront
mieux faits et l'aménagement mieux entendu, et l'on diminuera ainsi
considérablement la durée des chômages. Nous allons plus loin, et
nous pensons que les chômages annuels disparaîtront à mesure que le
service des canaux se perfectionnera, et que des chômages de huit à
dix jours, tous les deux ans, finiront par suffire. S'il en était ainsi, et
nous ne doutons pas qu'il ne soit possible d'y arriver, l'administration supérieure pourrait supprimer presque complétement les chômages officiels, qui, annoncés à l'avance, effraient le commerce et
éloignent momentanément les bateliers, qui prennent d'autres directions. Le commerce préférerait, sans aucun doute, des chômages plus
fréquents et par conséquent de moins de durée, et surtout des chômages non annoncés longtemps d'avance. Peu lui importe que la navigation soit suspendue pendant un et même deux jours par mois, c'est
un retard insignifiant; mais si elle est interrompue tout d'un coup
pendant une quinzaine de jours, c'est un coup fort rude qu'il reçoit,
et en somme le nombre total des jours de chômage de l'année aura
été le même. Nous pensons donc que si les ingénieurs en chef pouvaient faire des chômages partiels de deux à trois jours, sans que le
nombre total des jours pût dépasser une limite déterminée par an, par
exemple quinze jours, le commerce y trouverait un avantage considérable; les chômages extraordinaires ne se feraient plus qu'en cas
de réparations majeures, et ces chômages deviendraient d'autant
plus rares que les menues réparations se faisant à temps, le canal
serait en meilleur état.

Répétons d'ailleurs que, lorsque nous comparons un canal à un
chemin de fer, nous ne parlons que d'un canal à l'état normal, c'est-à-
dire où l'on peut continuellement tenir le mouillage réglementaire (1),
où l'on ne chôme jamais faute d'eau et où les ouvrages sont bien exécutés. Tant qu'un canal ne se trouve pas dans ces conditions, il est

(1) Ce mouillage est 1^m,60 pour le canal de la Marne au Rhin, où les bateaux prennent 1^m,40 de tirant d'eau.

parfaitement inutile de le comparer à un chemin de fer; mais quand il les remplira, il pourra toujours hardiment aborder la concurrence et aucune Compagnie de chemin de fer ne luttera longtemps avec lui; car il y a toujours un moment où les Compagnies s'arrêtent dans ces sortes de combats, c'est lorsque les dividendes commencent à diminuer, et le plus simple actionnaire sait trouver les moyens de mettre ordre à la guerre, dès qu'elle commence à se faire sérieusement à ses dépens.

La question de prépondérance des canaux sur les chemins de fer comme véhicules pour les grosses marchandises a été si controversée dans ces derniers temps, qu'on ne sait trop à l'heure qu'il est à qui donner la préférence. Or, nous pensons que chaque fois qu'une expérience pourra se faire entre un bon canal et un chemin de fer parallèle, le résultat ne sera plus douteux. Ainsi quand la navigation de la Marne sera assez améliorée pour faire du canal de la Marne au Rhin une communication navigable directe entre Paris et Strasbourg, et que le canal des houillères de la Sarre viendra s'embrancher sur la ligne principale, nous sommes parfaitement convaincu que le chemin de fer de l'Est ne luttera pas longtemps d'abaissement de tarifs pour le transport des grosses marchandises et de la houille, qui constituent la clientèle spéciale des canaux par la force même des choses; les transports par eau se feront en douze jours de Paris à Strasbourg par le canal; par le service de la petite vitesse du chemin de fer, elles ne gagnent réellement que très-peu de chose sur ces délais, attendu qu'elles restent souvent en gare sur la ligne, pour attendre les trains qui peuvent le plus commodément les prendre. La question de temps devient absolument insignifiante pour les grosses marchandises, quand elle se réduit en d'aussi petites différences.

La guerre entre le canal de la Marne au Rhin et le chemin de Paris à Strasbourg ne peut exister, du reste, hâtons-nous de le dire, que dans l'imagination effrayée de quelques actionnaires; car on peut déjà prévoir, à l'heure qu'il est, que chacune de ces deux grandes voies de communication aura sa clientèle spéciale et suffisante.

Le canal a fait sortir des forêts, par masses énormes, des bois que l'on ne pouvait exploiter avant sa construction, faute de chemins pour les écouler; il a fait ouvrir des carrières que le chemin de fer n'aurait jamais pu desservir; chacune des deux voies a créé des exploitations *sui generis*, qui profiteront à l'une sans pouvoir nuire à l'autre. Dès l'année 1854, c'est-à-dire un an après son ouverture définitive, le canal avait un tonnage de 130,000 tonnes sur le parcours total, et le chemin de fer n'en avait pas moins un tonnage de 300,000 tonnes, qui a continué à s'élever depuis.

Il a déjà été fait une demande d'essai de remorqueurs à vapeur sur le canal de la Marne au Rhin. Cet essai se fera sans doute sérieusement quelque jour. C'est là, selon nous, qu'il faut chercher la véritable solution de l'augmentation de valeur des canaux ; la navigation à vapeur ne paraît pas impossible à y établir ; il ne s'agira que de déterminer son mode d'emploi, de la réglementer, et quand, en définitive, on serait obligé de perréyer une partie des talus intérieurs pour ôter à cette navigation son caractère destructif, où serait encore le mal ? La surface moyenne à perréyer serait de 8 mètres carrés au plus par mètre courant, ce qui ne pourrait jamais coûter plus de 20,000 à 30,000 fr. par kilomètre, et laisserait encore le prix d'établissement d'un canal considérablement en dessous de celui d'un chemin de fer.

Le tonnage moyen d'un grand chemin de fer en France est aujourd'hui de 500,000 à 600,000 tonnes par an (sur le parcours total) ; le tonnage des canaux les plus importants ne dépasse pas 300,000 tonnes, on peut dire qu'il est à peine moitié de celui des chemins de fer. Comment, après tout ce qui a été dit dans ce chapitre, comprendre une pareille infériorité si elle ne tenait à l'état même des canaux en France ? Nous pensons que le meilleur moyen de tirer de ces canaux le parti qu'on doit en attendre est d'y faire [d'abord les dépenses nécessaires pour les mettre à l'état normal, et ensuite d'y encourager par tous les avantages possibles la navigation à vapeur. Or le seul moyen d'encourager ces grandes entreprises de navigation, qui auraient à faire des frais d'installation plus considérables que la petite batellerie qui végète aujourd'hui sur les canaux, serait de reviser les tarifs et d'abaisser, sinon de supprimer entièrement, les droits de navigation.

Cette œuvre a déjà été commencée, et les décrets du 15 septembre 1858 réduisent à 0 fr. 005 par tonne et par kilomètre, pour les marchandises encombrantes, les tarifs des canaux de l'État. Or comme le prix de transport ne peut pas dépasser 0 fr. 025, et qu'il n'est, dans beaucoup de cas, que de 0 fr. 015 par tonne et par kilomètre, cela ferait varier le prix total entre 0 fr. 02 et 0 fr. 03 par tonne et par kilomètre. C'est à cette limite et même au-dessous que l'on arrivera successivement sur les canaux par des améliorations bien entendues, et si elle y était une fois normalement établie, la question de concurrence des canaux et des chemins de fer pour le transport des grosses marchandises serait, définitivement et sans aucun doute, tranchée à l'avantage des canaux, attendu qu'aucun chemin de fer ne peut transporter à 0 fr. 02 par tonne et par kilomètre, à moins qu'il ne se trouve dans une situation tout à fait exceptionnelle.

Analyse et états détaillés des dépenses du canal de la Marne au Rhin.

ÉTAT N° 1. — TERRASSEMENTS.

INDICATION DES SECTIONS. 1	CUBES TOTAUX des déblais PAR SECTION en mètres cubes. 2	DÉPENSES des DÉBLAIS par section 3	PRIX MOYEN du mètre cube de terrassements. 4	OBSERVATIONS. 5
	m. c.	fr. c.	fr. c.	Les chiffres des colonnes 2 et 3 résultent du dépouillement du décompte des entreprises. Les chiffres de la colonne 4 s'obtiennent en divisant ceux de la colonne 3 par ceux de la colonne 2. Les déblais comprennent tant les déblais sur le tracé que les déblais d'emprunt, c'est-à-dire le cube total des déblais exécutés pour faire les terrassements. Tous ces travaux ont été exécutés à l'entreprise. La 1re section commence au point où finissent les travaux exécutés par la régie des souterrains et tranchées d'Arschwiller, à 292 mètres en amont de la tête d'aval de l'écluse n° 1 du versant du Rhin. Elle comprend donc encore 292 mètres de longueur dans le bief de partage des Vosges. On n'a pas commencé cette section exactement à l'écluse n° 1 du versant du Rhin pour ne pas scinder l'entreprise de la descente d'Arschwiller qui commence à la sortie de la tranchée d'Arschwiller, dernière tranchée exécutée par la régie des souterrains.
1re Section comprise entre la fin de la tranchée d'Arschwiller et la limite des départements de la Meurthe et du Bas-Rhin. (Longueur de 9,834m,00.)	(a) 602,049	746,940 89	1.240	(a) Y compris 104,036 mètres cubes de roc, ce qui donne sur un mètre cube de déblai 0m,17 de roc et 0m,83 de terre. Le cube moyen des terrassements par mètre courant de canal est, pour la 1re section, de 61m,240. La dépense moyenne des terrassements par mètre courant de canal est, pour la 1re section, de 75 fr. 978.
2e Section comprise entre la limite des départements de la Meurthe et du Bas-Rhin et la tête d'amont de l'écluse n° 32, un peu en aval de la gare de Saverne. (Longueur de 8,549m,00.)	(b) 434,914	391,870 85	0.900	(b) Y compris 54,957 mètres cubes de roc, ce qui donne sur un mètre cube de déblai 0m,13 de roc et 0m,87 de terre. Le cube moyen des terrassements par mètre courant de canal est, pour la 2e section, de 50m,873. La dépense moyenne des terrassements par mètre courant de canal est, pour la 2e section, de 45 fr. 779.
3e Section comprise entre la tête d'amont de l'écluse n° 32 et l'entrée du canal dans l'Ill à Strasbourg. (Longueur de 41,435m,00.)	(c) 1,220,766	954,539 47	0.782	(c) Y compris 31,449 mètres cubes de roc, ce qui donne sur un mètre cube de déblai 0m,03 de roc et 0m,97 de terre. Le cube moyen des terrassements par mètre courant de canal est, pour la 3e section, de 29m,402. La dépense moyenne des terrassements par mètre courant de canal est, pour la 3e section, de 23 fr. 037. Le cube moyen de terrassements par mètre courant de canal est, sur l'ensemble des trois sections, de 37,745, la longueur totale étant de 59,815m,00. La dépense par mètre courant de canal des terrassements sur l'ensemble des trois sections est de 34 fr. 989.
TOTAUX.....................	2,257,729	2,092,851 21	2.926	

ÉTAT N° 2 — OUVRAGES ACCESSOIRES AUX TERRASSEMENTS.

INDICATION DES SECTIONS et des OUVRAGES ACCESSOIRES.	CUBES TOTAUX de DÉBLAIS par section.	DÉPENSES FAITES — sur les entreprises.	DÉPENSES FAITES — sur les sommes à valoir.	DÉPENSES FAITES — TOTALES.	Prix de revient par mètre cube de terrassement.	OBSERVATIONS.
1	2	3	4	5	6	7
	m. c.	fr. c.	fr. c.	fr. c.	fr. c.	
1re Section comprise entre la fin de la tranchée d'Arschwiller et la limite des départements de la Meurthe et du Bas-Rhin. (Longueur de 9,681m,00.)						Les chiffres de la colonne 6 s'obtiennent en divisant les chiffres de la colonne 5 par ceux de la colonne 2. Pour cette première section, la forme des décomptes des ouvrages exécutés en régie n'a pas permis de classer exactement ces dépenses par nature d'ouvrages. Cette subdivision n'est faite qu'approximativement; le total général des dépenses en régie de cet état n° 2 étant d'ailleurs parfaitement exact. La dépense totale des terrassements de la 1re section est de 746,940 fr. 89 c. (État n° 1), celle des travaux accessoires aux terrassements de 338,622 fr. 95 c., ce qui donne 0,48 pour le rapport des dépenses des ouvrages accessoires à celles des terrassements proprement dits. La dépense totale des terrassements et des ouvrages accessoires faits à l'entreprise est de 893,181 fr. 50 c. (États n° 1 et 2). La dépense totale sur les sommes à valoir est de 212,579 fr. 34 c. Le rapport entre la dépense sur somme à valoir et celle des entreprises est donc de 0.238 pour ce qui concerne les terrassements et ouvrages accessoires réunis.
Perrés et enrochements	602,049	78,838 55	30,500 »	109,338 55		
Empierrements et pavages	602,049	4,615 81	»	4,615 81		
Gazonnages	602,049	5,879 77	10,200 »	16,079 77		
Plantations et semis exceptionnels	602,049	3,885 65	»	3,885 65		
Murs de soutènement en maçonnerie	»	»	»	»		
Murs de soutènement en pierres sèches	602,049	5,102 02	3,200 »	8,302 02		
Travaux divers	602,049	47,921 81	168,479 34	246,401 15		
TOTAUX	602,049	146,243 61	212,879 34	338,622 95	0.595	
2e Section comprise entre la limite des départements de la Meurthe et du Bas-Rhin et la tête d'amont de l'écluse n° 32, un peu en aval de la gare de Saverne. (Longueur de 8,349m,00.)						La dépense totale des terrassements de la 2e section est (État n° 1) de 381,370 fr. 85 c., celle des ouvrages accessoires de 107,355 fr. 41, ce qui donne 0.274 pour le rapport de la dépense des travaux accessoires à celle des terrassements proprement dits. La dépense totale des terrassements, augmentée de celle des ouvrages accessoires faits à l'entreprise, est de 482,274 fr. 78 c. La dépense totale sur les sommes à valoir est de 36,431 fr. 50 c., ce qui donne 0.079 pour le rapport des dépenses sur sommes à valoir aux dépenses des entreprises en ce qui concerne les terrassements et leurs ouvrages accessoires.
Perrés	434,944	2,423 52	2,334 80	4,758 32		
Enrochements	434,944	21,175 97	2,694 01	23,869 98		
Empierrements et pavages	434,944	6,207 09	3,591 53	9,798 62		
Gazonnages et semis exceptionnels	»	»	»	»		
Plantations	434,944	2,363 69	»	2,862 69		
Murs de soutènement en maçonnerie	434,944	17,225 94	»	47,225 94		
Murs de soutènement en pierres sèches	434,944	20,848 87	1,052 05	24,900 92		
Travaux divers	434,944	679 83	26,759 41	27,438 94		
TOTAUX	434,944	70,923 91	36,484 39	107,355 41	0.247	

INDICATION DES SECTIONS et des OUVRAGES ACCESSOIRES.	CUBES TOTAUX de DÉBLAIS par section.	DÉPENSES FAITES — sur les entreprises.	DÉPENSES FAITES — sur les sommes à valoir.	DÉPENSES FAITES — TOTALES.	Prix de revient par mètre cube de terrassement.	OBSERVATIONS.
3e Section comprise entre la tête d'amont de l'écluse n° 32 et l'entrée du canal dans l'Ill à Strasbourg. (Longueur de 41,435m,00.)						La dépense totale des terrassements de la 3e section est (État n° 1) de 254,638 fr. 47 c., celle des ouvrages accessoires est de 95,189 fr. 16 c., ce qui donne 0.074 pour le rapport entre la dépense des ouvrages accessoires et celle des terrassements proprement dits. La dépense totale des terrassements, augmentée de la dépense des ouvrages accessoires faits à l'entreprise, est de 313,055 fr. 56 c., la dépense sur les sommes à valoir de 16,772 fr. 07 c., ce qui donne 0.046 pour le rapport entre les dépenses sur les sommes à valoir et celles des entreprises en ce qui concerne les terrassements et les ouvrages accessoires.
Perrés	1,220,776	9,712 41	2,325 41	12,037 82		
Enrochements	1,220,776	11,005 41	2,158 78	13,264 19		
Empierrements et pavages	1,220,776	3,118 08	3,369 41	6,487 49		
Gazonnages et semis exceptionnels	»	»	»	»		
Plantations	1,220,776	24,213 67	94 50	24,307 57		
Murs de soutènement en maçonnerie	1,220,776	735 24	»	735 24		
Murs de soutènement en pierres sèches	»	»	»	»		
Travaux divers	1,220,776	7,633 48	8,724 90	16,357 38		
TOTAUX	1,220,776	58,417 09	16,772 07	75,189 16	0.064	

RÉCAPITULATION DES OUVRAGES ACCESSOIRES AUX TERRASSEMENTS :

INDICATION DES SECTIONS et des OUVRAGES ACCESSOIRES.	CUBES TOTAUX des DÉBLAIS par section.	DÉPENSES FAITES — sur les entreprises.	DÉPENSES FAITES — sur les sommes à valoir.	DÉPENSES FAITES — TOTALES.	Prix de revient par mètre cube de terrassement.	OBSERVATIONS.
1	2	3	4	5	6	7
	m. c.	fr. c.	fr. c.	fr. c.	fr. c.	
1re Section	602,049	146,243 61	212,379 34	358,622 95	0.595	La dépense totale des terrassements des trois sections est (État n° 1) de 1,382,934 fr. 21 c.; celle des ouvrages accessoires (État n° 2) de 541,167 fr. 52 c., ce qui donne 0.391 pour le rapport moyen entre les dépenses accessoires et celles des terrassements proprement dits sur les trois sections. La dépense totale des trois sections pour les terrassements et les ouvrages accessoires faits à l'entreprise est de 1,688,435 fr. 85 c., et celle des sommes à valoir de 265,382 fr. 91 c., d'où résulte entre ces dernières et les premières le rapport moyen de 0.172 sur l'ensemble des trois sections.
2e Section	434,944	70,923 91	36,431 50	107,355 41	0.247	
3e Section	1,220,776	58,417 09	16,772 07	75,189 16	0.064	
TOTAUX	2,257,769	275,584 61	265,382 91	541,167 53	0.240	

ÉTAT N° 2 *bis*. — MURS DE QUAIS OU MURS DE SOUTÈNEMENT DE LA CUVETTE DU CANAL DANS LE PROFIL EN TRAVERS AVEC MURS.

INDICATION DES PARTIES DE CANAL où l'on a construit DES MURS DE QUAI.	LONGUEUR développée DES MURS.	CUBES TOTAUX des maçonneries de toute nature	DÉPENSES FAITES			PRIX DE REVIENT		OBSERVATIONS.
			sur les entreprises.	sur les sommes à valoir.	TOTALES.	par m. cube de maçonne-rie de quai.	par mètre courant de mur.	
1	2	3	4	5	6	7	8	9
	m. c.	m. c.	fr. c.	fr. c.	fr. c.	fr. c.	fr. c.	
1re Section comprise entre la fin de la tranchée d'Arschwiller et la limite des départements de la Meurthe et du Bas-Rhin. (Longueur de 9,831 mètres.)								Les chiffres de la colonne 7 s'obtiennent en divisant ceux de la colonne 4 par ceux de la colonne 3. Les chiffres de la colonne 8 s'obtiennent en divisant ceux de la colonne 6 par ceux de la colonne 2.
Descente d'Arschwiller profil entre murs..	5,400	26,214.00	367,753 86	7,802 20	375,556 06	14 03	73 64	Ces murs sont fondés en général sur le roc; le mur du côté droit a ses fondations plus basses que celui du côté gauche, le canal étant à mi-côte de gauche à droite. Ce sont les fondations profondes qui élèvent assez haut le prix du mètre courant de mur. La partie au-dessus du plafond du canal revient à 57 fr.; le reste est absorbé par la maçonnerie des fondations et les épuisements et travaux divers. Le profil en travers type de ces murs est donné planche B, fig. 2, 4, 20.
2e Section comprise entre la limite des départements de la Meurthe et du Bas-Rhin, et la tête d'amont de l'écluse n° 32, un peu en aval de la gare de Saverne. (Longueur de 8,549m,00.)								
Quai de Saverne	1,325	6,253	96,424 79	14,390 79	110,815 58	15 42	83 63	Ces murs de quai sont fondés en partie sur roc, en partie sur pilotis; les dépenses de pilotage ont été faites en régie, leur profil est donné planche B, fig. 15.
3e Section comprise entre la tête d'amont de l'écluse n° 32, et l'entrée du canal dans l'Ill à Strasbourg............ (Longueur de 41,435m,00.)	»	»	»	»	»	»	»	Les parements vus de tous ces murs de quai sont exécutés en moellons smillés, et les couronnements en libages et pierres de taille.
Néant............	»	»	»	»	»	»	»	Les rapports des dépenses sur sommes à valoir à celles des entreprises, sont pour les deux sections de 0,021 et de 0,15. Le même rapport sur l'ensemble des sections est de 0,018.
TOTAUX............	»	»	464,178 65	22,192 99	486,371 64	»	»	

ÉTAT N° 3. — PONTS, PONCEAUX, AQUEDUCS.

INDICATION DES SECTIONS.	DÉPENSES FAITES			OBSERVATIONS.
	sur les entreprises.	sur les sommes à valoir.	TOTALES.	
	fr. c.	fr. c.	fr. c.	
1re Section comprise entre la fin de la tranchée d'Arschwiller et la limite des départements de la Meurthe et du Bas-Rhin. (Longueur de 9,831ᵐ,00)...............	129,780 33	10,219 57	139,999 90	Les détails des dimensions principales des ponts et des dépenses par pont, sont donnés ci-après dans l'État spécial n° 3 *bis*. Le rapport entre les dépenses sur sommes à valoir et celles des entreprises est pour la 1re section, 0,078.
2e Section comprise entre la limite des départements de la Meurthe et du Bas-Rhin et la tête d'amont de l'écluse n° 32, un peu en aval de la gare de Saverne. (Longueur de 8,549ᵐ.00.)............	127,100 66	8,951 34	136,052 »	Le rapport entre les dépenses sur sommes à valoir et les dépenses à l'entreprise est pour la 2e section, 0,070.
3e Section comprise entre la tête d'amont de l'écluse n° 32, et l'entrée du canal dans l'Ill à Strasbourg. (Longueur de 11,435ᵐ,00.)......	627,368 41	20,338 43	647,706 84	Le rapport entre les dépenses sur sommes à valoir et les dépenses à l'entreprise est pour la 3e section, 0,032.
TOTAUX..........	884,249 40	39,509 34	923,758 74	Le rapport entre les dépenses sur sommes à valoir et les dépenses à l'entreprise est sur l'ensemble des ponts des trois sections, 0,044.

ÉTAT N° 3 bis. — DIMENSIONS PRINCIPALES ET DÉPENSES DES PONTS, PONCEAUX ET AQUEDUCS.

1re **Section** comprise entre la fin de la tranchée d'Arschwiller et la limite des départements de la Meurthe et du Bas-Rhin.

INDICATION des PONTS, PONCEAUX ou AQUEDUCS.	Longueur entre les têtes.	Nombre d'arches.	Ouverture de chaque arche.	Hauteur des massifs de fondations.	Épaisseur du radier général.	Hauteur des pieds-droits.	Flèche de la voûte.	Épaisseur à la clef.	Hauteur totale depuis le massif de fondation jusqu'au-dessus de la plinthe.	Épaisseur moyenne des piles.	Épaisseur moyenne des culées.	Épaisseur moyenne des murs en retour des têtes ou des murs en aile.	Cubes totaux des maçonneries de toute nature.	DÉPENSES. Maçonneries y compris le bois des cintres et des enceintes des fondations (quand il y en a).	DÉPENSES. Fers et fontes.	DÉPENSES. Charpente et ouvrages divers.	DÉPENSES. Total par ouvrage.	OBSERVATIONS.
	m.		m.	m.	m.	m.	m.	m.	m.	m.	m.	m.	m. c.	fr. c.	fr. c.	fr. c.	fr. c.	
1° AQUEDUCS SOUS LE CANAL EN MAÇONNERIE.																		
2 aqueducs sous da les	30,17	1	1.09	0.50	0.30	1.30	»	»	1.90	»	0.75	1.10	148	3,482 95	»	divers 832 94	4,333 86	Le type de ces aqueducs revient à 8,232 38 / 2 soit à 4,116 fr. 19 c.
	28.38	1	1.09	0.73	0.73	2.00	»	»	2.60	»	0.60	0.90	136	3,166 10	»	divers 230 42	3,896 52	
Totaux...													284	6,649 05		1,583 33	8,232 38	
Aqueducs sous da les conduisant les eaux de la fontaine de Phalsbourg par-dessous le canal.	31.47	1	0.75	0.50	0.50	1.30	»	»	4.80	»	0.65	»	105	2,005 78	»	divers 1,480 50	3,486 28	
Totaux...													389	8,654 83	»	3,063 83	11,718 60	
2° AQUEDUCS SIPHONS SOUS LE CANAL AVEC CONDUITES EN FONTE.																		
2 Aqueducs à une file de tuyaux de 1m de diamètre dans la traversée de la cuvette du canal, les tuyaux ayant ensemble une longueur de 30m pour les 2 aqueducs...	28.00	1	1.43	0.56	0.52	1.37	»	»	2.78	»	0.71	0.90	244	3,296 26	5,937 28	divers 4,673 93	12,847 47	Le type de ces aqueducs revient à 12,847 47 / 2 ou à 6,423 fr. 74 c.

INDICATION des PONTS, PONCEAUX ou AQUEDUCS.	Longueur entre les têtes.	Nombre d'arches.	Ouverture de chaque arche.	Hauteur des massifs de fondations.	Épaisseur du radier général.	Hauteur des pieds-droits.	Flèche de la voûte.	Épaisseur à la clef.	Hauteur totale.	Épaisseur moyenne des piles.	Épaisseur moyenne des culées.	Épaisseur moyenne des murs en retour.	Cubes totaux.	Maçonneries.	Fers et fontes.	Charpente et ouvrages divers.	Total par ouvrage.	OBSERVATIONS.
Aqueducs à 4 files de tuyaux de 1m,00 de diamètre dans la traversée de la cuvette du canal, les tuyaux ayant ensemble une longueur de 60m,00...	24.95	4	5.06	0.60	0.60	1.70	0.67	0.55	3.63	»	2.00	1.00	328	6,429 43	11,874 56	divers 1,707 68	20,003 65	(*)Hauteur moyenne. Le dessin de ce type est donné pl. D, fig. 10, 11, 12, 13.
3 aqueducs à 3 files de tuyaux de 1m,00 de diamètre dans la traversée de la cuvette du canal, les tuyaux ayant ensemble une longueur de 237m,50 pour les 3 aqueducs...	27.82	1	6.00	0.36	0.36	1.21	0.80	0.63	3.38	»	2.40	1.00	1,422	28,924 12	46,942 71	divers 6,374 76	82,241 59	Le type de ces aqueducs revient à 82,241 59 / 3 ou à 27,463 86
Totaux...													1,989	40,583 83	64,724 55	9,756 37	115064 73	
3° PONCEAUX ET AQUEDUCS EN DEHORS DU CANAL.																		
Ponceau en charpente sur la rectification de la Zorn au moulin Mittel-Mühl...	»	»	»	»	»	»	»	»	»	»	»	»	»	»	»	1,767 34	1,767 34	
2 aqueducs sous rampes des ponts, en maçonnerie...	»	»	»	»	»	»	»	»	»	»	»	»	»	1,229 38	»	»	1,229 58	
Totaux...														1,229 38	»	1,767 84	2,996 92	

RÉCAPITULATION DE LA 1re SECTION.

	Cubes totaux.	Maçonneries.	Fers et fontes.	Charpente et ouvrages divers.	Total par ouvrage.	OBSERVATIONS.
1° Aqueducs sous le canal en maçonnerie...	389	8,654 83	»	3,063 83	11,718 60	Prix du mètre cube de maçonnerie d'aqueducs 8,654 83 / 389 = 22.34.
2° Aqueducs siphons sous le canal, avec conduites en fonte...	1,989	40,583 83	64,724 55	9,756 37	115064 73	Prix du mètre cube de maçonnerie d'aqueduc siphon 40,583 83 / 1,989 = 20.40.
3° Ponceau et aqueducs en dehors du canal...	»	1,229 58	»	1,767 34	2,996 92	
Totaux de la 1re section...		59,468 24	64,724 55	14,567 54	129780 83	

Suite de l'ÉTAT N° 3 bis. — DIMENSIONS PRINCIPALES ET DÉPENSES DES PONTS, PONCEAUX ET AQUEDUCS.

2ᵉ Section comprise entre la limite des départements de la Meurthe et du Bas-Rhin et la tête d'amont de l'écluse n° 32, un peu en aval de la gare de Saverne.

INDICATION des PONTS, PONCEAUX ou AQUEDUCS.	Longueur entre les têtes (m.)	Nombre d'arches	Ouverture de chaque arche (m.)	Hauteur des massifs de fondations (m.)	Épaisseur du radier général (m.)	Hauteur des pieds-droits (m.)	Flèche de la voûte (m.)	Épaisseur à la clef (m.)	Hauteur totale depuis le massif de fond jusqu'au dessus de la plinthe (m.)	Épaisseur moyenne des piles (m.)	Épaisseur moyenne des culées (m.)	Épaisseur moyenne des murs au prol.t des têtes ou des murs en aile (m.)	Cubes totaux des maçonneries de toute nature (m. c.)	Maçonneries y compris les bois des cintres et des enceintes des fond.t quand il y en a (fr. c.)	Fers et fontes (fr. c.)	Charpente (fr. c.)	Total par ouvrage (fr. c.)	OBSERVATIONS.
1° PONT-CANAL DE LA WALCK SUR LA ZORN.																		
à arches en arc de cercle et garde-corps en fer à croix de St-André de 80ᵐ,40 de longueur totale	9.20	3	5.00	1.00	1.00	1.62	0.63	0.60 (a)	6.30	0.90	2.00	2.80	1,647	36,288 36	2,694 42	»	38,982 78	(a) 0ᵐ.08 de clef et 0ᵐ.08 de dallage. Garde-corps en fer (voir le dessin de ce pont, pl. D, fig. 28, 29, 30). Ce pont est fondé sur gravier.
2° PONTS FIXES EN MAÇONNERIE.																		
Pont de la route impériale n° 4 en arc de cercle	8.80	1	14.50	»	»	4.43	2.30	0.95	8.20	»	4.00	1.60	1,060	21,412 26	»	»	21,412 26	Voir fig. 14, pl. B. — fondé sur roc.
Pont du chemin de l'orangerie en arc de cercle	5.80	1	9.00	0.80	»	4.39	1.23	0.76	7.61	»	3.80	1.50	669	11,625 70	»	»	11,625 70	Type donné par les fig. 16 et 17, pl. D. La dépense des murs de quai y est comprise comme pour tous les ponts isolés en maçonnerie.
Totaux													1,729	33,037 96	»	»	33,037 96	(b) La dalle des chambres.
3° AQUEDUCS SOUS LE CANAL EN MAÇONNERIE.																		
6 aqueducs sous dalles avec chambres de 2ᵐ de hauteur sous les digues	28.00	4	1.00	0.80	0.60	2.00	»	0.20 (b)	2.30	»	0.80	0.70	1,384	24,543 43	»	»	24,543 45	Le type de ces aqueducs dont le dessin est donné pl. D, fig. 6 bis et 7 revient à 24,543.45/6 ou à 4,085 fr. 57 c.

INDICATION	Longueur entre les têtes	Nombre d'arches	Ouverture de chaque arche	Hauteur des massifs de fondations	Épaisseur du radier général	Hauteur des pieds-droits	Flèche de la voûte	Épaisseur à la clef	Hauteur totale	Épaisseur moyenne des piles	Épaisseur moyenne des culées	Épaisseur moyenne des murs	Cubes totaux des maçonneries	Maçonneries	Fers et fontes	Charpente	Total par ouvrage	OBSERVATIONS.
2 aqueducs sous dalles	37.20	1	1.00	0.60	0.60	1.10	»	»	3.00	»	0.90	0.80	237	3,799 28	»	»	8,799 38	
	40.90	1	1.00	0.60	0.60	1.58	»	»	3.89	»	0.93	0.80	276	4,683 42	»	»	4,683 42	
2 aqueducs voûtés en arc de cercle avec chambres en plein cintre sous les digues, de 1ᵐ.58 et 2ᵐ.00 de hauteur sous clef	38.10	1	1.40	0.30	0.30	0.65	0.70	0.40	1.50	»	0.65	»	479	5,023 74	»	»	5,023 74	Le type de ces aqueducs revient à 9,023 74/2 ou à 4,511 f. 87
	33.00	1	1.40	0.30	0.50	2.00	0.20	0.40	2.72	»	0.80	»						
Totaux													2,296	42,049 89	»	»	42,049 89	
4° AQUEDUCS SIPHONS SOUS LE CANAL AVEC CONDUITES EN FONTE.																		
8 aqueducs à une file de tuyaux de 0ᵐ.80 de diamètre dans la traversée de la cuvette du canal, les tuyaux ayant ensemble une longueur de 48ᵐ.00 pour les 3 aqueducs.	28.00	1	1.00	0.80	»	2.00	»	0.20	2.30	»	0.80	0.70	486	9,572 03	3,487 98	»	43,060 03	Le type de ces aqueducs revient à 13,060 03 ou à 4,253 f. 32 dont 1,923 f. 60 pour la fonte et 3,100 f. 20 pour la maçonnerie. Le dessin en est donné pl. D, fig. 3, 6, 8.

RÉCAPITULATION DE LA 2ᵉ SECTION.

	Cubes	Maçonneries	Fers et fontes	Charpente	Total	OBSERVATIONS.
1° Pont canal de la Walck	1,647	36,288 36	2,694 42	»	38,982 78	Prix du mètre cube de maçonnerie du pont canal 38,982.78/1,647 = 22 f. 02
2° Ponts fixes en maçonnerie	1,729	33,037 96	»	»	33,037 96	Prix du mètre cube de maçonnerie de pont 33,037.96/1,729 = 19 f. 11
3° Aqueduc sous le canal en maçonnerie	2,296	42,049 89	»	»	42,049 89	Prix du mètre cube de maçonnerie d'aqueduc en maçonnerie 42,049.89/2,296 = 18 f. 30
4° Aqueducs siphons sous le canal avec conduites en fonte	486	9,572 03	3,487 98	»	43,060 03	Prix du mètre cube de maçonnerie d'aqueducs à tuyaux 9,572.03/486 = 19 f. 69
Totaux de la 2ᵉ section		120,948 26	6,482 40	»	127400 64	

Suite de l'ÉTAT N° 3 *bis*.

3e Section comprise entre la tête d'amont de l'écluse n° 32 et l'entrée du canal dans l'Ill à Strasbourg.

INDICATION des PONTS, PONCEAUX ou AQUEDUCS.	Longueur entre les têtes.	Nombre d'arches.	Ouverture de chaque arche.	Hauteur des massifs de fondations.	Épaisseur du radier général.	Hauteur des pieds-droits.	Flèche de la voûte.	Épaisseur à la clef.	Hauteur totale depuis le massif des fondations jusqu'au dessus de la plinthe.	Épaisseur moyenne des piles.	Épaisseur moyenne des culées.	Épaisseur moyenne des murs en retour des têtes ou des murs en aile.
	m.		m.	m.	m.	m.	m.	m.	m.	m.	m.	m.
1er PONT-CANAL SUR LA MOSSELBACH.												
2 arches en arc de cercle……	10.20	2	5.00	2.40	1.30	1.62	0.08	0.80	3.60	0.90	2.95	1.90
2e PONTS FIXES EN MAÇONNERIE.												
Pont de la route départementale n° 7, en arc de cercle, biais à 78° de 9m.90 d'ouverture, en section droite……	8.80	4	6.20	4.00	»	4.59	1.23	0.70	7.04	»	3.00	1.60
Pont de la route impériale n° 63, en arc de cercle, biais à 78°,30' de 9m.00 d'ouverture en section droite……	10.00	4	9.20	4.00	»	4.59	1.23	0.70	7.04	»	3.00	1.60
Pont de la route impériale n° 68 en arc de cercle……	8.80	4	9.00	4.00	»	4.59	1.23	0.70	7.04	»	3.00	1.60
2 ponts de 6m.60 de largeur, en arc de cercle……	6.90	4	9.00	1.00	»	4.59	1.23	6.70	7.04	»	3.00	1.60
14 ponts de 4m.50 de largeur, en arc de cercle.	4.50	1	9.00	1.00	»	4.59	1.23	0.70	7.04	»	3.00	1.60
Totaux……												
3e PONTS SUSPENDUS SUR CABLES EN FIL DE FER.												
Pont suspendu du chemin de Lapstein à Dettwiller, de 4m,03 de largeur entre les garde-corps……	(d) 4.60	1	22.90	1.00	»	3.10	»	(e) 0.35	3.43	»	(f)	»
Pont suspendu de Moenheim, de 3m,80 de largeur entre les garde-corps……	5.50	1	19.72	1.20	»	5.40	»	0.28	3.03	»	»	»
Passerelle suspendue pour piétons, à Hochfelden, de 1m,87 de largeur entre les garde-corps…	3.00	1	22.90	0.80	»	5.10	»	0.27	3.40	»	»	»
Totaux……												
4e PONTS TOURNANTS.												
Pont tournant de Vendenheim, en charpente, de 3m,65 de largeur entre les garde-corps……	6.10	1	5.30	0.80	»	(g) 2.10	0.71	(h) 0.40	3.21	»	1.40	4.00
Pont tournant de Wacken, en fonte, de 4m,25 de largeur entre les garde-corps……	8.00	1	9.00	2.00	1.20	4.00	»	(i) 1.00	5.15	»	2.50	1.70
TOTAUX												

INDICATION des PONTS, PONCEAUX ou AQUEDUCS.	Cubes totaux des maçonneries de toute nature.	DÉPENSES. Maçonnerie, y compris les bois des cintres et des encaissements des fondations, quand il y en a.	DÉPENSES. Fers et fonte.	DÉPENSES. Charpente.	DÉPENSES. Total par ouvrage.	OBSERVATIONS.
	m. c.	fr. c.	fr. c.	fr. c.	fr. c.	
2 arches en arc de cercle	1960	33,858 40	»	»	33 858 40	Ce pont offre des dispositions analogues à celui de la Walck (2e section), seulement les murs en retour y sont plus communément disposés pour le halage; ils sont évasés comme cela est indiqué par les lignes A, B, C, sur la fig. 28, pl. D.
Pont de la route départementale n° 7	930	16,920 57	»	»	16,920 57	Le type général de tous ces ponts fixes est celui des fig. 16 et 17, pl. D.
Pont de la route impériale n° 63	1021	28,366 35	»	»	28,366 35	Ces ponts sont fondés sur les divers terrains qu'on a rencontrés pour l'ouverture de la cuvette du canal.
Pont de la route impériale n° 68	831	21,238 78	»	»	21,238 78	Les dépenses des ponts isolées comprennent celles des quais circulaires aux abords de ces ponts indiqués par le dessin type.
2 ponts de 6m.60 de largeur	1244	30,969 97	»	»	30,959 97	Le type de ces ponts revient à 30,980 07 = 15,491 fr.98 / 2 contient 1,244 ou 622 m.c. de maçonnerie.
14 ponts de 4m.50 de largeur	7228	183,609 64	»	»	183609 64	Le type revient à 183,609 64 ou à 13,114 97 / 14 et contient 7,298 / 14 ou 546m.28 de maçonnerie.
Totaux	14334	281,105 28	»	»	284105 28	
Pont suspendu du chemin de Lapstein à Dettwiller	660	14,321 27	3,249 36	1,393 02	18,983 65	(d) Entre les têtes des culées. Ce type est donné pl. D, fig. 14, 15. (e) Épaisseur totale du tablier. (f) Voir le dessin pour la disposition des culées.
Pont suspendu de Moenheim	314	7,289 48	2,407 11	1,296 93	10,993 54	Pour ce pont on n'a pas adopté l'ouverture totale du canal y compris les chemins de halage, ce qui le rend moins commode pour la navigation que les deux autres.
Passerelle suspendue pour piétons, à Hochfelden	126	3,022 20	1,605 94	594 42	5,623 27	
Totaux	1,100	24,633 03	7,233 31	3,684 49	35,350 46	
Pont tournant de Vendenheim	215	6,070 02	5,819 84	1,511 41	12,410 27	Le type de ce pont est indiqué par les fig. 18 et 19, pl. D. (g) Hauteur entre la plate-forme et le dessous du tablier. (h) Épaisseur totale du tablier.
Pont tournant de Wacken	794	18,462 82	26,321 69	»	44,984 34	Les fondations du pont sont entourées d'une enceinte en pieux et palplanches. (i) Le tablier est soutenu par six poutres d'une faible arquées de 1m,00 de hauteur au point culminant de l'arc.
TOTAUX	1,009	73,341 64	32,344 58	4,511 44	47,394 78	

Suite de l'ÉTAT N° 3 bis.

Suite de la 3e Section.

INDICATION des PONTS, PONCEAUX ou AQUEDUCS.	Longueur entre les têtes. (m.)	Nombre d'arches.	Ouverture de chaque arche. (m.)	Hauteur des massifs de fondations. (m.)	Épaisseur du radier général. (m.)	Hauteur des pieds-droits. (m.)	Flèche de la voûte. (m.)	Épaisseur à la clef. (m.)	Hauteur totale depuis le massif des fondations jusqu'au dessus de la plinthe. (m.)	Épaisseur moyenne des piles. (m.)	Épaisseur moyenne des culées. (m.)	Épaisseur moyenne des murs en profil des têtes ou des murs en aile. (m.)	Cubes totaux des maçonneries de toute nature. (m. c.)	DÉPENSES — Maçonneries, y compris les bois des cintres et des enceintes des fondations, quand il y en a. (fr. c.)	DÉPENSES — Fers et fonte. (fr. c.)	DÉPENSES — Charpente. (fr. c.)	Totaux par ouvrage. (fr. c.)	OBSERVATIONS.
5e AQUEDUC SOUS LE CANAL EN MAÇONNERIE.																		
Aqueduc de la vallée de la Mosselbach, en plein cintre.	32.45	1	2.00	1.20	1.20	1.17	1.00	0.40	2.03	»	1.00	»	549	9,447 75	»	»	9,447 75	
Aqueduc du Rohrisée-bel, voûté en arc de cercle, avec chambres en plein cintre sous les digues, de 2m,125 de hauteur sous clef.	31.78	1	3.25	0.63	0.63	0.80	1.63	0.50	3.40	»	1.30	1.06	533	16,326 24	»	»	16,326 24	
2 aqueducs voûtés en arc de cercle sur le ruisseau de Vendenheim et sur la Souffel, avec chambres en plein cintre sous les digues, de 3m,00 de hauteur sous clef.	27.90	1	3.60	0.89	0.80	0.93	1.90	0.60	3.75	»	1.50	1 05	1,288	31,072 21	»	»	34,072 21	Le type revient à $\frac{31,072\ 21}{2}$ ou à 15,537 10
2 aqueducs sous dalles à deux passages, avec chambres en plein cintre sous les digues, de 2m,80 d'ouverture et 2m,30 de hauteur sous clef.	27.05	2	1.00	0.70	0.70	1.10	1.20	0.50	3.00	0.40	0.80	0.80	336	13,182 99	»	»	43,482 99	Le type revient à $\frac{13,182}{2}$ ou à 8,501 43

INDICATION des PONTS, PONCEAUX ou AQUEDUCS.	Longueur entre les têtes. (m.)	Nombre d'arches.	Ouverture de chaque arche. (m.)	Hauteur des massifs de fondations. (m.)	Épaisseur du radier général. (m.)	Hauteur des pieds-droits. (m.)	Flèche de la voûte. (m.)	Épaisseur à la clef. (m.)	Hauteur totale depuis le massif des fondations jusqu'au dessus de la plinthe. (m.)	Épaisseur moyenne des piles. (m.)	Épaisseur moyenne des culées. (m.)	Épaisseur moyenne des murs en profil des têtes ou des murs en aile. (m.)	Cubes totaux des maçonneries de toute nature. (m. c.)	DÉPENSES — Maçonneries, y compris les bois des cintres et des enceintes des fondations, quand il y en a. (fr. c.)	DÉPENSES — Fers et fonte. (fr. c.)	DÉPENSES — Charpente. (fr. c.)	Totaux par ouvrage. (fr. c.)	OBSERVATIONS.
21 aqueducs sous dalles, de 1m,00 d'ouverture, avec chambres de 2m,00 sous les digues.	28.60	1	1.00	0.80	0.60	2.00	»	0.20	2.30	»	0.80	0.70	3899	94,553 62	»	»	94,553 62	Le type revient à $\frac{94,553.62}{21}$ = 4,502.55, le dessin de ce type est donné fig. 5 bis, et 7, pl. D.
3 aqueducs sous dalles, de 0m,80 d'ouverture, avec chambres de 2m,00 de hauteur sous les digues.	29.45	1	0.80	0.60	0.60	2.00	»	0.40	2.40	»	0.80	0.80	528	11,930 06	»	»	11,930 06	Le type revient à $\frac{11,930.06}{3}$ ou à 3,976 08
Totaux.													7302	176,542 87	»	»	176,512 87	
6e AQUEDUCS SITUÉS SOUS LE CANAL, AVEC CONDUITES EN FONTE.																		
8 aqueducs à une file de tuyaux de 0m,60 de diamètre dans la traversée de la cuvette du canal, les tuyaux ayant ensemble une longueur de 128m,00 pour les 8 aqueducs.	28.00	1	1.00	0.80	»	2.00	»	0.20	2.30	»	0.80	0.70	4135	22,040 10	10,835 19	»	32,875 29	Le type de ces aqueducs est donné fig. 5, 6, 8, pl. D, l'aqueduc revient à $\frac{32,875\ f.\ 29}{H}$ ou à 1,409 f. 41 c.
7e AQUEDUCS SOUS LE CONTRE-HALAGE DÉBOUCHANT DANS LE CANAL.																		
2 aqueducs en maçonnerie pour l'écoulement des eaux des contre-fossés dans le canal.													»	613 46	»	»	613 46	Le type revient à $\frac{613.46}{2}$ ou à 306 73.
2 aqueducs avec tuyaux en fonte de 0m,60 de diamètre pour l'écoulement de petits ruisseaux dans le canal et des eaux des contre-fossés.													»	926 10	998 96	»	1,925 06	Le type revient à $\frac{1,925.06}{2}$ ou à 962 fr. 63 c.
Totaux.													»	1,539 56	998 96	»	2,538 51	
8e PONCEAUX ET AQUEDUCS EN DEHORS DU CANAL.																		
1 aqueduc sous rampes de ponts en maçonnerie.													»	4,566 69	»	»	4,566 69	Le type revient à $\frac{4,566.69}{4}$ ou à 1,141 67
À reporter.													»	4,566 69	»	»	4,566 69	

INDICATION des PONTS, PONCEAUX ou AQUEDUCS.	Longueur entre les têtes.	Nombre d'arches.	Ouverture de chaque arche.	Hauteur des massifs de fondations.	Épaisseur du radier général.	Hauteur des pieds-droits.	Flèche de la voûte.	Épaisseur à la clef.	Hauteur totale depuis le massif des fond¹ jusqu'au dessus de la plinthe.	Épaisseur moyenne des piles.	Épaisseur moyenne des culées.	Épaisseur moyenne des murs en prol¹ des têtes ou des murs en aile.	Cubes totaux des maçonneries de toute nature.	DÉPENSES. Maçonneries, y compris les bois des cintres et des enceintes des fondations, quand il y en a.	Fers et fonte.	Charpente.	Total par ouvrage.	OBSERVATIONS.
													m. c.	fr. c.	fr. c.	fr. c.	fr. c.	
Report...............													»	4,566 69	»	»	4,566 69	
9 aqueducs en maçonnerie, sous-rampes de ponts, sur chemins d'exploitation ou sur rigoles de fuite des aqueducs du canal.													»	2,369 44	»	»	2,369 44	Le type revient à 23.60 44/9 ou à 263 28.
6 ponceaux en maçonnerie et charpente sur rampes de pont ou sur chemins d'exploitation.													»	596 68	»	»	596 68	Le type revient à 506.68/6 ou à 99 fr. 44 c.
TOTAUX.................													»	7,532 81	»	»	7,532 81	

RÉCAPITULATION DE LA 3ᵉ SECTION.

INDICATION	Cubes totaux des maçonneries de toute nature.	Maçonneries, y compris les bois des cintres et des enceintes des fondations, quand il y en a.	Fers et fonte.	Charpente.	Total par ouvrage.	OBSERVATIONS.
1° Pont-canal de la Mosselbach...............	1,960	33,858 40	»	»	33,858 40	Prix du mètre cube de maçonnerie de pont-canal, 33,853.40/1,960 = 17 fr. 27
2° Ponts fixes en maçonnerie................	11,334	281,105 28	»	»	281105 28	Prix du mètre cube de maçonnerie de ponts, 281105.28/11,334 = 24 fr. 80.
3° Ponts suspendus........	1,100	24,633 05	7,293 31	3,684 10	35,550 46	Prix du mètre cube de maçonnerie de ponts suspendus, 24,633 05/1,100 = 22 fr. 39.
4° Ponts tournants........	1,009	23,541 84	32,941 53	1,511 41	57,394 78	Prix du mètre cube de maçonnerie de ponts tournants, 23,541.84/1,009 = 23 fr. 33.
5° Aqueducs sous le canal en maçonnerie........	7,302	176,512 87	»	»	176512 87	Prix du mètre cube de maçonnerie d'aqueducs, 176,512.87/7,302 = 24 fr. 17.
6° Aqueducs-siphons sous le canal, avec conduites en fonte........	1,135	22,040 10	10,835 19	»	32,875 29	Prix du mètre cube de maçonnerie d'aqueducs siphons 22,040.10/1,135 = 19 fr. 41.
7° Aqueducs sous le contre-hallage........	»	4,539 56	998 96	»	2,538 52	
8° Ponceaux et aqueducs en dehors du canal........	»	7,532 81	»	»	7,532 81	

ÉTAT N° 4. — OUVRAGES DIVERS.

INDICATION des SECTIONS et des OUVRAGES DIVERS.	DÉPENSES FAITES			OBSERVATIONS.
	sur les entreprises.	sur les sommes à valoir.	TOTALES.	
	fr. c.	fr. c.	fr. c.	
1re Section comprise entre la fin de la tranchée d'Arschwiller et la limite des départements de la Meurthe et du Bas-Rhin. (Longueur de 9,831 mètres.)				
Néant..........	»	»	»	
2e Section comprise entre la limite des départements de la Meurthe et du Bas-Rhin et la tête d'amont de l'écluse n° 32, un peu en aval de la gare de Saverne. (Longueur de 8,549 mètres.)				
Construction d'un chemin forestier dans la forêt domaniale du Greiffenstein depuis la limite de la Meurthe jusqu'à l'usine de la Walck....	5,490 12	»	5,490 12	Ce chemin a été construit pour rétablir l'exploitation de la forêt domaniale de Greiffenstein séparée par le canal du chemin vicinal longeant la vallée de la Zorn.
Reconstruction d'une maison forestière à la Walck...	4,800 59	»	4,800 59	Maison démolie par le tracé du canal.
Rectification des égouts de la ville de Saverne sur une longueur de 160 mètres, 1m,40 d'ouverture et 1m,00 de hauteur sous clef.............	5,559 66			Cet égout est établi parallèlement aux murs de quai de Saverne et conduit les eaux de la ville à un aqueduc construit sous le canal vis-à-vis du château de Saverne.
Rectification de l'égout de l'Orangerie sur une longueur de 133 mètres, 1m,40 d'ouverture et 1m,20 de hauteur moyenne sous clef.....	4,914 56	1,212 91	11,727 13	Cet égout débouche dans un aqueduc construit sous le canal en aval de l'Orangerie.
Complément des parapets et garde-corps dans la traversée de la ville de Saverne.	5,227 83	497 02	5,724 85	
TOTAUX de la 2e Section..	26,032 76	1,709 93	27,742 69	Le rapport entre les dépenses des sommes à valoir et les dépenses à l'entreprise est ici de 0.065.
3e Section comprise entre la tête d'amont de l'écluse n° 32 et l'entrée du canal dans l'Ill à Strasbourg.— (Longueur de 41,435 mètres.)				
Néant..........	»	»	»	

RÉCAPITULATION DES OUVRAGES DIVERS.

	sur les entreprises.	sur les sommes à valoir.	TOTALES.
1re section..........	»	»	»
2e section..........	26,032 76	1,709 93	27,742 69
3e section..........	»	»	»
TOTAUX........	26,032 76	1,709 93	27,742 69

ÉTAT N° 5. — ÉCLUSES.

INDICATION des ÉCLUSES	NOMBRE D'ÉCLUSES	CUBES TOTAUX des maçonneries de toute nature.	DÉPENSES FAITES.				OBSERVATIONS.
1	2	3	Maçonneries et accessoires. 4	Fers et fontes. 5	6	TOTAL. 7	
		m. c.	fr. c.	fr. c.	fr. c.	fr. c.	
1re Section comprise entre la fin de la tranchée d'Arschwiller et la limite des départements de la Meurthe et du Bas-Rhin. [Longueur de 9,831 mètres.]							La dépense des écluses ne comprend pas les portes ni poutrelles, champignons d'amarre et échelles de tenue d'eau qui font l'objet de l'état suivant, n° 5 *bis*.
15 Écluses de 2m,60 de chute correspondant à une tenue d'eau de 2 mètres.	15	27,183	508,235 56	»	»	508,235 56	Le prix de revient du type de ces écluses, dont le dessin est donné pl. D, fig. 21, 22, 23, 24, est de $\frac{508,235\ 56}{15}$, ou de 33,883 70; le type renferme d'ailleurs $\frac{27183}{15}$ ou 1815mc,50 de maçonnerie, y compris le béton des fondations.
Écluse de 2m,60 de chute correspondant à une tenue d'eau de 2 mètres, avec pont en charpente de 6m,10 de largeur sur l'épaulement d'aval; garde-corps en fer et fonte aux abords du pont.................	1	2,030	38,503 01	392 88	633 66	39,529 55	
Écluse de 2m,60 de chute correspondant à une tenue d'eau de 2 mètres, avec pont en charpente de 3m,10 de largeur sur l'épaulement d'aval; garde-corps en fer et fonte aux abords du pont.....................	1	1,893	35,103 78	380 79	427 30	35,944 87	
4 Écluses de 2m,60 de chute correspondant a 1m,60 de tenue d'eau...	4	7,591	143,859 63	»	»	143,859 63	Le prix de revient du type de ces écluses est de $\frac{143,854\ 63}{4}$ ou de 35,964 91, et le type renferme $\frac{7591}{4}$, ou 1,895 25 de maçonnerie. Le prix moyen d'une des dix-neuf écluses de 2m,60 de chute de cette section serait d'ailleurs de 34,320 fr. 80 c.
2 Écluses de 2m,60 de chute avec ponts en charpente de 3m,10 de largeur sur les épaulements d'aval, et garde-corps en fer et fonte aux abords du pont.	2	4,072	76,002 56	799 60	1,475 21	78,277 37	Le type revient à $\frac{78,277\ 37}{2}$ ou 39,138,68, et renferme $\frac{4072}{2}$ ou 2,036 mètres cubes de maçonnerie.
Écluse de 2m,49 de chute avec pont en charpente de 6m,10 de largeur sur l'épaulement d'aval, avec garde-corps en fer et fonte aux abords du pont....	1	2,240	39,534 07	616 39	747 13	40,917 59	
TOTAUX.....	24	45,009	844,258 61	2,189 66	3,283 30	846,734 57	Le prix moyen d'une écluse de la 1re section est $\frac{846731,57}{24}$ = 35,280 48, non compris les dépenses sur sommes à valoir, et le cube des maçon* est de 1,900 m/c.

Suite de l'ÉTAT N° 5.

INDICATION des ÉCLUSES. (1)	NOMBRE D'ÉCLUSES (2)	CUBES TOTAUX des maçonneries de toute nature. (3)	DÉPENSES FAITES.				OBSERVATIONS.
			Maçonneries et accessoires. (4)	Fers et fontes. (5)	Charpente. (6)	TOTAL. (7)	
		m. c.	fr. c.	fr. c.	fr. c.	fr. c.	
2e Section, comprise entre la limite des départements de la Meurthe et du Bas-Rhin et la tête d'amont de l'écluse n° 32, un peu en aval de la gare de Saverne. (Longueur de 8,549 mètres.)							Le type de ces écluses revient à $\frac{162,573\ 98}{4}$ ou à 40,643 fr. 49 c. Il entre dans le type de ces écluses $\frac{8656}{4}$ ou 2,164 m. cubes de maçonnerie, y compris le béton des fondations.
4 Écluses de 2m,60 de chute..............	4	8,656	162,573 98	»	»	162,573 98	
Écluse de 2m,60 de chute, accolée au pont, canal de la Walck, avec pont en maçonnerie sur l'épaulement d'aval de 4 mètres de largeur, entre têtes et garde-corps en fer forgé de 38m,25 de longueur sur ce pont......	1	2,344	40 752 13	1,281 86	»	42,033 99	Le dessin de cette écluse à pont est donné planche D., figures 28, 30, 31, 32. Ce dessin donne les dimensions principales du type d'écluses de 2m,60 de chute du Bas-Rhin.
2 Écluses accolées dans la ville de Saverne de 2m,725 de chute chacune, avec pont en maçonnerie sur l'épaulement d'aval de l'écluse inférieure de 10 mètres de largeur entre têtes.	2	3,908	62,099 76	»	»	62,099 76	
Totaux.....	7	14,908	265,425 87	1,281 86	»	266,707 73	Le moyen prix d'une écluse est, non compris les dépenses sur sommes à valoir, de $\frac{266,707\ 73}{7} = 38,101\ 10$, et le cube de maçonnerie de 2,130 mètres cubes.
3e Section comprise entre la tête d'amont de l'écluse n° 32 et l'entrée du canal dans l'Ill, à Strasbourg. (Longueur de 11,435 mètres.)							Le type revient à $\frac{57,811\ 43}{2}$ ou à 28,905 71, et contient $\frac{3,658}{2}$ ou 1,829 mètres cubes. Ces écluses reviennent moins cher que les écluses de 2m,60 de chute qui figurent au commencement de la 2e section à cause de leurs faciles fondations. On voit en effet que le type ne renferme que 1,829 mètres cubes de maçonnerie, y compris celles des fondat⁵, tandis que pour les autres le cube était de 2,164 m/c.
2 Écluses de 2m,725 de chute..............	2	3,658	57,811 43	»	»	57,811 43	
A reporter...	2	3,658	57,811 43	»	»	57,811 43	

Suite de l'ÉTAT N° 5.

INDICATION des ÉCLUSES.	NOMBRE D'ÉCLUSES	CUBES TOTAUX des maçonneries de toute nature.	DÉPENSES FAITES.				OBSERVATIONS.
			Maçonneries et accessoires.	Fers et fontes.	Charpente.	TOTAL.	
1	2	3	4	5	6	7	
		m. c.	fr. c.	fr. c.	fr. c.	fr. c.	
Report....	2	3,658	57,811 43	»	»	57,811 43	
1 Écluse de 2m,725 de chute accolée au pont du canal de la Mosselbach ..	1	2,396	32,473 44	»	»	32,473 44	
2 Écluses de 2m,725 de chute, avec ponts en maçonnerie sur les épaulements d'aval de 3m, 80 de largeur entre têtes, et garde-corps en fer forgé de 93m, 40 de longueur totale pour les deux ponts.	2	4,076	66,565 91	2,462 64	»	69,028 55	Ce type revient à $\frac{69,028\ 55}{2}$ ou à 34,514 28, et renferme $\frac{4,076}{2}$ ou 2,038 mètres cubes de maçonnerie.
1 Écluse de 2m,725 de chute, avec pont en maçonnerie sur l'épaulement d'aval de 8 mètres de largeur entre têtes pour le passage de la route départementale n° 12, et garde-corps en fer forgé sur ce pont de 45m,12 de longueur totale.	1	2,284	39,565 62	1,120 87	»	40,686 49	
5 Écluses de 2m,60 de chute.................	5	9,386	190,862 51	»	»	190,862 51	Le type de ces écluses revient à $\frac{190,862\ 51}{5}$ ou à 38,173 25 et renferme $\frac{9,386}{5}$ ou 1,877mc,20 de maçonnerie.
3 Écluses de 2m,60 de chute, avec ponts en maçonnerie sur les épaulements d'aval de 4m,50 de largeur entre têtes, et garde-corps, en fer forgé de 122 mètres de longueur totale pour les trois ponts.	3	5,911	121,644 97	5,138 72	»	126,803 69	Le type de ces écluses revient à $\frac{126,803\ 69}{3}$ ou à 42,267.89 et renferme $\frac{5,011}{3}$ ou 1,970mc,33 de maçonnerie.
1 Écluse de 2m,60 de chute, avec pont en maçonnerie sur l'épaulement d'aval de 3m, 80 de largeur entre têtes, et garde-corps en fer forgé sur ce pont de 44m, 80 de longueur totale..............	1	1,970	41,428 65	1,723 05	»	43,151 70	
1 Écluse de 2m,60 de chute avec pont en charpente de 3m, 80 de largeur entre les garde-corps....	1	1,858	36,910 92	484 12	692 91	38,084 95	
1 Écluse de 2m,46 de chute.................	1	1,919	39,136 27	»	»	39,136 27	
A reporter....	17	34,658	626,479 72	10926 30	692 91	628,039 03	

Suite de l'ÉTAT Nº 5.

INDICATION DES ÉCLUSES.	NOMBRE D'ÉCLUSES.	CUBES TOTAUX des maçonneries de toute nature.	DÉPENSES FAITES.				OBSERVATIONS.
			Maçonneries et accessoires.	Fers et fontes.	Charpente.	TOTAL.	
1	2	3	4	5	6	7	
		m. c.	fr. c.	fr. c.	fr. c.	fr. c.	
Report....	17	34.658	626,419 72	10926 30	692,91	628,039 03	
Écluse de 2^m,00 de chute avec pont en maçonnerie sur l'épaulement d'aval de 4^m de largeur entre têtes, et garde-corps en fer forgé sur ce pont, de 45^m 40 de longueur totale....	1	1.768	39,444 82	1,749 24	»	41,194 06	
Écluse de 2^m,00 de chute avec pont biais en fonte de 9^m de largeur entre têtes, mesurée en section droite..................	1	2.405	53,129 49	7,000 80	»	60,130 29	Écluse d'un prix exceptionnel, à cause des dispositions particulières du pont établi sur son épaulement d'aval.
Écluse à l'embouchure du canal dans l'Aar, de 1^m,40 de chute, avec enceinte de pieux et vannages autour des fondations	1	1.544	26,787 40	»	2,910 64	39,698 04	
TOTAUX...	20	39.375	745,781 43	19676 44	3,603 55	769,061 42	Le prix moyen d'une écluse, non compris les dépenses sur sommes à valoir, est pour la 3e section $\frac{769,061\,f.\,42\,c.}{20} = 38,453\,f.\,87\,c.$ et le cube de maçonnerie de 1,959 mètres cubes.

RÉCAPITULATION DES ÉCLUSES.

INDICATION des SECTIONS.	NOMBRE D'ÉCLUSES.	CUBES TOTAUX DES MAÇONNERIES de toute nature.	DÉPENSES FAITES				Sur les sommes à valoir.	TOTALES.	OBSERVATIONS.
			SUR LES ENTREPRISES						
			Maçonneries.	Fers et Fonte.	Charpente.	TOTALES.			
1	2	3	4	5	6	7	8	9	
		m. c.	fr. c.	fr. c.	fr. c.	fr. c.	fr. c.	fr. c.	
1re Section............	24	45,009	841,258 61	2,189 66	3,283 30	846,731 57	21,253 40	867,984 97	La somme à valoir de 21,253 fr. 40 c. répartie sur les 24 écluses de la 1re section donne par écluse une dépense de 885 fr. 56 c. Le prix du mètre cube de maçonnerie d'écluse revient pour la 1re section à $\frac{841,258\ 61}{45,009}$ ou à 18 fr. 69 c.
2e Section............	7	14,908	265,425 87	1,281 86	»	266,707 73	17,884 18	284,591 91	La somme à valoir de 17,884 fr. 18 c. répartie sur les 7 écluses de la 2e section donne par écluse une dépense de 2,554 fr. 88 c. Le prix du mètre cube de maçonnerie d'écluse revient d'ailleurs pour la 2e section à $\frac{265,425\ 87}{14,908}$ ou à 17 fr. 80 c.
3e Section............	20	39,175	745,781 43	19,576 44	3,603 55	769,061 42	27,941 80	797,003 22	La somme à valoir de 27,941 fr. 80 c. répartie sur les 20 écluses de la 3e section donne par écluse une dépense de 1,397 fr. 09 c. Le prix du mètre cube de maçonnerie d'écluse revient pour la 3e section à $\frac{745,781\ 43}{39,176}$ ou à 19 fr. 04 c.
									Les rapports des dépenses sur sommes à valoir aux dépenses par entreprises sont pour les trois sections 0 fr. 025, 0 fr. 007, 0 fr. 036, et sur l'ensemble des trois sections le rapport moyen est de 0 fr. 035. Le prix moyen d'une écluse sur les trois sections est $\frac{1,882,500\ 72}{51}$ ou de 36,911 78, sans y comprendre les dépenses sur sommes à valoir, de $\frac{1,949,580\ 10}{51}$ ou de 38,227 fr. 06 c. y compris ces dépenses, et le cube de maçonnerie de 1,943 mètres cubes. Le prix du mètre cube revient sur l'ensemble des trois sections à 18 fr. 69 c.
Totaux	51	99,092	1,852,463 91	23,047 96	6,886 85	1,882,500 72	67,079 38	1,949,580 10	

ÉTAT N° 5 *bis*. — PORTES D'ÉCLUSES ET ACCESSOIRES.

INDICATION DES PORTES classées PAR CHUTE D'ÉCLUSES.	NOMBRE D'ÉCLUSES de même chute.	HAUTEUR des PORTES	DÉPENSES FAITES sur les entreprises		PRIX DE REVIENT		OBSERVATIONS.
			En distinguant les portes d'amont et d'aval	Par groupe d'écluses de même chute.	Par paire de portes d'amont ou d'aval.	Par écluse.	
		m.	fr. c.	fr. c.	fr. c.	fr. c.	
1re Section comprise entre la fin de la tranchée d'Arschwiller et la limite des départements de la Meurthe et du Bas-Rhin.							Les crics sont compris dans la dépense des portes; ils sont revenus dans cette section à 93 fr. la pièce. Ces crics sont en fonte ainsi que les crémaillères, et ne valent pas ceux du Bas-Rhin, 2e et 3e sections, qui sont en fer forgé.
Portes de 17 écluses de 2m,60 de chute, correspondant à une tenue d'eau de 2m,00.	17						Les murs de chute des écluses dans cette section ont 1m,25 de hauteur y compris le busc de 0m,25 en saillie sur le radier d'amont. (Voir le dessin, fig. 22, planche D.)
Portes d'amont. . . .		3,93	43,945 61	93,472 50	2,585 03	5,498 38	
Portes d'aval.		4,93	49,526 89		2,913 35		
Portes de 6 écluses de 2m,60 de chute.	6						
Portes d'amont. . . .		3,53	15,358 99	32,527 35	2,559 83	5,421 22	
Portes d'aval.		4,53	17,168 36		2,861 39		
Portes d'une écluse de 2m,49 de chute.	1						
Portes d'amont. . . .		3,42	2,497 15	5,338 92	2,497 15	5,338 92	
Portes d'aval.		4,42	2,841 77		2,841 77		
Poutrelles pour la fermeture des écluses. . .	»	»	2,197 80	2,197 80	»	91 58	Ces poutrelles se glissent dans les coulisses d'amont lorsqu'on a quelque réparation à faire aux portes. Elles sont en sapin.
Champignons d'amarres en fonte.	»	»	1,257 88	1,257 88	»	52 41	4 champignons par écluse posés suivant les indications de la figure 28, planche D.
Échelles de tenue d'eau en fonte.	»	»	693 61	693 61	»	28 90	
TOTAUX.	24		135,488 06	135,488 06			
2e Section comprise entre la limite des départements de la Meurthe et du Bas-Rhin et la tête d'amont de l'écluse n° 32, un peu en aval de la gare de Saverne.	1						Les crics sont compris dans la dépense des portes; ils sont revenus dans cette section à 125 fr. la pièce; ils sont en fer forgé ainsi que les crémaillères.
Portes de 5 écluses de 2m,60 de chute . . .	5						Les murs de chute des écluses dans cette section ont 1m,49 de hauteur, y compris le busc de 0m,25 en saillie sur le radier d'amont. (Voir la fig. 30, planche D.) Le type de ces portes est d'ailleurs donné par les figures 29, 30, 31, 32, planche F.
Portes d'amont . . .		3,24	14,585 42	31,660 99	2,917 08	6,332 49	
Portes d'aval.		4,48	17,075 57		3,415 11		
Portes des écluses accolées dans la ville de Saverne, de 1m,725 de chute chacune.. . . .	2						
Portes d'amont. . . .		3,36	2,955 21	10,424 02	2,955 21	10,424 02	Double écluse.
Portes intermédiaires.		5,98	4,016 23		4,016 23		
Portes d'aval.		4,60	3,452 58		3,452 58		
A reporter. . . .	7		42,085 01	42,085 01			

Suite de l'ÉTAT N° 5 bis.

INDICATION DES PORTES classées PAR CHUTE D'ÉCLUSES.	NOMBRE D'ÉCLUSES de même chute.	HAUTEUR des PORTES	DÉPENSES FAITES sur les entreprises		PRIX DE REVIENT		OBSERVATIONS.
			En distinguant les portes d'amont et d'aval.	Par groupe d'écluses de même chute.	Par paire de porte d'amont ou d'aval.	Par écluse.	
		m.	fr. c.	fr. c.	fr. c.	fr. c.	
Report.	7		42,085 04	42,085 04	»	»	
Poutrelles pour la fermeture des écluses. . .	»	»	646 74	646 74	»	92 39	Même observation que pour la 1re section.
Champignons d'amarres en fonte	»	»	890 40	890 40	»	127 20	6 champignons par écluse ; ils sont plus pesants que ceux de la 1re section comprise dans le département de la Meurthe. Ces champignons du Bas-Rhin sont plus solides et offrent plus de stabilité.
Echelles de tenue d'eau en fonte	»	»	231 52	231 52	»	33 07	
TOTAUX.	7		43,853 67	43,853 67			
3ᵉ Section comprise entre la tête d'amont de l'écluse n° 32 et l'entrée du canal dans l'Ill à Strasbourg.							Les crics sont compris dans la dépense des portes. Ils sont revenus dans cette section à 105 fr. la pièce.
Portes de 6 écluses de 2^m,723 de chute	6						
Portes d'amont.		3,36	17,706 75	38,370 20	2,951 12	6,395 03	
Portes d'aval.		4,60	20,663 45		3,443 91		
Portes de 10 écluses de 2^m,60 de chute	10						Les murs de chute de ces écluses ont 1^m,49 de hauteur, y compris le busc de 0^m,25 en saillie sur le radier d'amont.
Portes d'amont.		3,24	29,693 94	63,690 21	2,969 39	6,369 02	
Portes d'aval.		4,48	33,996 27		3,399 63		
Portes d'une écluse de 2^m,46 de chute.	1						Le mur de chute a 1^m,35 de hauteur, y compris le busc.
Portes d'amont.		3,24	2,969 30	6,335 77	2,969 30	6,335 77	
Portes d'aval.		4,34	3,366 47		3,366 47		
Portes de 2 écluses de 2 mètres de chute	2						Les murs de chute ont 1^m,58 de hauteur, y compris le busc.
Portes d'amont.		2,55	5,532 34	11,990 31	2,766 17	5,995 15	
Portes d'aval.		3,88	6,457 97		3,228 98		
Portes d'une écluse de 1^m,40 de chute	1						Le mur de chute a 1^m,57 de hauteur, y compris le busc.
Portes d'amont.		1,96	2,542 90	5,539 40	2,542 90	5,539 40	
Portes d'aval.		3,28	2,996 50		2,996 50		
Poutrelles pour la fermeture des écluses en cas de réparations.	»	»	2,155 83	2,155 83	»	107 79	Même observation qu'à la 1re section.
Champignons d'amarres en fonte	»	»	2,109 02	2,109 02	»	105 45	6 champignons par écluse ; ils sont plus pesants que ceux de la 1re section comprise dans le département de la Meurthe.
Echelle de tenue d'eau en fonte.	»	»	837 05	837 05	»	41 85	
TOTAUX. . . .	20		131,027 79	131,027 79			

RÉCAPITULATION DES PORTES D'ÉCLUSES ET ACCESSOIRES.

INDICATION DES SECTIONS.	NOMBRE D'ÉCLUSES.	DÉPENSES FAITES		DÉPENSES TOTALES.	OBSERVATIONS.
		Sur les entre-prises.	Sur les sommes à valoir		
		fr. c.	fr. o.	fr. c.	
1re Section.	24	135,488 06	14,726 19	150,214 25	La dépense moyenne par écluse revient pour la première section, non compris les dépenses sur sommes à valoir à $\frac{135,488 \text{ fr. } 06 \text{ c.}}{24}$ ou à 5,632 fr. 96 c., et à $\frac{150,214 \text{ fr. } 25 \text{ c.}}{24}$ ou à 6,258 fr. 92 c., y compris ces dépenses.
2e Section	7	43,853 67	3,540 07	47,393 74	Dépense moyenne par écluse pour la deuxième section $\frac{43,853 \text{ f. } 67 \text{ c.}}{7}$ ou à 6,264 fr. 81 c. non compris les dépenses sur sommes à valoir, et $\frac{47,393 \text{ fr. } 74 \text{ c.}}{7}$ ou à 6,770 fr. 53 c., y compris ces dépenses.
3e Section	20	131,027 79	10,155 52	141,183 31	Dépense moyenne par écluse pour la troisième section $\frac{131,027 \text{ f. } 79 \text{ c.}}{20}$ ou 6.551 fr. 39 c., non compris les dépenses sur les sommes à valoir, et $\frac{141,183 \text{ fr. } 31 \text{ c.}}{20}$ ou 7,059 fr. 16 c., y compris ces dépenses.
TOTAUX	51	310,369 52	28,421 78	338,791 30	Dépense moyenne par écluse sur l'ensemble des trois sections, 310,369 fr. 52 c. ou 6,085 fr. 68 c., non compris les dépenses sur $\frac{}{51}$ somme à valoir, et $\frac{338,791 \text{ fr. } 30 \text{ c.}}{51}$ ou 6,642 fr. 96 c., y compris ces dépenses. Les rapports des dépenses sur somme à valoir aux dépenses par entreprises sont pour les trois sections 0 fr. 109, 0 fr. 081, 0 fr. 078, et 0 fr. 001 sur l'ensemble des trois sections.

ÉTAT N° 6. — BARRAGES ET TRAVAUX DE PRISES D'EAU, DÉVERSOIRS ET AQUEDUCS RÉGULATEURS.

INDICATION des sections et de ouvrages des PRISES D'EAU.	CUBES TOTAUX des déblais.	CUBES TOTAUX des maçonneries de toute nature.	DÉPENSES FAITES SUR LES ENTREPRISES.						OBSERVATIONS.
			Terrassements.	Ouvrages accessoires aux terrassements.	Maçonneries et accessoires.	Fers, fontes et charpente.	Dépenses partielles.	Dépenses totales.	
	m. c.	m. c.	fr. c.	fr. c.	fr. c.	fr. c.	fr. c.	fr. c.	
1re Section comprise entre la fin de la tranchée d'Arschwiller et la limite des départements de la Meurthe et du Bas-Rhin.									
Deux déversoirs pour les deux étangs de la vallée du Forellenbach de 4m de larg. chacun...	»	334	»	»	9,154 33	111 36	9,265 69	9,265 69	Le type de ces déversoirs revient à $\frac{9,265\ 69}{2} = 4,632\ 84$
Déversoir du 1er bief de 3 mètres de largeur avec un aqueduc de fuite de 51m,72 de longueur, 3m d'ouverture, 3m,23 de haut. moyenne sous clef	»	885	»	»	18,987 53	»	18,987 53	18,987 53	
Déversoir du 9e bief de 1m,30 de largeur avec aqueduc de fuite de 23m,80 de longueur, 1m d'ouverture et 1m,50 de haut. moyenne sous clef.	»	334	»	»	67,43 43	»	6,743 43	6,743 43	Le type de ces déversoirs est celui qui est donné par les figures 1, 2, 3, 4, de la planche D.

INDICATION	CUBES TOTAUX des déblais.	CUBES TOTAUX des maçonneries.	Terrassements.	Ouvrages accessoires aux terrassements.	Maçonneries et accessoires.	Fers, fontes et charpente.	Dépenses partielles.	Dépenses totales.	OBSERVATIONS.
Déversoir du 12e bief de 2m,50 de largeur avec aqueduc de fuite de 90m,31 de long., 1m,50 d'ouverture et 2m,50 de h. moyenne sous clef	»	486	»	»	10,866 73	»	10,366 73	40,356 73	Le type de ces aqueducs revient à $\frac{31,292\ 89}{18}$ ou à 1,738 fr. 49. Leur dessin est donné pl. D., fig. 25, 26, 27.
18 aqueducs régulateurs de la descente d'Arschwiller....	»	1,527	»	»	31,292 89	»	*31,292 89	21,595 89	
Prise d'eau de Bossmuhl.									
Terrassements de la rigole de 650 mètres de longueur, 1m,50 de largeur au plafond et talus de 2/3....	2,346	»	1,570 91	»	»	»	1,570 91	»	Ces terrassements reviennent à $\frac{1,570\ 91}{650}$ ou à 2 fr. 38 par mètre courant de rigole.
Perrés....	»	»	»	556 68	»	»	556 68	»	
Enrochements....	»	»	»	715 89	»	»	715 89	»	
Barrage de prise d'eau dans la Zorn, composé de deux pertuis de 3m,50 de largeur chacun en maçonnerie....	»	141	»	»	2,932 20	330 23	3,262 43	»	Les deux pertuis sont à poutrelles.
Pont en maçonnerie et charpente pour le chemin de Garrebourg à Henry-dorff....	»	28	»	»	453 02	556 92	1,009 94	»	
Vanne régulatrice et ses dépendances composées de l'aqueduc d'entrée dans le canal de 2 mètres d'ouverture et d'un déversoir régulateur de 1m,50 de largeur, le tout en maçonnerie....	»	249	»	»	4,370 73	843 74	5,214 47	12,329 76	
Totaux pour la 1re section....	2,346	3,992	1,570 91	1,272 61	84,308 86	1,843 25	12,329 76	88,986 03	

Suite de l'ÉTAT N° 6.

INDICATION des SECTIONS ET DES OUVRAGES des PRISES D'EAU.	CUBES TOTAUX des déblai.	CUBES TOTAUX des maçonneries de construction.	DÉPENSES FAITES SUR LES ENTREPRISES.						OBSERVATIONS.
			Terrassement.	Ouvrages accessoires aux terrassements.	Maçonnerie et accessoires.	Fers, Fontes et charpente.	Dépenses partielles.	Dépenses totales.	
	m. c.	m. c.	fr. c.	fr. c.	fr. c.	fr. c.	fr. c.	fr. c.	
2e section COMPRISE ENTRE LA LIMITE DES DÉPARTEMENTS DE LA MEURTHE ET DU BAS-RHIN ET LA TÊTE D'A-MONT DE L'ÉCLUSE N° 32, UN PEU EN AVAL DE LA GARE DE SAVERNE.									
Prise d'eau de Mungelbaschel.									
Barrage de prise d'eau dans la Zorn, composé de deux pertuis de 2m,50 de largeur chacun, et aqueduc d'entrée dans le canal de 1 mètre d'ouverture, le tout en maçonnerie......	»	297	»	»	6,402 46	1,383 43	7,685 89		Le dessin de ce barrage est donné pl. D, fig. 35 à 38. Il prend l'eau dans la Zorn pour l'amener directement dans le canal sans rigole.
Empierrement........	»	»	»	330 85	»	»	330 85		
Perrés..............	»	»	»	216 97	»	»	316 97		
Enrochements........	»	»	»	627 59	»	»	627 59		
Terrassements de la déviation provisoire de la Zorn..............	»	»	»	175 71	»	»	175 71		
TOTAUX pour la 2e section..............	»	297	»	1,651 12	6,402 46	1,383 43	9,337 04	9,337 04	

INDICATION des SECTIONS ET DES OUVRAGES des PRISES D'EAU.	CUBES TOTAUX des déblai.	CUBES TOTAUX des maçonneries de construction.	Terrassement.	Ouvrages accessoires aux terrassements.	Maçonnerie et accessoires.	Fers, Fontes et charpente.	Dépenses partielles.	Dépenses totales.	OBSERVATIONS.
3e Section COMPRISE ENTRE LA TÊTE D'AMONT DE L'ÉCLUSE N° 32 ET L'ENTRÉE DU CANAL DANS L'ILL À STRASBOURG.									
Prise d'eau de Lupstein.									
Terrassements de la rigole de 337m,50 de longueur, 1m,50 de largeur au plafond et talus de $\frac{2}{3}$ (2 mètres de haut sur 3 de base)..............	2,743	»	1,454 03	»	»	»	1,454 03		Ces terrassements reviennent à $\frac{1,454\ 03}{827.60}$ ou à 2 fr. 89 par mètre courant de rigole.
Empierrement pour chaussées..............	»	»	»	474 83	»	»	474 83		
Perrés..............	»	»	»	7,164 17	»	»	7,164 17		
Enrochements........	»	»	»	36 88	»	»	36 88		
Aqueduc siphon avec tuyaux en fonte et ouvrage de prise d'eau au dessus de cet aqueduc de 1m,20 d'ouverture avec garde-corps en fer forgé..............	»	237	»	»	6,473 55	3,804 81	9,977 36		Cet ouvrage est un peu en aval de la tête de la rigole dans le bief du moulin de Lupstein. Il y a sur l'ouvrage une vanne de 1m,20 d'ouverture, qui est la vanne de tête de la prise d'eau.
Ponceau du chemin du moulin de Lupstein de 1m,50 d'ouverture en maçonnerie..............	»	64	»	»	2,182 52	»	2,182 52		
Pont en maçonnerie et charpente d'un chemin d'exploitation..............	»	12	»	»	246 99	364 01	578 »		
Aqueduc en maçonnerie sous le chemin de halage pour l'entrée de la rigole dans le canal, de 1m,50 d'ouverture...	»	36	»	»	1,023 69	»	1,023 69		
TOTAUX pour la prise d'eau de Lupstein..............									
A reporter....							22,585 48	22,586 48	

INDICATION des SECTIONS ET DES OUVRAGES ET DES PRISES D'EAU.	CUBES TOTAUX des DÉBLAIS.	CUBES TOTAUX des maçonneries de TOUTE NATURE.	Terrassements.	Ouvrages accessoires aux terrassements.	Maçonnerie et accessoires.	Fers, fontes et charpente.	Dépenses partielles.	Dépenses totales.	OBSERVATIONS.
	m. c.	m. c.	fr. c.	fr. c.	fr. c.	fr. c.	fr. c.	fr. c.	
Report...								22,883 48	
Prise d'eau de la Münchmühl.									
Terrassement de la rigole de 664m,50 de longueur, 1m,50 de largeur au plafond, et talus de 2 mètres de hauteur sur 3 mètres de base......	4,m?4	»	1,902 07	»	»	»	1,902 07		Ces terrassements content 1,902 07 / 664,50, ou par mètre courant de rigole 2 fr. 86 c.
Enrochements.........	»	»	»	12 45	»	»	12 45		
Perrés............	»	»	»	3,792 39	»	»	3,792 39		
Empierrement........	»	»	»	134 80	»	»	134 80		
Pont en charpente et maçonnerie d'un chemin d'exploitation	»	29	»	»	353 48	254 86	608 34		Cet ouvrage est en tête de la rigole et prend l'eau dans le bief du moulin de la Münchmühl; sa rampe à 1m,50 d'ouverture.
Ouvrage de prise d'eau en maçonnerie de 1m,50 d'ouverture......	»	84	»	»	1,147 33	410 59	1,557 94		
Déversoir de la rigole à l'embouchure du ruisseau de Wingersheim, de 1m,50 de largeur, en maçonnerie.........	»	50	»	»	1,209 99	65 74	1,275 70		
Ponceau en maçonnerie sous la rampe du pont de l'écluse, de 1m,50 d'ouverture......	»	97	»	»	234 08	»	3,344 83		Ce ruisseau débouche dans la rigole, de sorte qu'il fallait un déversoir pour ses crues. Le déversoir est à poutrelles.
Aqueduc en maçonnerie sous le chemin de halage pour l'entrée de la rigole dans le canal, de 1m,50 d'ouverture...	»	36	»	»	1,084 84	»	1,084 84		
Barrage de l'Aar, de 28m,50 de longueur, avec pont de halage en maçonnerie et charpente de la même longueur, 3m,40 de largeur entre les garde-corps.........	2,410	1,221	4,080 47	»	28,639 97	7,774 51	40,474 93		Ce barrage est à poutrelles; ces poutrelles s'abattent en cas de crue au moyen d'un poteau valet. Le barrage à cinq pertuis de 1m,50 d'ouverture chacun.
Total pour la prise d'eau de la Münchmühl...								53,151 38	
TOTAUX pour la 5e section...	9,727	,855	7,133 57	11,615 42	44,642 38	12,348 49	»	73,789 86	

RÉCAPITULATION DES BARRAGES ET TRAVAUX DE PRISES D'EAU, DÉVERSOIRS ET RIGOLES RÉGULATRICES.

INDICATION des SECTIONS.	CUBES TOTAUX des déblais.	CUBES TOTAUX des maçonneries DE TOUTE NATURE.	DÉPENSES FAITES SUR LES ENTREPRISES.					Dépenses faites sur la somme à valoir.	Dépenses totales.	OBSERVATIONS.
			Terrassements.	Ouvrages accessoires aux terrassements	Maçonneries et accessoires.	Fers, fontes et charpente.	Total.			
	m. c.	m. c.	fr. c.	fr. c.	fr. c.	fr. c.	fr. c.	fr. c.	fr. c.	
1re section...........	2,346	3,992	1,570 91	1,272 01	84,300 86	1,842 23	88,986 03	7,803 71	96,789 74	Le rapport des dépenses sur sommes à valoir aux dépenses par entreprise est pour la 1re section de 0.087.
2e section...........	»	297	»	1,631 12	6,102 46	1,583 43	9,337.01	2,941 76	12,278 77	Le même rapport est pour la 2e section de 0.315.
3e section...........	9,727	1,855	7,133 57	11,613 42	44,642 38	12,348 49	75,739 86	9,889 48	85,629 34	Le même rapport est pour la 3e section de 0.130
TOTAUX.....	12,073	6,144	8,704 48	14,538 55	135,045 70	15,774 17	174,062 90	20,634 95	194,697 85	Le même rapport est sur l'ensemble des trois sections de 0.118.

ÉTAT N° 7. — EMPIERREMENT DU CHEMIN DE HALAGE ET DES GARES.

INDICATION DES SECTIONS.	DÉPENSES FAITES.			OBSERVATIONS.
	CHEMIN DE HALAGE	GARES.	TOTAL.	
	fr. c.	fr. c.	fr. c.	
1re Section comprise entre la fin de la tranchée d'Arschwiller et la limite des départements de la Meurthe et du Bas-Rhin, sur une longueur de 9,831 mètres.....	11,321 52	2,084 30	13,405 82	L'empierrement du mètre courant de chemin de halage revient à $\frac{11,321\ 52}{9,831} = 1\ 15$. La disposition de cet empierrement et du bourrelet qui est compris dans la dépense, est indiquée par la figure 19, planche B.
2e Section comprise entre la limite des départements de la Meurthe et du Bas-Rhin et la tête d'amont de l'écluse n° 32, un peu en aval de la gare de Saverne, sur une longueur de 8,549 mèt.	9,689 99	4,335 60	14,024 99	Le mètre courant d'empierrement du chemin de halage revient à $\frac{9,689\ 99}{8,549}$ ou à 1 13.
3e Section comprise entre la tête d'amont de l'écluse n° 32 et l'entrée du canal dans l'Ill à Strasbourg, sur une longueur de 41,435 mètres	42,252 09	16,624 95	58,872 04	Le mètre courant d'empierrement du chemin de halage revient à $\frac{42,252\ 09}{41,435}$ ou à 1 02.
TOTAUX......	63,263 60	23,044 25	86,307 85	Sur l'ensemble des trois sections, le mètre courant d'empierrement du chemin de halage revient à $\frac{63,263\ 60}{59,815}$ ou à 1 06

ÉTAT N° 8. — MAISONS D'ÉCLUSIERS ET DE PONTIERS.

INDICATION DES SECTIONS.	DÉPENSES TOTALES	NOMBRE de MAISONS.	DÉPENSES par MAISON.	OBSERVATIONS.
	fr. c.		fr. c.	
1re Section comprise entre la fin de la tranchée d'Arschwiller et la limite des départements de la Meurthe et du Bas-Rhin. Longueur de 9,831 mètres..............	89,320 25	16	5,332 56	Les dépenses des maisons comprennent les travaux accessoires aux abords, tels que pavages, escaliers, puits, latrines, etc. Les maisons de la 1re section coûtent plus que celles des 2e et 3e sections parce que leurs fondations sont beaucoup plus profondes, les hauteurs des remblais étant plus grandes. Les maisons de la 1re section ont 7m,50 de longueur sur 6 mètres de largeur.
2e Section comprise entre la limite des départements de la Meurthe et du Bas-Rhin et la tête d'amont de l'écluse n° 32, un peu en aval de la gare de Saverne. Longueur de 8,549 mètres..	27,911 67	6	4,651 95	Les maisons de la 2e section ont 10 mètres de longueur sur 6 mètres de largeur.
3e Section comprise entre la tête d'amont de l'écluse n° 32 et l'entrée du canal dans l'Ill à Strasbourg. Longueur de 41,435 mètres....	103,354 50	31	4,921 64	Les maisons de la 3e section ont 10 mètres de longueur sur 6 mètres de largeur.
TOTAUX.....	220,587 12	43	5,129 47	Si ce prix moyen de 5,129 fr. 47 c. dépasse le prix de 5,000 fr. qu'on admet en général sur tous les canaux pour les maisons éclusières, cela ne tient qu'au prix exceptionnel des maisons de la descente d'Arschwiller, 1re section.

ÉTAT N° 9. — INDEMNITÉS DE TERRAINS.

INDICATION des SECTIONS. 1	LONGUEURS en MÈTRES. 2	CONTENANCES ACQUISES. 3	DÉPENSES TOTALES. 4	DÉPENSES par mètre courant 5	par hectare. 6	OBSERVATIONS.
1re Section comprise entre la fin de la tranchée d'Arschwiller et la limite des départements de la Meurthe et du Bas-Rhin. (Longueur, 9,831 mètres.)	m		fr. c.	fr. c.	fr. c.	Les chiffres de la colonne 5 s'obtiennent en divisant ceux de la colonne 4 par ceux de la colonne 2, ceux de la colonne 6 en divisant ceux de la colonne 4 par ceux de la colonne 3.
Terrains occupés sur propriétés particulières............	7,431	37 51	373,809 73	50 97	10,098 89	La largeur moyenne occupée par mètre courant est de $\frac{37 \text{ h. } 50 \text{ a.}}{7431} = 50^m,47$
Terrains occupés sur le sol domanial forestier, cédé gratuitement..........	2,400	12 00	»	»	»	La largeur moyenne occupée par mètre courant est de $\frac{12 \text{ h.}}{2,400} = 50$ mètres.
TOTAUX de la 1re section	9,831	49 51	378,809 73	38 53	7,651 17	La largeur moyenne occupée dans la 1re section est de $\frac{49 \text{ h. } 51 \text{ a.}}{9,831} = 50^m,36.$
2e Section comprise entre la limite des départements de la Meurthe et du Bas-Rhin et la tête d'amont de l'écluse n°32, un peu en aval de la gare de Saverne. (Longueur, 8,549 m.)						
Terrains occupés sur propriétés particulières...................	4,880	19 4	263,147 43	53 92	13,820 76	Largeur occupée par mètre courant $\frac{19 \text{ h. } 40 \text{ a.}}{4,880} = 39^m,75.$
Terrains occupés sur le sol domanial forestier, cédé gratuitement..........	3,669	15 00	»	»	»	Largeur occupée par mètre courant $\frac{15 \text{ h. } 00 \text{ a.}}{3,669} = 40^m,88.$
18 maisons démolies dans la traversée de la ville de Saverne..........	»	»	258,783 05	»	»	
TOTAUX de la 2e section..........	8,549	34 04	521,930 48	61 05	15,350 89	La largeur moyenne occupée dans la 2e section est de $\frac{34 \text{ h. } 04 \text{ a.}}{8,549} = 30^m,81.$

Suite de l'ÉTAT N° 9.

INDICATION des SECTIONS.	LONGUEURS en MÈTRES.	CONTENANCES ACQUISES.	DÉPENSES TOTALES.	DÉPENSES par mètre courant	par hectare.	OBSERVATIONS.
	1	2	3	4	5	6
	m.	h. a.	fr. c.	fr. c.	fr. c.	
3e Section, comprise entre la tête d'amont de l'écluse n° 32 et l'entrée du canal dans l'Ill à Strasbourg. (Longueur de 41,435 mètres).						
Terrains occupés sur propriétés particulières…………………	40,635	179 8	1,453,603 25	35 08	8,120 68	Largeur moyenne occupée $\frac{170\ h.\ 18\ a.}{406\ 85} = 44^m,09.$
Terrains occupés sur le sol domanial forestier, cédé gratuitement…..	800	3 32	»	»	»	Largeur moyenne occupée $\frac{3\ h.\ 32\ a.}{800} = 41^m,50.$
6 maisons démolies aux abords de quelques villages………………	»	»	23,540 05	»	»	
Totaux de la 3e section…….	41,435	182 50	1,447,143 30	35 64	8,116 17	La largeur moyenne occupée dans la 3e section est de $\frac{182\ h.\ 50\ a.}{414\ 35} = 44^m,04.$

RÉCAPITULATION DES INDEMNITÉS DE TERRAINS.

	LONGUEURS en MÈTRES.	CONTENANCES ACQUISES.	DÉPENSES TOTALES.	DÉPENSES par mètre courant	par hectare.	OBSERVATIONS.
	m.	h. a.	fr. c.	fr. c.	fr. c.	
1re Section………………	9,831	49 54	378,809 73	38 53	7,651 17	Largeur moyenne de terrains occupés, 50m,36.
2e Section………………	8,549	34 04	521,930 48	61 05	15,350 89	Largeur moyenne occupée, 39m,81.
3e Section………………	41,435	182 50	1,477,143 30	35 64	8,116 17	Largeur moyenne occupée, 44m,04.
Totaux………………	59,815	266 05	2,377,889 51	39 75	8,939 61	Sur l'ensemble des trois sections la largeur moyenne de la bande de terrain occupée par le canal et ses dépendances est de 44m,47.

ÉTAT N° 10. — INDEMNITÉS DE DOMMAGES ET FRAIS DIVERS RELATIFS A CES INDEMNITÉS.

INDICATION DES SECTIONS.	DÉPENSES TOTALES.	OBSERVATIONS.
	fr. c.	
1re Section comprise entre la fin de la tranchée d'Arschwiller et la limite des départements de la Meurthe et du Bas-Rhin. (Longueur de 8,931 mètres)........	30,092 17	Les dépenses ci-contre comprennent les dommages pour fouilles d'emprunt, occupation temporaire de terrains, chômages d'usines occasionnés par l'exécution des travaux, indemnités pour servitudes d'exploitation, privation d'irrigation, etc., etc.; mais elles ne comprennent pas les dommages provenant des filtrations du canal après la mise en eau qui sont détaillées plus loin.
2e Section comprise entre la limite des départements de la Meurthe et du Bas-Rhin et la tête d'amont de l'écluse n° 32, un peu en aval de la gare de Saverne. (Longueur de 8,549 mètres)............:....	4,506 20	
3e Section comprise entre la tête d'amont de l'écluse n° 32 et l'entrée du canal dans l'Ill à Strasbourg. (Longueur de 41,435 mètres).........................	50,514 58	
TOTAUX..........	85,112 95	

ÉTAT N° 11. — FRAIS D'ÉTUDES, DE SURVEILLANCE, D'ADMINISTRATION, DÉPENSES ÉVENTUELLES ET ACCESSOIRES, TRAVAUX ET FRAIS DIVERS.

Le chiffre de ces dépenses n'a pu être tout à fait exactement déterminé, attendu que pour la 1re section, située dans le département de la Meurthe, ces frais sont confondus dans la comptabilité avec ceux qui s'appliquent au reste du canal dans ce département. Pour les deux sections du Bas-Rhin, le chiffre total de ces dépenses est... 305,000 fr.

Que nous subdivisons proportionnellement aux longueurs. La 2e et la 3e section ont ensemble une longueur de 49,984 mètres, ce qui fait pour la 2e section, qui a 8,549 mètres de longueur, une somme de........ 52,165

Et pour la 3e qui a 41,435 mètres de longueur, une somme de........ 252,835

Pour la 1re section on admettra la même proportion, ce qui fera, sur les 9,831 mètres de longueur qu'elle a, une somme approximative de........ 59,989

TOTAL pour les trois sections............. 364,989 fr.

ÉTAT N° 12. — TRAVAUX D'ÉTANCHEMENT.

INDICATION DES SECTIONS.	DÉPENSES TOTALES.	OBSERVATIONS.
	fr. c.	
1re Section comprise entre la fin de la tranchée d'Archswiller et la limite des départements de la Meurthe et du Bas-Rhin. (Longueur de 8,931 mètres)........	134,144 40	Les sections adoptées ici pour la séparation des dépenses ne correspondent pas aux sections comprises entre les prises d'eau successives qui ont été adoptées dans le travail spécial aux étanchements du chapitre VI. Ce chapitre donne le détail complet des prix des diverses espèces d'étanchements dont l'état n° 12 ne donne que le résumé général pour chacune des trois sections dans lesquelles a été divisée la partie de canal que nous avons à évaluer sur le versant du Rhin.
2e Section comprise entre la limite des départements de la Meurthe et du Bas-Rhin et la tête d'amont de l'écluse n° 32, un peu en aval de la gare de Saverne. (Longueur de 8,549 mètres).............	62,798 38	
3e Section comprise entre la tête d'amont de l'écluse n° 32 et l'entrée du canal dans l'Ill à Strasbourg. (Longueur de 44,435 mètres).........................	473,201 62	
Totaux...........	670,144 40	

ÉTAT N° 13. — DOMMAGES CAUSÉS PAR LA MISE EN EAU.

INDICATION DES SECTIONS.	DÉPENSES TOTALES.	OBSERVATIONS.
	fr. c.	
1re Section comprise entre la fin de la tranchée d'Archswiller et la limite des départements de la Meurthe et du Bas-Rhin. (Longueur de 8,931 mètres)	»	Il n'y a pas eu de dommages causés par suite de la mise en eau dans cette partie du canal.
2e Section comprise entre la limite des départements de la Meurthe et du Bas-Rhin et la tête d'amont de l'écluse n° 32, un peu en aval de la gare de Saverne. (Longueur de 8,549 mètres).....	1,000 »	Dommages pour filtrations dans deux maisons en amont de Saverne.
3e Section comprise entre la tête d'amont de l'écluse n° 32 et l'entrée du canal dans l'Ill à Strasbourg. (Longueur de 44,435 mètres).........................	69,659 60	La partie du canal comprise entre Lupstein et Strasbourg est celle qui a causé le plus de dommages aux propriétés riveraines.
Totaux...........	70,659 60	

ÉTAT N° 14. — TRAVAUX D'ASSAINISSEMENT ET FRAIS DIVERS RELATIFS A LA MISE EN EAU.

INDICATION DES SECTIONS.	DÉPENSES TOTALES.	OBSERVATIONS.
	fr. c.	
1re Section comprise entre la fin de la tranchée d'Arschwiller et la limite des départements de la Meurthe et du Bas-Rhin. (Longueur de 8,931 mètres).......	45,808 68	Cette somme comprend les réparations faites, dans la descente d'Arschwiller, des avaries survenues après la mise en eau dans cette partie du canal, et dont la description est donnée au chapitre VII, § 6 et 9, de la 1re partie.
2e Section comprise entre la limite des départements de la Meurthe et du Bas-Rhin et la tête d'amont de l'écluse n° 32, un peu en aval de la gare de Saverne. (Longueur de 8,549 mètres).......	1,500 »	Cette dépense s'applique à de menus travaux et à des curages de fossés.
3e Section comprise entre la tête d'amont de l'écluse n° 32 et l'entrée du canal dans l'Ill à Strasbourg. (Longueur de 41,435 mètres)	23,826 06	Cette dépense s'applique principalement à des drainages et à des curages de fossés pour l'assainissement des propriétés qui ont été inondées après la mise en eau. — C'est dans cette partie du canal que les dommages causés par les filtrations et par conséquent aussi les travaux d'assainissement ont été les plus considérables.
TOTAL............	71,134 74	

ÉTAT N° 15. — INDEMNITÉS A PAYER AUX USINES DE LA ZORN PAR SUITE DE L'APPLICATION D'UNE PARTIE DES EAUX DE CETTE RIVIÈRE A L'ALIMENTATION DU CANAL.

L'indemnité totale de dépréciation à payer aux usines de la Zorn n'est pas encore réglée, mais on croit l'évaluer très-largement et de manière à ne pas craindre d'augmentations de dépenses sur cet article en la fixant à . . . .   200,000 fr.

Outre les dommages qu'occasionne aux usines de la Zorn l'alimentation du canal, la traversée du canal dans l'Aar au moyen d'un barrage a annulé complétement la chute d'un moulin, et la dépréciation de cette propriété a été fixée, par décision du conseil de préfecture du Bas-Rhin, en date du 19 mai 1855, à la somme de.   73,112

TOTAL DES INDEMNITÉS POUR DÉPRÉCIATION D'USINES. . . . .   273,112 fr.

Cette dépense ne peut se sous-répartir qu'approximativement entre les trois sections de la manière suivante :

    1re SECTION . . . .   10,000 fr.
    2e SECTION   90,000
    3e SECTION   173,112

            TOTAL. . . . .   273,112 fr.

NOTE H. — Analyse et États détaillés des dépenses du chemin de fer de Paris à Strasbourg.

ÉTAT N° 1. — TERRASSEMENTS.

INDICATION des SECTIONS	CUBES totaux des déblais par section en mètres cubes.	DÉPENSES totales des déblais par section.	Prix moyen par mètre cube de terrassement.	OBSERVATIONS.
1	2	3	4	
	m. c.	fr. c.	fr. c.	
1re Section comprise entre un point situé à mètres 6,600 en amont de la limite des départements de la Meurthe et du Bas-Rhin et cette limite. (Longueur de 6,600 m.)	*(a)* 361,834.00	471,630 86	1 303	
2e Section comprise entre la limite des départements de la Meurthe et du Bas-Rhin et la fin de la gare de Saverne... (Longueur de 8,227 m.)	*(b)* 478,903.00	706,547 18	1 475	
3e Section comprise entre la fin de la gare de Saverne et l'origine de celle de Strasbourg... (Longueur de 42,981 m.)	*(c)* 812,201.00	821,151 44	1 011	
TOTAUX..........	1,652,938.00	1,999,329 46	1 209	

Les chiffres des colonnes 2 et 3 résultent du dépouillement des décomptes d'entreprises.

Les chiffres de la colonne 4 s'obtiennent en divisant ceux de la colonne 3 par ceux de la colonne 2.

Les déblais comprennent tant les déblais sur le tracé que les déblais d'emprunts, c'est-à-dire le cube total des déblais exécutés pour faire les terrassements. Tous ces travaux ont été exécutés à l'entreprise.

La première section commence au point où finissent les travaux exécutés sur les fonds de la régie du souterrain de Hommarting et des tranchées aux abords.

(a) Y compris 90,715 m.c.,00 de roc, ce qui donne sur un mètre cube de déblai 0 m.,25 de roc et 0 m.,75 de terre.

Le cube moyen de terrassement par mètre courant de chemin de fer est de 54 m.c.,823 pour la 1re section.

La dépense des terrassements par mètre courant de chemin de fer est pour cette 1re section de 71 fr. 459.

(b) Y compris 235,363 m.c.,00 de roc, ce qui donne sur un mètre cube de déblai 0 m.c.,49 de roc et 0 m.c.,51 de terre.

Le cube moyen des terrassements par mètre courant de chemin de fer est de 58 m.c.,211 pour la 2e section.

La dépense par mètre courant de chemin de fer est pour les terrassements de la 2e section de 85 f. 682.

(c) Y compris 4,000 m.c.,00 de roc, ce qui, sur un mètre cube de déblai, donne 0 m.,005 de roc et 0 m.c.,995 de terre.

Le cube moyen de terrassements par mètre courant de chemin de fer est de 18 m.c.,896 pour la 3e section.

La dépense par mètre courant de chemin de fer est pour les terrassements de la 3e section de 19 f. 105.

Le cube moyen de terrassements par mètre courant sur l'ensemble des trois sections est de 28 m.c.,593, leur longueur totale étant de 57,808 m.

La dépense des terrassements par mètre courant de chemin de fer est pour l'ensemble des trois sections, de 34 fr. 586.

ÉTAT N° 2. — OUVRAGES ACCESSOIRES AUX TERRASSEMENTS.

INDICATION DES SECTIONS et des OUVRAGES ACCESSOIRES. (1)	CUBES TOTAUX des DÉBLAIS par section. (2)	DÉPENSES FAITES			PRIX DE REVIENT par MÈTRE CUBE de terrassements. (6)	OBSERVATIONS.
		Sur les ENTREPRISES. (3)	Sur LES SOMMES à valoir. (4)	TOTALES. (5)		
	m. c.	fr. c.	fr. c.	fr. c.		
1re Section. — Entre un point situé à 6,600 mètres en amont de la limite des départements de la Meurthe et du Bas-Rhin et cette limite. (Longueur de 6,600 mètres.)						Les chiffres de la colonne 6 s'obtiennent en divisant les chiffres de la colonne 5 par ceux de la colonne 2.
Perrés	361,834	1,670 25	»	1,670 25	0.005	Pour cette 1re section, la forme des décomptes des travaux de régie n'a pas permis de classer exactement les dépenses par nature d'ouvrages ; ils l'ont été approximativement d'après les renseignements donnés par M. Bertrand, conducteur des ponts et chaussées, le total général étant d'ailleurs parfaitement exact.
Enrochements	361.834	720 40	2,205 60	2,926 00	0.008	
Empierrements	»	»	»	»	»	
Gazonnages	361,834	2,467 03	5,609 00	8,076 03	0.022	La dépense totale des terrassements de la 1re section est de 471,030 fr. 84 c. (état n° 1) ; celle des travaux accessoires aux terrassements, de 105,854 fr. 22 c., ce qui donne 0 fr. 224 pour le rapport des dépenses des ouvrages accessoires à celles des terrassements proprement dits.
Semis exceptionnels et plantations	361,834	»	2,000 00	2,000 00	0.005	
Murs de ballast en pierres sèches des tranchées	361,834	9,881 14	»	9,881 14	0.027	La dépense totale des terrassements et des ouvrages accessoires faits à l'entreprise est (états nos 1 et 2) de 536,049 fr. 43 c. La dépense totale sur les sommes à valoir est de 40,835 fr. 63 c. Le rapport entre la dépense sur les sommes à valoir et celle des entreprises est donc de 0 fr. 076, en ce qui concerne les terrassements et leurs ouvrages accessoires.
Revêtements en maçonnerie des tranchées	361,834	2,278 00	»	2,278 00	0.006	
Revêtements en pierres sèches des tranchées	361,834	»	»	»	»	
Murs de soutènement en maçonnerie	»	33,978 81	»	33,978 81	0.093	
Murs de soutènement en pierres sèches	»	»	»	»	»	
Piquage des talus de roc et réglements exceptionnels de talus	361,834	»	12,873 20	12,873 20	0,035	
Travaux divers	361,834	14,022 96	18,145 83	32,168 79	0,088	
TOTAUX	361,834	65,018 59	40,835 63	103,854 22	0,292	

Suite de l'ÉTAT N° 2.

INDICATION DES SECTIONS. et des OUVRAGES ACCESSOIRES.	CUBES TOTAUX des DÉBLAIS par section.	DÉPENSES FAITES			PRIX DE REVIENT par MÈTRE CUBE de terrassements.	OBSERVATIONS.
		Sur les ENTREPRISES.	Sur LES SOMMES à valoir.	TOTALES.		
1	2	3	4	5	6	
	m. c.	fr. c.	fr. c.	fr. c.		
2ᵉ Section. — Entre la limite des départements de la Meurthe et du Bas-Rhin et la fin de la station de Saverne. (Longueur de 8,227 mètres.)						La dépense totale des terrassements de la 2ᵐᵉ section est de 706,547 fr. 18 c. (état n° 1), celle des ouvrages accessoires, de 197,530 fr. 11 c., ce qui donne 0 fr. 28 c. pour le rapport de la dépense des travaux accessoires à celle des travaux de terrassements proprement dits.
Perrés......................	478,903	26,007 89	»	26,007 89	0.054	
Enrochements..................	478,903	»	2,000 00	2,000 00	0.004	La dépense totale des terrassements, augmentée de celle des ouvrages accessoires faits à l'entreprise, est de 844,021 fr. 32 c.; la dépense sur les sommes à valoir est de 59,155 fr. 97 c.
Empierrements.................	478,903	18,333 13	»	18,333 13	0.038	
Gazonnages....................	478,903	2,277 47	13,166 91	15,444 38	0.032	
Semis et plantations...........	478,913	»	3,162 13	3,162 13	0.007	Le rapport des dépenses sur les sommes à valoir aux dépenses sur les entreprises est donc de 0,070, en ce qui concerne les terrassements et leurs ouvrages accessoires.
Murs de ballast en pierres sèches des tranchées...................	478,903	8,398 32	»	8,398 32	0.017	
Revêtements en maçonnerie des tranchées...................	478,903	26,370 04	10,526 93	36,846 97	0.077	
Revêtements en pierres sèches des tranchées...................	478,903	4,746 58	»	4,746 58	0.009	
Murs de soutènement en maçonnerie.	478,903	21,417 35	»	21,417 35	0.047	
Murs de soutènement en pierres sèches......................	478,903	3,260 18	»	3,260 18	0.006	
Piquage de talus de roc et règlements exceptionnels de talus........	478,903	20,719 81	»	20,719 81	0.043	
Travaux divers................	478,903	6,893 37	30,300 00	37,193 37	0.078	
Totaux...........	478,908	138,374 14	59,155 97	197,530 11	0.412	

Suite de l'ÉTAT Nº 2.

INDICATION DES SECTIONS et des OUVRAGES ACCESSOIRES.	CUBES TOTAUX des DÉBLAIS par section.	DÉPENSES FAITES			PRIX DE REVIENT par MÈTRE CUBE de terrassements.	OBSERVATIONS.
		Sur les ENTREPRISES.	Sur LES SOMMES à valoir.	TOTALES.		
1	2	3	4	5	6	
	m. c.	fr. c.	fr. c.	fr. c.		
3e Section. — Entre la sortie de la gare de Saverne et l'entrée de la gare de Strasbourg. (Longueur de 42,981 mètres.)						La dépense totale des terrassements de la 3e section est de 821,151 fr. 44 c. (état nº 1), celle des ouvrages accessoires est de 117,286 fr. 18 c., ce qui donne 0,143 pour le rapport entre les dépenses des ouvrages accessoires et celle des terrassements proprement dits.
Perrés	812,201				0.036	
Enrochements	812,201	28,378 98	1,000 00	29,378 98	0,051	
Empierrements	812,201	39,110 44	2,100 00	41,610 44	0,027	
Gazonnages	812,201	22,018 38	»	22,018 38.	0.003	
Semis et plantations	812,201	»	2,100 00	2,100 00	0.002	La dépense totale des terrassements augmentée de la dépense des ouvrages accessoires faits à l'entreprise est de 915,120 fr. 86 c., la dépense sur les sommes à valoir de 23,307 fr. 76 c., ce qui fixe à 0,025 le rapport entre les dépenses sur les sommes à valoir et celles sur les entreprises, en ce qui concerne les terrassements et leurs ouvrages accessoires.
Murs de ballast en pierres sèches des tranchées		833 20	600 00	1,453 20		
Revêtements en maçonnerie des tranchées	»	»	»	»	»	
Revêtements en pierres sèches des tranchées	»	»	»	»	»	
Murs de soutènement en maçonnerie	»	»	»	»	»	
Murs de soutènement en pierres sèches	»	»	»	»	»	
Piquage de talus de roc et règlements exceptionnels de talus	812,201	671 42	»	671 42	0.001	
Travaux divers	»	»	»	»	»	
	812 201	2,946 00	17,107 76	20,053 76	0.024	
Totaux	812,201 00	93,978 42	23,307 76	117,286 18	0.144	

RÉCAPITULATION DES OUVRAGES ACCESSOIRES AUX TERRASSEMENTS.

1re Section	»	65,018 59	40,835,63	105,854 22	0.292	La dépense totale des terrassements des trois sections est (état nº 1,) de 1,999,239 fr. 46 c., celle des ouvrages accessoires (état nº 2,) de 420,670 fr. 54 c., ce qui donne 0,21 pour le rapport moyen sur les trois sections entre les dépenses des ouvrages accessoires et celles des terrassements proprement dits.
2e Section	»	138,374 14	59,155 97	197,530 11	0.412	La dépense totale des trois sections pour les terrassements et ouvrages accessoires faits à l'entreprise est de 2,296,700 fr. 64 c., et celle des sommes à valoir de 123,299 fr. 36 c., d'où résulte entre ces dernières et les premières le rapport de 0,05 sur l'ensemble des trois sections pour ce qui concerne les terrassements et leurs ouvrages accessoires.
3e Section	»	93,978 42	23,307 76	117,286 18	0.144	
Totaux	1,552,938 00	297,371 15	123,299 36	420,670 54	0.254	

ÉTAT N° 3. — PONTS, PONCEAUX, AQUEDUCS.

INDICATIONS DES SECTIONS.	DÉPENSES FAITES			OBSERVATIONS.
	sur les entreprises.	sur les sommes à valoir.	TOTALES.	
1	2	3	4	
	fr. c.	fr. c.	fr. c.	
1re Section comprise entre un point situé à 6,600m en amont de la limite des départements de la Meurthe et du Bas-Rhin et cette limite. (Longueur de 6,600 mètres.) Viaducs, ponts, ponceaux et aqueducs	329,631 70	19,368 »	348,999 70	Le détail des dimensions principales des ponts et les dépenses par pont sont donnés ci-après dans l'état spécial n° 3 bis. — Le rapport entre les dépenses sur sommes à valoir et celles sur les entreprises est 0,058 pour la 1re section.
2e Section comprise entre la limite des départements de la Meurthe et du Bas-Rhin et la fin de la gare de Saverne. (Longueur de 8,227 mètres.) Viaducs, ponts, ponceaux, aqueducs	160,028 76	17,858 »	160,886 76	Le rapport entre les dépenses sur sommes à valoir et celles sur les entreprises est 0,105 pour les ponts de la 2e section.
3e Section comprise entre la fin de la gare de Saverne et l'entrée de la gare de Strasbourg. (Longueur de 42,961 mètres.) Viaducs, ponts, ponceaux et aqueducs..................	453,864 35	32,477 11	486,341 46	Le rapport entre les dépenses sur sommes à valoir et celles sur les entreprises est 0,071 pour la 3e section.
TOTAUX..	952,524 81	69,703 11	1,022,227 92	Le rapport entre les dépenses sur sommes à valoir et celles sur les entreprises sur l'ensemble des trois sections est 0,073.

ÉTAT N° 3 *bis*. — DIMENSIONS PRINCIPALES ET DÉPENSES DES PONTS DU VERSANT DU RHIN.

INDICATION DES PONTS.	LONGUEUR ENTRE LES TÊTES.	NOMBRE D'ARCHES.	OUVERTURE DE CHAQUE ARCHE.	HAUTEUR des massifs de fondations	ÉPAISSEUR DU RADIER GÉNÉRAL.	HAUTEUR DES PIEDS-DROITS.	FLÈCHE DE LA VOÛTE.	ÉPAISSEUR A LA CLEF.	Hauteur totale depuis le massif de fondations jusqu'au-dessus de la plinthe	ÉPAISSEUR MOYENNE DES PILES.	ÉPAISSEUR MOYENNE DES CULÉES.	Épaisseur moyenne des murs en prolongem' des têtes ou des murs en aile.	CUBES TOTAUX DES MAÇONNERIES de toute nature.	DÉPENSES Des maçonneries, y compris les bois des cintres et des enceintes des fondations quand il y en a	DÉPENSES FERS et FONTE ou Charpente.	TOTAL par OUVRAGE.	OBSERVATIONS.
1	2	3	4	5	6	7	8	9	10	11	12	13	14	15	16	17	?
	m.		m.	m.	m.	m.	m.	m.	m.	m.	m.	m.	m. c.	fr. c.	fr. c.	fr. c.	
1re Section comprise entre un point situé à 6,600 mètres en amont de la limite des départements de la Meurthe et du Bas-Rhin et cette limite.																	Les épaisseurs à la clef sont mesurées sur l'axe du chemin de fer.
1° PONTS.																	Dans les ponts biais l'ouverture est mesurée dans la section biaise. — Les épaisseurs des piles et culées sont mesurées dans la section droite.
Pont sur le Teigelbach, plein cintre, en section droite, elliptique sur les têtes, 8m,00 d'ouverture en section droite, biais à 45°, appareil orthogonal aux têtes.	54.30	1	11.25	»	0.80	1.65	4.00	0.75	6.85	»	2.00	2.40	3,512	55,762 01	»	55,762 01	Murs en aile, 8 mètres de hauteur de remblais sur la voûte.
Pont sur le canal de la Marne au Rhin; arches en fonte biaises à 33°,30, culées établies sur l'écluse n° 14; ouverture en section droite, 6m,20, garde-corps en fonte.	8.30	1	11.59	7.85	»	4.97	2.18	0.88 *(b)*	8.27	»	3.40	1.55	5.176	77,066 64 *(a)*	fers-fonte 17,213 08 charpente 1,424 31	93,704 03	Murs en aile. (a) Non compris l'écluse n° 14, portée aux dépenses du canal. (b) Épaisseur à la clef de l'arc en fonte.
Viaduc de Hoffmühl, traversant la vallée de la Zorn; plein cintre	8.30	5.00	10.00	1.35	»	10.50	5.00	0.70	15.50	2.65	3.00	2.00	6,560	126,931 41	»	126,931 41	Murs en prolongement des têtes.
Viaduc sur le chemin de Garebourg à Lutzelbourg, plein cintre	23.60	1	5.00	1.60	0.60	3.30	2.50	0.65	6.90	»	2.20	2.00	1,638	21,466 38	»	21,466 38	Idem.
Premier viaduc en aval de Lutzelbourg	20.21	1	3.60	1.23	0.60	2.50	1.80	0.58	5.21	»	1.10	1.85	620	8,649 88	»	8,649 88	Idem.
Deuxième viaduc en aval de Lutzelbourg	12.00	1	3.60	1.25	0.60	2.50	1.80	0.58	5.21	»	1.10	1.85	564	7,666 24	»	7,666 24	Idem. 3m,04 de hauteur moyenne de remblais sur le premier et 1m,56 sur le second.
TOTAUX pour les ponts.													18,070	297,542 56	18,637 39	316,179 95	

Suite de l'État N° 3 bis.

INDICATION DES PONTS.	LONGUEUR ENTRE LES TÊTES.	NOMBRE D'ARCHES.	OUVERTURE DE CHAQUE ARCHE.	HAUTEUR des massifs de fondations	ÉPAISSEUR DU RADIER GÉNÉRAL.	HAUTEUR DES PIEDS-DROITS.	FLÈCHE DE LA VOUTE.	ÉPAISSEUR À LA CLEF.	Hauteur totale depuis le massif de fondations jusqu'au-dessus de la plinthe	ÉPAISSEUR MOYENNE DES PILES.	ÉPAISSEUR MOYENNE DES CULÉES.	Épaisseur moyenne des murs en prolongem' des têtes ou des murs en aile.	CUBES TOTAUX DES MAÇONNERIES de toute nature.	DÉPENSES — Des maçonneries, y compris les bois des cintres et des enceintes des fondations quand il y en a	FERS et FONTE ou Charpente.	TOTAL par OUVRAGE.	OBSERVATIONS.
1	2	3	4	5	6	7	8	9	10	11	12	13	14	15	16	17	
	m.		m.	m.	m.	m.	m.	m.	m.	m.	m.	m.	m. c.	fr. c.	fr. c.	fr. c.	
2° ARCEAU conduisant les eaux de la fontaine de Phalsbourg par-dessus le chemin de fer, arc de cercle surbaissé	1.00	1	9.05	0.85	»	3.65	1.21	0.80	6.11	»	5.00	1.00	»	4,817 45	»	4,817 46	Murs en prolongement des têtes formant un seul massif avec les culées, vu la faible largeur de cet ouvrage entre têtes.
3° AQUEDUCS sous dalles.	33.00	1	1.00	0.50	0.50	1.30	»	0.30	1.60	»	0.60	0.60	»	8,634 30	»	8,634 30	Murs en aile, 6 mètres de hauteur moyenne de remblais sur ces aqueducs, dont le type revient à 4,817 fr. 15 c.

RÉCAPITULATION DE LA 1re SECTION.

INDICATION DES PONTS.	LONGUEUR ENTRE LES TÊTES.	NOMBRE D'ARCHES.	OUVERTURE DE CHAQUE ARCHE.	HAUTEUR des massifs de fondations	ÉPAISSEUR DU RADIER GÉNÉRAL.	HAUTEUR DES PIEDS-DROITS.	FLÈCHE DE LA VOUTE.	ÉPAISSEUR À LA CLEF.	Hauteur totale	ÉPAISSEUR MOYENNE DES PILES.	ÉPAISSEUR MOYENNE DES CULÉES.	Épaisseur moyenne des murs en prolongem'	CUBES TOTAUX DES MAÇONNERIES de toute nature.	DÉPENSES — Des maçonneries	FERS et FONTE ou Charpente.	TOTAL par OUVRAGE.	OBSERVATIONS.
1° PONTS													18,070	297,542 56	18,637 39	316,179 95	En divisant la dépense totale des maçonneries de ponts, qui est de 297,542 fr. 56 c. par leur cube total, qui est de 18,070 mètres cubes, on obtient 16 fr. 47 c. pour le prix moyen du mètre cube de maçonnerie de ponts dans la première section.
2° ARCEAU DE LA FONTAINE DE PHALSBOURG.													»	4,817 45	»	4,817 45	
3° ACQUÉDUCS DALLOTS													»	8,634 30	»	8,634 30	
TOTAUX GÉNÉRAUX de la 1re section													»	310,994 31	18,637 39	329,631 70	

2e Section comprise entre la limite du département de la Meurthe et du Bas-Rhin et la fin de la station de Saverne.

1° PONTS DU CHEMIN DE FER PROPREMENT DITS.

INDICATION DES PONTS.	LONGUEUR ENTRE LES TÊTES.	NOMBRE D'ARCHES.	OUVERTURE DE CHAQUE ARCHE.	HAUTEUR des massifs de fondations	ÉPAISSEUR DU RADIER GÉNÉRAL.	HAUTEUR DES PIEDS-DROITS.	FLÈCHE DE LA VOUTE.	ÉPAISSEUR À LA CLEF.	Hauteur totale	ÉPAISSEUR MOYENNE DES PILES.	ÉPAISSEUR MOYENNE DES CULÉES.	Épaisseur moyenne des murs en prolongem'	CUBES TOTAUX DES MAÇONNERIES de toute nature.	DÉPENSES — Des maçonneries	FERS et FONTE ou Charpente.	TOTAL par OUVRAGE.	OBSERVATIONS.
Pont de la Bacrenbach (plein cintre) garde-corps en fonte de 29m,68 de longueur totale.	8.30	1	3.50	1.00	0.50	3.89	1.75	0.55	6.64	»	2.00	1.70	542	6,478 96	941 22	7,420 18	Fondé sur gravier. Murs en prolongement des têtes.
Ponceau de la Stambach. — Plein cintre	8.30	1	2.00	1.30	1.30	0.97	1.00	0.50	3.00	»	0.90	0.90	165	2,345 52	»	2,345 52	Fondé sur sable. *Idem.*
A reporter													707	8,824 48	941 22	9,765 71	

Suite de l'ÉTAT N° 3 *bis.*

INDICATION DES PONTS.	LONGUEUR ENTRE LES TÊTES.	NOMBRE D'ARCHES.	OUVERTURE DE CHAQUE ARCHE.	HAUTEUR des massifs de fondations	ÉPAISSEUR DU RADIER GÉNÉRAL.	HAUTEUR DES PIEDS-DROITS.	FLÈCHE DE LA VOUTE.	ÉPAISSEUR A LA CLEF.	Hauteur totale depuis le massif de fondations jusqu'au-dessus de la plinthe	ÉPAISSEUR MOYENNE DES PILES.	ÉPAISSEUR MOYENNE DES CULÉES.	Épaisseur moyenne des murs en prolongent des têtes ou des murs en aile.	CUBES TOTAUX DES MAÇONNERIES de toute nature.	DÉPENSES Des maçonneries, y compris les bois des cintres et des enceintes des fondations quand il y en a	DÉPENSES FERS et FONTE ou Charpente.	DÉPENSES TOTAL par OUVRAGE.	OBSERVATIONS.
1	2	3	4	5	6	7	8	9	10	11	12	13	14	15	16	17	6
	m.		m.	m.	m.	m.	m.	m.	m.	m.	m.	m.	m. c.	fr. c.	fr. c.	fr. c.	
Report.													707	8,824 48	941 22	9,765 71	
Viaduc de la Walck traversant la vallée de la Zorn, une arche en arc de cercle, biaise à 46° sur le canal de la Marne au Rhin, de 9m,00 d'ouverture en section droite, appareil hélicoïdal..	8.30	1	12.51	1.00	»	4.37	1.80	0.80	7.47	»	5.00	1.50					Murs en prolongement des têtes fondés sur gravier, excepté les deux culées extrêmes qui, rattachées à la montagne, sont fondées sur roc. Le dessin d'ensemble de cet ouvrage est donné aux *Annales* 1852, pl. 30, dans notre mémoire sur les ponts biais.
Cinq arches en plein cintre sur la Zorn et sur deux chemins, biaises à 55° avec 5m,00 d'ouverture en section droite, section de tête circulaire, section droite elliptique, appareil orthogonal parallèle.	8.30	5	6.10	1.15	0.80	3.93	3.05	0.60	8.40	1.80	2.40	2.40	5,262	97,184 66	»	97,184 66	
Premier pont sur le canal des moulins de Saverne, plein cintre, garde-corps en fonte de 39m,46 de longueur totale.	8.30	1	5.00	0.50	0.50	4.50	2.50	0.50	8.00	»	2.40	2.00	625	10,463 40	1,423 31	11,886 71	Murs en prolongement des têtes fondés sur roc.
Pont du Holtzplatz, plein cintre biais à 60°, appareil hélicoïdal, 3m,50 d'ouverture en section droite, garde-corps en fonte de 29m,60 de longueur totale	8.30	1	4.04	0.87	0.60	0.93	2.02	0.50	3.95	»	1.50	1.50	344	6,943 64	1,066 92	8,040 56	Murs en prolongement des têtes fondés sur gravier. Le dessin est donné aux *Annales* 1852, pl. 28.
Pont du Kleinlohbach, plein cintre, garde-corps en fonte de 29m,62 de longueur totale.	»	»	»	»	»	»	»	»	»	»	»	»	362	7,436 »	1,067 63	8,503 63	Murs en prolongement des têtes fondés sur gravier.
A reporter													7,297	130,852 48	4,499 08	135,251 26	

INDICATION DES PONTS.	LONGUEUR ENTRE LES TÊTES.	NOMBRE D'ARCHES.	OUVERTURE DE CHAQUE ARCHE.	HAUTEUR des massifs de fondation	ÉPAISSEUR DU RADIER GÉNÉRAL.	HAUTEUR DES PIEDS-DROITS.	FLÈCHE DE LA VOUTE.	ÉPAISSEUR A LA CLEF.	Hauteur totale depuis le massif de fondations jusqu'au-dessus de la plinthe.	ÉPAISSEUR MOYENNE DES PILES.	ÉPAISSEUR MOYENNE DES CULÉES.	Épaisseur moyenne des murs en prolongem' des têtes ou des murs en aile.	CUBES TOTAUX DES MAÇONNERIES de toute nature.	DÉPENSES — Des maçonneries, y compris les bois des cintres et des enceintes des fondations quand il y en a.	DÉPENSES — FERS et FONTE ou Charpente.	DÉPENSES — TOTAL par OUVRAGE.	OBSERVATIONS.
1	2	3	4	5	6	7	8	9	10	11	12	13	14	15	16	17	
	m.		m.	m.	m.	m.	m.	m.	m.	m.	m.	m.	m. c.	fr. c.	fr. c.	fr. c.	
Report													7,297	130,852 18	4,499 08	135,251 26	
Ponceau sur le canal de fuite du moulin Hertrich, plein cintre, garde-corps en fonte, de 21ᵐ,60 de longueur totale.	8.30	1	2.00	0.60	0.60	1.38	1.00	0.50	3.35	»	1.30	1.20	199	3,736 01	778 56	4,314 57	Murs en prolongement des têtes fondés sur gravier.
Deuxième pont sur le canal des moulins de Saverne en arc de cercle, garde-corps en fonte, 26ᵐ,90 de longueur totale.	8.30	1	7.00	0.80	»	0.83	1.00	0.70	3.03	»	3.50	1.00	247	5,257 05	969 59	6,226 64	Idem.
TOTAUX pour les ponts du chemin de fer.													7,743	139,845 24	6,247 23	146,092 47	

2° PONTS AUX ABORDS DE LA STATION DE SAVERNE.

INDICATION DES PONTS.	2	3	4	5	6	7	8	9	10	11	12	13	14	15	16	17	OBSERVATIONS.
Pont sur le canal du moulin Orth, avenue des voyageurs, station de Saverne. Arc de cercle, biais de 60°,30, 4ᵐ,80 d'ouverture, en section droite, garde-corps en fer à croix de St.-André de 17ᵐ,09 de longueur totale.	12.00	1	5.34	0.80	»	2.26	0.54	0.55	3.75	»	2.30	1.00	391	7,509 30	442 16	7,951 46	Murs en prolongement des têtes fondés sur gravier.
Pont sur la Zorn, avenue des voyageurs, arc de cercle biais à 57°, de 6ᵐ,00 d'ouverture en section droite, garde-corps en fer à croix de Saint-André de 52ᵐ,96 de longueur totale.	12.00	2	7.15	0.80	»	2.47	0.72	0.60	4.20	1.00	3.30	1.50	1,084	23.675 32	1,370 18	25,045 50	Idem.
A reporter.													1,475	31,184 62	1,812 34	32,996 96	

Suite de l'ÉTAT N° 3 bis.

INDICATION DES PONTS.	LONGUEUR ENTRE LES TÊTES.	NOMBRE D'ARCHES.	OUVERTURE DE CHAQUE ARCHE.	HAUTEUR des massifs de fondations	ÉPAISSEUR DU RADIER GÉNÉRAL.	HAUTEUR DES PIEDS-DROITS.	FLÈCHE DE LA VOUTE.	ÉPAISSEUR A LA CLEF.	Hauteur totale depuis le massif de fondations jusqu'au-dessus de la plinthe	ÉPAISSEUR MOYENNE DES PILES.	ÉPAISSEUR MOYENNE DES CULÉES.	Épaisseur moyenne des murs en prolongem' des têtes ou des murs en aile.	CUBES TOTAUX DES MAÇONNERIES de toute nature.	DÉPENSES Des maçonneries, y compris les bois des cintres et des enceintes des fondations quand il y en a	DÉPENSES FERS et FONTE ou Charpente.	TOTAL par OUVRAGE.	OBSERVATIONS.
1	2	3	4	5	6	7	8	9	10	11	12	13	14	15	16	17	
	m.		m.	m.	m.	m.	m.	m.	m.	m.	m.	m.	m. c.	fr. c.	fr. c.	fr. c.	
Report...													1,475	31,184 62	1,812 34	32,996 96	
Pont sur la Zorn, avenue des marchandises, station de Saverne, arc de cercle, garde-corps en fonte à croix de Saint-André de 62m,64 de longueur totale...	9.00	1	12.00	1.00	»	2.26	1.50	0.85	5.20	»	5.00	1.50	1,092	20,518 95	1,620 63	22,189 58	Murs en prolongement des têtes fondés sur gravier.
Pont du parc, chemin de Saverne à Monswiller, abords de la station de Saverne, arc de cercle, garde-corps en fonte à croix de Saint-André de 48m,36 de longueur totale.	7.50	1	8.00	0.80	»	2.76	1.08	0.65	5.00	»	4.00	1.20	403	8,652 64	1,251 17	9,903 64	Idem.
Pont sur la Zorn, chemin de Saverne à Monswiller, abords de la station de Saverne, plein cintre...	7.00	1	8.00	0.80	»	0.97	4.00	0.60	6.40	»	2.50	1.20	750	13,396 93	»	13,396 93	Idem.
Totaux pour les ponts aux abords de la station de Saverne													3,720	73,753 14	4,684 14	78,437 28	

3° PONTS EN CHARPENTE EN DEHORS DU CHEMIN DE FER.

INDICATION DES PONTS.	2	3	4	5	6	7	8	9	10	11	12	13	14	15	16	17	OBSERVATIONS.
Deux ponts en charpente, rampes de passage à niveau en amont de Saverne...	»	»	»	»	»	»	»	»	»	»	»	»	»	»	2,878 08	2,878 08	Rampes de passage à niveau.

— 341 —

INDICATION DES PONTS	LONGUEUR ENTRE LES TÊTRS	NOMBRE D'ARCHES	OUVERTURE DE CHAQUE ARCHE	HAUTEUR des massifs de fondations	ÉPAISSEUR DU RADIER GÉNÉRAL	HAUTEUR DES PIEDS DROITS	FLÈCHE DE LA VOUTE	ÉPAISSEUR À LA CLEF	Hauteur totale depuis le massif de fondations jusqu'au-dessus de la plinthe	ÉPAISSEUR MOYENNE DES PILES	ÉPAISSEUR MOYENNE DES CULÉES	Épaisseur moyenne des murs en prolongem't des têtes ou des murs en aile	CUBES TOTAUX DES MAÇONNERIES de toute nature	DÉPENSES — Des maçonneries, y compris les bois des cintres et des enceintes des fondations quand il y en a	DÉPENSES — FERS et FONTE ou Charpente	DÉPENSES — TOTAL par OUVRAGE	OBSERVATIONS
1	2	3	4	5	6	7	8	9	10	11	12	13	14	15	16	17	
	m.		m.	m.	m.	m	m.	m.	m.	m.	m.	m.	m. c.	fr. c.	fr. c.	fr. c.	
4° AQUEDUCS DU CHEMIN DE FER VOUTÉS.																	
Six aqueducs de 1m,00 d'ouverture en plein cintre....	17.00	1	1.00	0.70	0.70	1.30	0.50	0.45	2.60	»	0.90	0.80	986	14,796 91	»	14,796 91	Les dimensions ci-contre sont les moyennes de tous les aqueducs de même espèce. Le type revient à $\frac{14,796\ 91}{6}$ ou à 2,466 fr. 15 c. Ils sont tous avec murs en aile étant sous remblais, comme l'indique leur longueur. La hauteur moyenne de remblais sur la voûte est de 2 m,70.
Un aqueduc de 1m,50 en arc de cercle, surbaissé avec passage par-dessous pour piétons, garde-corps en fonte..	8.30	1	1.50	0.70	0.70	1.30	0.25	0.45	2.70	»	1.10	0.80	180	3,006 26	529 89	3,536 15	
TOTAUX pour les aqueducs du chemin de fer.													1,166	17,803 17	529 89	18,333 06	
5° AQUEDUCS DALLOTS EN DEHORS DU CHEMIN DE FER,																	
Trois aqueducs de 0m,40 d'ouverture sous rampes de passage à niveau..........	»	»	»	»	»	»	»	»	»	»	»	»	»	»	971 67	971 67	Le type revient à $\frac{971\ 67}{3}$ ou à 323 fr. 89 c.
Trois petits aqueducs de 0m,30 d'ouverture pour l'écoulement des eaux	»	»	»	»	»	»	»	»	»	»	»	»	»	»	753 48	753 48	Le type revient à $\frac{753\ 58}{3}$ ou à 251 fr. 16 c.
TOTAUX															1,725 15	1,725 15	

RÉCAPITULATION DE LA 2° SECTION.

	CUBES TOTAUX (14)	Maçonneries (15)	FERS et FONTE ou Charpente (16)	TOTAL par OUVRAGE (17)	OBSERVATIONS
1° PONTS..	7,743	139,845 24	6,247 23	146,092 47	
2° PONTS AUX ABORDS DE LA STATION DE SAVERNE	3,720	73,753 14	4,684 14	78,437 28	
TOTAUX pour les ponts en maçonnerie	11,463	213,598 38	10,931 37	224,529 75	Le prix moyen du mètre cube de maçonnerie de pont est de $\frac{213,598\ 38}{11,463}$ ou de 18 fr. 65 c.
3° PONTS EN CHARPENTE	»	»	2,878 08	2,878 08	
4° AQUEDUCS DU CHEMIN DE FER.	1,166	17,803 17	529 89	18,333 06	
5° AQUEDUCS EN DEHORS DU CHEMIN DE FER.	»	»	1,725 15	1,725 15	
TOTAUX GÉNÉRAUX de la 2° section.		231,404 55	16,064 49	247,466 04	Le prix moyen du mètre cube de maçonnerie d'aqueducs est de $\frac{17,803\ 17}{1,166}$ ou de 15 fr. 27 c.
A déduire les ponts en dehors du chemin de fer qui seront comptés à la station de Saverne.		73,753 14	4,684 14	78,437 28	
RESTE pour totaux de la 2° section.		157,648 41	11,380 35	169,028 76	

Suite de l'ÉTAT N° 3 *bis.*

INDICATION DES PONTS	LONGUEUR ENTRE LES TÊTES.	NOMBRE D'ARCHES.	OUVERTURE DE CHAQUE ARCHE.	HAUTEUR des massifs de fondations	ÉPAISSEUR DU RADIER GÉNÉRAL.	HAUTEUR DES PIEDS-DROITS.	FLÈCHE DE LA VOUTE.	ÉPAISSEUR A LA CLEF.	Hauteur totale depuis le massif de fondations jusqu'au-dessus de la plinthe	ÉPAISSEUR MOYENNE DES PILES.	ÉPAISSEUR MOYENNE DES CULÉES.	Épaisseur moyenne des murs en prolongement des têtes ou des murs en aile.	CUBES TOTAUX DES MAÇONNERIES de toute nature.	DÉPENSES — Des maçonneries, y compris les bois des cintres et des enceintes des fondations quand il y en a	DÉPENSES — FERS et FONTE ou Charpente.	TOTAL par OUVRAGE.	OBSERVATIONS.
	2	3	4	5	6	7	8	9	10	11	12	13	14	15	16	17	
	m.		m.	m.	m.	m.	m.	m.	m.	m.	m.	m.	m. c.	fr. c.	fr. c.	fr. c.	

3ᵉ Section comprise entre la fin de la gare de Saverne et l'entrée de la gare de Strasbourg.

1° PONT DU CHEMIN DE FER.

INDICATION DES PONTS	2	3	4	5	6	7	8	9	10	11	12	13	14	15	16	17	OBSERVATIONS.
Pont de la Girafe sur la Zorn à la fin de la gare de Saverne, plein cintre, biais à 75°, 8m,00 d'ouverture en section droite, garde-corps en fonte de 53m,68 de longueur.	8.30	1	8.28	0.80	»	0.48	4.14	0.90	4.20	»	2.40	2.20	842	19,892 90	1,734 17	21.627 07	Fondé sur gravier. Dessin donné aux *Annales* 1852, pl. 30. Murs en prolongement des têtes.
Pont du Zornhoff sur le canal de l'usine, arc de cercle, biais à 70°, de 7m,00 d'ouverture en section droite, garde-corps en fonte de 28m,02 de longueur.	8.30	1	7.43	1.20	»	1.44	0.75	0.60	3.34	»	3.40	1.30	376	10,560 89	1,076 19	11,637 08	Fondé sur le roc. Murs en prolongement des têtes.
Pont de Dettwiller sur la Zorn, arc de cercle biais à 67°, 8m,00 d'ouverture en section droite, garde-corps en fonte de 79m,82 de longueur.	8.30	3	8.69	1.80	1.00	2.00	1.16	0.85	4.40	1.20	3.50	1.60	1,364	39,446 22	2,813 51	42,259 73	Fondé sur une couche de sable et gravier. Murs en prolongement des têtes.
Pont du Liembach, près Wilwisheim, en arc de cercle, garde-corps en fonte, 26m,40 de longueur totale.	8.30	1	7.00	0.80	0.80	1.70	1.00	0.70	4.00	»	2.50	1.20	334	7,512 04	723 04	8,235 08	Murs en prolongement des têtes.
Pont du ruisseau de Geipolsheim en arc de cercle; garde-corps en fonte de 21m,60 de longueur totale.	8.30	1	6.00	0.70	0.70	1.40	0.70	»	2.96	»	2.00	1.00	240	6,149 28	707 46	6,856 74	*Idem.*
A reporter.													3,163	83,561 33	7,054 37	90,615 70	

INDICATION DES PONTS.	LONGUEUR ENTRE LES TÊTES.	NOMBRE D'ARCHES.	OUVERTURE DE CHAQUE ARCHE.	HAUTEUR des massifs de fondations	ÉPAISSEUR DU RADIER GÉNÉRAL.	HAUTEUR DES PIEDS-DROITS.	FLÈCHE DE LA VOÛTE.	ÉPAISSEUR À LA CLEF.	Hauteur totale depuis le massif de fondations jusqu'au-dessus de la plinthe	ÉPAISSEUR MOYENNE DES PILES.	ÉPAISSEUR MOYENNE DES CULÉES.	Épaisseur moyenne des murs en prolongement des têtes ou des murs en ailes.	CUBES TOTAUX DES MAÇONNERIES de toute nature.	DÉPENSES Des maçonneries, y compris les bois des cintres et des enceintes des fondations quand il y en a	DÉPENSES FERS et FONTE ou Charpente.	TOTAL par OUVRAGE.	OBSERVATIONS.
1	2	3	4	5	6	7	8	9	10	11	12	13	14	15	16	17	
	m.		m.	m.	m.	m.	m.	m.	m.	m.	m.	m.	m.c.	fr. c.	fr. c.	fr. c.	
Report.													9,163	83,361 33	7,054 87	90,615 70	
Pont de Brumath sur la Zorn, arc de cercle, biais à 62°, de 5m,80 d'ouverture en section droite, garde-corps en fonte de 47m,56 de longueur totale.	8.30	3	6.55	1.10	1.10	2.55	0.90	0.65	5.68	1.10	2.20	1.85	969	32,606 64	1,627 24	34,233 88	Murs en prolongement des têtes.
1er pont de décharge des eaux de la Zorn en arc de cercle; garde-corps en fonte de 31m,20 de longueur totale.	8.30	3	4.27	1.00	1.00	2.60	0.60	0.50	4.28	0.90	2.10	1.40	601	19,121 01	1,072 74	20,193 75	Idem.
2me pont de décharge, arc de cercle; garde-corps en fonte de 31m,20 de longueur totale.	8.30	3	4.27	1.00	1.00	1.75	0.60	0.50	3.43	0.86	2.10	1.34	489	16,157 56	957 22	17,114 78	Idem.
3me pont de décharge, arc de cercle, biais à 54° 40' de 4m,25 d'ouverture en section droite, garde-corps en fonte de 38m,88 de longueur totale.	8.30	3	3.32	1.00	1.10	1.93	0.80	0.60	(a) 3.68	0.85	1.98	1.50	781	23,222 26	1,204 60	26,426 86	(a) 3m,43 pour les arches de côté et 3m,03 pour l'arche du milieu. Murs en prolongement des têtes.
Viaduc de Mundolsheim. Plein cintre.	8.30	1	5.00	1.00	»	2.50	2.50	0.55	6.10	»	1.65	1.12	427	11,932 26	129 84	12,062 10	Murs en aile.
Pont de Vendenheim sur le canal de la Marne au Rhin, biais à 45°; 4 arcs en fonte, système Polonceau; 9 mètres d'ouverture en section droite; garde-corps en fonte.	8.30	1	13.10	1.00	»	(b) 4.43	1.30	(c) 0.50	7.10	3	8.55	1.65	1,063	23,208 22	21,506 68	44,714 90	(b) Y compris la hauteur du mur de cuvette du canal. (c) Épaisseur à la clef de l'arc en fonte. L'épaisseur totale, y compris le plancher, est de 0,87 c. Murs en prolongement des têtes.
A reporter.													18,493	211,809 28	83,552 69	245,361 97	

Suite de l'ÉTAT N° 3 *bis.*

INDICATION DES PONTS.	LONGUEUR ENTRE LES TÊTES.	NOMBRE D'ARCHES.	OUVERTURE DE CHAQUE ARCHE.	HAUTEUR des massifs de fondations	ÉPAISSEUR DU RADIER GÉNÉRAL.	HAUTEUR DES PIEDS-DROITS.	FLÈCHE DE LA VOÛTE.	ÉPAISSEUR A LA CLEF.	Hauteur totale depuis le massif de fondations jusqu'au dessus de la plinthe	ÉPAISSEUR MOYENNE DES PILES.	ÉPAISSEUR MOYENNE DES CULÉES.	Épaisseur moyenne des murs en prolongement des têtes ou des murs en ailes	CUBES TOTAUX DES MAÇONNERIES de toute nature.	DÉPENSES. Des maçonneries, y compris les bois des cointres et des cintres des fondations quand il y en a	DÉPENSES. FERS et FONTE ou Charpente.	TOTAL par OUVRAGE.	OBSERVATIONS.
1	2	3	4	5	6	7	8	9	10	11	12	13	14	15	16	17	ç
	m.		m.	m.	m.	m.	m.	m.	m.	m.	m.	m.	m. c	fr. c.	fr. c.	fr. c.	
Report.													13,493	211,809 28	33,552.69	245,361 97	
Pont sur le ruisseau de Vendenheim	8.30	1	4.00	1.00	1.00	3.05	2.00	0.50	6.13	»	1.32	1.20	493	11,093 70	»	11,093 70	Murs en aile.
Viaduc de Vendenheim, plein cintre biais à 63°; 5 mètres d'ouverture en section droite avec garde-corps en fonte	8.30	1	5.60	0.80	»	2.20	2.80	0.55	6.13	»	2.00	1.40	519	13,289 39	»	15,289 39	*Idem.*
Viaduc de la Souffel, plein cintre avec garde-corps en fonte de 53m,40 de longueur totale	8.30	3	4.00	1.20	»	7.30	2.00	0.50	10.30	1.30	3.60	»	1,671	38,465 39	1,512 91	39,978 30	*Idem.*
Pont sur rails du chemin de Niederhausbergen à Souffelweyersheim; plein cintre.	4.80	1	7.40	0.80	»	2.13	3.70	0.60	6.88	»	1.70	1.03	548	15,260 55	»	15,260 55	Murs en prolongement des têtes.
Un ponceau en arc de cercle	8.30	1	4.00	0.70	0.70	1.13	0.53	0.50	2.75	»	1.50	0.90	187	4,376 09	602 28	4,978 37	*Idem.*
Un ponceau en plein cintre	8.30	1	2.30	0.60	0.60	0.34	1.25	0.45	2.49	»	1.00	0.80	94	2,279 75	»	2,279 75	*Idem.*
Un ponceau en plein cintre	8.30	1	2.00	0.60	0.60	1.00	1.00	0.45	2.95	»	0.80	0.80	80	2,301.75	»	2,301 75	*Idem.*
Totaux pour les ponts													11,107	298,875 90	35,667 88	334,543 78	

2° AQUEDUCS DU CHEMIN DE FER VOUTÉS.

INDICATION DES PONTS.	LONGUEUR ENTRE LES TÊTES.	NOMBRE D'ARCHES.	OUVERTURE DE CHAQUE ARCHE.	HAUTEUR des massifs de fondations	ÉPAISSEUR DU RADIER GÉNÉRAL.	HAUTEUR DES PIEDS-DROITS.	FLÈCHE DE LA VOÛTE.	ÉPAISSEUR A LA CLEF.	Hauteur totale	ÉPAISSEUR MOYENNE DES PILES.	ÉPAISSEUR MOYENNE DES CULÉES.	Épaisseur moyenne des murs	CUBES TOTAUX	Maçonneries	FERS et FONTE ou Charpente.	TOTAL par OUVRAGE.	OBSERVATIONS.
10 aqueducs en plein cintre.	8.30	1	1.50	0.55	0.55	1.05	0.75	»	2.80	»	1.10	0.80	1,223	27,370 65	»	27,570 65	Le type de ces aqueducs revient à ...... 27,570.65 / 10 ou à 2,757 fr. 07 c.
27 aqueducs en plein cintre.	8.30	1	1.00	0.55	0.55	1.40	0.50	0.45	2.55	»	0.80	0.80	2,436	57,922 38	»	57,922 38	Le type revient à 57,922.38 / 27 ou à 2,145 fr. 27 c.
3 aqueducs en plein cintre sous gares d'évitement et sous grands remblais.	16.50	1	1.00	0.55	0.55	1.80	0.50	0.45	3.25	»	1.00	0.90	611	12,653 76	»	12,653 76	Le type revient à 12,653.76 / 3 ou à 4,217 fr. 92 c.
Totaux pour les aqueducs voûtés.													4,272	98,146 79	»	98,146 79	Presque tous ces aqueducs ont des murs en prolongement des têtes et non des murs en aile à cause du peu de hauteur de remblai.

INDICATION DES PONTS.	LONGUEUR ENTRE LES TÊTES.	NOMBRE D'ARCHES.	OUVERTURE DE CHAQUE ARCHE.	HAUTEUR des massifs de fondations	ÉPAISSEUR DU RADIER GÉNÉRAL.	HAUTEUR DES PIEDS-DROITS.	FLÈCHE DE LA VOUTE.	ÉPAISSEUR A LA CLEF.	Hauteur totale depuis le massif de fondations jusqu'au-dessus de la plinthe	ÉPAISSEUR MOYENNE DES PILES.	ÉPAISSEUR MOYENNE DES CULÉES.	Épaisseur moyenne des murs en prolongent des têtes ou des murs en ailes.	CUBES TOTAUX DES MAÇONNERIES de toute nature.	DÉPENSES. Des maçonneries, y compris les bois des cintres et des enceintes des fondations quand il y en a	FERS et FONTE ou Charpente.	TOTAL par OUVRAGE.	OBSERVATIONS.
1	2	3	4	5	6	7	8	9	10	11	12	13	14	15	16	17	
	m.		m.	m.	m.	m.	m.	m.	m.	m.	m.	m.	m. c.	fr. c.	fr. c.	fr. c.	
3° AQUEDUCS DU CHEMIN DE FER SOUS DALLES.																	
13 aqueducs sous dalles..	8.30	1	0.60	0.50	0.50	0.80	»	0.20	1.30	»	0.60	0.60	»	13,597 78	»	13,597 78	Le type de ces aqueducs revient à......... 13,597.78 ou à 1,045 fr. 90 c. — 13
4° AQUEDUCS EN DEHORS DU CHEMIN DE FER.																	
15 aqueducs sous rampes de passage à niveau ou sur rigoles de fuite des aqueducs du chemin de fer.	»	»	»	»	»	»	»	»	»	»	»	»	»	5,900 13	»	5,900 13	Le type revient à 5,900.13 ou à 393 fr. 37 c. — 15
5° PASSERELLES EN CHARPENTE.																	
7 passerelles en charpente sur fossés de fuite d'aqueducs.	»	»	»	»	»	»	»	»	»	»	»	»	»	»	1,675 87	1,675 87	La passerelle revient à 1,675.80 ou à 230 fr. 41 c. — 7

RÉCAPITULATION DE LA 3ᵉ SECTION.

	CUBES TOTAUX	Des maçonneries	FERS et FONTE ou Charpente	TOTAL par OUVRAGE	OBSERVATIONS
1° PONTS.	11,077	298,873 90	35,667 88	334,543 78	Le mètre cube de maçonnerie de pont revient à 298,875.90 ou à 20 fr. 98 c. / 11,077
2° AQUEDUCS VOUTÉS.	4,272	98,146 79	»	98,146 79	Le mètre cube de maçonnerie d'aqueduc revient à 98,146.79 ou à 22 fr. 97 c. / 4,272
3 AQUEDUCS DALLOTS.	»	13,597 78	»	13,597 78	Les garde-corps en fer à croix de Saint-André sont revenus en moyenne à 25 fr. le mètre courant dans la deuxième section, la seule où on les ait employés.
4° AQUEDUCS HORS DU CHEMIN DE FER	»	5,900 13	»	5,900 13	Dans cette même deuxième section, le mètre courant de parapet en pierre de taille a coûté 28 fr.
5° PASSERELLES EN CHARPENTE.	»	»	1,675 87	1,675 87	Sur l'ensemble des trois sections les garde-corps en fonte sont revenus moyennement à 31 fr. le mètre courant.
TOTAUX de la 3ᵉ section.	»	416,520 60	37,343 75	453,864 35	

ÉTAT N° 4. — OUVRAGES DIVERS.

INDICATION des SECTIONS.	DÉPENSES FAITES			OBSERVATIONS.
	Sur les entreprises.	Sur les sommes à valoir.	TOTALES.	
	fr. c.	fr. c.	fr. c.	
1re Section comprise entre un point situé à 6,000 mètres en amont de la limite des départements de la Meurthe et du Bas-Rhin et cette limite. (Longueur de 6,600 mètres.)				
Néant....................	»	»	»	
2e Section entre la limite des départements de la Meurthe et du Bas-Rhin et la fin de la gare de Saverne. (Longueur de 8,227 mètres.)				
Deux barrages d'usines reconstruits sur la Zorn par suite de rectification des cours de cette rivière par rapport au chemin de fer.............	8,696 58	2,608 97	11,305 55	Le rapport entre la dépense sur somme à valoir et la dépense par entreprise a été pour ces barrages de $0^m,30$.
Construction de chemins forestiers...................	»	»	17,562 78	Ces chemins forestiers ont été établis pour permettre l'exploitation des forêts domaniales de la Marck et du Greiffenstein coupées par le tracé.
TOTAL de la 2e section...	»	»	28,868 33	
3e Section entre la fin de la gare de Saverne et l'entrée de la gare de Strasbourg. (Longueur de 42,981 mètres.)				
Courbe de raccordement du chemin de Bâle.............	»	»	8,139 50	
Ouvrages divers exécutés aux abords de la gare de Strasbourg................	»	»	420,643 61	Travaux exécutés dans les fortifications de Strasbourg, dont 361,385 fr. 41 c. faits par le génie militaire et payés par l'administration des ponts et chaussées.
TOTAL de la 3e section...	»	»	428,783 11	

RÉCAPITULATION DES OUVRAGES DIVERS.

1re Section....	»	»	»	
2e Section.........	»	»	28,868 33	
3e Section.........	»	»	428,783 11	
TOTAUX..........	»	»	457,651 44	

ÉTAT N° 5. — SOUTERRAINS.

INDICATION des SECTIONS et SOUTERRAINS.	LONGUEUR DES SOUTERRAINS	DÉPENSES FAITES			PRIX DE REVIENT par mètre courant de souterrain.	OBSERVATIONS.
		Sur les entreprises	Sur les sommes à valoir.	TOTALES.		
	m.	fr. c.	fr c	fr. c.	fr. c.	
1re Section comprise entre un point situé à 6,600 mètres en amont de la limite des départements de la Meurthe et du Bas-Rhin et cette limite. (Longueur de 6,600 m.)						Les cinq souterrains du versant du Rhin sont ouverts dans le grès vosgien. Celui de Hoffmühl a offert plus de difficultés et exigé des voûtes plus épaisses que les quatre autres. Rapports des dépenses des sommes à valoir à celles des entreprises :
Souterrain de Hoffmühl	247.50	273,365 78	11,747 »	285,112 78	1,151 97	1° Pour le souter. de Hoffmühl, 0.042.
Souterrain de Lutzelbourg	439.20	390,396 »	7,109 »	397,505 »	903 83	2° Pour le souterrain de Lutzelbourg, 0.018.
TOTAUX.......	686.70	663,761 78	18,856 »	682,617 78	994 05	3° Pour les deux souterrains ensemble, 0.028.
2e Section comprise entre la limite des départements de la Meurthe et du Bas-Rhin et la fin de la gare de Saverne. (Longueur de 8,227 mètres.)						
Souterrain de Stutzmatt..............	399.70	265,146 56	8,741 43	273,887 99	685 33	4° Pour le souter. de Stutzmatt, 0.032.
Souterrain du Mungelbaechel	493.20	345,080 98	9,006 87	354,087 85	717 94	5° Pour le souter. de Mungelbaechel, 0.026.
Souterrain du Haut-barr	303.40	233,173 47	13,078 42	246,851 89	813 62	6° Pour le souter. du Ht-Barr, 0,058.
TOTAUX.......	1,196.30	843,401 01	31,426 72	874,827 73	731 28	7° Pour les trois souterrains ensemble, 0.037.
3e Section comprise entre la fin de la gare de Saverne et l'entrée de la gare de Strasbourg. (Longueur de 42,981 mètres.)						
Néant............	»	»	»	»	»	
RÉCAPITULATION.						Pour les cinq souterrains ensemble le rapport entre les dépenses sur somme à valoir et les dépenses par entreprise est de 0.032.
1re SECTION.......	686.70	663,761 78	18,856 »	682,617 78	994 05	
2e SECTION........	1,196.30	843,401 01	31,426 72	874,827 73	731 28	
3e SECTION........	»	»	»	»	. »	(a) Prix moyen du mètre courant déduit de l'ensemble des 5 souterrains.
TOTAUX GÉNÉRAUX.	1,883.00	1,507,162 79	50,282 72	1,557,445 51	827 11 (a)	

ÉTAT N° 6. — STATIONS.

INDICATION DES OUVRAGES.	DÉPENSES		OBSERVATIONS.
	PAR ARTICLE	PAR STATION	
	fr. c.	fr. c.	
1° GARES ORDINAIRES. **1re Section** entre un point situé à 6,600 mètres en amont de la limite des départements de la Meurthe et du Bas-Rhin et cette limite. (Longueur de 6,600 mètres.)			Les bâtiments des voyageurs et les remises sont en maçonnerie avec appareil de pierre de taille ou de briques aux angles. Tous les bâtiments accessoires et les halles de marchandises sont en maçonnerie de galandure (briques et bois); les bâtiments des voyageurs sont recouverts en ardoises, les halles et remises en tuiles, les petits bâtiments en zinc. Les longueurs des évitements dans les stations secondaires où il n'y a pas de gares de marchandises sont de 370 mètres, longueurs nécessaires pour garer d'une voie à l'autre un train de 50 wagons de marchandises.

STATION DE LUTZELBOURG.
(3e Ordre.)

LONGUEUR.	LARGEUR.	SURFACE.	DÉPENSE par mètre carré.
m.	m.	m/q	fr. c.
17.10	8.40	143.64	290 68
— 6.00	4.40	26.40	122 »
3.20	2.60	8.32	189 21
10.50	3.40	56.70	97 92
»	»	2,000.00	2 84
880.00 Longueur dévelop.	Ce qui fait revenir le prix du mètre courant à 4 fr. 30.		

INDICATION DES OUVRAGES.	PAR ARTICLE	PAR STATION
Bâtiment des voyageurs, y compris une balustrade en fer sur le perron et les profondes fondations du bâtiment.	44,782 17	
Abri couvert du côté de la voie opposée à celui du bâtiment.	3,220 82	
Un pavillon de latrines	1,374 25	
Halle de marchandises.	8,332 23	
Quais découverts	5,684 33	
Clôtures en bois à claire-voie et barrières . . .	3,782 58	
Règlement général des terrassements de la plate-forme de la gare, pavages, empierrements, trottoirs, aqueducs pour l'écoulement des eaux, ouvrages divers	17,746 93	
Total des travaux à l'entreprise	79,340 31	
Dépenses sur la somme à valoir	6,894 81	
Total Général de la 1re section. . . .	86,235 12	86,235 12

La gare de Lutzelbourg a une contenance très-grande par rapport aux autres gares de troisième ordre, à cause du commerce spécial des bois.

Les trottoirs d'embarquement en gravelage sont établis à 0ᵐ,35 au-dessus du niveau des rails; ils ont 4 mètres de largeur et 85 mètres de longueur; ils sont soutenus du côté de la voie par un petit mur en maçonnerie revêtu d'un couronnement en pierre de taille arrasant le trottoir.

La surface totale de la gare étant de 320 ares, le prix de ces ouvrages divers revient à 0.55 par mètre carré de surface de gare. Le rapport des dépenses sur sommes à valoir aux dépenses par entreprise est de 0.086.

Suite de l'ÉTAT N° 6.

INDICATION DES OUVRAGES.	DÉPENSES		OBSERVATIONS.
	PAR ARTICLE	PAR STATION	
	fr. c.	fr. c.	
2ᵉ Section comprise entre la limite des départements de la Meurthe et du Bas-Rhin et la fin de la gare de Saverne. (Longueur de 8,227 mètres.) STATION DE SAVERNE. (1ᵉʳ Ordre.)			
Bâtiment des voyageurs (rez-de-chaussée et un étage)...	40,315 03		
Marquises du bâtiment des voyageurs abritant le trottoir d'embarquement...	7,108 »		
Abri couvert du côté de la voie opposée au bâtiment des voyageurs...	6,174 »		
Deux pavillons de latrines...	8,068 90		
Halle de marchandises...	19,403 94		
Remise pour dix wagons...	9,900 50		
Remise pour deux locomotives...	6,474 60		
Réservoir d'eau...	3,650 »		
Quai découvert...	3,378 »		
Parapet, clôtures en bois à claire-voie et barrières, dont une avec grilles en fer à l'entrée de la cour...	(a) 9,476 59		
Règlement général des terrassements de la plate-forme de la gare, pavages, empierrements, trottoirs, aqueducs et ouvrages divers...	18,551 98		
TOTAL des travaux à l'entreprise...	132,197 94		
Dépenses sur somme à valoir...	15,967 81		
TOTAL GÉNÉRAL pour la gare proprement dite.	148,165 75	148,165 75	
Travaux d'art aux abords de la station de Saverne, ponts, murs de soutènement et de clôture.			
Travaux à l'entreprise...	118,833 49		
Dépenses des sommes à valoir...	17,394 85		
TOTAL des ouvrages aux abords de la gare...	136,225 04	136,225 04	
TOTAL GÉNÉRAL pour la 2ᵉ section...		284,390 79	

OBSERVATIONS

LONGUEUR.	LARGEUR.	SURFACE.	DÉPENSE par mètre carré.
m.	m	m/q	fr. c.
36.30	9.30	337 59	119.40
36.30	8.00	108.90	65.20
11.80	4.10	48.38	127 64
11.40	4.60	32.44	133 86
pr les deux.			
38.50	13.00	577.50	33.59
37.30	8.90	331.97	29 83
15.60	10.00	156.00	44 50
5.70	4.60	26.22	139 20

Surface, 640 mètres carrés, ce qui fait revenir le mètre carré à 5 fr. 27 c.

La figure 4, planche A, donne le plan des dispositions générales de la gare de Saverne et du service de ses voies.

(a) Dans cette somme sont compris les parapets en pierre de taille qui couronnent le mur de soutènement de la plate-forme en remblai de la station pour une somme de 6,000 fr. environ. Les clôtures à claire-voie auront donc coûté 3,176 fr. 59 c.; et comme leur longueur totale est de 460 mètres, cela ferait revenir le mètre courant à 6 fr. 91 c.

Les trottoirs d'embarquement (en asphalte pour cette gare) sont à 0ᵐ,35 en contre-haut des rails. Ils ont 100 mètres de longueur et 4 mètres de largeur.

La surface totale de la gare étant de 470 ares, le prix de ces ouvrages divers est de 0.39 par mètre carré de surface de gare.

Le rapport des dépenses sur sommes à valoir aux dépenses par entreprise est de 0.120.

Ponts, voir l'état n° 3 *bis*........ 78,437 fr. 28 c. }
Murs de soutènement et de clôture.... 40,396 fr. 21 c. } 118,833 fr. 49 c.

Le rapport des dépenses sur sommes à valoir aux dépenses par entreprise est de 0.146.

Suite de l'ÉTAT N° G.

INDICATION DES OUVRAGES.	DÉPENSES		OBSERVATIONS.
	PAR ARTICLE	PAR STATION	
	fr. c.	fr. c.	

3e Section comprise entre la sortie de la gare de Saverne et l'entrée de la gare de Strasbourg. (Longueur de 42,981 mètres.)

STATION DE STEINBOURG.
(3e Ordre.)

INDICATION DES OUVRAGES.	PAR ARTICLE fr. c.	PAR STATION fr. c.
Bâtiment des voyageurs (rez-de-chaussée et un étage	22,158 64	
Marquise du bâtiment abritant le trottoir d'embarquement	1,637 45	
Abri couvert du côté de la voie opposée au bâtiment	3,920 »	
Pavillon de latrines	2,107 81	
Clôtures en bois à claires-voies et barrières	2,138 02	
Règlement des terrassemens de la plate-forme de la gare, pavages, empierrements, trottoirs, aqueducs et ouvrages divers	5,003 79	
— Total des travaux par entreprise	35,985 74	
Dépenses sur somme à valoir	5,168 97	
Total général	41,154 68	41,154 68

Observations pour STATION DE STEINBOURG :

LONGUEUR.	LARGEUR.	SURFACE.	DÉPENSE par mètre carré.
m.	m.	m/q	fr. c.
17.10	8.40	143.64	154 27
17.10	3.00	51.30	32 81
6.00	4.10	24 60	159 34
3.20	3.10	9.92	212 48

La longueur développée des clôtures est de 300 mètres, ce qui fait revenir le mètre courant à 9 fr. 13 c.

Les trottoirs sont disposés comme à la station de Saverne ; seulement ils sont en gravier et ont 80 mètres de longueur sur 4 mètres de largeur.

La surface totale de la gare étant de 100 ares, le prix de ces ouvrages divers revient à 0.50 par mètre carré de surface de gare.

Le rapport des dépenses sur sommes à valoir aux dépenses par entreprise est de 0.144.

STATION DE DETTWILLER.
(3e Ordre.)

INDICATION DES OUVRAGES.	PAR ARTICLE fr. c.	PAR STATION fr. c.
Bâtiment des voyageurs (rez-de-chaussée et un étage	22,366 16	
Marquise de ce bâtiment sur le trottoir	1,639 54	
Abri couvert du côté de la voie opposé au bâtiment	3,920 »	
Pavillon de latrines	2,116 63	
Clôture en bois à claire-voie et barrières	2,138 02	
Terrassements, pavages, empierrements, trottoirs, aqueducs et dépenses diverses	2,329 56	
Total des travaux à l'entreprise	34,709 61	
Dépenses sur sommes à valoir	5,609 67	
Total général	40,319 28	40,319 28
A reporter		81,473 96

Observations pour STATION DE DETTWILLER :

LONGUEUR.	LARGEUR.	SURFACE.	DÉPENSE par mètre carré.
m.	m.	m/q	fr. c.
17.10	8.40	143.64	157 10
17.10	3.00	51.30	31 95
6.00	4.10	24.60	159 34
3.20	3.10	9.92	213 37

Pour cette station les types sont les mêmes que pour celle de Steinbourg.

La longueur totale des clôtures est de 330 mètres, ce qui fait revenir le mètre courant à 6 fr. 50.

Trottoirs comme à la gare de Steinbourg, 80 mètres de longueur sur 4 mètres de largeur.

La surface totale de la gare étant de 91 ares, ces ouvrages divers reviennent à 0.25 par mètre carré de surface de gare.

Le rapport des dépenses sur somme à valoir aux dépenses par entreprise est de 0.162.

INDICATION DES OUVRAGES.	DÉPENSES		OBSERVATIONS.
	PAR ARTICLE	PAR STATION	

INDICATION DES OUVRAGES.	PAR ARTICLE (fr. c.)	PAR STATION (fr. c.)
Report.	»	81,473 96
STATION DE HOCHFELDEN. (2ᵉ Ordre.)		
Bâtiment des voyageurs (rez-de-chaussée et un étage).	26,891 70	
Marquise	2,192 08	
Abri couvert.	6,174 00	
Pavillon de latrines	2,168 47	
Halle de marchandises.	15,974 19	
Remise pour quatre wagons	6,792 80	
Quai découvert	2,960 97	
Clôtures en bois et barrières.	2,384 27	
Terrassements, pavages, empierrements, trottoirs, aqueducs et dépenses diverses.	6,008 90	
Total des travaux par entreprise	70,947 08	
Dépenses sur sommes à valoir.	8,568 19	
Total Général.	79,515 27	79,515 27
STATION DE MOMMENHEIM. (3ᵉ Ordre.)		
Bâtiment des voyageurs (rez-de-chaussée et un étage).	21,782 76	
Marquise	1,639 73	
Abri couvert	3,920 »	
Pavillon de latrines	2,118 06	
Clôtures en bois et barrières.	2,205 07	
Terrassements, empierrements, pavages, trottoirs, aqueducs et dépenses diverses.	4,784 35	
Total des travaux à l'entreprise	36,440 97	
Dépenses sur somme à valoir	4,337 16	
Total Général.	40,778 13	40,778 13
À reporter.	. . . . .	201,767 33

OBSERVATIONS.

LONGUEUR. (m.)	LARGEUR. (m.)	SURFACE. (m/q)	DÉPENSE par mètre carré. (fr. c.)
22.80	8.40	191.52	137 80
22.80	3.00	68.40	32 05
6.00	4.40	26.40	233 86
3.20	3.10	9.92	218 59
27.50	15.00	412.50	38 72
29.30	4.30	125.99	53 91

La surface du quai est de 391 mètres, ce qui fait revenir la dépense à 7 fr. 57 c. par mètre carré.

La longueur des clôtures est de 830 mètres, ce qui fait revenir le mètre courant à 7 fr. 22 c.

Les trottoirs sont disposés comme aux stations précédentes ; seulement ils ont 95 mètres de longueur.

La surface totale de la gare de Hochfelden étant de 110 ares, ces ouvrages divers reviennent à 0.55 le mètre carré de surface de gare.

Le rapport entre les dépenses sur somme à valoir et les dépenses par entreprise est ici de 0.12.

LONGUEUR. (m.)	LARGEUR. (m.)	SURFACE. (m/q)	DÉPENSE par mètre carré. (fr. c.)
17.10	8.40	143.64	151 64
17.10	3.00	51.30	31 84
6.00	4.10	24.60	159 34
3.20	3.10	9.92	213 21

Pour cette station les types sont exactement les mêmes que pour les stations de Steinbourg et Dettwiller.

La longueur totale des clôtures est de 300 mètres, ce qui fait revenir le mètre courant à 7 fr. 35 c.

Les trottoirs sont disposés comme aux stations précédentes ; ils ont 95 mètres de longueur.

La surface totale de la gare étant de 19 ares, le prix de ces ouvrages divers revient à 2 fr. 52 c. par mètre carré de surface de gare. Ce prix est exceptionnel par rapport aux prix analogues des autres gares.

Le rapport des dépenses sur somme à valoir aux dépenses par entreprise est ici de 0.119.

Suite de l'ÉTAT N° 6.

INDICATION DES OUVRAGES.	DÉPENSES		OBSERVATIONS.
	PAR ARTICLE	PAR STATION	
	fr. c.	fr. c.	
Report.	»	201,767 36	

STATION DE BRUMATH.
(2ᵉ Ordre.)

INDICATION DES OUVRAGES.	PAR ARTICLE (fr. c.)	LONGUEUR. (m.)	LARGEUR. (m.)	SURFACE. (m/q)	DÉPENSE par mètre carré. (fr. c.)	OBSERVATIONS.
Bâtiment des voyageurs (rez-de-chaussée et un étage).	29,099 01	22.80	8.40	191.52	151 93	
Marquise	2,181 54	22.80	3.00	68.40	31 39	Même type que pour la station de Saverne.
Abri couvert. . . .	6,174 »	6.00	4.40	26.40	233 86	
Pavillon do latrines . . .	3,883 98	5.70	4.60	26.22	148 13	Même type que pour la station de Saverne.
Halle de marchandises. . .	17,838 84	27.30	15.00	412.50	43 24	Même type que pour la station de Hochfelden.
Remise pour quatre wagons . .	9,710 46	29.90	4.30	125.99	69 13	Même type que pour la station de Hochfelden.
Réservoir d'eau. . . .	3,650 »	5.70	4.60	26.22	139 20	Même type que pour la station de Saverne.
Quai découvert . . .	1,949 33					La surface de ce quai est de 384 mètres cubes, ce qui fait revenir le mètre carré à 5 fr. 98 c.
Clôtures en bois et barrières. . .	2,327 06					La longueur totale des clôtures étant de 310 mètres, le mètre courant revient à 7 fr. 83 c.
Terrassements, pavages, empierrements, trottoirs, aqueducs et ouvrages divers. . .	10,398 28					Trottoirs disposés comme aux stations précédentes. Longueur 95 mètres. La superficie totale de la gare étant de 125 ares, le prix de ces ouvrages divers revient à 0.83 par mètre carré de surface de gare.
TOTAL des travaux à l'entreprise . . .	86,212 50					
Dépenses sur sommes à valoir. . .	9,025 66					
TOTAL GÉNÉRAL. . . .	93,238 16					Le rapport des dépenses sur sommes à valoir aux dépenses par entreprise est de 0.105.

	PAR STATION (fr. c.)
TOTAL GÉNÉRAL.	95,238 16
A reporter.	297,003 52

Suite de l'ÉTAT N° 6.

INDICATION DES OUVRAGES.	DÉPENSES		OBSERVATIONS.
	PAR ARTICLE	PAR STATION	
	fr. c.	fr. c.	
Report.	»	297,005 52	
STATION DE VENDENHEIM.			
(3ᵉ Ordre.)			
Bâtiment des voyageurs (rez-de-chaussée et un étage.	24,482 83		
Marquise.	1,590 43		
Abri couvert.	3,920 »		
Pavillon de latrines	2,137 87		
Clôtures en bois et barrières.	2,100 09		
Terrassements, pavages, empierrements, trottoirs, aqueducs, et ouvrages divers.	3,236 82		
TOTAL des travaux à l'entreprise. . . .	37,468 04		
Dépenses sur sommes à valoir.	4,652 50		
TOTAL GÉNÉRAL.	42,120 54	42,120 54	
TOTAL GÉNÉRAL de la 3ᵉ section. . . .	. . . . .	339,126 06	

OBSERVATIONS.

LONGUEUR.	LARGEUR.	SURFACE.	DÉPENSE par mètre carré.
m.	m.	m/q	fr. c.
17.10	8.40	143.64	170 44
17.10	3.00	54 30	81 »
6.00	4.10	24.60	159 34
3.20	3.10	9.92	215 54

La gare de Vendenheim, près de laquelle s'embranche sur la ligne principale le chemin de Wissembourg, va devenir très-importante. Les indications de cet état ne se rapportent qu'à la station de la ligne de Paris à Strasbourg proprement dite.

Les types de bâtiments de cette station sont les mêmes que pour les stations de Steinbourg et Dettwiller.

La longueur totale des clôtures étant de 280 mètres, le prix par mètre courant est de 7 fr. 50 c.

Les trottoirs sont semblables à ceux des stations de Steinbourg et Dettwiller.

La superficie totale de la gare étant de 70 ares, le prix de revient de ces ouvrages divers est de 0.40 par mètre carré de surface de gare.

Le rapport des dépenses sur sommes à valoir aux dépenses par entreprise est ici de 0.124.

23

Suite de l'ÉTAT N° 6.

INDICATION DES OUVRAGES.	DÉPENSES		OBSERVATIONS.				
	PAR ARTICLE	PAR STATION	LONGUEUR.	LARGEUR.	SURFACE.	DÉPENSE par mètre carré.	
	fr. c.	fr. c.	m.	m.	m/q	fr. c.	
2° GARES EXCEPTIONNELLES.							
GARE DE STRASBOURG.							
Bâtiment des voyageurs.	759,537 52		88.60	25.60	2,268.16	334 86	
Remise de locomotives.	29,123 34		94.62	21.50	744.33	39 12	
Atelier de réparation.	10,567 63		22.16	8.00	177.28	59 64	
Remise mixte.	37,933 33		63.00	18.00	1,134.00	33 45	
Hangars des messageries.	10,352 71		26.05	11.55	300.88	34 40	
Hangars des postes	10,477 19		26.05	11.55	300.88	34 82	
Pavillons de latrines (deux)	14,039 99		23.20 pour les deux.	12.22	283.50	49 52	
TRAVAUX DIVERS.							
Pavage des cours, trottoirs extérieurs, grilles, clôtures, égouts et établissements des rues nouvelles.	107,858 85		»	»	5 h. 20 a.	2 07	Par mètre carré de surface de gare.
Quai découvert	28,226 25		»	»	2,500 m/q	11 29	
Deux halles de marchandises	104,681 44		95.00 pour les deux.	32.00	3,040.00	34 43	
Réservoir d'eau	3,560 »		5.70	4.60	26.22	139 20	
Travaux divers et imprévus	13,534 02		»	»	»	»	
Hangar de la douane et égout	42,235 30		47.50	32.00	1,520.00	27 79	Cette somme représente la moitié seulement de la dépense, l'autre moitié ayant été payée par la Compagnie.
Nivellement des terrains en remblai du marais vert, décapement pour la pose des voies dans la gare et construction d'un petit bâtiment avec bureau.	12,564 62						
TOTAL.	1,185,712 07						Le rapport entre les dépenses sur sommes à valoir et les dépenses à l'entreprise est de 0.077.
A reporter.		1,185,712 07					

Suite de l'ÉTAT N° 6.

INDICATION DES OUVRAGES.	DÉPENSES.	OBSERVATIONS.
	fr. c.	
Report.	1,185,712 07	
Dépenses faites sur la somme à valoir.	98,267 07	
TOTAL GÉNÉRAL des dépenses faites.	1,283,979 14	
Somme à valoir pour ce qui pourrait rester à faire.	16,020 86	
TOTAL GÉNÉRAL.	1,300,000 »	
À quoi il faut ajouter pour avoir la dépense réelle :		
1° La part du paiement de la Compagnie dans le hangar de la douane	42,235 30	
2° La dépréciation du matériel acquis par l'État pour la gare, rails, plate-forme, etc. Matériel rétrocédé à la Compagnie après expertise.	62,700 »	
D'où résulte un TOTAL GÉNÉRAL de	1,404,935 30	

RÉCAPITULATION DES GARES.

1° STATIONS ORDINAIRES.

INDICATION DES OUVRAGES.	DÉPENSES.	OBSERVATIONS.
1re Section comprise entre un point situé à 6,600 mè-res en amont de la limite des départements de la Meurthe et du Bas-Rhin et cette limite. (Longueur de 6,600 mètres).	86,235 12	Une gare, celle de Lutzelbourg.
2e Section comprise entre la limite des départements de la Meurthe et du Bas-Rhin et la fin de la gare de Saverne. (Longueur de 8,227 mètres.)	284,390 79	Une gare, celle de Saverne et ses abords.
3e Section comprise entre la sortie de la gare de Saverne et l'entrée de la gare de Strasbourg. (Longueur de 42,981 mètres.)	339,126 06	Six gares, ce qui fait revenir la gare moyenne à 55,247 fr. 12 c.
TOTAL des gares ordinaires.	709,751 97	

2° STATIONS EXCEPTIONNELLES.

INDICATION DES OUVRAGES.	DÉPENSES.	OBSERVATIONS.
Gares de Strasbourg et ses accessoires.	1,404,935 30	Y compris la part payée par la Compagnie pour les hangars de la douane.
TOTAL pour la gare de Strasbourg.	1,404,935 30	Non compris les indemnités de terrain.

MAISONS DE GARDES. — PASSAGES A NIVEAU.

Pour les maisons de gardes et les passages à niveau, nous avons pris la dépense totale du Bas-Rhin pour chacun de ces objets, et en les divisant par le nombre de maisons ou de passages, nous avons obtenu un prix par maison et un prix par passage à niveau, que nous avons dans chaque section appliqué au nombre de maisons ou de passages qui se trouvent dans cette section : pour le passage à niveau et la maison de garde qui se trouvent dans la 1ʳᵉ section, M. l'ingénieur Lyautey a bien voulu nous en indiquer séparément la dépense.

Nous formons donc les états suivants :

ÉTAT Nº 7. — DÉPENSES DES PASSAGES A NIVEAU.

INDICATION DES SECTIONS.	DÉPENSES TOTALES.	NOMBRE de passages.	DÉPENSES par passage.	OBSERVATIONS.
	fr. c.		fr. c.	La dépense des passages à niveau comprend les pavages, clôtures, portes, mais non les contre-rails qui sont aux frais de la Compagnie.
1ʳᵉ Section. Entre un point situé à 6,600 mètres en amont de la limite des départements de la Meurthe et du Bas-Rhin et cette limite. (Longueur de 6,600 mètres.)	1,500 »	1	(a) 1.500 »	(a) Ce passage a des clôtures exceptionnelles par leur longueur, à cause du biais extrêmement prononcé du passage.
2ᵉ Section. Entre la limite des départements de la Meurthe et du Bas-Rhin et la fin de la gare de Saverne. (Longueur de 8,227 mètres.)	4,679 36	7	668 48	
3ᵉ Section. Entre la fin de la gare de Saverne et l'entrée de la gare de Strasbourg. (Longueur de 42,981 mètres.)	32,755 52	49	668 45	
Totaux	38,934 88	57	»	

ÉTAT Nº 8. — DÉPENSES DES MAISONS DE GARDES.

INDICATION DES SECTIONS.	DÉPENSES TOTALES.	NOMBRE de maisons.	DÉPENSES par maison.	OBSERVATIONS.
	fr. c.		fr. c.	
1ʳᵉ Section. Entre un point situé à 6,600 mètres en amont de la limite des départements de la Meurthe et du Bas-Rhin et cette limite. (Longueur de 6,600 mètres.)	3,500 »	1	3,500 »	Cette maison a 5ᵐ,60 de largeur sur 6ᵐ,60 de longueur.
2ᵉ Section. Entre la limite des départements de la Meurthe et du Bas-Rhin et la fin de la gare de Saverne. (Longueur de 8,227 mètres.)	15,354 16	4	3,838 54	Les maisons de gardes ont 8 mètres de longueur sur 5ᵐ,60 de largeur totale dans les deux dernières sections.
3ᵉ Section. Entre la fin de la gare de Saverne et l'entrée de la gare de Strasbourg. (Longueur de 42,981 mètres.)	80,609 34	21	3,838 54	
Totaux	99,463 50	26	3,832 12	

ÉTAT N° 9. — INDEMNITÉS DE TERRAIN.

INDICATION DES SECTIONS	Longueurs en mètres.	Contenances acquises.	Dépenses totales.	DÉPENSES par mètre courant.	DÉPENSES par hectare.
1	**2**	**3**	**4**	**5**	**6**
	m.	h. a.	fr. c.	fr. c.	fr. c.
1re Section. — Entre un point situé à 6,600 m. en amont de la limite des dép. de la Meurthe et du Bas-Rhin et cette limite :					
Longueur occupée sur propriétés particulières.	3,100 00	14.60	(a) 127,193 35	41 03	8,711 87
Terrains occupés sur le sol domanial forestier cédé gratuitement......	3,500 00	12 00	» (b)	»	»
Totaux de la 1re Sect.	6,600 00	26 60 (c)	127,193 35 (c)	19 27	4,781 70
2e Section. — Entre la limite des départements de la Meurthe et du Bas-Rhin et la fin de la gare de Saverne :					
Terrains occupés sur le sol domanial forestier cédé gratuitement......	4,387 00	17 »	»	»	»
Terrains occupés sur propriétés particulières.	3,200 00	12.60	137,906 79	43 09	10,944 98
Gare de Saverne.	640 00	4.70	165,165 »	258 07	35,141 49
23 maisons démolies pour établir les abords de la gare de Saverne..	»	0.40	251,000 »	»	627,500 »
Totaux de la 2e Sect.	8,227 00	34.70	554,071 79	67 34	15,967 48
3e Section. — Entre la fin de la gare de Saverne et l'entrée de la gare de Strasbourg :					
Terrains occupés sur propriétés particulières..	42,581 00	122.80	1,211,415 75	28 44	9,785 26
Terrains occupés sur le sol domanial........	400 00	1 »	»	»	»
Totaux de la 3e Sect.	42,981 00	123 80	1,211,415 75	28 44	9,785 26
RÉCAPITULATION.					
1re Section........	6,600 00	26.60	127,193 35	19 27	4,781 70
2e Section	8,227 00	34 70	554,071 79	67 34	15,967 48
3e Section	42,981 00	123.80	1,211,415 75	28 44	9,785 26
Totaux des 3 Sect.	57,808 00	185.10	1,892,680 89	32 74	10,225 20
4° Gare de Strasbourg.	363 00	5.20	1,785,650 23	4,919 15	(s) 343,394 27

OBSERVATIONS.

Les chiffres de la colonne 5 s'obtiennent en divisant ceux de la colonne 4 par ceux de la colonne 2, ceux de la colonne 6 en divisant ceux de la colonne 4 par ceux de la colonne 3.

(a) Largeur moyenne occupée par mètre courant, $\frac{14\ \text{h. }60}{3,100} = 47^{m},09$

(b) Largeur occupée sur le sol forestier, $\frac{12\ \text{h. }00}{3,500} = 34^{m},28$

(c) La largeur moyenne totale occupée par mètre courant, tant pour le chemin de fer que ses accessoires, est pour la 1re section, $\frac{26\ \text{h. }60}{6,600} = 40^{m},30$

La largeur moyenne occupée par mètre courant sur le sol domanial est de $\frac{17\ \text{h. }00}{4,387} = 38^{m},73$

La largeur moyenne occupée par mètre courant sur propriétés particulières est de $\frac{12\ \text{h. }60}{3,200} = 39^{m},37$

La largeur moyenne est pour la gare de Saverne $\frac{4\ \text{h. }70}{640} = 73^{m},43$

Sur l'ensemble de la 2e sect. la largeur totale moyenne occupée pour le chemin de fer et ses accessoires est de $\frac{34\ \text{h. }70}{82.\ 27} = 42^{m},17$

(h) La largeur moyenne occupée par mètre courant sur le sol domanial est de $\frac{1\ \text{hect.}}{400} = 25^{m},00$

La largeur moyenne totale occupée par mètre courant sur propriétés particulières est de $\frac{122\ \text{h. }80}{42.\ 581} = 28^{m},83$

La largeur moyenne totale occupée dans la 3e section est de 28m,80.

Largeur moyenne occupée, 40m,30.

Largeur moyenne occupée, 42m,17.

Largeur moyenne occupée, 28m,80.

La largeur moyenne totale occupée par le chemin de fer et ses accessoires sur l'ensemble des 3 sect. est de $\frac{185\ \text{h. }10}{57.\ 808} = 32^{m},02$

(s) La largeur moyenne occupée pour la gare de Strasbourg est $\frac{5\ \text{h. }20}{363} = 143^{m},25$

ÉTAT Nº 10. — INDEMNITÉS DE DOMMAGES POUR FOUILLES D'EMPRUNTS ET AUTRES DOMMAGES ET FRAIS DIVERS RELATIFS A CES INDEMNITÉS.

Le chiffre de ces dépenses n'a pu être tout à fait exactement déterminé, attendu que pour la 1re section située dans le département de la Meurthe, ces frais sont confondus dans la comptabilité avec ceux qui s'appliquent au reste du chemin de fer dans ce département. Pour les deux sections du Bas-Rhin le chiffre total de ces dépenses est . . . . **256,403** »

Que nous subdiviserons proportionnellement aux longueurs. La 2e et 3e section ont ensemble une longueur de 51,208 mètres, ce qui fait en nombres ronds pour la 2e section, qui a 8,227 mètres de longueur, une somme de . . . . **44,193** »

Et pour la 3e, qui a 42,981 de long, une somme de . . . . **215,240** »

Pour la 1re section, on admettra la même proportion, ce qui fera, sur les 61,600 mètres de longueur qu'elle a, une somme approximative de . **33,047** »

TOTAL. . . . . **289,450** »

ÉTAT Nº 11. — FRAIS D'ÉTUDES, DE SURVEILLANCE, D'ADMINISTRATION ; DÉPENSES ÉVENTUELLES ET ACCESSOIRES, TRAVAUX ET FRAIS DIVERS.

Même observation que pour l'état nº 10 en ce qui concerne la 1re section.

La dépense totale du Bas-Rhin est en nombres ronds, y compris une somme de 34,562 fr. 55 c. pour frais de procédure et d'acquisition . . **350,000** »

Ce qui, divisé proportionnellement aux longueurs, donne pour les sections comprises dans le Bas-Rhin :

Pour la 2e section . . . . **56,230** »

Pour la 3e section . . . . **293,770** »

Pour la 1re section, on ne peut qu'évaluer la dépense approximativement ; en prenant à peu près les mêmes bases, nous l'estimons à . . . . . **45,110** »

TOTAL. . . . . **395,110** »

NOTA. — Les frais d'études et d'opérations sont revenus à 0 fr. 35 environ par mètre courant de chemin de fer.

Le levé des plans parcellaires a été fait en général par soumissions de géomètres entre 110 et 120 francs par kilomètre, soit 0 fr. 11 c. à 0 fr. 12 c. par mètre courant, de sorte que les frais de nivellement et d'études relatives aux projets seraient de 0 fr. 35 — 0 fr. 11 ou de 0,24 à 0,35 — 0,12 ou 0,23 par mètre courant de chemin de fer. Ces frais sont à très-peu près le double des frais de levé des plans parcellaires.

Ces dépenses ne s'appliquent, bien entendu, qu'aux études faites avec le personnel de l'administration et ne comprennent aucun traitement d'employés. S'il s'agissait d'études faites par une compagnie, il faudrait à la dépense ci-dessus de 0 fr. 35 par mètre courant, ajouter le traitement des employés chargés des opérations.

ÉTAT N° 12. — SOMME A VALOIR POUR ÉVENTUALITÉS RELATIVES A DIVERS TRAVAUX POUR L'ACHÈVEMENT COMPLET DU CHEMIN DE FER.

Les travaux étaient terminés en 1855, époque de la rédaction de ces comptes, excepté la station de Strasbourg qui était très-avancée. M. Guerre, ingénieur en chef du service du Bas-Rhin, avait réservé dans ses estimations une somme totale de 58,000 fr. pour travaux imprévus à approuver ultérieurement par l'administration, s'il y avait lieu. Comme tout le chemin de fer était définitivement reçu par la Compagnie et que la station de Strasbourg, quoique non terminée, était assez avancée pour que les estimations actuelles de cette station pussent être regardées comme tout à fait exactes, il n'y avait pas de raison pour porter cette réserve sur un point plutôt que sur un autre, et nous l'avons divisée proportionnellement aux longueurs des sections n°s 2 et 3, ce qui ferait

Pour la 2e section.	9,318 »
Pour la 3e section.	48,682 »
TOTAL.	58,000 »

Quant à la 1re section, il n'y avait plus absolument rien à y faire ; il n'y avait donc pas de sommes à valoir à réserver pour cette section.

ÉLÉMENTS RELATIFS A LA COMPOSITION DE L'ÉTAT N° 13, RÉCAPITULATIF DES TRAVAUX EXÉCUTÉS PAR LA COMPAGNIE.

Les travaux exécutés par la Compagnie ne pourraient être évalués tout à fait exactement qu'autant que nous aurions pu nous procurer auprès d'elle tous les renseignements nécessaires à cet effet, ce que nous n'avons pu faire. Il faut donc nous suffire et tâcher d'évaluer au moins approximativement les travaux qu'elle a fait exécuter, afin d'arriver au prix total du mètre de chemin de fer.

Établissons d'abord le prix du mètre courant de voie double. Voici à très-peu près le prix qu'a dû payer la Compagnie.

	fr.	c.
1° BALLAST. — 5 mètres cubes par mètre courant à 3 fr. l'un, prix moyen	15	»
2° RAILS. — A 37 kilog. 50 le mètre courant de rails, soit pour les quatre rails du mètre courant de voie, 150 kilog., à 40 fr. les 100 kil. (1)	60	»
3° TRAVERSES. — Seize traverses pour 9 mètres courants, soit par mètre courant 1^m,80 de traverses cubant 0^m,13 l'une, soit par mètre courant de voie double 0^m,234 de bois de chêne, à 60 fr.	14	04

4° COUSSINETS. — Pour 9 mètres courants de double voie, il faut trente-deux coussinets, dont huit de joint, à 12 kil. 40 . . . 99 k. 20
Vingt-quatre intermédiaires à 10 kil. 20. . . 244   80

TOTAL pour 9 mètres. . . . . 344 k.		
Soit pour 1 mètre courant $\frac{344}{9}$ ou 36 k. 22, à 25 fr. les 100 k. (1)	9	55
A reporter.	98	59

(1) Ce prix, qui était celui de 1855, serait trop élevé aujourd'hui que la concurrence anglaise a fait baisser notablement les prix des fers.

	fr.	c.
Report.	98	59

5° COINS. — Il en faut deux par traverse, soit 1,80 × 2 = 3 60 par mètre courant de voie, à 0 fr. 10 l'un. **0 36**

6° CHEVILLES. — Quatre chevilles par traverse, soit 1,80 × 4 = 7 20 par mètre courant, au poids de 0 k. 30, soit 7,20 × 0,30 = 2 k. 16, à 0 fr. 60 c. **1 30**

7° SABOTAGE. — Le sabotage se paie 0 fr. 15 c. par traverse, soit par mètre courant 1,80 × 0 15. . . . . **0 27**

8° POSE. — La pose se fait à raison de 0 fr. 60 c. par mètre courant de voie simple, soit à 1 fr. 20 c. pour la voie double. **1 20**

TOTAL. **101 72**

Outre les dépenses précédentes il faut encore compter par mètre courant de voie double les poteaux kilométriques et les guérites de gardes; nous pensons que le kilométrage peut être évalué par mètre courant à raison de. **0 02**

Et les guérites à 280 fr. pièce et à raison d'une guérite par 2 kilomètres, et pour 1 mètre courant. **0 14**

TOTAL. **0 16**

Ce qui porterait le prix du mètre courant de voie à **101 88**

Les clôtures sont évaluées par mètre courant de chemin de fer moyennement à. **1 60**

Nous ajouterons pour faux frais divers. **1 52**

Ce qui fera revenir le mètre courant à. . . . . **105 »**

Le mètre courant de voie de garage ou de voie de service simple dans les gares, peut être évalué à $\frac{101\ 72}{2}$ ou à 50 fr. 86, soit en nombres ronds, avec les faux frais, à. . . . . **52 »**

Le prix moyen d'une plaque tournante de 3^m,40 de diamètre, pose comprise, est de . . . . **2,690 »**

Le prix moyen d'une plaque tournante de 4^m,40 de diamètre est, pose comprise, de. **5,000 »**

Prix moyen. **3,800 »**

NOTA. — On tend aujourd'hui à augmenter les diamètres des plaques tournantes pour les rendre plus commodes pour l'exploitation.

Le prix moyen d'une déviation est, non compris les rails et coussinets, de. . . . .

pour les simples. . **400 »**

pour les doubles. . **700 »**

Moyenne. . , . . . **550 »**

Et en ajoutant les rails et coussinets, le prix moyen d'une déviation est de. **1,200 »**

Nous ne connaissons pas en détail le service des stations du chemin de Paris à Strasbourg, mais nous pouvons cependant, pour ces stations, tant au moyen de ce que nous avons pu y voir que des résultats généraux de la pratique d'autres stations analogues, résumer ainsi qu'il suit les voies et leur matériel accessoire.

	m.
Dans la station importante de Saverne, nous admettons en moyenne pour les voies de garage une longueur de.	1,500.00
Pour les voies de service une longueur de.	1,200.00
TOTAL.	2,700.00

Pour les stations moyennes comme celles de Hochfelden et Brumath, nous admettons.	1,600.00
Pour les petites stations.	600.00

Quant aux plaques tournantes, en voici à peu de chose près le nombre pour les différentes stations du Bas-Rhin :

Dans la gare de Saverne, il y a un nombre de plaques tournantes de.	12
Une grande plaque tournante pour locomotives.	1
A la station de Hochfelden, il y a une plaque tournante, ci.	1
A la station de Brumath, il y en a deux, ci	2

Quant aux déviations à aiguilles, les diverses stations du Bas-Rhin présentent les nombres suivants :

Station principale de Saverne	9
Station moyenne de Brumath.	7
Station moyenne de Hochfelden	3
Petites stations de Steinbourg, Dettwiller, Mommenheim et Vendenheim.	3 par station.

Travaux de la Compagnie.

Au moyen des données que nous venons d'établir ci-dessus, il est facile d'évaluer approximativement les dépenses faites par la Compagnie pour la construction de la voie; nous n'entrons pas, d'ailleurs, dans les dépenses relatives à l'exploitation, telles que les grues hydrauliques pour l'alimentation, les conduites d'eau qui en dépendent, les machines à vapeur à établir dans les réservoirs d'eau, les disques et autres signaux, et le mobilier des stations, etc. Nous ne voulons qu'établir le prix du mètre courant de chemin de fer terminé avec sa voie, pour le comparer ensuite au prix du mètre courant de canal mis en eau.

Établissons d'abord la dépense pour la 1re section comprise entre un point situé à 6,600m,00 en amont de la limite des départements de la Meurthe et du Bas-Rhin et cette limite.

	fr.	c.	fr.	c.
6,600 mètres courants de voie double, kilomètres, clôture et guérite de gardes et tous faux frais compris.	693,000	»	693,000	»
Gare de Lutzelbourg, 1,600 mètres de voie de service et de garage, à 52 fr. le mètre	83,200	»	83,200	»
4 plaques tournantes, à 2,600 fr. l'une.	10,400	»		
6 déviations, à 1,200 fr. l'une	7,200	»	17,600	»
Nous ajoutons à cela pour les contre-rails d'un passage à niveau	300	»	300	»
TOTAL pour la 1re section.	794,100	»	394.100	»

2ᵉ SECTION. — Entre la limite des départements de la Meurthe et du Bas-Rhin et la fin de la gare de Saverne.

	fr. c.	fr. c.
8,227 mètres courants de voie double, à 105 fr. l'un.	863,835 »	863,835 »
Gare de Saverne. — 2,700 mètres de voies de garage et de service, à 52 fr. le mètre	140,400 »	140,400 »
12 plaques tournantes, à 3,800 fr. l'une	45,600	
1 plaque tournante à 12 mètres de diamètre, pose comprise	15,000 »	} 71,400 »
9 déviations, à 1,200 fr. l'une	10,800 »	
Contre-rails de sept passages à niveau	2,100 »	2,100 »
TOTAL pour la 2ᵉ section	1,077,735 »	1,077,735 »

3ᵉ SECTION, entre la fin de la gare de Saverne et l'entrée de la gare de Strasbourg.

	VOIE.	PLAQUES et DÉVIATIONS.
	fr. c.	fr. c.
42,981 mètres courants de voie double, à 105 francs l'un	4,513,005 »	»
Station de Steinbourg. { 600 mètres de voies de service et de garage, à 52 francs	31,200 »	»
3 déviations, à 1,200 francs l'une	«	3,600 »
Station de Dettwiller comme { Voies de gare . . .	31,200 »	»
pour la station de Steinbourg. { Déviations	»	3,600
Station de Hochfelden. { 1,600 mètres de voies de service et de garage, à 52 francs	83,200 »	»
Plate-forme tournante, 1 à 2,600 francs . . .	»	2,600 »
3 déviations, à 1,200 francs	»	3,600 »
Station de Mommenheim, comme pour celles de Steinbourg et Dettwiller	31,200 »	3,600 »
Station de Brumath, comme pour la station de Hochfelden	83,200 »	6,200 »
Plus 1 plaque tournante, à 2,600 francs . . .	»	2,600 »
Plus 4 déviations, à 1,200 francs	»	4,800 »
Station de Vendenheim, comme pour les stations de Steinbourg, Dettwiller et Mommenheim . . .	31,200 »	3,600 »
TOTAUX	4,804,205 »	34,200 »
Contre-rails de quarante-neuf passages à niveau .	14,700 »	»
TOTAUX GÉNÉRAUX pour la 3ᵉ section . . .	4,818,905 »	34,200 »

Au moyen de ce qui vient d'être établi on forme l'état suivant :

ÉTAT No **13.** — RÉCAPITULATIF DES TRAVAUX DE LA COMPAGNIE EN CE QUI CONCERNE LE SERVICE DE LA VOIE PROPREMENT DITE.

INDICATION des OUVRAGES.	1re SECTION			2e SECTION			3e SECTION			OBSERVATIONS.
	Longueur de la section.	DÉPENSES TOTALES.	DÉPENSES par mètre courant de chemin de fer.	Longueur de la section.	DÉPENSES TOTALES.	DÉPENSES par mètre courant de chemin de fer.	Longueur de la section.	DÉPENSES TOTALES.	DÉPENSES par mètre courant de chemin de fer.	
	m.	fr. m.	fr. m.	m.	fr. m.	fr. m.	m.	fr. m.	fr. m.	
Voie proprement dite.	6,600.00	693,000 00	103 000	8,227.00	863,835 00	103 000	42,981	4,513,003 00	103 000	
Voies accessoires dans les stations	6,600.00	83,200 00	12 606	8,227.00	140,400 00	17 06;	42,981	291,200 00	6 775	
Plaques tournantes, déviations.	6,800.00	17,600 00	2 667	8,227.00	71,400 00	8.679	42,981	34,200 00	0 796	
Passages à niveau	6.600.00	300 00	0 045	8,227.00	2,100 00	0 255	42,981	14,700 00	0 342	
TOTAUX.	6,600.00	794,100 00	120 318	8,227.00	1,077,735 00	130 999	42,981	4,853,105 00	112 913	

RÉCAPITULATION.

DÉPENSES.

1re Section.	794,400 fr.	»
2e Section.	1,077,733	»
3e Section.	4,853,105	»
DÉPENSE TOTALE.	6,724,940 fr.	»

NOTA. — Il resterait à évaluer les dépenses faites et à faire par la Compagnie pour toutes les voies de la gare de Strasbourg. Nous les établissons à peu près de la manière suivante :

	fr.	c.
5 kilomètres de voies de service et de garage, à 52 fr. le mètre courant	260,000	»
70 plaques tournantes, à 5,000 l'une.	850,000	»
Grandes plaques tournantes et croisements, par aperçu	140,000	»
TOTAL.	750,000	»

NOTA. — Le matériel roulant n'entre d'ailleurs pour rien dans nos estimations.

NOTE I. — État récapitulatif et comparatif des dépenses du Chemin de fer et du Canal sur le versant du Rhin.

CHEMIN DE FER DE PARIS A STRASBOURG.

	1re SECTION			2e SECTION			3e SECTION			ENSEMBLE DES TROIS SECTIONS			OBSERVATIONS
	LONGUEUR de la section.	DÉPENSES TOTALES.	DÉPENSE par b. courant.	LONGUEUR de la section.	DÉPENSES TOTALES.	DÉPENSE par b. courant.	LONGUEUR de la section.	DÉPENSES TOTALES.	DÉPENSE par b. courant.	LONGUEUR des trois sections.	DÉPENSES TOTALES.	DÉPENSE par b. courant.	

CANAL DE LA MARNE AU RHIN.

INDICATION des NATURES DE DÉPENSES.	1re SECTION			2e SECTION			3e SECTION			ENSEMBLE des TROIS SECTIONS.			OBSERVATIONS
	LONGUEUR de la section.	DÉPENSES TOTALES.	DÉPENSE par b. courant.	LONGUEUR de la section.	DÉPENSES TOTALES.	DÉPENSE par b. courant.	LONGUEUR de la section.	DÉPENSES TOTALES.	DÉPENSE par b. courant.	LONGUEUR des trois sections.	DÉPENSES TOTALES.	DÉPENSE par b. courant.	
1er. Travaux du corps du canal.													
2e. Travaux de mise en eau.													

TABLE DES MATIÈRES.

TABLE DES NOTES.

PARIS. — IMPRIMERIE CENTRALE DES CHEMINS DE FER DE NAPOLÉON CHAIX ET Cᵉ, RUE BERGÈRE, 20. — 9696.